이것이 실전회계다

초판 1쇄 발행 | 2016년 12월 23일
14쇄 발행 | 2023년 8월 11일

지은이 | 김수현, 이재홍
펴낸이 | 이원범
편집 진행 | 김은숙
마케팅 | 안오영
표지 및 본문 디자인 | 강선욱
본문 일러스트 | 김성규

펴낸곳 | 어바웃어북 about a book
출판등록 | 2010년 12월 24일 제2010-000377호
주소 | 서울시 강서구 마곡중앙로 161-8 C동 1002호(마곡동, 두산더랜드파크)
전화 | (편집팀) 070-4232-6071 (영업팀) 070-4233-6070
팩스 | 02-335-6078

ISBN | 979-11-87150-15-2 03320

기초에서 고급까지 한 권으로 끝내는

이것이 실전 회계다

김수헌·이재홍 지음

어바웃어북

개념만 설명하다 끝나는 회계책은 지금 당장 덮어라!

"지금껏 세상에 없었던 교양 회계서를 만들자. 철저하게 실전(實戰) 사례 중심으로 설명한다. 회계 처리 과정과 원리를 쉽게 설명하고, 그 결과가 재무제표에 어떻게 반영되었는지를 보여준다. 그럼으로써 회계 이해와 재무제표 분석 능력을 최대한 끌어올릴 수 있는 수준의 교양서를 내놓는다."

필자와 공동저자인 이재홍 회계사는 2016년 6월 이 책의 본격집필에 앞서 가진 첫 미팅에서 이런 목표를 세웠다. 이 책이 얼마나 처음의 목표를 달성했는지는 오롯이 독자가 평가할 몫이다. 저자들은 그저 주말과 평일 저녁 시간을 포기하고 최선의 노력을 다했음을 밝히고 싶다.

필자는 기자생활을 하면서 회계 공부를 시작했다. 16년 전쯤 기업과 산업 담당 기자로 발령 나면서부터였다. 남과 차별적인 기사를 쓰겠다며 제법 많은 회계 교양서들을 열심히 읽었는데도 실제 기업의 재무제표를 해석하고 분석하는 데 큰 도움이 되지는 못했다. 교양서들이 대부분 초급회계 수준의 개념 이해에 치중하다 보니, 실력은 늘지 못하고 제자리를 맴돌았다.

이번에는 회계 교과서들을 잔뜩 사다 놓았다. 그런데 분량이 워낙 압도적인 데다 회계사 수험생을 주 타깃으로 해서인지 복잡하고 어려운 내용이 많아 진도 내는 데 상당히 애를 먹었다. 그럼에도 불구하고 회계만큼은 꼭 잡아야겠다는 생각으로 닥치는 대로 이 책, 저 책을 읽었다. 담당 기업들의 재무제표와 재무 관련 공시, 증권사 애널리스트와 신용평가사의 각종 재무분석 리포트와 씨름하고, 기업설명회(IR)를 다니면서 기사를 쓰다 보니 실력이 조금씩 늘어나는 것 같았다.

필자는 회계 공부를 하며 불필요한 시행착오들을 많이 겪은 편이다. 수치와 어려운 용어들로 빽빽한 교과서에 매달리며 애꿎은 머리 탓을 했고 좀처럼 앞으로 나아가지 못할 때가 많았다. 다독(多讀)이 최고라 여기고 비슷비슷한 수준의 초급 교양서들을 쌓아놓고 읽다 보니, 실제 재무제표를 분석하는 데는 쓸모가 없었다.

이런 경험들은 철저하게 독자적 관점에서 이 책을 집필하는 데 좋은 밑거름이 된 것 같다. 같은 시간과 노력을 투입하고도 10배, 20배의 효율을 낼 수 있는 책을 쓰겠다는 목표를 설정하는 이유가 됐음은 물론이다.

2016년 필자에게 찾아온 행운 가운데 하나를 꼽으라면 공동저자인 이재홍 회계사를 만난 것이라 할 수 있겠다. 이 회계사와 토론을 하면서 필자는 과거에 본 책에서는 얻지 못했던 살아있는 현장 회계 지식과 인사이트를 습득했다. 오랫동안 기업감사를 담당했고, 기업컨설팅과 재무 자문을 하는 이 회계사가 펼쳐내는 현장 지식이 이 책 곳곳에 살아 숨 쉰다고 자부한다. 이 책의 큰 경쟁력이기도 하다.

이 책 출간에는 많은 분의 도움이 있었다. 책 내용을 사전에 검토해주신 고려대학교 경영대 이한상 교수, 한국회계기준원 권용우 선임연구원(공인회계사)께 감사드린다. 독자 입장에서 원고를 먼저 읽고 조언을 해 준 「한국경제신문」 이상은 기자와 임도원 기자, 「비즈니스워치」 안준형 기자, 「조선비즈」 박원익 기자께도 고맙다는 말씀 전한다.

김수헌, 이재홍

Chapter • 01

손익의 출발점, 영업수익의 본질 꿰뚫기

Chapter • 02

회계가 어렵게 느껴지는 이유, 수익이연과 비용이연

Chapter • 03

감가상각과 손상차손

Chapter • 04

매출채권 분석만 잘해도 뒤통수는 안 맞는다!

Chapter • 05

현금 만드는 자산, 재고

Chapter • 06

금융자산의 회계 처리

Chapter • 07
지분법 1시간 만에 이해하기

Chapter • 08
무형자산의 세계

Chapter • 09

충당부채와 유무상 증자·감자회계

Chapter • 11

다양한 수익과 비용들 - 고객 포인트, 스톡옵션, 환율변동손익

Chapter • 12

수주산업의 진행기준 회계 해부

Chapter • 13

현금흐름표가 알려주는 것들

Chapter • 14

고급회계로 도약, 연결재무제표

| 일러두기 |

- 이 책에 실린 기업의 재무제표와 주석 등은 설명을 위해 발췌 · 편집되었음을 밝힙니다.
- 재무제표에 등장하는 숫자가 음수일 경우 마이너스 기호(-)를 붙이거나 괄호에 넣어 표기하였습니다.
  실제 재무제표에 표기되는 방식 그대로 보여주는 것이 바람직하다는 판단에 따라,
  한 가지 스타일로 통일하지 않았습니다.
  예) - 12,345 (12,345)

CHAPTER 01

손익의 출발점, 영업수익의 본질 꿰뚫기

PART 01

구멍 뚫린 손익 계산

직장 생활을 접고 홀로 생과일주스 전문점을 운영하는 친구를 몇 달 만에 만났다.

"장사는 잘 되니?"

"응. 이것저것 비용 빼고 월 250만 원 정도 남는 것 같아. 이 정도 이익이면 그럭저럭 괜찮은 것 같다."

"잘됐네. 그런데 네 급여도 비용으로 계산한 거지?"

"아니. 매출에서 과일값이나 가게 월세, 기타 운영비 같은 것들만 뺀 거야. 가게 이익을 내가 가져가니까, 그게 내 월급인 거 아닌가?"

"하나 더 물어보자. 믹서기 여러 대를 온종일 돌려야 하니까 믹서기 수명이 짧지? 믹서기가 꽤 비쌀 텐데, 감가상각비용은 계산하고 있어?"

"감가상각비용? 그런 것도 계산해야 하는 거야?"

"네 급여를 비용에 포함하면, 겨우 본전 정도 되겠는걸. 감가상각비용까지 고려하면 적자일 수도 있겠고……. 기업회계처럼 할 필요는 없겠지만, 손익 계산을 최대한 정확하게 해 봐. 현금 흐름도 잘 살펴보고. 작은 가게라고 주먹구구식으로 하다가는 가랑비에 옷 젖듯 말아먹을 수도 있어."

친구에게 손익 계산의 기초를 조목조목 설명한 뒤 헤어졌다. 이다음에 만날 때는 '진짜 이익'을 내는 가게가 되어 있기를 바라면서…….

수익과 이익은 다르다!

일반인들에게 가장 익숙한 재무제표는 '손익계산서'다. '재무상태표'도 그에 못지않게 중요하다. 하지만 대개 회계라고 하면 우선 손익을 떠올리는 사람들이 많다. 따라서 우리도 '만만한' 손익 계산부터 출발해 보려고 한다.

손익 계산의 큰 원칙은 다음과 같다.

수익 - 비용 = 이익

수익에서 비용을 빼고 남은 것이 이익이다. 아주 간단하다. 그런데 이 간단한 공식이 회계 공부 좀 해 보려는 사람들을 고단하게 만든다. 왜 그럴까? 사람들이 쓰는 일상언어는 수익과 이익을 동일시한다. 그러나 회계에서는 수익과 이익이 다르다. 어떤 사람들은 수익은 수입으로, 비용은 지출로 생각한다. 수입은 '현금'이 들어왔다는 의미가 강하다. 지출은 '현금'이 나갔다는 의미가 강하다. 하지만 회계에서 말하는 수익과 비용은 현금 유입이나 유출과 무관한 경우들이 꽤 많다. 그래서 회계를 공부하려는 사람들은 살짝 혼란을 느낀다. 이 부분은 뒤에서 구체적으로 설명할 것이다(part 5~7 참조).

| 그림 1. 수익, 비용, 이익의 관계 |

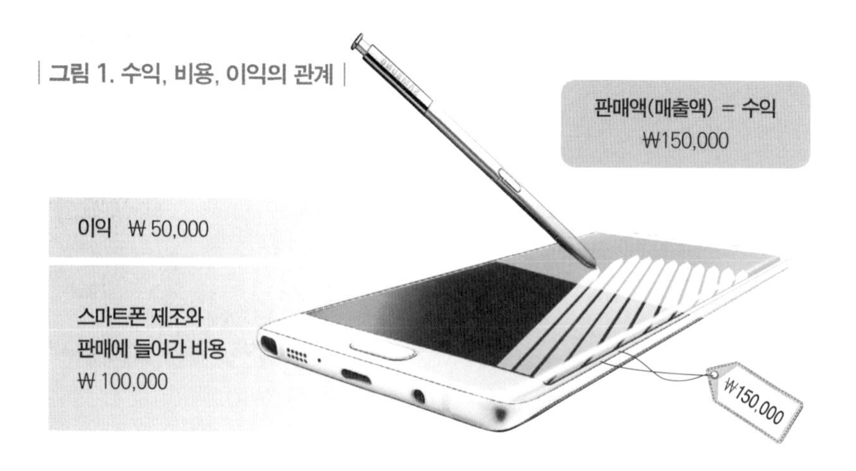

예를 들어 들어보자. 삼성전자가 스마트폰을 만들었다. 스마트폰을 수요자에게 팔면 "매출이 발생했다"고 한다. 매출은 손익 계산의 출발점이다. 회계에서 매출은 '수익' 항목에 속한다. 매출(수익)에서 스마트폰 제조와 판매에 들어간 '비용'을 뺀 것이 '이익'이다. 제조와 판매에 10만 원이 투입된 스마트폰을 15만 원에 팔았다면 수익이 5만 원이 되는 게 아니다. 앞에서 말했듯 수익이 15만 원, 비용이 10만 원, 이익이 5만 원이다. 스마트폰을 직접 만들어 파는 제조업체건 아니면 스마트폰을 제조업체로부터 구매해 적당한 이윤을 붙여서 파는 유통업체건, 스마트폰 판매액(매출액)은 수익이다.

수익이 있는 곳에 비용이 있다! – 수익·비용 대응 원칙

비용은 어떨까? 스마트폰 제조업체의 경우를 생각해보자. 우선 원재료와 부품 구매, 공장 건물과 기계설비 가동, 생산 근로자 급여 등과 관련한 비용이 발생한다. 이를 '제조원가'라고 한다. 100만 원을 들여 스마트폰 10대를 생산했다면 1대 당 제조원가는 10만 원이다. 제조된 스마트폰은 팔리기 전까지 공장 창고에 '재고자산'이라는 이름으로 대기한다.

손익계산서에서 맨 처음 계산하는 이익이 '매출총이익'이다. 매출(수익)에서 매출원가(비용)를 뺀 수치다. 매출은 제품이 '판매될 때' 발생하는 것이다. 따라서 매출원가 역시 '판매된' 제품에서 발생한 원가를 계산한다.

매출(수익) − 매출원가(비용) = 매출총이익

2015년 중에 1000원의 제조원가를 투입해 스마트폰을 10대 만들었다고 하자(2014년에서 2015년으로 넘어온 재고는 없다고 가정). 제조원가는 1대당 100원이다. 이 가운데 4대가 대당 120원에 팔렸다. 매출총이익은 매출 480원(120원 × 4대) - 매출원가 400원(100원 × 4대) 즉, 80원이 된다.

"1000원의 원가를 투입해 스마트폰을 10개 만들어 놨는데, 4개(매출 480원)밖에 못 팔았으므로 매출총이익이 520원 적자(480원 − 1000원 = -520원)"라고 계산해서는 안 된다. 매출원가는 판매된 제품에서 발생하므로, 판매된 스마트폰 4대의 제조원가가 곧 매출원가가 되어 매출총이익 계산에 사용된다.

매출총이익에서 '판매비와 관리비(판관비)'를 빼면 '영업이익'이 계산된다. 대표적인 판관비 계정으로는 급여(인건비), 광고선전비, 각종 수수료, 감가상각비 등이 있다.

앞서 살펴본 매출원가에도 분명히 '급여'가 포함되어 있었다. 매출원가에서 급여는 공장에서 제품 생산활동에 직간접으로 참여하는 인력에 대한 인건비라고 생각하면 된다. 그러나 판관비에 포함되는 급여는 영업, 마케팅, 경영관리, 재무, 경영기획 등 말 그대로 판매영업이나 경영관리 지원활동 인력에 대한 인건비를 말하는 것이다. 감가상각비에 대해서는 뒤에서 별도로 설명한다(part 8 참조).

손익계산서의 흐름

영업이익 다음 단계는 세전(稅前)이익을 산출하는 것이다. '법인세비용 차감 전 이익'이라고도 한다. 영업이익에서 '영업외수익(금융수익, 기타수익)'은 더해주고 '영업외비용(금융비용, 기타비용)'을 빼주면 된다.

영업외수익에는 뭐가 있을까? 예를 들어 이자수익, 설비(유형자산)처분이익, 외환차익 같은 것들이다. 반대로 영업외비용은 지급임차료, 이자비용, 설비(유형자산)처분손실, 외환차손 같은 것들이다. 척 보기에도 기업의 본질적인 영업활동 이외의 영역에서 발생한 수익 또는 비용이라는 느낌이 온다.

영업이익이 50억 원, 영업외수익이 10억 원, 영업외비용이 20억 원이라고 하자. 영업 이외의 영역에서 발생한 손익(수익 - 비용)이 '10억 원 - 20억 원 = -10억 원'이다. 따라서 영업이익은 50억 원이지만 영업 외의 손익 계산에서 손실이 10억 원 났으므로, 세전이익은 40억 원이 되는 것이다. 세전이익에서 법인세비용을 빼면 당기순이익이 산출된다. 이 과정이 손익계산서의 흐름이다 .

| 손익계산서 작성 흐름 |

손익계산서 작성 흐름
매출액
(-)매출원가
매출총이익
(-)판매비 및 관리비
영업이익
(+)영업외수익(금융수익, 기타수익)
(-)영업외비용(금융비용, 기타비용)
세전이익(법인세비용 차감 전 이익)
(-)법인세비용
당기순이익

자산재평가이익을 어디로 보내야 할까요?

: 손익계산서와 포괄손익계산서 :

한국채택국제회계기준(K-IFRS)이 도입·적용되면서 손익계산서에 변화가 생겼다. 과거 한국회계기준(일반기업회계기준, K-GAAP)에서 손익계산서는 회계 기간의 당기순이익을 산출하는 것으로 끝이 났다. 그러나 K-IFRS는 당기순이익 하단에 총포괄이익을 산출하는 것으로 끝맺는다. 그리고 이러한 손익계산서를 '포괄손익계산서'라고 부른다. 증권시장에 상장된 기업들은 포괄손익계산서 작성 · 공시가 의무화되어있다.

당기순이익 하단에는 어떤 요소들이 반영될까? 대표적인 예가 토지나 건물 같은 자산을 재평가해 발생한 재평가이익이다. A사가 장부가격이 100억 원인 토지 가치를 재평가했더니, 150억 원이 됐다. A사는 50억 원의 재평가이익을 얻은 것이 된다. 이것은 당기순이익에 반영되지 않고, 당기순이익 하단으로 간다.

회사가 보유하고 있는 다른 회사 주식이 가치가 올라 평가이익을 얻었다고 하자. A사가 B사 주식 100주(지분율 10%)를 1억 원에서 매입해 보유하고 있다. A사는 단기매매로 차익을 볼 생각으로 이 주식을 매입한 것은 아니다. B사의 주식가치가 올라 1억 5000만 원이 됐다면, A사는 이 주식에서 평가이익을 얻게 된다. 이 역시 당기순이익에 반영하지 않고 그 하단으로 보낸다.

이러한 부류의 평가이익군(群)을 '기타포괄손익'이라는 이름으로 모두 묶어 당기순이익 하단에 반영해 준다. A사의 손익계산서에 당기순이익이 100억 원이었다면, 포괄손익계산서의 총포괄이익은 150억 5000만 원(당기순이익 100억 원 + 토지 재평가이익 50억 원 + 지분가치 상승 평가이익 5000만 원)이 된다. 물론 기타포괄손익이 마이너스(-)가 되어 당기순이익보다 총포괄이익이 더 작아지는 경우도 많다.

한 가지 더 알아야 할 점이 있다. 기타포괄손익은 당기손익에는 영향을 주지 않지만, 재무상태표의 자본 계정으로 가서 '기타포괄손익누계액'으로 반영된다는 점이다. 기타포괄이익이 발생하면 자본이 증가하고, 기타포괄손실이 발생하면 자본이 감소한다. 이에 대해서는 뒤에서 좀 더 구체적으로 설명한다(part 19 참조).

당기순이익
(+) 기타포괄이익
(−) 기타포괄손실
———————
총포괄이익

PART 02

백화점 상품, '내 자식' 있고 '남의 자식' 있다

: 롯데, 신세계, 현대백화점의 총매출과 순매출

얼마 전까지만 해도 실적 발표 시즌이면 '백화점업계, 순위 놓고 신경전'이라는 제목의 기사를 종종 볼 수 있었다. 가장 흔한 내용은 이런 것이다. 롯데백화점은 업계 부동의 1위다. 그런데 신세계백화점과 현대백화점이 2위 자리를 놓고 엇갈리는 주장을 펼치고 있다. 한화갤러리아와 AK플라자도 누가 꼴찌냐를 놓고 신경전이 치열하다. 재무제표상 매출로는 신세계백화점이 현대백화점을 앞선다. 그러나 현대백화점은 업계의 진정한 2위는 자신이라고 주장한다. 현대백화점 측은 "순매출은 신세계가 많지만, 총매출이 많은 우리가 진짜 업계 2위라고 할 수 있다"며 "시장점유율 역시 신세계보다 현대가 더 높다"고 설명한다.

업계 4위 자리를 놓고 한화갤러리아와 AK플라자 역시 총매출과 순매출을 들먹이며 자신이 '빅 4'라고 주장한다.

삼성전자 영업외수익이 국민은행에겐 영업수익

삼성전자의 제47기(2015년 1월 1일~12월 31일) 연결재무제표 손익계산서의 일부를 보자. 매출액이 200조 6534억여 원이다. 이때 매출액은 회사의 주 영업활동에서 발생한 수익이므로 '영업수익'이라고 표현하기도 한다.

| 표 1. 삼성전자 제47기 연결재무제표 손익계산서 |

(단위 : 백만 원)

구분	금액
수익(매출액)	200,653,482
매출원가	123,482,118
매출총이익	77,171,364

제품 또는 상품 판매액만 매출이 될 수 있는 것일까? 물론 그건 아니다. 예를 들어 최근 일부 제약회사는 신약 관련 기술을 해외기업에 판매하는 기술 수출 계약을 맺었다. 이때 회사로 유입되는 기술료를 매출수익으로 인식한다. 증권, 은행, 보험회사와 같은 금융회사들은 손익계산서에 일반 제조판매기업들처럼 '매출'이라는 말을 쓰지는 않는다. 대신 '영업수익'이라고 한다. 스마트폰 제조업체가 다른 회사에 돈을 빌려주고 이자를 받으면 이자수익이 발생하는데, 이는 주 영업에서 발생한 것이 아니므로 '영업외수익'으로 잡힌다. 그러나 은행은 기업이나 개인에게 대출해주고 이자를 받는 것이 주 영업활동이기 때문에 이자수익이 '영업수익'에 포함된다.

백화점에서 14만 원에 판 의류, 왜 4만 원만 매출로 인식할까?

백화점 같은 소매유통업체들은 주로 상품을 판매한다. 이 과정에서 발생하는 수익에 대해 당연히 '매출'이라는 표현을 사용한다. 그런데 이런 경우를 한번 생각해 보자. A백화점은 TV 한 대를 소비자에게 100만 원에 판매한 뒤 100만 원 전액을 매출로 기록했다. 그런데 여성복 한 벌은 20만 원에 판매한 뒤 6만 원만 매출로 기록했다.

왜 TV는 판매금 전액을 매출로 계상하고, 여성복은 판매금의 30%만 매출로 잡을까?

유통업 회계를 이해하기에 가장 적합한 거래 구조를 가진 예가 백화점이다. 소비자는 구별할 수 없지만, 백화점에 입점해 있는 매장들은 백화점과 입점 업체의 계약 조건에 따라 네 가지 형태로 나눌 수 있다. 직매입 판매장, 특정매입 판매매장, 공간 임대매장 갑과 을이다.

롯데백화점에서 판매하는 스포츠의류 브랜드를 예로, 직매입과 특정매입의 차이를 살펴보자(가상의 사례다).

사례 1 | 롯데백화점은 프로스펙스 의류 2벌을 10만 원에 구매해 소비자에게 판매한다. 재고에 대한 책임도 백화점이 진다. 이 경우 백화점이 의류 2벌을 15만 원에 팔았다면, 매출 15만 원을 올린 것으로 기록한다.

사례 2 | 롯데백화점은 르까프로부터 의류 2벌을 납품받아 소비자에게 판매한다. 물론 판매활동은 백화점 안에 설치된 르까프 매장에서 르까프 직원들이 한다. 백화점은 팔리지 않은 의류를 르까프에 반품할 수 있고, 의류 매입대금은 수수료를 뗀 뒤 르까프에 지급한다. 르까프 의류 2벌이 14만 원에 팔렸다면 백화점은 수수료 4만 원을 떼고 의류 매입대금 10만 원을 르까프에 지급한다. 이때 백화점은 수수료 4만 원만 매출로 인식해야 한다.

[사례 1]과 같은 거래 방식을 '직매입(직영상품)'이라고 한다. [사례 2]와 같은 거래 방식을 '특정매입(특정상품)'이라고 한다. 두 거래 방식의 가장 큰 차이는 재고에 대한 책임을 누가 지느냐에 있다. 재고를 백화점이 떠안으면 직매입, 납품 업체가 떠안으면 특정매입이 되는 것이다.

공간 임대매장은 갑과 을, 두 가지 형태로 나뉜다. '공간 임대매장 갑'은 백화점 내 식당가와 같이 판매금액과 무관하게 임대료만 받는 매장이다. '공간 임대매장 을'에는 주로 명품 매장이 해당한다. 백화점은 임대료를 적게 받는 대신 판매금액에 따라 수수료를 받는다. 공간 임대매장 을은 약간의 임대료를 제외하면 특정매입 판매 방식과 거래 구조상 큰 차이가 없다. 그래서 유통업체의 거래 형태는 크게 직매입 판매, 특정매입 판매, 임대업 세 가지로 분류한다.

유통업에는 직매입과 특정매입이라는 거래 방식이 있는데, 두 거래 방식의 가장 큰 차이는 재고에 대한 책임을 누가 지느냐에 있다.

| 표 2. 직매입과 특정매입 방식의 특징 |

구분	직매입 방식	특정매입 방식
거래 형태	• 유통업체에서 상품을 직접 매입해서 판매한다.	• 유통업체가 납품업체로부터 상품을 우선 매입해서 판매한 뒤, 매출의 일정 부분을 수수료로 받는다.
장점	• 유통업체의 협상력 강화로 높은 마진을 올릴 수 있다.	• 재고 부담이 없다. • 최신 유행에 맞춘 상품 구성이 가능하다. • 수익이 안정적이다.
단점	• 재고 부담이 있다. • 재고 부담으로 최신 유행에 맞춘 상품 구성이 어렵다.	• 직매입에 비해 마진이 낮다. • 같은 판매량에도 직매입 방식에 비해 매출액이 낮다.

유통매출, 직매입과 특정매출을 가르는 기준은?

매출액에서 매출원가를 빼면 매출총이익을 구할 수 있다. 상품을 판매하는 기업의 경우는 간단하다. 100원에 사다가 120원에 팔면 '120원(매출) - 100원(매출원가)' 즉, 매출총이익은 20원(매출총이익)이 된다.

앞서 살펴본 사례와 같이 롯데백화점이 프로스펙스와 르까프 의류를 거래했을 경우 롯데백화점은 손익계산서상 매출총이익을 어떻게 산출할까? 우선 상품 '총매출'은 29만 원(프로스펙스 15만 원 + 르까프 14만 원)이다. 그러나 르까프 의류의 경우 '특정매입'이므로 14만 원 전액을 매출로 인식할 수 없다. 르까프에 지급하는 10만 원을 뺀 수수료 4만 원만 매출로 인식해야 한다. 그러므로 상품 '순매출'은 15만 원 + 4만 원 = 19만 원이다. 바로 이 순매출액 19만 원이 손익계산서상의 공식 '매출액'이 되는 것이다.

그럼 매출액에 대한 매출원가는 어떻게 될까? 프로스펙스 의류 매출 15만 원에 대한 매출원가는 직매입비용 10만 원이다. 르까프 의류 매출 4만 원에 대한 매출원가는 없다. 르까프 의류는 롯데백화점 매장에서 14만 원(총매출)에 팔렸고 백화점 측은 르까프에 의류 대금 10만 원(특정상품 매입

구분	금액
상품총매출액	290,000
직매입(직영상품) 매출 : 프로스펙스	150,000
특정매입(특정상품) 매출 : 르까프	140,000
상품매출차감(총매출액에서 차감해 주는 것)	100,000
특정상품 매출원가(르까프에 지급한 의류 대금)	100,000
매출액(순매출액) → 손익계산서상 매출	190,000
상품매출원가(프로스펙스 의류 매입 비용)	100,000
매출총이익	90,000

비용)을 지급했다. 총매출에서 특정상품 매입비용을 뺀 4만 원은 말하자면 판매수수료인 셈인데, 이것이 손익계산서에 기록되는 '진짜' 매출액(순매출액)이다.

결국 손익계산서에 기재되는 롯데백화점 매출총이익은 9만 원(매출액 19만 원 - 매출원가 10만 원)이 된다. 간단하게 정리하면 다음과 같다.

회계기준에 따라 거래 형태별로 직매입 판매 매장은 판매액 전체를 수익(매출액)으로 인식하고, 특정매입 판매 매장은 판매수수료만 수익(매출액)으로 인식하게 된다. 공간 임대매장은 매월 받는 임대료를 수익으로 인식한다. 임대매장을 제외한 두 가지 판매 방식에서 수익 인식 금액의 차이가 발생하는 가장 결정적 원인은 '재고'를 유통업체가 부담하는지 여부다. 회계기준에서는 직매입 판매는 '본인' 입장에서 거래한 것이고, 특정매입 판매는 '대리인' 입장에서 거래한 것으로 본다. 그리고 대리인으로 활동했을 경우에는 수수료만 수익으로 인식하도록 규정하고 있다.

신세계백화점 매출, 한때 롯데백화점을 제칠 수 있었던 이유

표 3 (주)신세계의 2015년 연결재무제표에서 백화점 사업 부문 손익계산서 중 일부를 보자. (주)신세계의 백화점사업 2015년 매출액은 1조 4862억 원이다. 바로 순매출액이다. 본사의 경우 총매출이 474억 원인데, 특정매입원가가 '0'인 것으로 봐서 본사는 모든 상품을 직매입 판매하고 재고 부담을 안고 있는 것으로 파악된다.

나머지 서울, 수도권, 지방 지역의 백화점들은 총매출액 대비 특정매입원가 비중들이 꽤 높다. 다시 말해 직매입보다는 재고 부담 없이 판매수수료를 챙기는 특정매입 위주로 영업하고 있다는 말이다.

| 표 3. (주)신세계 2015년 연결재무제표 중 백화점 사업 부문 손익계산서 |

(단위 : 백만 원)

구분	백화점				
	본사	서울	수도권	그 외 지역	소계
총매출액	47,472	1,984,255	1,183,498	759,433	3,974,658
특정매입원가	-	(1,275,675)	(723,815)	(488,869)	(2,488,359)
순매출액	47,472	708,580	459,683	270,564	1,486,299

표 4 롯데쇼핑(주)의 2015년 재무제표 주석을 보자. 롯데쇼핑 재무제표 손익계산서상 최종 매출액은 가장 하단에 있는 '매출액 계'에 적힌 숫자다(16조 1773억 원). 그 위에 있는 항목들은 결국 매출액 계를 구하기 위한 과정이다.

| 표 4. 2015년 롯데쇼핑(주)의 재무제표 주석 |

46기 : 2015년 1월 1일~12월 31일
(단위 : 백만 원)

구분	금액
상품총매출액	15,934,326
직영상품 매출액	14,707,407
특정상품 매출액	1,226,919
상품매출차감	(1,754,208)
매출 에누리와 환입	(547,553)
반품충당부채 및 이연매출	(227,595)
특정상품 매출원가	(979,059)
제품매출액	11,365
기타매출액	1,985,848
매출액 계	16,177,331

항목들을 좀 더 구체적으로 살펴보자. 일단 매출은 상품총매출액(상품거래에서 발생한 매출액), 제품매출액(제조가공품 매출액), 기타매출액(임대료

수익 등) 세 가지로 구분한다. 이 세 가지 매출을 단순하게 합산해서 매출액 계를 구하지는 않는다. 상품총매출액의 경우 차감할 항목을 따로 구분하여 보여주고 있다. 차감 요소 중 가장 눈에 띄는 것이 특정상품 매출원가다. 특정상품 거래의 경우 특정상품 매출액에서 특정상품 매출원가를 차감한 금액이 최종으로 매출액 계에 포함된다. 이 금액은 판매수수료 수익으로 이해하면 된다.

과거 2003년도까지는 특정매입분도 직매입과 같이 매출(총액)로 회계처리할 수 있었다. 하지만 2004년도부터 특정매입분은 수수료만 수익으로 인식하도록 회계기준이 개정되었다. 이 때문에 유통업체 간 순위도 바뀌었다. 특정매입분에 대한 수익 인식 기준을 매출(총액)이 아닌 수수료(순액)로 변경하자, 신세계가 22년 만에 처음으로 롯데쇼핑을 제치고 한때 업계 1위에 오르기도 했다. 당시 유통업계 입장에서는 회사 영업에는 아무런 변화가 없는데, 회계기준이 개정되면서 외형 감소가 일어났기 때문에 반발이 매우 거셌다.

| 표 5. 백화점 입점 계약 방식에 따른 수익 인식 기준 |

자료 : 하나금융투자

구분	매출 인식	평균수수료율	비고
직매입	판매가	해당 없음	• 유통업체가 재고 부담 • 식품, 수입 브랜드 편집샵 등이 해당
특정매입	판매수수료	30%	• 입점업체가 재고 부담 • 의류, 가전, 잡화, 가구 등 대부분 품목이 해당
공간 임대 갑	임대료	정액	• 유통업체에 보증금 지불 • 식당가 등이 해당
공간 임대 을	임대료, 판매수수료	15~20%	• 입점업체가 재고 부담 • 임대보증금이 낮음 • 백화점 판매 행사 등과 무관 • 명품, 남성복 등이 해당

결산하면 훌훌 터는 손익계산서, 결산 수치 짊어지고 가야 하는 재무상태표

재무상태표는 결산 시점(결산기 말)의 회사 자산, 부채, 자본의 내역과 수치를 종합적으로 보여주는 표다. 자산, 부채, 자본에 대해서는 뒤에서 구체적으로 다룰 것이기 때문에 여기서는 개략적인 설명을 한다.

회계에서 자산에 대한 정의는 간단하게 말하자면 '회사에 유익한 경제적 효과나 이익을 가져올 것으로 기대되는 자원'이라고 할 수 있다. 회사가 보유한 현금, 매출채권, 기계설비, 부동산, 투자주식, 금융자산(금융기관 예치금 등), 특허권 같은 것들이다.

부채는 '경제적 효과나 이익을 보유하고 있는 회사 내부 자원을 동원하여 갚아야 할 현재 의무'라고 말할 수 있다. 매입채무, 대출금이나 회사채 등의 차입금과 금융채무, 각종 충당부채(이에 대해서는 뒤에서 별도로 자세히 다룬다. 272쪽 참조) 등이다.

회계에서는 자본을 '자산에서 부채를 차감한 잔여분'이라고 말한다. 즉 순자산(자산 - 부채)이 자본인 셈이다. 회사 지분을 소유한 주주가 가질 수 있는 몫이라고도 말할 수 있다.

재무상태표에서는 하나의 공식이 성립한다.

자산 = 자본 + 부채

예를 들어 회사는 설립자들이 댄 종잣돈(자본)과 외부에서 빌린 돈(부채)으로 회사에 필요한 각종 자산(설비, 공장, 차량, 사무기기 등)을 구매해 영업활동을 시작한다. 당연히 자산은 자본과 부채의 합으로 이루어진다. 그 뒤 경영 과정에서 은행에서 돈을 빌리면(부채 증가), 그만큼 회사 현금도 늘어난다(자산 증가). 회사가 주식을 발행하면(자본 증가), 회사로 주식 대금이 유입된다(자산 증가).

회사가 당기순이익을 내면 그만큼 자본 항목인 이익잉여금이 늘어나므로 자본이 증가한다. 당기순이익을 창출하는 과정에서 자산도 증가한다. 배당을 하면 이익잉여금이 줄고(자본 감소), 회사의 현금도 준다(자산 감소).

'자산 = 자본 + 부채' '자산 - 부채 = 자본(순자산)'이라는 재무상태표의 회계 등식은 유지된다.

손익계산서는 연말결산을 하고 다시 원점으로 돌아간다. 예를 들어 2015년 말에 수익 100억 원, 비용 80억 원, 당기순이익 20억 원의 손익 결산이 완성됐다고 하자. 2016년 초부터는 수익과 비용이 각각 0인 상태에서 출발한다. 다시 새 회계 기간의 수익과 비용을 기록해 나가는 것이다.

반면, 재무상태표는 누적이다. 2015년 말 자산 200억 원, 부채 80억 원, 자본 120억 원이었다면, 2016년 초 재무상태표는 이 수치에서 출발해 1년 동안의 증감이 반영되어 2016년 말 재무상태표가 만들어진다.

다음 표는 (주)농심의 재무상태표를 간략하게 재편집한 것이다.

| 표 6. (주)농심 재무상태표 |

제52기 : 2015년 12월 31일
제51기 : 2014년 12월 31일
제50기 : 2013년 12월 31일
(단위 : 백만 원)

구분	제52기	제51기	제50기
자산	2,257,471	2,116,774	2,129,920
유동자산	839,094	732,235	789,068
비유동자산	1,418,376	1,384,538	1,340,851
부채	628,004	575,214	622,729
유동부채	541,129	483,876	522,988
비유동부채	86,875	91,337	99,741
자본	1,629,466	1,541,560	1,507,190
자본금	30,413	30,413	30,413
주식발행초과금	123,720	123,720	123,720
기타자본항목	(75,451)	(76,394)	(76,567)
이익잉여금	1,550,784	1,463,821	1,429,623
부채와 자본총계	2,257,471	2,116,774	2,129,920

PART 03

쿠팡 '억' 소리 나는 매출 증가 어떻게 가능했나?

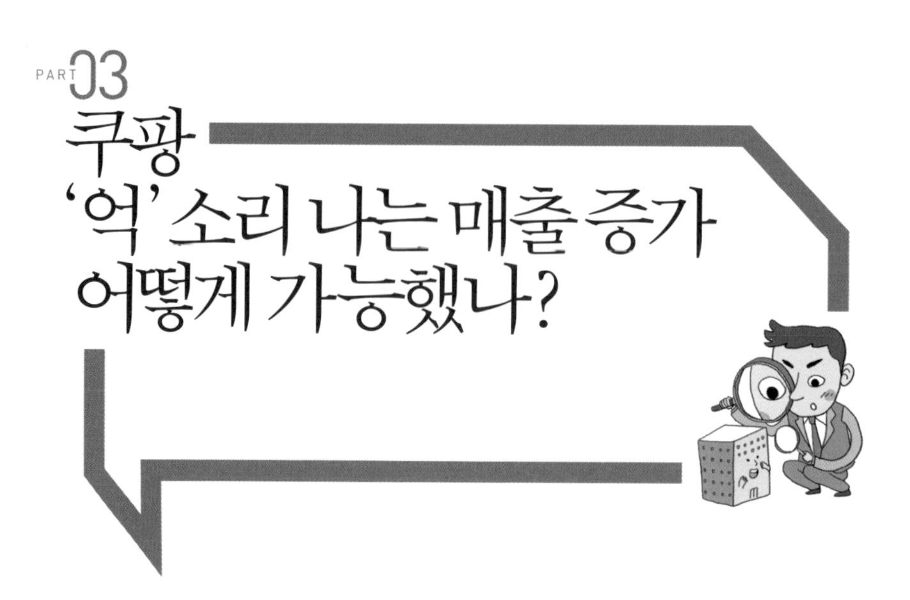

백화점을 닮은 소셜커머스 회계 처리

거래 방식을 특정매입에서 직매입으로 변경할 경우 재무제표에 미치는 영향을 분석하는 데는 '쿠팡'(법인명 (주)포워드벤처스)이 좋은 사례가 된다.

소셜커머스 업체들은 IT기업으로 자리 잡고 있지만, 유통업의 전형적인 거래 방식을 따르고 있다. 백화점의 매출 형태를 온라인에 그대로 옮겨놓은 것으로 이해하면 된다. 소셜커머스 업체의 수익(매출)도 두 가지로 분류된다. 상품 판매자가 오픈마켓에 입점해 상품을 판매하면 소셜커머스 업체는 판매액에서 일정 비율의 수수료를 받게 된다. 이 경우 백화점의 특정매입상품과 마찬가지로 소셜커머스 업체는 수수료를 수익(순액)으로 인식한다. 반면 소셜커머스 업체가 직접 상품을 매입해 소비자에게 판매(직매입)하는 경우 판매금액 전체를 매출(총액)로 인식

쿠팡은 2015년 매출이 1조 1334억 원으로, 전년(3485억 원) 대비 230%나 성장했다.

해야 한다.

쿠팡의 2015년 재무제표 손익계산서를 보면 매출이 1조 1334억 원으로, 전년(3485억 원) 대비 230%나 성장했다. 쿠팡에 10억 달러(약 1조 1000억 원)을 투자한 소프트뱅크 손정의 회장도 이 같은 매출 증가에 대해 공개 석상에서 만족감을 표시하기도 했다. 그런데 4000억 원에도 못 미치던 쿠팡 매출이 어떻게 1년 만에 1조 1000억 원을 넘어서게 됐을까? 소셜커머스 업체의 매출 급증을 분석할 때는 직매입 판매분과 특정매입 판매분 매출을 구분하지 않으면 오류를 범할 수 있다.

소셜커머스 매출 분석, 자칫 빠지기 쉬운 오류

매출 분석에 대한 오류가 어떻게 발생하는지 다음의 예를 보면 쉽게 이해할 수 있다.

사례 | 소셜커머스 A사는 작년에는 오픈마켓에서 1000원짜리 물건 10개를 팔았다. A사의 오픈마켓에 입점하여 물건을 판매하면, 판매자는 A사에 평균 15%의 수수료를 내야 한다. 그런데 올해 A사는 판매 방식을 바꿨다. 오픈마켓을 폐지하고 모든 물품을 직매입해 판매하기로 했다. 올해도 작년과 동일하게 1000원짜리 물건 10개를 팔았다.

회계기준에 따르면 전년도 A사의 매출액은 오픈마켓에 입점한 판매자 총매출액 1만 원의 15%인 1500원으로 기록된다. 수수료로 받은 금액만 매출로 인식할 수 있기 때문이다. 그러나 거래 방식을 직매입 판매로 변경한 올해 A사의 매출액은 1만 원이 된다. 이처럼 판매 방식을 바꾸면 전년 대비 실제 판매된 수량은 같은데도 무려 560%의 매출액 증가가 가능하다.

쿠팡의 경우를 한번 보자. 쿠팡의 2014년 매출 3485억 원 가운데 직매입매출(상품매출)은 1536억 원, 수수료매출(판매수수료 외 기타매출 포함)은 1949억 원이다. 둘 사이에 큰 차이가 없다. 1년 뒤인 2015년에는 완전히 달라진다. 매출(1조 1334억 원)이 크게 늘었는데, 그 구성을 보면 직매입매출이 9904억 원으로 급증했다. 수수료매출은 1434억 원으로, 오히려 전년보다 소폭 줄었다. 2015년에는 2014년과는 달리 직매입매출액이 수수료매출액의 다섯 배에 달하는 것으로 나타났다. 이것은 무엇을 의미할까?

쿠팡이 취급하는 상품의 규모 자체가 2014년보다 2015년에 크게 증가한 것은 맞다. 그러나 쿠팡이 2015년부터는 오픈마켓 수수료매출보다는 상품을 직접 매입해 소비자에게 판매하는 직매입 규모를 크게 증가시키고, 마케팅에 집중하다 보니 1년 만에 매출이 1조 원을 훌쩍 넘어서게 된 것이다. 만약 상품거래가 오픈마켓 부문에서 크게 늘었다면 전체 매출액이 이만큼 괄목할만한 수준으로 증가하지는 않았을 것이다.

쿠팡처럼 거래 형태가 바뀌고, 성장이 빠른 유통회사를 분석할 때는 단순히 매출액 성장률보다는 매출액에서 매출원가를 차감한 매출총이익 성장률이 기업의 성장성을 보다 적절하게 설명해준다. 거래 형태 차이에 따른 매출액 변동을 제거할 수 있기 때문이다. 또한 마진의 크기를 확인함으로써 무리한 경쟁을 하고 있는지도 어느 정도 파악해 볼 수 있다.

소셜커머스 3사, 높은 성장세에도 박수받지 못하는 이유

2016년 4월, 소셜커머스 3사((주)포워드벤처스, (주)위메프, (주)티켓몬스터 : 이하 쿠팡, 위메프, 티몬)의 재무제표가 공시되었다. 높은 매출성장과 대규모 영업손실은 시장의 예측치와 비슷한 수준이었다. 외부에서는 소셜커머스의 성장세가 앞으로도 유지될 수 있을지 의문이 제기되었지만, 소셜커머스 내부에서는 큰 틀 안에서 계획대로 순조롭게 성장하고 있다

| 그림 1. 소셜커머스 3사 연도별 매출액 |

자료 : 전자공시시스템
(단위 : 십억 원)

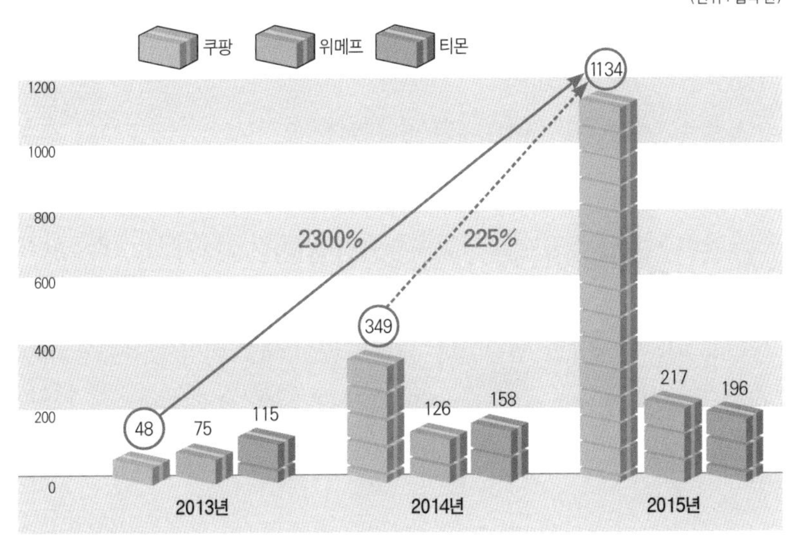

는 반응이다.

모바일 쇼핑의 급격한 성장은 모바일 쇼핑에 특화해 영업을 전개한 소셜커머스의 매출 성장을 견인했다. 소셜커머스 3사의 매출액은 2013년도 2373억 원에서 2015년도 1조 5470억 원으로 5.5배 증가했다. 3사 중 쿠팡의 매출 성장세가 단연 돋보인다.

2013년 대비 2015년 쿠팡 매출액 변화는 대단하다. 2013년에 480억 원에 불과하던 것이 2015년에는 1조 1340억 원으로, 무려 2300%나 증가했다. 그러나 놀라운 성장의 이면에는 직매입매출 비중 확대에 따른 회계적인 착시 현상과 자금 출혈이 있다.

쿠팡의 2013년 매출 가운데 직매입매출은 56억 원에 불과했다. 수수료매출이 422억 원으로, 압도적 비중을 차지했다. 그런데 앞에서 설명한 대로 2015년 직매입매출(9904억 원)은 2013년 대비 무려 177배나 성장했다. 반면 수수료매출은 1434억 원으로 2013년 대비 3.4배 증가에 그쳤다. 쿠팡이 직매입 취급 상품 규모와 비중 증가를 위한 마케팅에 주력해 왔으며, 그 결과 2년 만에 매출증가율이 거의 2300% 수준에 육박하는 결과가 나왔음을 파악할 수 있다.

소셜커머스 3사의 직매입 부분 매출총이익은 정체되거나 오히려 감소하는 모습이다. 이는 매출의 폭발적인 성장에도 불구하고 기업의 수익성은 오히려 악화하고 있다는 것을 의미한다. 직매입 부분에서 매출총이익이 발생하지 않고 있는 원인은 최저가 경쟁과 신규 고객 유치를 위한 쿠폰 경쟁 때문인 것으로 판단된다. 매출을 많이 해도 이익을 만들어 내지 못하는 소셜커머스의 제로 마진 판매 정책이 높은 성장세에도 불구하고 박수받지 못한 이유이다.

| 그림 2. 소셜커머스 3사 연도별 상품 매출총이익 |

자료 : 전자공시시스템
(단위 : 억 원)

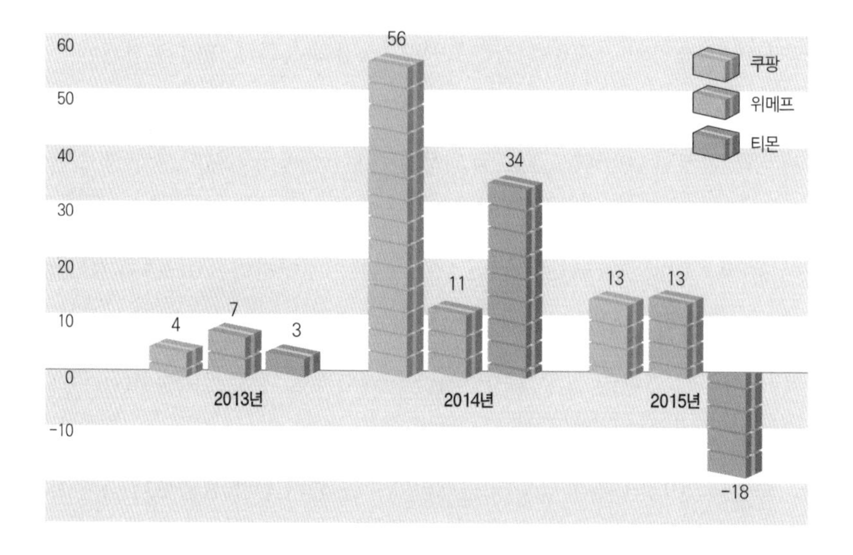

상장사의 의무, 네 번의 결산과 네 가지 재무제표

증권시장 상장기업은 기본적으로 연간 총 네 차례 재무제표를 작성해 공시한다고 보면 된다. 기업의 회계 기간은 1년으로, 대개 연초(1월 1일)~연말(12월 31일)까지다. 이를 '12월 말 결산법인'이라고 한다. 드물게 3월 말, 6월 말, 9월 말 결산법인들이 있기는 하다. 본서에서는 12월 말 결산법인을 기준으로 한다.

| 표 7. 상장기업 재무제표 작성 · 공시 |

구분	결산 기간
1분기 보고서	1월 1일~3월 31일
반기보고서	1월 1일~6월 30일
3분기 보고서	1월 1일~9월 30일
연간사업보고서(감사보고서 포함)	1월 1일~12월 31일

기업이 작성하는 재무제표는 크게 봐서 네 가지다. (포괄)손익계산서, 재무상태표, 자본변동표, 현금흐름표다. 손익계산서는 결산 기간의 경영 성적을 보여준다. 결산 기간의 수익과 비용 내역, 그리고 그 결과물인 이

익이 담겨 있다. 반기보고서의 경우 1월 1일~6월 30일의 결산을 기재한다. 그럼 2/4분기 즉 4월 1일~6월 30일까지의 손익계산만 따로 볼 수는 없을까? 있다. 결산 기말(6월 30일) 전 3개월간(4월 1일~6월 30일)의 손익 내용도 반기보고서에 기재한다.

마찬가지로 3분기 보고서에서도 7월 1일~9월 30일까지(3/4분기)의 손익 내용만 따로 볼 수 있다. 그러나 연간사업보고서에서는 10월 1일~12월 31일까지(4/4분기)의 손익 내용만 따로 기재하지는 않는다. 그렇다고 4/4분기 손익계산만 따로 보는 방법이 없는 건 아니다. 상당수 기업이 별도의 실적 공시를 통해 4/4분기 손익을 공개하기 때문이다.

재무상태표는 결산 시점의 자산, 부채, 자본 수치 즉, 기업의 재무 상태를 보여준다. 당연한 이야기지만, 2015년 말 재무 상태 수치는 2016년 초로 넘어온다. 2016년 1분기 말 재무상태표를 보면 3개월간의 자산, 부채, 자본 증감을 알 수 있다. 2016년 말 사업보고서 재무상태표를 보면 2015년 말 대비 1년간 자산, 부채, 자본에 얼마나 증감이 있었는지를 파악할 수 있다.

자본변동표는 결산기 초 자본 잔액, 결산기 동안의 자본 변동 내역, 결산기 말의 자본 잔액을 알 수 있다. 현금흐름표는 뒤에서 따로 다루겠지만, 회사의 영업, 투자, 재무 활동에서 발생한 현금 흐름을 담는다.

결산보고서(분기, 반기, 연간)에는 재무제표와 함께 '재무제표 주석'이 포함되어 있다. 주석은 재무제표 각 수치에 대한 세부 정보가 많이 담겨 있으므로 현장감 있고 생동감 있는 회계 공부를 하는 데 아주 유용하다. 본서에서도 재무제표 주석을 많이 활용해 회계를 설명할 것이다.

PART 04 별별 영업수익

2016년 새해 초부터 업계에 화제를 몰고 온 빅 뉴스가 있었다. 임성기 한미약품 및 한미사이언스 회장이 임직원 2800여 명에게 1100억 원에 달하는 임 회장 개인이 보유하고 있던 주식을 무상증여하기로 했다는 소식이었다. 증여 대상인 한미사이언스 주가는 당시 12만 9000원 정도였다. 단순히 계산해봐도 직원 1인당 4000만 원에 달하는 보너스를 받게 된 셈이었다.

임 회장은 "지난 5년간 급격한 영업 환경의 변화, 약가 일괄 인하 등의 위기 상황에서도 연구개발(R&D)과 투자를 멈추지 않았다"며 "허리띠 졸라매고 땀을 흘려가며 큰 성취를 이룬 지금, 그 주역인 임직원들에게 고마움의 표시로 주식을 증여한다"고 말했다. 임 회장이 왜 이렇게 통 큰 결정을 내렸을까? 그가 말한 '큰 성취'란 무엇일까?

"사노피 땡큐!" 한미약품 기술수출수익

제약업체 한미약품은 2015년 1조 3175억 원의 매출을 기록했다. 한미약품 사상 최대치일 뿐 아니라 제약업계를 통틀어서도 역대 최고의 기록이었다. 한미약품이 이처럼 놀라운 성과를 낼 수 있었던 것은 '기술수출수익' 덕분이었다.

| 표 8. 한미약품 연결 포괄손익계산서 |

(단위 : 백만 원)

	2015년	2014년
매출액	1,317,534	761,279
(1)제품매출	649,510	655,887
(2)상품매출	134,299	82,115
(3)임가공매출	15,948	16,555
(4)기술수출수익	512,500	1,297
(5)기타매출	5,274	5,424

한미약품은 2015년에 독일 베링거인겔하임, 프랑스 사노피, 미국 얀센 등 다섯 개 글로벌 제약회사들과 신약 기술 수출 계약을 맺었다. 이들 제약사들에게 한미약품이 개발한 신약 물질에 대한 임상시험 및 상업화를 진행할 수 있는 독점권리를 부여해 주는 대신, 계약금과 마일스톤*(임상 및 상업화 진행 단계별로 성공할 때마다 기술료를 수령)을 적용하는 계약이었다.

이 가운데 가장 규모가 큰 건은 사노피와 2015년 11월 맺은 계약으로, 계약금 4억 유로(5000억 원)에 마일스톤 35억 유로(4조 3000억 원)를 받기로 하는 내용이었다. 한미약품은 계약금 4억 유로 가운데 절반인 2억 유로를 2015년 결산 시 기술수출수이(매출)으로 먼저 처리하고, 나머지 절반은 선수수익(부채)으로 잡았다(part 6 참조). 그러니까, 2015년 한미약품

* 마일스톤(milestone) : 로마제국이 천 보(步)마다 돌을 세워 거리를 표시한 데서 유래한 용어다. 건설공사에서 계약서에 지정된 공정 단계를 달성할 경우에만 대금을 청구할 수 있도록 하는 방식을 의미한다.

기업이 보유한 고유 기술을 수출하고 받은 기술수출수익도 영업수익에 해당한다.

의 기술수출수익 5125억 원 가운데 절반 가까이가 사노피 계약에서 발생한 셈이다.

매출액 가운데 기술수출수익 비중은 2014년 불과 0.17%(12억 9700만 원/7612억 9700만 원)에서 2015년 38.9%(5125억 원/1조 3175억 원)로, 획기적으로 높아졌다. 한미약품 뿐만 아니라 국내 몇몇 제약사와 바이오기업들이 최근 몇 년 새 기술수출수익을 꾸준히 올리고 있다는 사실은 주목할 만하다(70쪽 참조).

일반기업과는 다른 금융회사의 손익계산서

증권, 은행, 보험 등 금융회사의 손익계산서에서 일반기업의 매출에 해당하는 항목이 '영업수익'이다. 증권사의 경우를 보자. 투자자들의 주식거래를 중개하고 받는 브로커리지(brokerage) 수수료, 기업들의 주식과 채권 발행을 주관하고 인수할 때 받는 IB(invest bank) 업무 수수료, 증권사 자체 자금으로 주식과 채권 등에 투자해 얻는 이자나 투자 차익 등이 주요 영업수익이다.

증권사는 직원들이 고객에게 제공하는 금융서비스에서 영업수익을 창출하기 때문에 물건을 제조·판매하거나 상품을 유통·판매하는 기업의 손익계산서에서 보이는 '매출원가'(제조원가 또는 상품매입원가)라는 개념이 없다. 예를 들어 모든 인건비는 영업비용 중 판관비로 처리된다. 즉 영업수익에 대응하는 항목으로 영업비용이 있으며, 이를 반영해 영업이익을 산출한다.

| 표 9. 한국투자증권 2015년 연결재무제표 중 손익계산서 |

(단위 : 백만 원)

과목	2015년
I. 영업수익	4,466,970
1. 수수료수익	659,900
2. 이자수익	578,974
3. 배당금수익	20,707
4. 금융자산(부채)평가이익 및 처분이익	3,125,428
5. 외환거래이익	71,402
6. 기타영업수익	10,561
II. 영업비용	(4,103,628)
1. 수수료비용	(91,720)
2. 이자비용	(209,368)
3. 금융자산(부채) 평가손실 및 처분손실	(3,168,814)
4. 외환거래손실	(76,261)
5. 판매비와 관리비	(548,399)
6. 기타영업비용	(9,066)
III. 영업이익	363,342

인터넷포털업체의 영업수익

(주)네이버처럼 인터넷포털 사업이 주력인 회사의 손익계산서도 영업수익에서 영업비용을 빼 영업이익을 계산하는 단계에서 출발한다. 네이버의 주요 수익원은 광고와 콘텐츠 관련 매출이다. 이들 사업의 경우 뚜렷하게 매출원가라고 할 것이 없다. 따라서 굳이 매출과 매출원가를 계산해 매출총이익을 산출하고 다시 영업이익을 구하는 단계를 거칠 필요가 없다고 봐도 된다.

아래 표는 (주)네이버의 손익계산서 기본 구조다.

| 표 10. (주)네이버 손익계산서(제17기) |

(단위 : 천 원)

내용	금액
영업수익	3,251,157,100
영업비용	2,488,953,251
영업이익	762,203,849
기타수익	64,353,948
기타비용	130,657,510
금융수익	67,470,324
금융비용	53,388,061
관계기업 투자이익	
관계기업 투자손실	1,685,213
법인세비용 차감 전 이익	708,297,337
법인세비용	191,311,058
당기순이익(손실)	516,986,279

네이버의 연결재무제표 주석에 기재되어 있는 영업수익 분류 내역이다.

| 표 11. 네이버 영업 부문과 영업수익 |

영업 부문	주요 영업
광고	네이버 검색광고/디스플레이광고/지식쇼핑 수수료, 라인 광고 등
콘텐츠	라인 게임/스티커, 네이버 게임/뮤직/웹툰 등
기타	라인 캐릭터 상품, IT 서비스 등

(단위 : 천 원)

	2015년		2014년	
	영업수익	비율(%)	영업수익	비율(%)
광고	2,322,379,265	71.43	2,019,065,571	73.19
콘텐츠	851,329,285	26.19	676,672,776	24.53
기타	77,448,551	2.38	62,740,490	2.27
합계	3,251,157,101	100.00	2,758,478,837	100.00

소속 연예인의 인기가 곧 매출이 되는 연예기획사

YG엔터테인먼트, SM엔터테인먼트, FNC엔터테인먼트, JYP 등 종합연예기획사들의 매출수익 구성은 거의 비슷하다. 가수, 영화배우, 탤런트 등과 전속계약을 맺고 이들 소속 연예인의 활동에서 수익을 창출하기 때문이다. 음반 판매, 콘서트 등의 각종 공연, 광고나 방송출연 수익, 로열티 등이 연예기획사들의 매출을 구성한다.

표 12는 YG엔터테인먼트의 2015년 연결재무제표와 별도재무제표 손익계산서의 매출 내역이다.(연결재무제표는 YG엔터테인먼트의 종속기업인 해외법인과 YG플러스 등을 합산한 것이고, 별도재무제표는 YG엔터테인먼트만의 재무제표로 생각하면 된다. 연결회계에 대해서는 425쪽에서 자세히 설명한다.)

| 표 12. YG엔터테인먼트 2015년 연결재무제표와 별도재무제표 손익계산서 매출 내역 |

(단위:백만원)

구분	2015년 연결손익계산서	2015년 별도손익계산서
음반 매출액	50,404	35,924
공연 매출액	42,056	41,956
광고사업 매출액	5,948	-
용역 매출액	94,701	71,201
합계	193,112	149,082

매출 항목 중 음반, DVD, 디지털콘텐츠 등으로 구성되는 음반 매출은 대략 25% 안팎을 차지한다. 공연 매출은 22% 안팎이다. 광고사업 매출이 연결손익계산서에서만 보이는 것은, 연결재무제표를 작성할 때 광고대행업을 하는 YG플러스의 실적이 포함되기 때문이다.

용역 매출은 소속 연예인들의 광고모델출연, 로열티, 수입수수료, 방송 및 행사 출연 등에서 창출되는 수익이다. 용역 매출은 음반 등 제품 매출이나 콘서트·공연 매출보다 매출에서 원가가 차지하는 비중이 낮다. 용역 매출에서 가장 큰 비중을 차지하는 것은 로열티다. 해외 엔터테인먼트사와 음원 및 음반 유통 계약을 맺은 뒤 판매 매출의 일정 비율을 로열티로 받는다.

이러한 연예기획사들이 소속 연예인들을 제조업체의 생산설비처럼 관리통제 하에 두기는 어렵다. 따라서 연예기획사들은 매출 비중이 큰 특급 연예인에게 뜻하지 않은 사고나 스캔들 등이 발생할 경우 매출에 심각한 악영향을 받을 리스크가 항상 존재한다.

제빵왕 박사장도 쉽게 계산하는 매출원가, 제조원가, 매출총이익

제빵왕 박사장이 3월 10일 단팥빵 3개를 만들었고, 이 가운데 2개를 팔았다. 빵 1개의 제조원가는 1000원이고 판매가격은 1500원이다. 그럼, 3월 10일의 매출원가는 얼마인가? 2000원(1000원 × 2개)이다.

3월 11일 박사장은 하루 전에 못 판 빵 재고 1개를 안고 장사를 시작한다. 이날 박 사장은 빵 4개를 만들었다. 전날 재고와 새로 만든 빵을 합해 판매 가능한 빵 5개 중에서 3개를 팔았다. 이날은 빵 1개의 제조원가가 1100원이고, 판매가격은 1500원 그대로라고 하자. 3월 11일 판매한 빵 3개의 매출원가는 얼마일까?

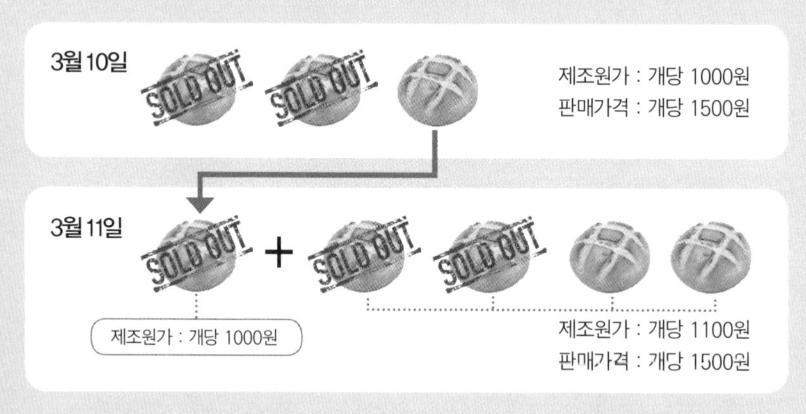

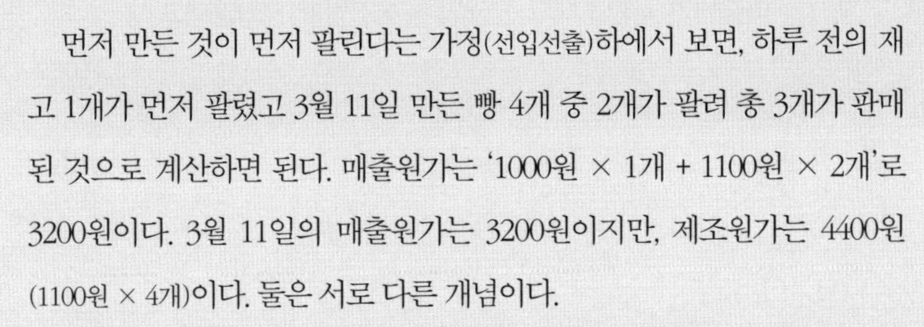

먼저 만든 것이 먼저 팔린다는 가정(선입선출)하에서 보면, 하루 전의 재고 1개가 먼저 팔렸고 3월 11일 만든 빵 4개 중 2개가 팔려 총 3개가 판매된 것으로 계산하면 된다. 매출원가는 '1000원 × 1개 + 1100원 × 2개'로 3200원이다. 3월 11일의 매출원가는 3200원이지만, 제조원가는 4400원(1100원 × 4개)이다. 둘은 서로 다른 개념이다.

매출원가는 말 그대로 매출에서 발생한 원가를 말한다. 즉 당기에 '생산한' 제품에 들어간 원가가 아니라, 당기에 '판매된' 제품에 들어간 원가로 이해해야 한다.

3월 10일 박 사장이 빵 3개를 만들면서 제조원가는 3000원(1000원 × 3개)이 들었지만, 매출원가는 2000원(1000원 × 2개)이 된다. 빵은 만들면 팔리기 전까지 재고자산이 된다. 따라서 빵 생산에 소요된 제조원가는 만든 빵의 재고자산 계정에 모인다. 3월 10일 재고자산(빵) 3개를 만들었으니 제조에 투입된 원가 3000원은 당연히 재고자산 3000원으로 기록된다는 말이다.

3월 11일에 투입된 제조원가는 4400원(1100원 × 4개)이다. 그러나 매출원가(판매분 3개에서 발생)는 앞에서 계산한 것처럼 3200원이다. 매출은 4500원(판매가격 1500원 × 3개)이다. 고로, 매출총이익은 1300원(4500원 − 3200원)이다.

이제 재고자산, 제조원가, 매출원가에 대해 좀 더 개념이 확실해졌는가? 빵 제조를 예로 들면서 숫자도 간단하게 제시했지만, 실제 기업들이 생산하는 재고자산은 종류와 그 양이 매우 많다. 그렇지만 간단한 공식을 이용해 매출원가를 구할 수 있다.

매출원가 = 기초재고 + 당기 총제조원가 – 기말재고

위 공식에서 '기초'라는 것은 회계 기간 초, '기말'은 회계 기간 말이다. 연간 1회만 결산을 한다면, 12월 결산법인의 경우 기초는 1월 1일, 기말은 12월 31일이 될 것이다.

박 사장은 매일 결산을 한다고 가정했다. 3월 11일 회계 기간 하루짜리 결산을 공식에 대입해보자.

기초재고는 1000원이다. 당기(3월 11일) 총제조원가는 4400원이다. 기말재고는 2200원이다. 매출원가는 1000원 + 4400원 – 2200원으로 3200원이 된다. 당연하다. 3월 11일 아침 장사 시작할 때 안고 있었던 빵 1개의 재고가격에다 그 날 빵 4개를 만들면서 투입한 제조원가를 더하고, 저녁때 남은 빵 2개의 재고가격을 빼주면, 그 날 판매된 빵 3개의 재고가격이 계산된다. 이것이 바로 매출원가인 것이다.

밥솥회사가 있다. 연 1회 결산을 하는데, 회계 기간은 1월 1일~12월 31일이다. 2015년 말에 결산하면서 매출원가를 구해보자. 2014년 말까지 못 판 밥솥 재고가 100만 원이다. 2015년 한 해 동안 1000만 원의 제조원가를 들여 밥솥을 열심히 만들었다. 그리고 2015년 말 남은 밥솥 재고를 조사했더니 300만 원이다. 2014년 말에 못 판 밥솥이 2015년 초 재고로 넘어오니까 기초재고가 100만 원이 된다. 따라서 공식에 대입하면 2015년 매출원가는 '100만 원(기초재고) + 1000만 원(당기 총제조원가) – 300만 원(기말재고) = 800만 원'이 된다.

회계가 어렵게 느껴지는 이유, 수익이연과 비용이연

PART 05

부채비율 3000%, 우리는 부실하지 않다!

: 선수금과 선급금 회계

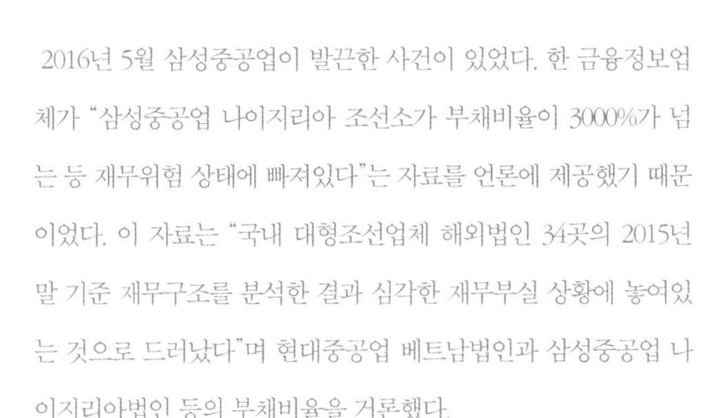

2016년 5월 삼성중공업이 발끈한 사건이 있었다. 한 금융정보업체가 "삼성중공업 나이지리아 조선소가 부채비율이 3000%가 넘는 등 재무위험 상태에 빠져있다"는 자료를 언론에 제공했기 때문이었다. 이 자료는 "국내 대형조선업체 해외법인 34곳의 2015년말 기준 재무구조를 분석한 결과 심각한 재무부실 상황에 놓여있는 것으로 드러났다"며 현대중공업 베트남법인과 삼성중공업 나이지리아법인 등의 부채비율을 거론했다.

삼성중공업은 이 같은 내용이 보도되자마자 즉각 반박자료를 냈다. 회사 측 주장의 요지는 세 가지였다. 첫째, 나이지리아 법인 전체 부채 6807억 원 가운데 2943억 원은 발주처로부터 받은 '선수금'이다. 둘째, 3601억 원의 부채는 매입채무로, 삼성중공업 본사 및 현지 하청업체에 지급해야 할 돈이다. 청구와 지급 시점 차이로 연말 기준 재무제표에 일시 반영된 것이다. 따라서 전체 부채 중 96%가 외부차입과 무관한 선수금, 매입채무로 구성돼 있다. 셋째, 나이지리아 법인이 보유한 현금은 2300억 원 이상이며, 순차입금(차입금 - 현금)이 마이너스인 무차입 상태이다.

어떤 사람들은 삼성중공업의 반박을 보며 이렇게 생각할 수도 있을 것이다. "선수금은 발주처로부터 받은 돈인데, 왜 부채가 되는 것일까?"

자산이었다가 비용이 되는 선급금

앞서 우리는 손익을 계산할 때 '수익'과 '비용'의 개념에 대해 간단히 알아보았다. 한미약품이 은행에서 100만 원의 돈을 빌려오는 행위 자체는 수익이나 비용을 발생시키지 않는다. 그저 현금 100만 원이 생기고(자산 증가), 동시에 100만 원의 차입금이 생기는(부채 증가) 사건일 뿐이다. 여유 자금을 다른 회사에 빌려준다면 현금이 줄고(자산 감소) 동시에 대여금이라는 채권이 늘어나므로(자산 증가) 역시 수익이나 비용과는 상관없다. 그러나 의약품을 제조·판매하는 과정에서는 매출이라는 수익과 제조원가(매출원가)라는 비용이 발생한다. 또 직원들 급여(인건비), TV 및 신문 광고(광고선전비) 등의 비용이 발생한다. 은행 차입금에 대해 이자를 낼 때는 이자비용을 기록해야 한다. 대여금에 대해 이자를 받으면 이자수익이 생긴다.

이러한 거래가 일어날 때마다 기업은 바로 거래일 장부에 그 내용을 기록한다. 그리고 거래 내용을 모아 결산 재무제표를 작성한다. 결산은 수익, 비용, 자산, 부채, 자본 계정에 해당하는 거래들이 자기 자리를 정확하게 찾아 들어가는 과정이다.

그렇다면 회계에서 말하는 자산과 부채는 무엇일까? 가계부를 쓰는 엄마는 자산을 재산으로 생각할 것이다. 엄마에게 부채란 곧 빚이다. 재무상태표에서 인식하는 자산과 부채는 우리가 흔히 생각하는 재산이나 빚과 유사하면서도 차이가 있다.

2016년 4월 10일 호떡장수 김 씨가 밀가루 판매업자 박 씨에게 1만 원을 주면서 일주일 뒤에 밀가루 두 포대를 가져다 달라고 주문했다 하자. 밀가루 판매업자가 받은 1만 원과 호떡장수가 지출한 돈 1만 원은 회계에서 어떻게 기록될까?

회계에서 자산은 '미래에 경제적 효과와 이익을 가져다줄 가능성이 큰 것'을 말한다. 자산으로 인식되려면 그 자산의 원가나 가치가 신뢰도 높은 수치로 측정될 수 있어야 한다.

호떡장수는 재료를 구매하느라 미리 1만 원을 지출했지만, 이 지출은 앞으로 1만 원어치의 밀가루 두 포대(경제적 효과와 이익)를 가져다줄 것이다. 따라서 일단 '자산'으로 분류된다. 호떡장수는 장부에 '선급금(자산) 1만 원'을 기록하면 된다. 물론 이 선급금은 결국은 비용으로 전환된다. 일주일 뒤인 4월 17일 호떡장수는 밀가루 두 포대를 받으면, 장부에서 선급금을 지우고 밀가루 매입(비용) 1만 원으로 대체한다. 정리하자면 이렇다.

4월 10일 호떡장수는 1만 원을 지출했으므로,
현금 감소 1만 원(자산 감소)을 기록한다.
그리고 동시에 선급금 1만 원(자산 증가)을 기록한다.

4월 17일 선급금 1만 원을 지운다(자산 감소).
그리고 매입 1만 원을 기록한다(비용 발생).

최종 정리 선급금은 증가했다가 그만큼 감소함으로써 삭제됐다.
남은 것은 현금 감소 1만 원과 매입 1만 원의 기록이다.
즉 밀가루라는 재료를 매입하는데
1만 원을 사용한 것이 된다.

부채였다가 매출이 되는 선수금

회계에서 부채란 '기업이 현재 지고 있는 의무로서, 의무를 이행하기 위해서는 경제적 효과나 이익을 보유한 자원을 유출해야만 하는 것'을 말한다. 결제될 금액이 신뢰성 있게 측정될 수 있어야 부채로 인식한다.

밀가루 판매업자의 입장에서 보자. 그는 돈 1만 원을 받았기 때문에 일주일 뒤 밀가루 두 포대를 호떡장수에게 가져다줘야 하는 의무를 안게 됐다. 따라서 밀가루 판매업자는 4월 10일 장부에 '선수금(부채) 1만 원'을 기록하면 된다. 당연히 이 선수금은 나중에 매출로 전환된다. 4월 17일 밀가루 두 포대를 호떡장수에게 납품한 뒤에는, 장부에서 선수금을 지우고 매출(수익) 1만 원으로 대체하면 된다. 정리하자면 이렇다.

4월 10일 밀가루 판매업자는 장부에 현금 1만 원을 기록한다(자산 증가).
동시에 선수금 1만 원을 기록한다(부채 증가).

4월 17일 밀가루를 납품한 뒤에는 선수금 1만 원을 지운다.
그리고 매출 1만 원을 기록한다.

최종 정리 선수금은 증가했다가 그 금액만큼 감소하므로 삭제된다.
남은 기록은 현금 1만 원과 매출 1만 원이다.
즉 밀가루를 팔고 현금 1만 원을 받은 것이다.

LG디스플레이의 '착한 부채'

선수금은 매출 전환이 전제되어 있고 회사의 현금 흐름을 개선시키기 때문에 '좋은 부채'로 불리기도 한다. 2009년 LG디스플레이가 애플로부터 받은 선수금 대박이 좋은 사례다. LG디스플레이는 2009년 연결재무제표 주석에서 표 1과 같이 밝히고 있다.

| 표 1. LG디스플레이 2009년 연결재무제표 주석 |

애플과의 장기공급계약 | 회사는 2009년 1월 Apple, Inc.와 향후 5년간 LCD 패널을 공급하기로 하는 장기공급계약을 체결하였으며, 이와 관련하여 Apple, Inc.로부터 5억 달러의 장기선수금을 수령하였습니다. 선수금은 일정 기간 거치 후 Apple, Inc.에 공급하는 제품의 대금과 상계될 예정입니다.

표 2 회사의 재무상태표 중 비유동부채* 항목에 장기선수금이 기록돼있다. 5억 달러를 당시 환율로 환산해 5838억 원으로 기재했다.

비유동부채 : 상환기일이 1년 이상 남은 장기 부채를 말한다. 장기차입금, 사채, 제품보증충당부채 등이 있다. 비유동부채는 장기간에 걸쳐 상환할 수 있기 때문에, 기업이 유형자산이나 투자자산 등 장기자산을 취득할 때 많이 사용한다. 1년 이내 갚아야 하는 부채는 '유동부채'라고 한다.

| 표 2. LG디스플레이 2009년 연결재무제표 재무상태표 |

(단위 : 백만 원)

비유동부채	2009년 말	2008년 말
사채	698,059	1,490,445
장기차입금	1,378,102	1,242,656
장기미지급비용	18,596	16,471
장기선수금	583,800	-

LG디스플레이는 그 뒤 2010년에도 두 차례 애플과 공급 계약을 맺으면서 3억 3000만 달러의 선수금을 받았다. 2009년 수령한 선수금(5억 달러)과 합하면 원화로 1조 원 가까이 되는 금액이었다.

| 표 3. LG디스플레이 2010년 연결재무제표 재무상태표 |

(단위 : 백만 원)

비유동부채	2010년 말	2009년 말
장기선수금	945,287	583,800

| 그림 1. 선수금과 선급금의 회계 처리 |

5억 달러 선지급

LG디스플레이-애플
LCD 장기공급계약

한편 애플 선수금이 LG디스플레이에 좋은 영향만 준 것은 아니었다. 애플 선수금이 달러부채였기 때문에 환율 변동에 따라 LG디스플레이 손익에 영향을 미칠 수밖에 없었다. 예를 들어 외화부채 1달러를 가진 상태에서 달러/원 환율이 1000원이라면 재무제표에 기록되는 원화부채는 1000원이다. 그런데 환율이 올라 1200원이 되면 원화로 기록되는 부채가 1200원으로 늘어나, 200원의 외화환산손실을 인식해야 한다(환율변동손익에 대해서는 371쪽에서 자세히 설명).

LG디스플레이는 해외 매출 비중이 월등히 높아 환율이 상승하면 수혜를 받는 기업이었다. 그러나 애플 선수금을 받은 이후, 환율이 꽤 오르는 바람에 외화부채에서 외화환산손실이 발생하며 이익을 많이 갉아먹었다. 당시에는 회계기준이 지금과 달라서 영업 관련 외환손실은 영업이익에 반영해야 했다. 따라서 LG디스플레이의 영업이익에도 상당한 악영향을 미쳤는데, LG디스플레이는 이 같은 외화부채의 영향을 배제한 영업이익 수치를 따로 발표하기도 했다.

삼성중공업 나이지리아법인 재무 부실, 부채 내용 살피지 않은 해프닝

이제 앞에서 본 삼성중공업 나이지리아법인의 부채비율 3000% 사례를 살펴보자. 단순 부채로만 보면 매우 심각한 상황처럼 느껴진다. 그러나 그 내용을 뜯어보면 삼성중공업이 즉각 반박자료를 낼 만하다는 것을 알 수 있을 것이다.

회사 측 주장대로 부채 6807억 원의 43%인 2943억 원은 선박을 건조해 주기로 하고 미리 받은 돈이다. 즉 앞으로 공사 진행에 따라 매출로 전환될 금액이다. 매입채무 3601억 원은 공사 진행에 필요한 원자재 등을 사면서 지게 된 빚이다. 이들 원자재는 한국 본사 또는 현지업체들로부터 조달한다. 예를 들어 2015년 하반기에 원자재를 매입했고 2016년 초에 결제하기로 되어 있다면 2015년 말 결산에서 부채로 계상된다. 나이지리아 법인이 보유한 현금이 2300억 원 이상인 점을 감안하면, 앞으로 계속 유입될 선수금과 보유 현금을 활용하면 매입채무 결제에 문제가 없어 보인다.

부채의 구성 내역을 살피지 않고 단순히 부채비율로만 회사의 재무 안정성을 따지는 것은 때로는 이처럼 오해를 낳을 수 있다.

두산엔진 선수금, 얼마나 매출로 전환했을까?

두산엔진의 2016년 1분기 실적발표자료를 살펴보자. 두산엔진은 선박용 엔진을 만드는 회사다. 부채 중 선수금 비중이 높은 것으로 보건대, 발주회사로부터 선수금을 받아 엔진을 제조해 납품하는 것으로 보인다.

| 표 4. 두산엔진 2016년 1분기 요약재무상태표 중에서 |

(단위 : 억 원)

	2015년 12월 말	2016년 3월 말
부채총계	8,313	8,620
선수금	2,727	2,817

* 참고 : 2016년 1분기 선수금유입액 1,250억 원

두산엔진의 선수금(부채) 가운데 2016년 1분기에 매출로 전환된 금액은 얼마큼일까?

2015년 12월 말 기준 선수금 잔액은 2727억 원이다. 2016년 1분기(1~3월) 새로 유입된 선수금은 1250억 원이다. 두 개를 더하면 1분기 말 선수금 잔액은 3977억 원이 돼야 한다. 그런데 1분기 말 선수금 잔액은 2817억 원밖에 안 된다. 즉 '3977억 원 – 2817억 원 = 1160억 원'이 2016년 1분기에 선수금(부채)에서 지워지고, 매출(수익)로 대체된 것으로 추정할 수 있다. 선수금이 많으면 외형적으로 부채비율이 높은 것으로 보인다. 그러나 선수금이 많다는 것은 시간이 경과 됨에 따라 매출로 인식될 금액이 많다는 것이므로 긍정적인 측면이 있다.

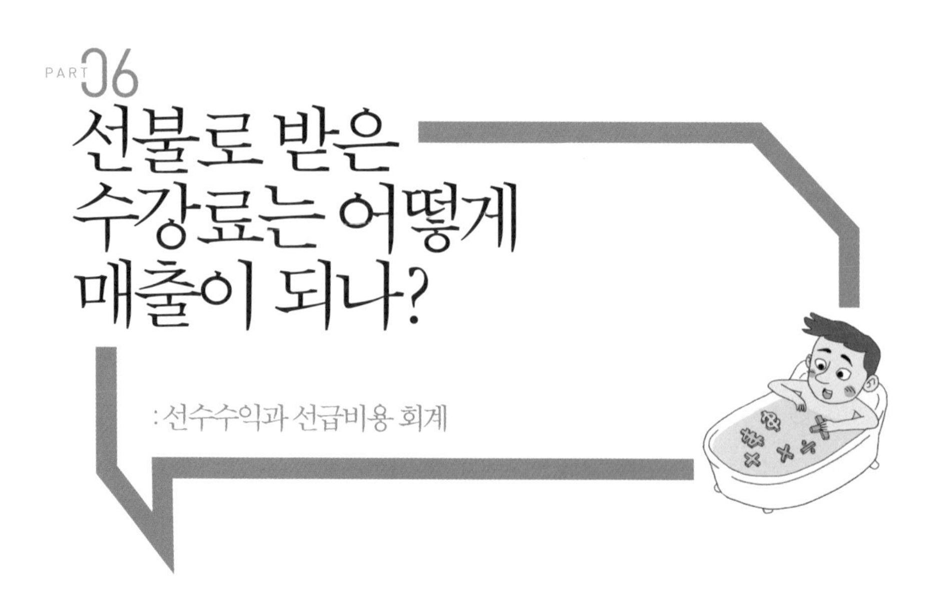

PART 06

선불로 받은 수강료는 어떻게 매출이 되나?

: 선수수익과 선급비용 회계

'수익'이라는 꼬리표를 달고 부채 항목으로 분류하는 선수수익

엄마의 가계부와 기업의 회계장부에서 나타나는 가장 큰 차이는 뭘까? 엄마는 현금이 들어와야만 '수입'으로 기록하고, 현금이 나가야만 '지출'로 기록한다. 가계부에 적힌 수입은 기업으로 보면 '수익'과 유사하다. 가계부의 지출은 기업의 '비용'과 비슷하다. 그러나 기업은 엄마처럼 현금 유출입을 기준으로 수익과 비용을 기록하지 않는다.

2016년 10월 1일 삼성전자가 LG전자에게 100만 원을 1년 동안 빌려주기로 하고 이자 10만 원을 먼저 받았다고 하자(62~63쪽 그림 2, 3 참조). 이날 삼성전자는 장부에 수익 발생(이자수익 10만 원)과 자산 증가(현금 10만 원)를 기록한다. 그런데 2016년 12월 31일 결산을 할 때 이자수익 10만 원이라는 거래 기록을 그대로 둘까? 엄마 가계부라면 10월 1일 현금으로 이자 10만 원을 분명히 받았으므로 12월 31일 결산을 하면서 더 이상 손댈 것은 없다. 그러나 기업회계는 다르다.

10월 1일 장부에 이자수익으로 기록해놨던 10만 원 중 결산 시점인 12월 31일까지의 3개월 치(10월 1일~12월 31일) 이자에 해당하는 2만

5000원만 이자수익으로 조정한다. 나머지 9개월 치에 해당하는 이자수익(2017년 1월 1일~9월 30일) 7만 5000원은 '선수수익(선수이자)'이라는 계정으로 대체한다.

선수수익이란 뭘까? 수익이라는 꼬리표가 붙기는 했지만, 아직 손익계산서에서 말하는 수익은 아니다. 재무상태표의 부채 항목이다. 선수수익이라는 계정 이름 때문에 혼동해서는 안 된다.

기간이 경과한 3개월분(2만 5000원)은 이자수익이 맞다. 그러나 남은 9개월 동안 원금을 회수하지 않고 대여 상태를 유지해야 할 의무가 있기 때문에 부채로 분류한다. 즉 손익계산서가 아니라 재무상태표에 보고해야 한다.

선수수익이란 글자 그대로 미리 받은 수익이다. 시간이 지나야만 수익으로 대접을 받는 것이지, 그전에는 부채로 앉아있어야 하는 셈이다. 손익을 계산할 때 자칫 선수수익을 수익 항목에 집어넣으면 틀린 계산이 된다.

결산 재무상태표 자산 항목에는 현금 증가(이자) 10만 원이 반영될 것이다. 부채 항목에는 선수수익 7만 5000원이 들어갈 것이다. 그리고 손익계산서의 수익 항목에는 이자수익 2만 5000원이 '영업외수익'으로 보고될 것이다.

사실 삼성전자나 LG전자 같은 증권시장 상장기업은 연간 네 차례 결산을 진행하고 공시한다고 보면 된다(1분기, 반기, 3분기, 연간). 따라서 삼성전자는 2016년 말 기준 선수수익(부채) 잔액 7만 5000원을 2017년 1/4~3/4분기까지 세 번에 걸쳐 2만 5000원씩 이자수익으로 전환해 손익계산에 반영하면 된다. 세 차례 결산을 거치면서 재무상태표의 선수수익(부채)은 5만 원(1/4분기) → 2만 5000원(반기) → 0원(3/4분기)으로 감소할 것이다.

| 그림 2. 삼성전자 선수수익 회계 처리 개념도 |

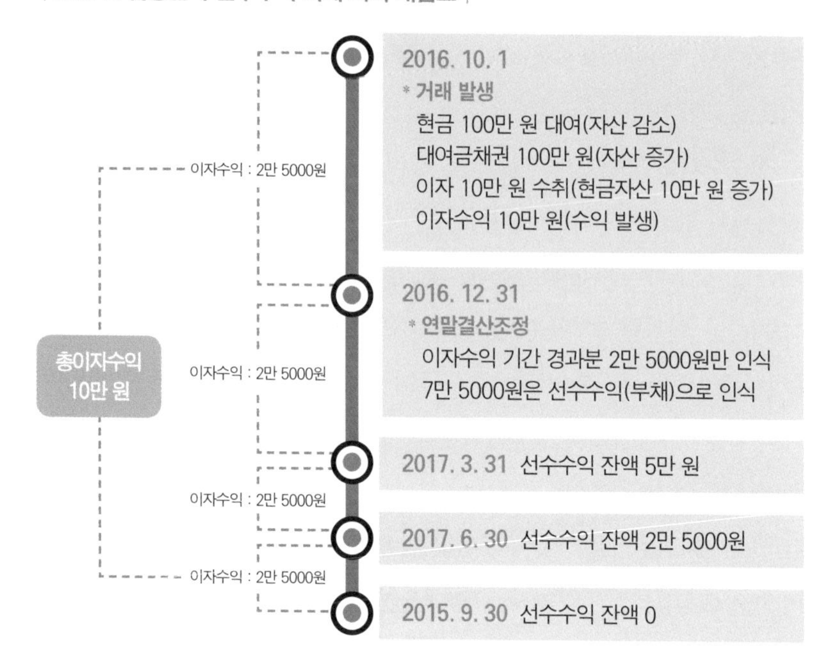

'비용'이라는 꼬리표를 달고 자산 항목으로 분류하는 선급비용

다른 가정을 한번 해보자. 삼성전자가 2016년 10월 1일 LG전자에게 건물을 1년간 빌려주기로 계약하고 1년 치 임대료 10만 원을 받았다 해도 마찬가지다. 임대료로 10만 원의 현금이 유입된 사실은 현금자산 증가로 기록하면 된다. 그러나 연말결산 시 인식하는 임대료수익은 2만 5000원, 나머지 7만 5000원은 선수수익(선수임대료) 부채로 잡아야 한다. 기간이 지나지 않은 나머지 9개월 동안 건물사용권을 LG전자에게 독점 제공할 의무가 있기 때문이다.

그렇다면 이 경우 LG전자 입장에서는 어떻게 회계 처리하면 될까? 2016년 10월 1일 1년 치 임차료를 미리 줬으므로, 이날 장부에는 일단 '현금 10만 원 감소'와 함께 '임차료비용 10만 원 발생'으로 기록할 것이

| 그림 3. LG전자 선급비용 회계처리 개념도 |

다. 그러나 12월 31일 결산할 때는 조정해야 한다. 임차료비용은 기간 경과 분인 3개월분(2만 5000원)만큼만 손익계산서에 보고하면 된다. 나머지 7만 5000원은 '선급비용'으로 기록한다. 선급비용은 계정 이름에 비용이라는 꼬리표가 붙기는 했지만, 자산 항목으로 분류한다. 비용을 미리 지급함으로써 나머지 9개월 동안 건물을 독점적으로 사용할 수 있는 권리를 확보했기 때문이다. LG전자는 2017년 3/4분기까지 세 차례 결산 과정에서 2만 5000원씩을 손익계산서에 비용으로 인식해 나가면 된다. 재무상태표에서 선급비용이라는 자산은 '1/4분기(5만 원) → 2/4분기(2만 5000원) → 3/4분기(0원)'으로 잔액이 감소할 것이다.

비용과 수익 보고를 뒤로 미루는 비용이연과 수익이연

지출한 금액 가운데 결산 시점까지의 기간 경과 분만 비용으로 인식하고 나머지를 선급비용으로 자산화한 다음 추후 경과된 기간에 따라 점차 비용으로 반영해 나가는 것을 '비용이연'이라고 한다. 손익계산서상 '비용'의 보고를 뒤로 미루어 뒀다는 말이다.

유입된 금액 가운데 기간 경과 분만 수익으로 인식하고 나머지를 선수수익으로 부채화한 다음 추후 경과된 기간에 따라 점차 수익으로 반영해 나가는 것을 '수익이연'이라고 한다.

주의할 점이 있다. 수익이나 비용을 이연을 한다는 것은 손익계산서에서 수익 또는 비용 인식을 추후로 미룬다는 것이지, 회사로 유입되거나 회사 밖으로 유출된 현금 흐름까지 인식하지 않는다는 건 아니다. 재무상태표에는 분명하게 현금 증가 또는 감소를 기록해야 한다.

예를 들어, 2016년 12월 31일 결산에서 LG전자의 손익계산서 비용 항목에는 이자비용으로 2만 5000원이 보고되고 재무상태표 자산 항목에 선급비용이 7만 5000원이 기록되었다. 아울러 재무상태표 자산 항목에 현금 10만 원 감소도 보고되어야 한다.

인강 학원 순위를 결정하는 스타 강사

대입수학능력시험 인터넷강의(인강) 시장 규모는 얼마나 될까? 업계 추정으로는 2000억 원 규모다. 그렇다면 이른바 '1타 강사(과목별 매출 1위 강사)'가 올리는 연간 매출 규모는 어느 정도나 될까? 언론 기사에 따르면 100억 원에 이르는 강사도 있는 것으로 알려졌다. 이들 스타 강사 가운데는 매출만큼 급여를 받는 경우도 있다고 하니, 연 수입이 수십억 원인 강사도 제법 있는 것으로 추정된다. 인강 스타 강사를 잡기 위한 대형학원들의 경쟁이 치열해지면서 잡음이 끊이지 않고 있다고 한다. 스타 강사 모시기에 성공하느냐 따라 학원 매출 순위가 순식간에 바뀌기 때문이다.

수능 응시자가 해마다 줄어들고 있는 현실 속에서 학원들은 스타 강사가 있어야 매출을 높일 수 있다고 생각하기 때문에 강사 확보 경쟁이 사

인터넷강의 시장에서 스타 강사는 학원 매출을 좌지우지할 정도의 파워를 가진다.

그라지지 않을 전망이다. 학원에서 수용할 수 있는 학생 수에는 한계가 있지만 인강의 경우 제한이 없고, 학생들이 학원 브랜드보다는 강사를 보고 강의를 선택하기 때문에 학원들로서는 스타 강사 확보가 곧 매출 증가인 셈이다.

코스닥상장기업인 메가스터디교육, CMS에듀, 청담러닝 등은 주로 초중고교생들을 대상으로 온라인 및 오프라인 학습강의를 하고 돈을 버는 교육업체들이다. '교육강의'라는 용역서비스를 제공하고 수강생들로부터 받은 수강료 수익이 주요 매출이라고 할 수 있다.

| 그림 4. 메가스터디교육 매출 구성 |

자료 : 메가스터디교육 2015년 재무제표 주석

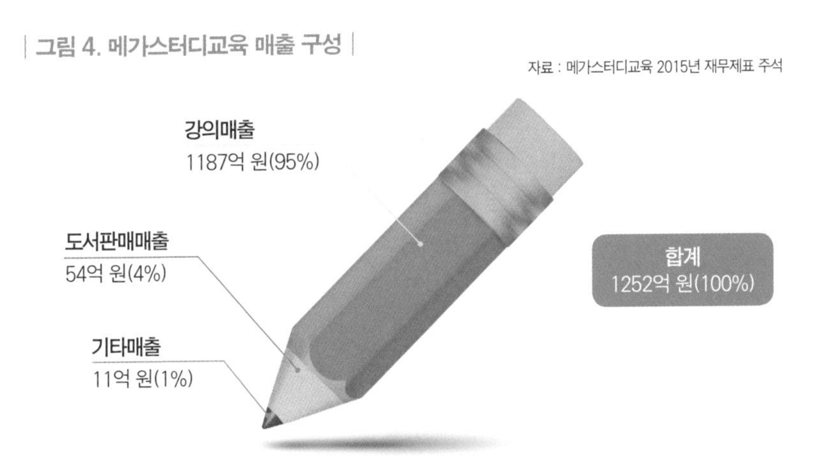

| 그림 5. 청담러닝 영업수익 구성 |

자료 : 2015년 연결재무제표 주석 중

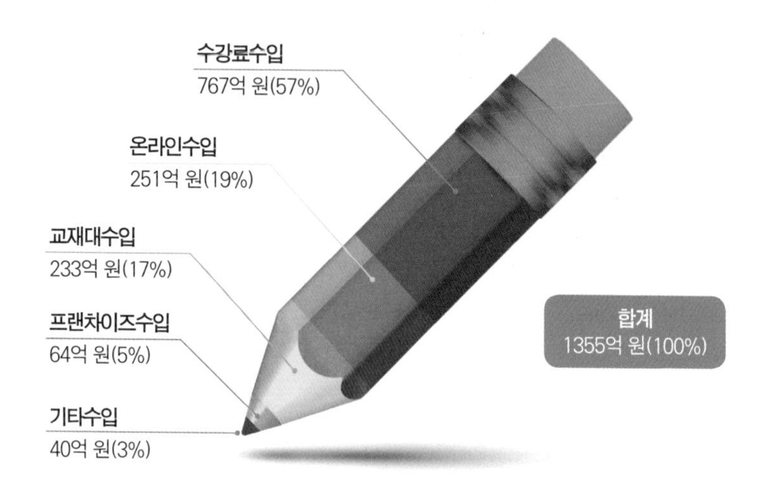

메가스터디교육의 수강료수익 회계 처리

대개 이들 교육업체들은 1, 3, 6개월 단위의 수강료를 미리 받고 강의 서비스를 제공한다. 수강료는 선불이다. 따라서 이들 업체는 결산할 때 수익인식 조정을 해야 한다. 수강료를 받았지만 제공하지 않은(앞으로 제공해야 할) 강의 개월 수만큼은 우리가 앞에서 배운 선수수익(부채)으로 인식해야 한다. 예를 들어보자.

2016년 3월 1일 박근면 학생이 3개월 수학과목 수강 등록을 하면서 수강료 30만 원을 메가스터디교육에 냈다. 이날 메가스터디교육은 장부에 현금 30만 원이 들어왔고(자산 증가), 수강료수익(매출) 30만 원이 발생했다고 기록한다. 메가스터디교육은 상장사로서, 3월 31일 1분기 결산을 해야 하는데 이때 수익이연 조정을 해야 한다.

1분기 말 결산 시점을 기준으로, 이 학생에게 제공해야 할 3개월 치 강의서비스 중 1개월만 경과하였기 때문에 수강료수익은 10만 원(30만 원/3)만 손익계산서에 보고한다. 20만 원은 선수수익(부채)으로 재무상태표에 보고해야 한다.

반기 말 결산(6월 30일)시점으로 가면 어떻게 될까. 4월과 5월 치 강의 서비스 제공이 완료되었으므로, 부채로 잡혀있던 선수수익 20만 원이 재무상태표에서 지워진다. 대신 손익계산서에 20만 원의 강의료수익 발생이 기록될 것이다(반기 결산 기간은 1~6월이므로 반기 손익계산서 강의료수익은 총 30만 원).

아래 메가스터디교육 재무상태표의 부채 항목을 보자.

| 표 4. 메가스터디교육 2015년 재무상태표 부채 항목 |

(단위 : 백만 원)

구분	2015년
부채	56,868
Ⅰ.유동부채	48,915
(1)매입채무	2,703
(2)기타채무	15,309
(3)선수수익	25,855
(4)기타유동부채	2,027
(5)충당부채	3,019
Ⅱ.비유동부채	7,952

부채총액 568억 6800만 원 가운데 45%인 258억 5500만 원이 선수수익이다. 선수수익 부채는 시간이 지나면 매출로 대체될 것이므로, 선수수익이 많다는 것은 그만큼의 매출수익을 확보해 놓았다는 것과 같은 의미로 해석된다. 부채비율이 높아도 그 이유가 차입금처럼 이자 지출이 동반되는 채무보다는 매출로 전환될 선수수익 계정 금액이 크기 때문이라면 양호한 재무상태로 봐도 된다.

어느 시점에 수익으로 인식할 것인가?

: 발생주의 vs. 현금주의 회계 :

회계가 어렵게 느껴지는 이유 가운데 하나는 수익을 인식하는 회계 기준이 '발생주의'를 기초로 하기 때문이다. 2016년 12월 1일 상품 1개를 1만 원에 사서 12월 15일 1만 5000원에 팔았다고 가정해보자. 대금은 2017년 1월 10일 받기로 했다. 발생주의는 현금 유입과 상관없이 거래가 발생한 시점에서 수익을 인식한다. 상품을 외상으로 팔았어도 소유권이 넘어간 2016년 12월 15일 1만 5000원을 매출(수익)로 인식한다. 그리고 매출채권(자산) 1만 5000원도 기록한다. 2017년 1월 10일 돈이 들어오면 매출채권 1만 5000원을 현금 1만 5000원으로 바꿔준다. 자산 구성의 변화만 반영하면 된다.

발생주의의 대척점에 '현금주의'가 있다. 현금주의는 말 그대로 현금이 들어와야 수익으로 인식한다. 그래서 2016년 12월 말 결산에서 1만 5000원을 매출수익으로 인식하지 않는다. 2017년 1월 10일이 돼야 매출(수익) 1만 5000원이 발생하고 현금(자산) 1만 5000원이 생겼다고 기록할 것이다.

현금주의를 따르면 상품매출은 2017년에, 매출원가는 2016년에 인식

하게 된다. 이렇게 되면 수익과 비용이 대응하지 않아, 경영 성과를 합리적으로 측정할 수 없다. 발생주의에서는 매출(수익)과 매출원가(비용)가 같은 결산기에 제대로 대응하기 때문에 손익 측정이 합리적이다.

자동차 보험료 100만 원을 2016년 10월 1일 납부(2017년 9월 30일까지 1년 동안 보험 적용)했다면 현금주의에서는 전액을 2016년 비용으로 결산한다. 2016년에 현금이 나갔기 때문이다. 발생주의에서는 2016년에는 3개월 치(10월 1일~12월 31일) 보험료 25만 원만 비용으로 인식한다. 나머지 75만 원의 보험료는 분기 결산을 해야하는 상장기업이라면 2017년에 가서 분기 결산 때마다 25만 원씩 비용으로 인식할 것이다.

보험료와 관련해 현금주의에서는 2016년 한번 100만 원의 비용이 발생했고, 2017년에는 아무런 비용이 발생하지 않은 것으로 인식한다. 하지만 발생주의는 보험 적용 기간이 1년이므로 2016년 4/4분기~2017년 3/4분기까지 4개 분기에 걸쳐 보험료 25만 원씩을 비용으로 반영한다.

어느 것이 경영 성과 측정에 더 합리적이라고 할 수 있을까? 당연히 발생주의 쪽이다. 앞에서 살펴본 수익과 비용의 이연 역시 발생주의에 근간을 둔 것이라 할 수 있다.

계약조건 따라 바뀌는 기술 수출 회계 처리

: 한미약품 기술계약금 배분회계

한미약품 영업이익, 증권가 예상치에서 반 토막!

2016년 4월 28일 한미약품이 1분기 실적 발표를 했다. 연결기준 매출은 2564억 원, 영업이익은 226억 원이었다. 시장 전문가들의 예상치를 많이 벗어난 수치였다. 증권가 애널리스트들의 영업이익 예상치 평균이 550억 원 안팎이었으니, 실제 영업이익은 컨센서스의 반 토막에 불과했다.

한미약품은 2015년에만 글로벌제약사들과 다섯 건의 굵직한 기술 수출(기술이전) 계약을 체결, 증권시장 최대 관심주식으로 떠오른 상태였다. 신약물질 기술 이전 계약을 하면 한미약품은 계약금을 먼저 받는다. 그리고 글로벌제약사들에게 임상시험부터 상업화에 이르기까지 전 과정을 독점 진행할 수 있는 권리를 넘겨준다. 여러 차례의 임상시험, 시판

2016년 한미약품은 시장 기대치를 크게 밑도는 1분기 실적을 내놨다. 실적 발표 전 시장에서는 한미약품이 1분기 영업이익을 521억 원 기록할 것으로 봤다. 하지만 한미약품이 발표한 영업이익은 226억 원이었다. 이러한 격차는 어디에서 발생한 것일까?

허가 획득, 상업 생산 돌입 등 매 단계가 성공적으로 진행될 때마다 한미약품은 기술료를 받게 되는데, 이를 마일스톤(단계별 기술료 획득) 방식이라고 한다.

애널리스트들의 추정치와 회사 발표치 간 차이가 컸던 이유는 2015년 11월 프랑스 사노피와 체결한 당뇨 관련 신약기술, 즉 '퀀텀프로젝트' 계약의 회계 처리에서 발생했다.

네 번 나눌 것인가, 열두 번 나눌 것인가

사노피로부터 기술 이전 대가로 받기로 한 계약금은 4억 유로(5000억 원). 마일스톤 35억 유로(4조 3000억 원)는 추후 진행 경과에 따라 수령 여부가 결정되므로 당장 회계 처리할 필요가 없다. 한미약품은 2015년 11월 계약을 체결하면서 계약금 4억 유로는 두 달 뒤인 2016년 1월 전액 수령하기로 했다.

그렇다면 2015년 12월 결산을 하면서 한미약품은 계약금을 어떻게 회계 처리했을까? 계약금 4억 유로 가운데 2억 유로만 매출(기술수출료)로 인식하고, 나머지 2억 유로는 선수수익(부채)으로 처리했다. 그리고 결산 시점까지 계약금을 실제 수령한 것은 아니기 때문에 매출채권으로 4억 유로를 계상한다.

한미약품의 2015년 사노피 계약 결산을 정리하면 이렇다.

> **기술수출료 2억 유로(손익계산서 수익) + 선수수익 2억 유로(재무상태표 부채)**
> **= 매출채권 4억 유로(재무상태표 자산)**

매출채권 4억 유로는 2016년 1월 돈이 들어오면 삭제하고 현금으로 대체하면 된다. 자산 구성에만 변화(매출채권 → 현금)가 생기는 셈이다.

애널리스트들은 사노피 계약 잔존금액(선수수익 2억 유로)을 한미약품이 2016년 1년 동안 매 분기마다 매출(기술수출료)로 분할해 인식할 것으로 예상했다. 즉 1분기에는 사노피 계약금에서만 '2억 유로(2500억 원)/4개 분기 = 625억 원'의 기술수출수익이 발생할 것으로 보고 실적 추정을 했다.

그러나 한미약품은 이를 3년 동안 분할해 인식하기로 결정했다. 3년이면 매 분기마다 208억 원(2500억 원/12개 분기)정도다. 이 때문에 1분기 시장 컨센서스가 회사 발표 금액대비 큰 차이를 보였다.

그럼 한미약품은 왜 5000억 원의 사노피 계약금 중 2500억 원은 2015년 말에 한 번에 매출에 반영하고, 나머지 2500억 원은 3년 동안 분할반영하기로 했을까?

한미약품과 사노피의 계약에는 특별한 조건이 하나 붙어 있다. 양사간 계약이 종료되면 최대 2억 유로를 반환한다는 조항이다. 예컨대 임상실패 등으로 더 이상 신약개발 작업을 진행할 수 없다는 판단을 내리고 계약을 종결하면 한미약품이 최대 2억 유로를 돌려준다는 내용인 것으로 추정된다.

한미약품은 사노피와의 기술 이전 계약 사실을 공시할 때(2015년 11월)는 이 내용까지 밝히지 않았다. 몇 달 뒤 2015년 사업보고서를 공시할 때 재무제표 주석에다 반환 조항이 있음을 기재했다. 한미약품이 5000억 원의 계약금 중 2500억 원만 2015년 말에 일시에 수익으로 반영하고 나머지 2500억 원의 계약금을 2016~2018년까지 3년이라는 긴 시간 동안 분할인식하기로 한 데는, 나중에 계약금 일부를 반환해야 하는 상황이 생길 가능성도 있기 때문으로 추정된다.

표 5는 2015년 한미약품 연결재무제표 손익계산서의 내용들이다.

매출액 (4)번 '기술수출수익' 5125억 원 중에는 사노피 계약금 5000억

| 표 5. 한미약품 2015년 연결재무제표 손익계산서 |

(단위 : 백만 원)

구분	2015년
매출액	1,317,534
(1)제품매출	649,510
(2)상품매출	134,299
(3)임가공매출	15,948
(4)기술수출수익	512,500
(5)기타매출	5,274

| 표 6. 한미약품 2015년 연결재무제표 주석 중 부채총계 내역 |

(단위 : 백만 원)

구분	금액
부채	977,784
Ⅰ. 유동부채	673,621
매입채무 및 기타채무	238,148
단기차입금	37,484
기타부채	325,839
Ⅱ. 비유동부채	304,163

원(2015년 결산 시점에서는 아직 미수령 상태) 가운데 수익으로 인식한 2500억 원 가량이 포함돼 있다. 나머지 2625억 원은 미국 일라이릴리(5000만 달러), 독일 베링거인겔하임(5000만 달러), 미국 얀센(1억 달러), 중국 자이랩(700만 달러)으로부터 받은 계약금 등에서 발생한 수익이다.

표 6과 7의 한미약품 2015년 연결재무제표와 주석을 보자. 부채총계가 9777억 원, 이 가운데 3258억 원이 '기타부채'이고, 기타부채 안에 사노피 선수수익 2억 유로가 인식돼 있다는 것을 알 수 있다.

| 표 7. 한미약품 2015년 연결재무제표 주석 중 기타부채 내역 |

(단위 : 백만 원)

구분	금액
미지급급여	22,558
미지급비용	25,610
선수금	318
예수금	14,730
선수수익	262,621
합 계	325,839

표 8을 보면 2016년 1분기 말에는 선수수익 잔액이 줄었다(2626억 원 → 2341억 원). 감소액만큼 기술수출수익으로 추가 인식된 것으로 추정할 수 있다.

| 표 8. 한미약품 2016년 1분기 연결재무제표 주석 중 '기타부채' 항목 내 선수수익 계정 금액의 변화 |

(단위 : 백만 원)

구분	2016년 1분기 말	2015년 말
선수수익	234,176	262,621

미수금과 미수수익 구별하기

회계 감사 현장에 처음 나온 막내 회계사에게 감사할 계정을 할당하면서 첫 번째 던지는 질문이 있다.

"김 회계사, 미수금하고 미수수익 차이가 뭐예요?"

"그리고 미지급금과 미지급비용의 차이는 뭐예요?"

너무 당연한 것을 물어서 그런지, 김 회계사는 "음... 음..."거릴 뿐 쉽게 답하지 못했다.

계정 과목의 특성을 생각해 보지 않은 신참 회계사들은 종종 위 질문에 명쾌하게 대답하지 못할 때가 있다. 회계에서 계정 과목 이름을 외우는 것은 그다지 중요하지 않다. '현금 및 현금성 자산' 100원을 '자산' 100원으로 회계 처리해도 틀린 것은 아니기 때문이다. 다만 재무제표의 유용성을 증대시키기 위해 계정 과목을 구분해 놓은 것이므로, 계정 과목의 특성을 알게 되면 더욱 폭넓게 재무제표를 이해할 수 있다.

미수금이란 회사의 주 영업활동 이외의 거래에서 발생한 미수채권을 말한다. 따라서 회사의 주된 영업활동에서 발생한 매출채권과 구분된다. 즉 삼성전자에서 스마트폰을 팔아 생긴 채권은 매출채권이 되며, 업무용으로 쓰던 자동차를 팔아 생긴 채권은 미수금이 된다.

그렇다면 미수금과 미수수익의 차이는 무엇일까? 미수금은 이미 재화나 서비스를 상대방에게 제공한 후, 받을 금액을 합리적으로 추정할 수 있거나, 확정된 상태에서 계상하는 것이므로 금액이 확정된 채권이다. 그러나 미수수익은 수익이 기간에 비례해 창출되는 것들을 말한다. 예를 들면 이자수익, 임대료 수익 등을 들 수 있다. 이러한 수익들은 일반적으로 일정 기간이 완료된 뒤에 현금으로 회수되는 특징이 있다. 정기예금에 가입하여 받는 이자수익은 3개월, 6개월처럼 현금으로 받는 시점이 정해져 있다.

그런데 현금을 회수하는 기간이 결산기 말 안쪽이라면 문제가 없지만, 현금을 회수하는 기간이 결산기 말에 걸쳐있다면 기간이 지난 부분에 대해서는 현금 유입과 상관없이 기간 경과에 따라 수익을 인식하는 발생주의 회계 처리가 필요하다.

아직은 현금이 들어오지 않았지만, 결산을 하는 시점에 기간 경과 분만큼은 일단 손익계산서에 수익으로 반영하고 재무상태표에 미수수익(자산)으로 처리하는 방법을 가상의 사례를 통해 좀 더 쉽게 이해해 보자.

사례 | A사(연 1회 연말결산만 한다고 가정)는 2015년 7월 1일 1년 만기 정기예금에 100만 원 가입했다. 연 이자율은 12%이며, 1년 이자 12만 원은 만기 시 받기로 했다.
시간이 흘러 2015년 12월 말 결산 시점이 됐다. 이 정기예금과 관련해 어떤 회계 처리를 해야 할까? 만기가 2016년 6월 30일이므로 2015년 말에는 회계 처리해야 할 사안이 없을까?

A사는 정기예금과 관련해 6개월의 기간 경과 분(2015년 7월 1일~12월

31일)에 해당하는 6만 원[100만 원 × 12% × (6/12)]을 손익계산서에 '이자수익'으로 인식해야 한다. 그러나 이는 발생주의 회계기준에 따라 기간 경과 분을 인식한 것일 뿐이다. 실제로 현금이 유입된 것은 아니므로, 이자수익 기록과 함께 재무상태표 자산 계정에는 6만 원의 미수수익을 기록해야 한다. 미수수익은 만기가 되면 현금으로 유입될 것이기 때문에 '자산'이 된다.

2016년 6월 30일 만기가 되면 회사에는 이자로 현금 12만 원이 들어온다. 6월 30일의 회계장부에는 남은 6개월분(2016년 1월 1일~6월 30일)의 이자수익 6만 원을 반영하면서, 재무상태표의 자산에 기재되어있던 미수수익 6만 원을 제거하면 된다.

총정리하면 A사는 2015년 7월 1일 정기예금 가입 시 현금 100만 원이 감소하고, 단기금융상품(정기예금) 100만 원이 증가했다(자산의 구성 변화). 이 정기예금과 관련한 이자수익은 2015년도 손익계산서에 6만 원, 2016년도 손익계산서에 6만 원 반영된다. 2015년도 결산에서는 손익계산서에 이자수익 6만 원을 반영하면서 동시에 재무상태표 자산 계정에 미수수익 6만 원을 기록한다.

2016년 6월 30일 만기가 되면 현금(정기예금 원금) 100만 원이 증가하고, 단기금융자산 100만 원은 제거된다(자산 구성 변화). 2016년 6월 30일 만기에 이자로 현금 12만 원이 증가(유입)되었다. 이 12만 원은 2016년도 6개월분의 이자수익 6만 원과 미수수익 6만 원 제거분에 해당한다.

부채에서도 동일한 성격의 계정 과목이 있다. 매입채무, 미지급금, 미지급비용이다. 미지급금이란 회사의 주 영업활동 이외의 거래에서 발생한 금액이 확정된 채무를 말한다. 따라서 회사의 주된 영업활동에서 발생

| 그림 6. 미수수익(정기예금) 회계 처리 예 |

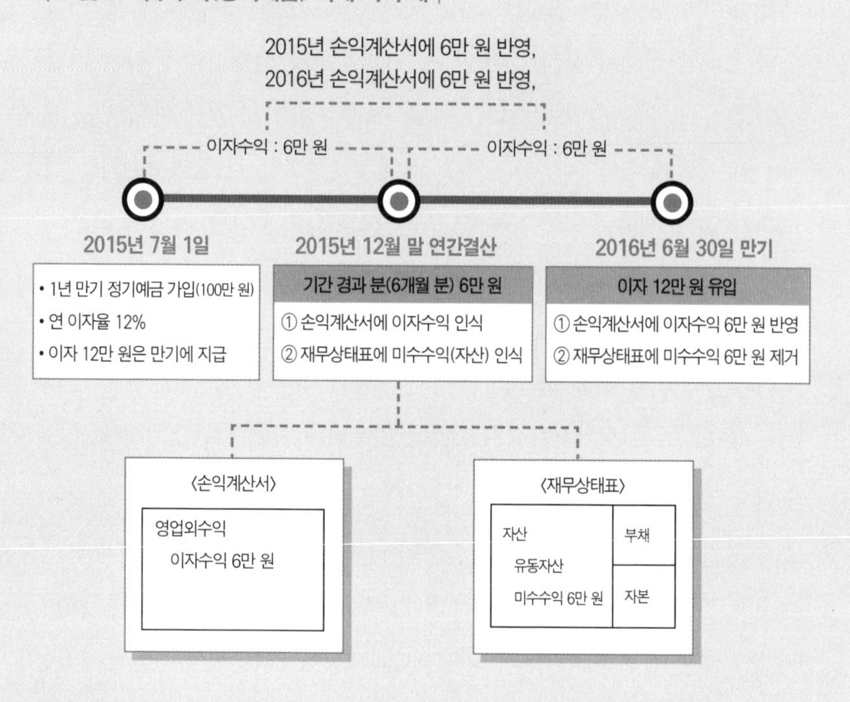

한 매입채무와 구분된다. 즉 삼성전자에서 스마트폰의 원재료를 구매하면서 생긴 채무는 매입채무가 되며, 기계장치를 구매하면서 생긴 채무는 미지급금이 된다. 미지급비용도 미수수익과 동일한 개념이다. 현금으로 결제할 시기는 도래하지 않았지만, 기간에 비례해 발생한 비용들, 예를 들어 이자비용이나 지급임대료 같은 것들이 미지급비용이 된다.

감가상각과 손상차손

PART 08

감가상각은 언제, 어떻게, 왜 할까?

김 씨는 2016년 1월 1일 호떡 굽는 기계를 12만 원에 구입해 호떡 장사를 시작했다. 김 씨는 이 기계를 1년 정도 사용할 수 있을 것으로 생각하고 있다. 한 달 동안 열심히 호떡을 만들어 팔아 5만 원의 매출을 올렸다. 밀가루, 설탕 등 재료비는 2만 원, 연료비는 1만 원이 들었다.

김 씨는 매월 결산을 해 보기로 했다. 1월 한 달 김 씨의 손익 계산은 어떻게 될까?(인건비, 임대료 등의 비용은 고려하지 않기로 한다.)

'수익(매출 5만 원) - 비용(재료비 및 연료비 3만 원 + 기계 구입비 12만 원)'은 '-10만 원'이다. 김 씨는 한 달 동안 10만 원 적자를 낸 걸까?

호떡장수 김 씨, 1분기에 5만 원 적자일까? 3만 원 이익일까?

표 1은 김 씨가 석 달 치 영업손익을 정리한 것이다. 2016년 1분기(1~3월) 김 씨의 손익은 표에서처럼 5만 5000원 적자가 맞는 것일까?

| 표 1. 호떡장수 김 씨의 1분기 손익 계산 |

구분	1월	2월	3월	1분기 결산손익
매출액	5만 원	6만 원	4만 원	15만 원
재료비 및 연료비	3만 원	3만 5000원	2만 원	8만 5000원
기계구입비	12만 원	-	-	12만 원
손익	-10만 원	2만 5000원	2만 원	-5만 5000원

가계부에 익숙한 엄마는 이런 계산법이 옳다고 생각할 것이다. 그러나 기업회계는 다르다. 김 씨는 호떡기계를 1년 정도 사용할 수 있을 것으로 예상하고 있다. 즉, 호떡기계를 1년 동안은 매출을 올리는 데 사용할 수 있다는 뜻이다. 12만 원에 구매한 호떡기계는 1년의 세월이 흐르는 동안 지속적인 마모 또는 훼손 등으로 가치가 점차 떨어질 것이다. 따라서 호떡기계라는 자산 취득원가(12만 원)를 1월에 손익을 계산하면서 한 번에 비용으로 반영하기보다는 수익 창출에 사용할 수 있는 기간(1년 예상) 동안 분산 배분하는 것이, 기업의 경영 성적(손익)을 평가하는 데 더 합리적이라고 할 수 있다. 1년 동안 부지런히 호떡을 구워 매출을 올릴 기계인데, 구매 시점인 1월에 12만 원을 한방에 비용으로 반영해 대규모 적자를 만들고, 2~12월까지는 기계 관련 비용이 전혀 없다고 계산하면 불합리한 손익 측정 방법이 된다.

기계 취득원가를 나누어 비용을 배분하는 방법으로 호떡장수 김 씨의 1분기 손익 결산을 다시 해보자. 김 씨는 호떡기계 취득원가 12만 원을 매월 1만 원씩 1년 동안 비용으로 반영하기로 했다.

| 표 2. 호떡장수 김 씨의 1분기 손익 계산 |

호떡기계 취득원가 1년 동안 매월 1만 원씩 비용으로 반영

구분	1월	2월	3월	1분기 결산손익
매출액	5만 원	6만 원	4만 원	15만 원
재료비 및 연료비	3만 원	3만 5000원	2만 원	8만 5000원
기계가치감소분	1만 원	1만 원	1만 원	3만 원
손익	1만 원	1만 5000원	1만 원	3만 5000원

이러한 기계가치감소분을 우리는 '감가상각비용'이라고 한다. 호떡장수 김 씨가 예상한 호떡기계의 추정 사용 기간 1년을 '내용연수'라고 한다. 그리고 매월 1만 원씩 균등하게 감가상각해 나가는 방법을 '정액법'이라고 한다.

종합적으로 정리하자면, 호떡기계를 구입하면서 재무상태표에서 12만 원의 현금이 나갔다(자산 감소). 대신 12만 원짜리 기계설비가 생긴다(자산

시간이 지남에 따라 공장이나 기계설비와 같은 고정자산은 낡아지며 물리적, 경제적 가치가 하락하게 된다. 이때 감소하는 가치를 감가상각비용이라고 한다.

증가). 그리고 기계(유형자산) 취득원가 12만 원은 매월 1만 원씩 손익계산서에 감가상각비로 처리해 나간다. 1월 말 기준 호떡기계의 장부가격은 11만 원(12만 원 - 감가상각누계액 1만 원), 2월 말에는 10만 원(12만 원 - 감가상각누계액 2만 원), 3월 말에는 9만 원(12만 원 - 감가상각누계액 3만 원)이 된다.

3월 말 재무상태표 유형자산 항목에는 이렇게 기록될 것이다.

| 호떡장수 김 씨의 3월 말 재무상태표 유형자산 항목 |

기계취득원가	12만 원
감가상각누계액	-3만 원
기계장부가격	9만 원

제조원가와 판관비로 나뉘는 감가상각비

증권시장 상장기업 (주)대박이 2016년 4월 1일 200만 원짜리 기계를 구매했을 경우, 2016년 말까지 감가상각비를 반영해보자. 우선 몇 년 동안 기계를 정상 영업에 활용할 수 있는지 즉, 내용연수를 정해야 한다. 내용연수를 2년으로 가정하자.

그다음은 감가상각 대상 금액을 정해야 한다. 내용연수 종료 시점에 이 기계를 처분할 경우 획득할 수 있는 금액을 '잔존가치'라고 한다. 만약 잔존가치를 50만 원으로 추정한다면, 감가상각 대상 금액은 150만 원(200만 원 - 50만 원)이 된다. 여기서 잔존가치는 0으로 가정해보자. 감가상각 대상 금액은 200만 원(200만 원 - 0원)이 된다.

다음은 감가상각 방법이다. 감가상각 방법에는 정액법, 생산량비례법, 정률법, 연수합계법 등이 있다.

정액법은 감가상각 대상 금액을 해마다 균등 상각하는 방법이다. 예를 들어 300억 원짜리 설비를 3년 정액상각한다면, 해마다 100억 원을 감가상각비로 처리하면 된다.

정률법은 해마다 일정한 '상각률'을 곱하면 된다. 300억 원짜리 설비를 5년 동안 상각해 5년 후 장부가치를 '0'으로 만들려면 상각률을 45% 적용해야 한다고 가정해 보자(실제 계산 공식이 있다). 첫해 감가상각비는 135억 원(300억 원×45%), 둘째 해는 74.2억 원(165억 원×45%)을 반영하는 식으로, 5년간 적용하는 방법이다. 나머지 방법들은 다소 복잡하므로 여기서는 생략하기로 한다.

(주)대박(정액법 상각)은 상장기업이므로 분기마다 결산 재무제표를 공시해야 한다. 매분기 감가상각비는 25만 원(200만 원/8개 분기)이다. 2016년 말까지 손익계산서에 반영될 감가상각누계액은 75만 원(4월 1일~12월 31일)이고, 연말 기계의 장부가격은 125만 원(200만 원 − 75만 원)으로 기록될 것이다.

제품을 만드는 기계설비에서 발생하는 감가상각비는 제조원가(매출원가)에 반영한다. 영업, 마케팅, 재무관리담당 직원들이 근무하는 본사 건물이나 회사가 투자용으로 구입한 빌딩(투자 부동산) 같은 것에서 발생하는 감가상각비는 판매비 및 관리비(판관비)에 반영한다. 토지는 시간이 흐른다고 해서 가치 감소가 발생하는 것은 아니므로 감가상각을 하지 않는다.

내용연수는 여러 가지 요소를 종합적으로 고려해 결정된다. 내용연수가 끝났다고 해서 그 기계를 사용하지 못하는 것은 아니다. 감가상각비 반영을 끝마친 기계가 있고, 이

건물, 구축물 같은 부동산은 감가상각 대상이지만, 토지는 감가상각을 하지 않는다.

설비를 계속 정상적인 수익활동에 사용할 수 있다면 내용연수 종료 이후부터는 이 설비에서 이익을 많이 창출할 수 있을 것이다(93쪽 참조).

다만, 짧은 시간에 대규모 설비투자를 단행할 경우 상당 기간은 감가상각비 부담으로 이익 부진에 시달릴 수 있다.

재무제표에 숨어있는 감가상각비 찾기

감가상각비는 재무제표 어디에서 확인할 수 있을까? 열 명 중 아홉은 손익계산서라고 대답할 것이다. 이 대답은 100점 만점에 30점짜리 답이다. 손익계산서에 표시되는 감가상각비는 판매비와 관리비로 처리되는 부분밖에 없다.

스마트폰 제조회사의 감가상각비를 크게 두 가지로 나눠보자. 하나는 스마트폰 제조설비에서 발생하는 감가상각비다. 또 하나는 본사 건물에서 발생하는 감가상각비다. 본사 건물 감가상각비는 손익계산서의 '판관비' 항목에 포함될 것이다. 그런데 제조설비에서 발생하는 감가상각비는 스마트폰 제조원가에 포함이 된다. 스마트폰은 제조되면 일단 창고로 가 재고자산 신분이 된다. 이 재고자산은 팔려 나가야만 '매출원가'가 되어 손익계산서에 반영된다.

따라서 손익계산서만 보고 스마트폰 제조회사에서 1년 동안 발생한 총 감가상각비를 파악하기는 어렵다. 왜냐하면 판관비에 포함된 감가상각비는 쉽게 알 수 있지만, 제조원가에 포함된 감가상각비(제조설비 감가상각비)는 손익계산서로는 알 수 없다. 손익계산서에 기재되어 있는 매출원가 속에 제조설비 감가상각비가 일부 들어있겠지만, 이 수치를 따로 표기해 놓지는 않기 때문이다.

따라서 제조업의 경우 손익계산서에 표시된 감가상각비는 전체 감가상각비의 매우 작은 부분에 불과하다는 사실을 알 수 있다. 재무제표상에서 회사의 총 감가상각비를 알고 싶다면 현금흐름표에서 '영업활동 현금흐름' 계산에 사용된 감가상각비를 확인해야 한다(왜 그러한지는 현금흐름표에 대한 이해가 있어야 하는데, 410쪽 현금흐름표 편을 참조하자).

또는 재무제표 주석의 유형자산 관련 항목을 찾아보면 기계장치나 건물, 차량운반구 등 회사의 모든 유형자산에서 발생한 감가상각비 총액을 알 수 있다.

표 3~5는 반도체 화합물 제조업체 유피케미칼(주)의 2015년 재무제표를 부분 편집한 것이다.

| 표 3. 유피케미칼(주) 손익계산서 |

제18기 : 2015년 1월 1일~12월 31일까지
제17기 : 2014년 1월 1일~12월 31일까지
(단위 : 천 원)

과목	제18(당)기		제17(전)기	
I. 매출액		60,094,505		44,069,191
II. 매출원가		28,759,551		21,743,903
기초제품재고액	732,096		734,559	
당기제품제조원가	30,157,099		22,043,831	
계	30,889,196		22,778,391	
기말제품재고액	(1,741,847)		(732,096)	
III. 매출총이익		31,334,953		22,325,287
IV. 판매비와 관리비		10,110,966		9,765,433
급여	3,481,725		3,127,775	
복리후생비	540,561		618,098	
감가상각비	189,536		174,287	
대손상각비	28,684		21,534	
V. 영업이익		21,223,986		12,559,854

| 표 4. 유피케미칼(주) 현금흐름표 발췌 |

(단위 : 천 원)

과목	제18(당)기		제17(전)기	
I. 영업활동으로 인한 현금흐름		19,159,621		11,184,356
당기순이익	17,269,286		10,358,395	
현금의 유출이 없는 비용 등의 가산	2,661,520		2,231,291	
퇴직급여	927,000		600,199	
재고자산평가손실	143,075		-	
감가상각비	1,482,121		1,297,543	

| 표 5. 유피케미칼(주) 재무제표 주석 발췌 |

• 유형자산

당기 중 유형자산의 증감 내역은 다음과 같습니다.

(단위 : 천 원)

과목	기초	취득	처분	감가상각비	대체	기말
토지	1,911,277	-	-	-	-	1,911,277
건물	6,979,821	28,257	(67,477)	(246,312)	3,558,617	10,252,906
구축물	80,117	52,800	-	(6,735)	-	126,182
기계장치	1,406,035	1,817,642	(2)	(1,042,058)	251,700	2,433,317
차량운반구	73,543	173,482	(3,621)	(84,538)	-	158,866
건설중인자산	302,600	4,094,067	-	-	(3,810,317)	586,350
합계	11,128,348	6,376,463	(71,116)	(1,482,122)	-	15,951,573

유피케미칼(주)의 손익계산서(표 3)에서 확인할 수 있는 감가상각비는 판매비와 관리비에 포함된 1억 8900만 원이다. 하지만 이는 회사 감가상각비의 아주 일부분에 불과하다. 전체 감각상각비 금액을 현금흐름표(표 4)에서 확인하면 14억 8200만 원이다. 또한 표 5에서 보듯 현금흐름표상의 감

가상각비는 유형자산 주석의 감각상각비와 일치해야 한다.

마지막으로 오해하지 말아야 할 점은 올해 발생한 감가상각비라고 해서 모두 당기의 비용으로 계상되는 것은 아니라는 점이다. 앞에서 설명했듯 제조활동에 사용된 유형자산의 감가상각비는 일단 제품의 제조원가에 포함되어 재고자산으로 처리된다. 만약 감가상각비가 100원이라면 유형자산이 100원 감소했을 것이다. 이 감소분 100원이 재고자산 가격에 포함되는 것이다. 그러고 나서 이 재고자산이 판매되면 매출원가로 전환되며 비로소 비용이 된다. 따라서 제조 후 판매되지 않은 재고자산이 있다면 당기 제조에서 발생한 감가상각비라도 손익계산서가 아닌 재무상태표에 포함되어 있다고 생각해야 한다.

| 그림 1. 감가상각비가 비용이 되는 시점 |

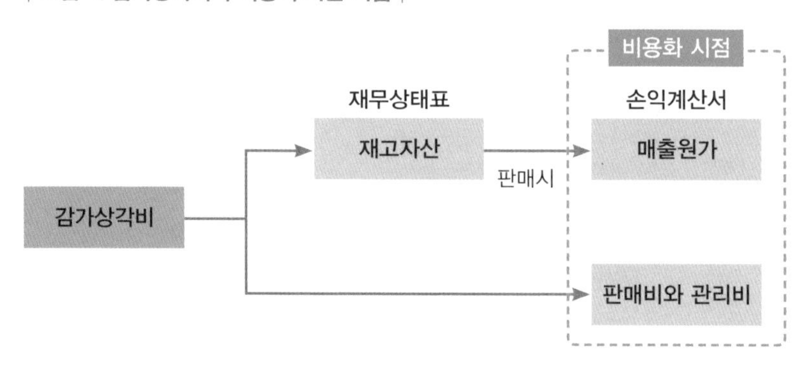

PART 09

과감한 설비투자가 불러온 참사

인터플렉스는 연성인쇄회로기판(FPCB : Flexible Printed Circuit Board) 제조업체다. FPCB는 필름 형태의 3차원 회로기판으로, 스마트폰이나 태블릿PC 등에 사용되는 전자부품이다. 일반적으로 FPCB산업은 장치산업으로 거액의 투자비가 소요되는 것으로 알려졌다.

인터플렉스는 우리나라 최대 생산능력을 갖춘 FPCB업체로, 삼성과 애플을 모두 고객사로 두고 있다. 주가가 2012년 말쯤에는 7만 원대에 육박할 정도로 높은 성장성을 인정받던 이 회사는, 2012~2013년 사이에 대규모 설비투자를 단행했다. 그런데 이후 스마트폰 시장의 성장률 둔화로 설비 가동률이 떨어졌다. 특히 짧은 기간에 대규모 투자를 단행하면서 감가상각비가 대거 발생해, 급기야 매출액보다 매출원가가 더 커지는 상황을 맞기도 했다. 이렇게 되면 매출총이익에서부터 적자가 발생하고, 판관비를 반영한 영업적자는 더욱 커진다.

인터플렉스, 매출보다 매출원가가 더 커진 사연

다음 표는 인터플렉스의 2012~2015년까지 연간 재무제표와 주석에서 발췌 정리한 내용이다.

| 표 6. 인터플렉스 연간 재무제표와 주석 |

(단위 : 억 원)

	2012년	2013년	2014년	2015년	2016년 1분기
유형자산 취득	1,775	796	250	39	8
감가상각비	298	694	769	620	84
			……		
매출	7,654	9,911	6,427	5,295	1,410
(-)매출원가	7,021	9,670	6,980	5,865	1,520
매출총이익	633	241	-553	-571	-110
(-)판관비	167	240	364	276	62
영업이익	466	1	-917	-847	-172

표 6에서 '유형자산 취득'은 인터플렉스가 유형자산을 구매하는 데 사용한 금액이다. 인터플렉스의 현금흐름표에 나타난 수치다. 유형자산이란 기계설비, 건물, 구축물, 차량운반구 등 물리적 형태가 있는 자산(재고자산 제외)을 통틀어 말한다. 인터플렉스는 유형자산 취득액 중 기계설비의 비중이 압도적이다.

인터플렉스는 정액법을 사용해 유형자산 감가상각비용을 반영한다. 건물은 30년 동안 감가상각을 해 나가지만 기계장치는 불과 3년 만에 감가상각을 완료해야 한다(표 7 참조).

| 표 7. 인터플렉스 재무제표 주석 중 유형자산 내용연수 |

구 분	내용연수
건물	30년
구축물	15년
기계장치	3년
집기비품	5년
차량운반구	4년

표 6 〈인터플렉스 연간 재무제표와 주석〉을 보면 인터플렉스의 유형자산(기계설비) 투자금액은 2012년 1775억 원, 2013년 796억 원 등 2년에 걸쳐 총 2571억 원이다. 상당히 큰 금액이다. 이 때문에 2013년부터 감가상각비가 꽤 늘었다. 표에 나타나듯 2013년 694억 원, 2014년 769억 원, 2015년 620억 원 등 3년 동안 매출원가에 반영된 감가상각비가 2083억 원에 달했다.

이 같은 감가상각비의 영향으로 2013년 손익의 경우에는 매출총이익이 241억 원, 여기에서 판관비를 차감한 뒤 영업이익은 불과 1억 원 수준에 그쳤다(정확하게는 5500만 원 정도인데, 수치를 억 원 단위로 간결하게 정리하다 보니 1억 원으로 기입했다).

2014년과 2015년의 손익 수치를 보자. 매출액보다 매출원가가 더 커져, 매출총이익에서부터 적자가 났다. 여기에다 판관비까지 차감하다보니 영업이익은 각각 917억 원과 847억 원의 적자를 보였다.

그나마 2016년에는 연간 감가상각비가 320억 원 안팎으로 대폭 줄어들 전망이다. 2012년 투자분에 대한 3년의 감가상각이 끝나고 2013년 투자분의 감가상각비 인식도 2016년 중으로 끝날 것이기 때문이다.

증권가 애널리스트들은 2016년에는 인터플렉스가 영업이익 기준으로 소폭 흑자를 낼 수 있을 것으로 내다보고 있다. 가장 큰 이유는 감가상각비의 감소다. 이렇게 되면 회사는 3년 만에 턴어라운드*를 하게 되는 셈이다.

턴어라운드(turn around) : 경기불황 등 내외요인으로 적자가 발생한 기업이 외부 환경 호전이나 구조조정 등의 내부요인으로 실적이 큰 폭으로 개선되는 상황을 말한다.

매장건물이 많은 이마트는 감가상각비를 어디에 반영할까?

인터플렉스 같은 제조업체는 감가상각비 대부분이 매출원가(제조원가)에 반영된다. 그러나 유통업체처럼 기계설비보다는 매장건물을 많이 보유한 경우 감가상각비는 판매비와 관리비 반영분이 훨씬 많다.

아래 표 8은 이마트의 2015년 재무제표 주석에 나타난 감가상각비 반영 내역이다. 총 4086억 9900만 원이 감가상각비 계정으로 집계되었다. 이 가운데 매출원가 반영분은 413억 원에 불과한 데 비해 판관비 반영분은 3673억 원에 달한다.

| 표 8. 이마트 감가상각비 반영 내역 |

(단위 : 백만 원)

구분	2015년		
	유형자산	투자부동산	합계
매출원가	41,316	-	41,316
판매비와 관리비	363,009	4,374	367,383
합계	404,325	4,374	408,699

제조업은 버티면 버틸수록 유리하다!

감가상각비를 충분히 이해해야 재무제표상의 영업이익을 제대로 이해할 수 있다. 제조업에서 가장 중요한 것이 제품제조원가를 아는 것인데, 역설적으로 제품제조원가를 제대로 계산하고 있는 기업은 별로 없다. 사실 대기업의 경우도 마찬가지다.

제품원가 계산에서 재료비처럼 직접 추적할 수 있는 항목이 있는가 하면 유틸리티 비용, 감가상각비처럼 직접 제품에 일대일로 대응시키기 어려운 항목들이 포함되어 있기 때문이다.

중소기업의 경우 대부분 세법에서 정하고 있는 내용연수를 적용해 설비를 감가상각하고 있다. 중소제조업체는 매출액 대비 영업이익이 20% 이상이면 우수한 업체라고 판단할 수 있다. 이 영업이익 20%의 비밀에 감가상각비가 숨어 있다.

똑같은 제품을 생산하는 설비를 가진 A, B 두 업체가 있다. A업체의 영업이익은 15%이고, B업체의 영업이익은 25%이다. 시장에서는 B업체가 A업체보다 수익성이 높고 동종 업체임에도 효율성이 높은 기업으로 평가한다.

만약 상장기업이라면 당연히 B업체의 주가가 높을 것이다. 하지만 B업체 주가가 높은 이유가 반드시 A업체보다 효율성이 높아서만은 아닐 수도 있다. A사보다 높은 B사의 영업이익은 회사 내부 역량이 발휘된 결과라기보다는 오래 살아남은 것에 대한 보상일 수 있다. 회사가 회계상 감가상각이 끝나는 시점까지 버티면 자연스럽게 장부상 수익성이 높은 제품을 생산해내기 때문이다. 내용연수가 끝난 설비를 가지고 있는 기업은 별다른 노력이 없이 원가 구조에서 우위에 서게 된다. 왜냐하면, 기계장치의 경우 기업에서 5~8년의 기간 동안 감가상각을 하는 것이 일반적이기 때문에 그 기간이 끝나면 제조원가에 감가상각비가 포함되지 않는다.

실제로 내용연수가 5년인 기계장치는 정확히 5년을 쓰고 폐기처분 되지 않는다. 정상적으로 계속 가동을 하고 있으나 장부상에서만 미리 비용으로 처리된 것이다.

한국채택국제회계기준(K-IFRS)을 의무적으로 적용해야 하는 회사의 장부를 한국채택국제회계기준에 맞춰 전환하는 용역에 참여한 적이 있다. 한국채택국제회계기준에서는 세법에 따라 감가상각 내용연수를 적용하는 것을 올바른 회계 처리로 보지 않는다. 그래서 장부에 있는 기계장치의 내용연수를 추정해야 하는 문제가 있었다. 이때 내용연수를 추정하기 위해 썼던 방법 중 하나가, 감가상각이 종료된 자산 중에서 해당 자산이 자산관리대장에서 제거된 날짜를 확인해 실제 사용한 기간을 추정해 보는 작업이었다.

왜냐하면 회사는 감가상각이 끝난 자산이더라도 계속 사용하는 기계장치라면 관리상의 목적으로 유형자산관리대장에 포함해 관리하고 있기 때문이다. 이때 조사를 해보니 회사에서 기존 내용연수만큼만 사용하고 폐기하는 자산은 하나도 없다고 단언해도 될 수준이었다. 실제로 회사 업무용으로 구입한 자동차는 보통 내용연수를 5년으로 해 감가상각비를 계산하는데, 회계상 감가상각기간이 끝났다고 5년 된 자동차를 폐기 처분하는 회사는 없기 때문이다.

기계장치의 경우 평균적으로 20~25년 정도 사용하는 것으로 확인되었다. 기존 기계장치의 내용연수는 5~8년으로, 장부상 감가상각이 끝난 자산도 실제로는 약 15~20년 정도 더 사용되고 있었다.

똑같은 제품이 감가상각이 끝난 자산과 끝나지 않은 자산에서 생산되었을 경우 차이점이 뭘까? 가장 중요한 차이는

장부상 감가상각이 끝난 자산도 실제로는 약 15~20년 정도 더 사용되고 있었다. 감가상각이 끝난 기계에서 생산한 제품은 감가상각 중인 기계에서 생산한 제품보다 제조원가가 더 적게 발생한다.

제조원가에서 발생한다. 총원가에서 감각상각비가 10%를 차지하고 있다고 가정하면, 감가상각이 끝난 기계에서 생산한 제품의 원가가 10% 더 적게 발생한다.

다른 조건에 큰 차이가 없다면 오랫동안 사업을 영위했던 회사가 이익률이 더 높은 것을 확인할 수 있다. 이 점은 기존업체가 시장에 새롭게 등장하는 업체를 견제하기 위해 저가전략을 펼 수 있는 근거가 되기도 한다.

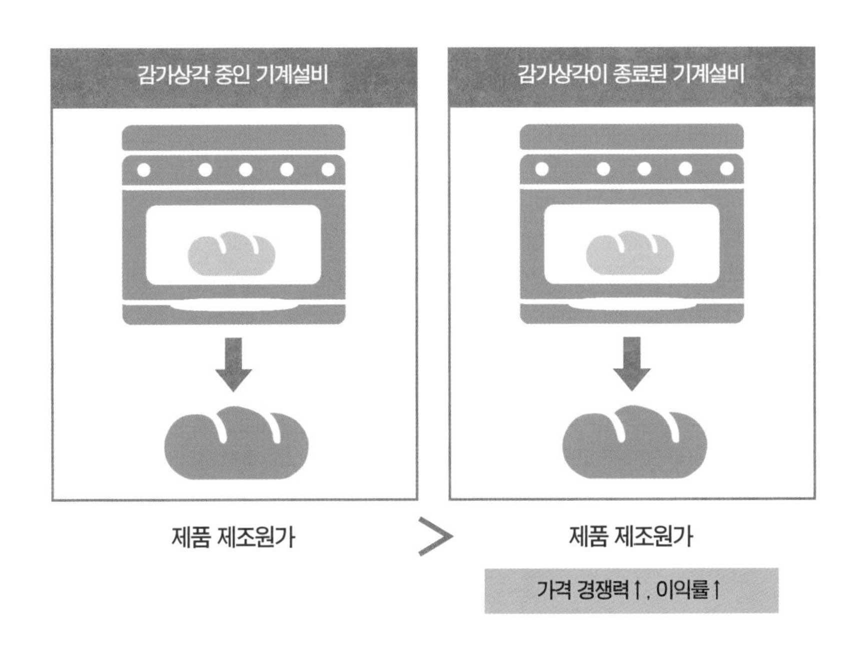

마지막으로 실무에서 감가상각비를 이해하는 것이 중요한 이유는, 거래처와의 납품단가 협의 시 사전 전략을 수립하는데 도움이 되기 때문이다. 매년 납품단가를 협의하고 일정 수준 이상의 영업이익을 하청업체에 주지 않기로 유명한 모 대기업은 납품단가를 결정할 때도 감가상각비를 반영해 협상하고 있다. 따라서 제조업의 경우 감가상각비 원리에 대해 이해하는 것이 필수적이다.

PART 010

경영의 힘, 유형자산

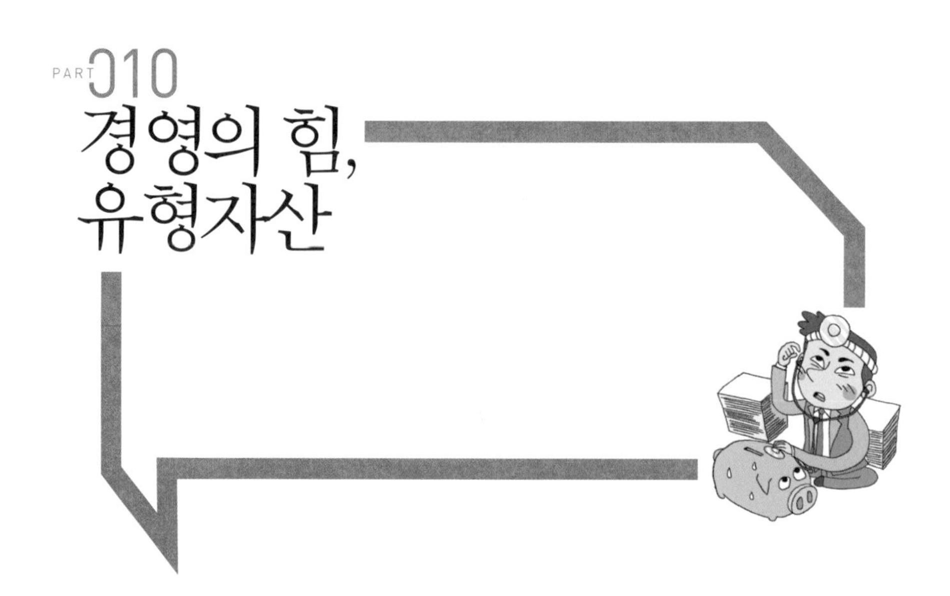

(주)힘쌘은 기계설비를 새로 도입했다. 그리고 기계를 정상적으로 가동하면 제품 100개를 생산할 수 있을 것으로 예상했다(정상조업도). 이때 기계의 감가상각비는 1000원 발생했다. 그렇다면 제품 한 개에 감가상각비는 10원(1000원/100개)이 된다.

그런데 실제 기계를 가동해보니 정상제품이 50개밖에 나오지 않았다면, 제품 한 개에 감가상각비는 20원(1000원/50개)이 된다. 이처럼 생산량이 현저하게 감소하니 정상적으로 생산했을 때에 비해 감가상각비가 더 많이 배부되어(10원 → 20원) 제품 개당 원가가 높아지고, 매출원가가 과대계상된다. 따라서 매출총이익이 감소하고, 영업이익도 줄어들게 된다. 제품 개당 감가상각비는 20원으로 처리하는 게 맞을까? 다른 방법은 없을까?

수익을 창출하는 핵심 자산, 유형자산

유형자산은 자산 항목 중에서 가장 규모가 큰 항목이고, 회사의 수익을 창출하기 위한 핵심 자산이다. 토지와 건물은 회사에 필요한 자금을 마련하기 위해 은행에 담보로 제공할 수도 있다. 따라서 유형자산은 회사의 수익뿐만 아니라 안정성을 확보해주는 중요한 자산이다.

유형자산은 토지와 건물, 기계장치, 차량 등 재화를 생산하고 서비스를 제공하기 위해 보유하는 물리적인 형태가 있는 자산을 말한다. 보통 1년 넘게 사용할 것으로 예상하므로, 비유동자산으로 분류된다.

기업은 임대용 또는 자체적으로 사용할 목적으로 유형자산을 보유한다. 이때 주영업이 임대업이 아닌 기업에서 토지와 건물을 임대하고 있다면 이 부분은 투자부동산으로 구분하여 공시해야 한다. 만일 건설업체에서 아파트를 분양하기 위해 보유한 토지가 있다면, 재고자산으로 회계 처리한다. 같은 토지라도 모두 유형자산으로 계상되지 않고 회사의 보유 목적에 따라 회계 처리된다.

제조기업의 유형자산은 영업을 위해 매우 중요한 자산이다. 하지만 유형자산의 회계 처리에 관해서는 관심이 없는 제조기업이 많다. 회계기준에서는 유형자산의 취득과 처분, 감가상각, 손상 등에 대해 자세하게 규정하고 있지만, 실제 실무에서는 회계기준을 꼼꼼히 검토하지 않아서 재무적으로 부담을 지게 되는 경우를 많이 접하게 된다. 실무에서 종종 접했던 상황을 소개하면 다음과 같다.

'이자비용의 자본화' 어떻게 할까?

경기도 시화에 소재한 한 중소기업으로부터 회계 자문을 의뢰받은 적이 있다. 회사는 규모가 크지 않았지만, 안정적인 당기순이익을 내고 있었다. 회사는 최근 2년간 신제품 개발과 맞물려 대규모로 공장을 증설하고 신규 설비를 갖춰 생산을 시작했다. 그러나 회사의 예상과는 달리 생산 초기 수율(실제 생산량을 이론적으로 기대했던 생산량으로 나눈 비율) 상의 문제가 발생하여 대규모의 영업손실이 불가피해졌다. 회사에 대규모 영업손실이 발생한다면 금융권 차입금을 조기에 상환해야 하거나, 금리가 대폭 상승하는 등의 문제가 예상되기 때문에 회사는 컨설팅을 의뢰했다.

중소기업에 회계 감사나 기업 실사를 나가 보면, 우수한 신제품을 개발해 놓고도 회계적으로 충분히 검토하지 않아서 차입금에 대한 금리 또는 투자자 유치에서 불이익을 당하는 상황을 종종 목격하게 된다. 신제품 개발 계획 단계에서부터 회계적으로 발생할 상황에 대해서 아무런 검토 없이 일이 추진되었던 것이 화근이었다. 신제품 개발 단계나 대규모 유형자산 도입을 결정하기 전에는 반드시 유형자산의 회계 처리를 검토해야 한다.

첫 번째로 검토해야 할 사항은, 기계설비의 취득원가를 계산하는 것이다. 기계설비의 시운전 등 정상 가동을 준비하기 위해 투입된 비용은 기계설비 취득원가에 포함해야 한다. 법적으로는 매매계약 등으로 기계설비의 소유권이 이전되면 취득이 완료된 것으로 보지만, 회계적으로 기계설비의 취득이 완료되는 순간은 설비가 정상 가동되기 시작한 시점이다. 따라서 정상 가동 직전까지 투입된 비용은 유형자산을 취득하는데 불가피하게 발생한 비용으로 보아 취득원가에 가산할 수 있다. 이후 내용연수에 걸쳐 감가상각을 통해 비용화할 수 있다.

또 하나, 만약 기계설비와 같은 유형자산의 취득자금을 차입했다면, 차입금에 대한 이자비용을 설비 취득원가에 포함해도 된다. 이를 '이자비용의 자본화'라고 표현한다. 예를 들어 차입금 이자가 1억 원이라면 이자비용 1억 원을 기계설비의 취득원가에 가산한 후 기계설비의 내용연수 기간 동안 나누어 감가상각비로 반영할 수 있다. 따라서 이자비용을 자본화하기 전보다 설비 가동 초기에 당기순이익이 증가하는 효과가 생긴다. 그러나 설비취득가격에 1억 원이 더 반영되기 때문에 이 설비를 감가상각할 때 감가상각비용이 늘어나게 된다. 예를 들어 설비가 5억 원일 경우 2년 정액 감가상각하면 해마다 2억 5000만 원을 감가상각비용으로 처리하면 된다. 하지만 설비자금 5억 원을 차입했다면 이자비용 1억 원은 당기에 비용으로 처리하지 않고 설비 취득가격에 더해줄 수 있다. 이렇게 되면 설비 취득가격 6억 원을 2년 동안 감가상각해야 하므로 해마다 3억 원의 감가상각비용을 반영해야 한다.

아래 그림 2에서 이자비용 자본화를 하면 첫해에는 비용이 0.5억 원 줄어 당기순이익이 증가하는 효과가 생긴다. 그러나 둘째 해에는 감가상각비가 0.5억 원 증가하므로 당기순이익이 감소한다. 자본화를 하든 하지 않든 2년간의 총비용은 결과적으로 6억 원으로 같다. 하지만 자본화를 하는 경우에는 첫해 비용이 감소하므로 설비 가동 초기에 이익 방어 효과가 있는 셈이다.

| 그림 2. 이자비용의 자본화 |

2년 동안 정액 감가상각

첫해 : 감가상각 2.5억 원 +
이자비용 1억 원 =
3.5억 원 비용

둘째 해 : 감가상각 2.5억 원

이자비용의 자본화

기계설비 5억 원
+
이자 1억 원
||
감가상각 대상 금액
: 6억 원

2년 동안 해마다
3억 원씩 감가상각

첫해 : 당기순이익 0.5억 원 증가
둘째 해 : 감가상각 0.5억 원 증가

한국채택국제회계기준(K-IFRS)을 적용하는 기업의 경우 이자비용의 자본화가 강제적이지만, 일반기업회계기준을 적용하는 중소기업의 경우 선택 사항이다. 비상장기업에서는 회계 처리의 복잡성 때문에 차입금의 이자비용을 당기비용으로 처리하는 경우가 일반적이다. 따라서 이자비용의 자본화를 검토한다면, 설비 가동 초기에 회사의 실적 악화를 방지할 수 있다.

유형자산의 회계 처리에서 두 번째로 검토해야 할 사항은 감가상각 방법과 내용연수다. 중소기업의 경우 세법의 규정에 따라 감가상각 방법과 내용연수를 결정하는 것이 관행이다. 기계장치의 경우 세법상 감가상각 방법이 정률법으로, 기준내용연수가 5~8년으로 규정되어 있다. 대부분 중소기업에서는 이 방법을 그대로 따르고 있다. 세법에 규정하고 있는 기준을 따르는 것은 기업회계작성 지침인 일반기업회계기준이나 한국채택국제회계기준에서는 합리적인 회계 처리로 인정하지 않지만, 중소기업에 대한 특례로서 인정하고 있다. 하지만 정률법은 자산을 신규 취득한 초기에 감가상각비를 많이 인식하는 방법이므로, 자산 취득 초기에 당기순이익에 부담으로 작용할 수 있다. 따라서 감가상각 방법의 변경을 고려해 볼 필요가 있다.

국제회계기준을 적용하는 국내외 대다수 기업은 감가상각 방법으로 정액법을 채택하고 있으며, 내용연수도 실제 사용 가능 기간을 추정해 회계 처리하고 있다. 따라서 기업들이 정률법에서 정액법으로 감가상각 방법을 바꾸고 내용연수의 현실화를 통해 대규모 설비투자 초기에 발생할 수 있는 과다한 감가상각비를 억제할 수 있을 것이다.

마지막으로 재고자산 및 매출원가와 관련된 항목에 대해 검토해야 한다. 새로운 설비를 설치하고 처음 신제품을 생산하게 되면, 앞서 살펴본 (주)힘쌘의 사례(96쪽)에서처럼 수율상의 문제가 발생하게 된다. 그래서 새로운 설비에서 정상조업도에 현저히 못 미치게 생산했을 경우, 감가상각비를 정상 생산량 수준으로 반영한다. 즉 (주)힘쌘은 실제 생산된 50개

제품에 개당 20원이 아닌 10원의 감가상각비를 반영하게 된다. 이렇게 되면 정상적으로 생산된 제품(50개)에 감가상각비가 총 500원(10원 × 50개) 반영된다.

총 감가상각비(정상제품 + 불량품의 감가상각비) 1000원에서 정상조업도로 반영된 감가상각비 500원을 제외하면 500원(총감가상각비 1000원 - 500원)의 감가상각비가 남는다. 여기서 남은 금액 500원을 조업도 손실로 처리해 영업외손실로 계상하게 된다. 결론적으로 정상조업도 만큼의 감가상각비(고정제조간접비)를 재고자산에 반영하고, 나머지 정상조업도를 넘어선 부분에 대해서는 영업외손실로 계상해 회사의 과다한 영업손실을 방지할 수 있다. 이 설명을 이해했다면 실제 감사보고서 주석에 설명된 문구를 이해할 수 있을 것이다.

조업도 손실과 관련한 감사보고서 사례 | 회사는 재고자산의 취득원가 산정 시 고정제조간접비는 생산설비의 정상조업도에 기초하여 제품에 배부하며, 실제 생산 수준이 정상조업도와 유사하거나 높을 경우에는 실제조업도를 사용하고 있습니다. 한편, 실제조업도가 정상조업도보다 비정상적으로 낮을 경우에는 고정제조간접비를 정상조업도로 배부하고, 재고자산의 취득원가에 배부되지 않은 고정제조간접비는 영업외비용(잡손실)으로 인식하고 있습니다.

회사가 신제품의 개발에서부터 양산에 이르기까지 먼저 회계 처리 방법을 검토한다면 신제품 개발 및 양산 초기에 발생할 수 있는 대규모 손실을 막을 수 있을 것이다. 이로 인해 직접적으로는 회사 신용평가등급의 향상을 꾀할 수 있을 것이며, 금융비용 감소 등의 부수 효과를 얻게 될 것이다.

제조업의 본질은 '시간과의 싸움'

대다수 제조업의 수익 창출 근원은 '시간 흐름'에 있다. 기업 승계를 고려하고 있는 중소기업을 방문하면 영업이익이 매우 적은데도 불구하고, 회사 자산은 상당히 많은 경우가 대부분이다. 이런 회사들의 공통점은 한 가지로 좁혀지는데, 그것은 바로 오랫동안 운영된 회사라는 점이다.

오랫동안 사업을 운영하면 본업인 제조활동 이외 영역에서 여러 가지 영업외수익을 얻게 된다. 영업외수익 중 가장 큰 부분을 차지하는 것이 바로 '부동산의 가치 상승'이다.

즉 업력이 15년 이상인 중소제조업체에서 회사의 자산 중 거의 대부분을 차지하는 것이 유형자산, 특히 토지와 부동산인 경우가 많다. 기업 승계 시 세금이 부담되는 것도 보유한 부동산 가치 상승으로 인해 상속세와 증여세가 늘어나기 때문이다.

인천에서 PVC파이프를 제조하는 한 중소업체의 인수·합병 컨설팅을 위해 회사를 방문한 적이 있다. 이 회사는 창업한 지 약 40년 정도 됐다. 회사 대표는 "부동산 가격이 올라 발생한 수익이 내가 40년 동안 사업해서 번 돈보다 큰 것 같다"고 말했다. 흔히 숙박업이나 호텔업의 본질이 부동산의 가치 상승이라고들 말한다. 하지만 제조업 역시 본질이 시간과의 싸움을 통한 부동산의 가치 상승이 아닌가 오해할 정도로, 기업 운영에 부동산이 기여한 바가 컸다.

앞서 설명한 것처럼 감가상각 기간이 지난 설비를 가지고 제품을 생산하면 회사의 영업이익이 올라가게 된다. 감가상각 기간을 충분히 견뎌내는 것 또한 시간과의 싸움이니, 결론적으로 제조업의 성공은 시간과의 싸움에 달려있다고 해도 과언이 아니다.

유형자산 가운데 하나인 부동산은 시간이 지나 기업에 많은 영업외수익을 안겼다. 그리고 감가상각 기간이 종료된 설비를 계속 사용함으로써 기업은 제조원가가 하락하는 효과를 본다. 결국 제조업의 성공은 시간과의 싸움이라고 볼 수 있다.

PART 011

낙지 때문에 원수 된 시어머니와 며느리

: 상표권도 자산이다!

지난해 한 TV 프로그램에서 시어머니와 며느리 간 상표권 분쟁을 다룬 적이 있었다. 고부간에 벌어진 '원조식당' 다툼이다. 낙지 때문에 원수가 되어버린 시어머니 A씨와 며느리 B씨의 사연은 이랬다.

A씨는 지방에서 40년 넘게 낙지음식점을 운영했다. 서울에서 역시 낙지음식점을 차려 10여 년 장사하던 며느리 B씨가 어느 날 특허청에 상호 등록을 했고, 화가 난 A씨가 똑같은 상호와 메뉴로 B씨 가게 옆에 음식점을 내면서 갈등이 시작됐다.

A씨는 "B씨에게 가게를 차려주고 '불낙' 비법까지 가르쳤는데 40년 전통의 상호를 자기 것인 양 상호 등록을 하는 것은 말이 안된다"며 식당 간판을 내려 달라고 요구하는 소송을 냈다고 한다.

며느리 B씨는 "몇 년 전 남편과 이혼하는 과정에서 가게와 모든 영업권을 3억 원에 넘겨받았다"고 주장했다. 또 "시어머니는 장사가 잘 안돼 7년 전 가게를 정리했다"며 "내가 일군 가게가 잘 되자 몇 년 만에 나타나 똑같은 상호로 음식점을 내고 상표권 주장을 하는 것"이라고 반박했다.

만약 상표권을 먼저 등록한 며느리가 승소한다면, 시어머니가 같은 상호로 영업하기 위해서는 며느리에게 적절한 대가를 지급하고 상표권 이용권리를 매입해야 한다.

브랜드사용권, 자산으로 올려놓고 상각(비용화) 진행

피자전문점 '피자헐'을 경영하는 최 씨는 2015년 7월 1일 이탈리아 유명 피자회사 마르코와 브랜드상표권을 6년간 사용하기로 계약하고 300만 원을 브랜드사용료로 지급했다. 브랜드사용료가 현금으로 지출됐기는 하지만, 이 브랜드가 앞으로 6년 동안 피자 매출 증가라는 경제적 효과와 이익을 가져다줄 것으로 예상된다. 따라서 300만 원을 한번에 모두 비용 처리하지 않고 일단 '무형자산'으로 잡아놓는다.

최 씨는 브랜드 사용계약을 체결한 그 날 피자가게 장부에 현금 300만 원 감소를 기록하고(자산 감소), 동시에 무형자산(브랜드사용권) 300만 원 증가를 기록한다. 자산 내역만 바뀌고 자산총계에는 변화가 없다.

그리고 2015년 12월 31일 연간 결산을 할 때 '무형자산상각비'라는 비

상표권은 일정한 형태는 없지만 회사가 수익을 창출할 수 있도록 돕기 때문에 무형자산에 해당한다.

용을 25만 원 손익계산서에 반영하면 된다. 6년 기한의 브랜드사용권(300만 원)이므로 1년에 50만 원씩 비용으로 반영하면 되는데, 2015년 7월 1일~12월 31일까지 6개월 치에 대한 비용 처리이므로 25만 원이 된다. 무형자산 장부가격은 상각처리로 비용화하면서 점차 하락 조정된다.

「포브스」가 측정한 브랜드가치가 무형자산이 못 되는 이유

무형자산은 개발비, 영업권, 라이선스와 프랜차이즈, 산업재산권, 저작권, 소프트웨어, 임차권리금, 어업권, 광업권 등과 같이 일정한 형태가 없지만, 회사의 수익 창출을 위해 가치를 가지는 것을 말한다(개발비와 영업권에 대해서는 226쪽, 249쪽에서 자세히 설명한다). 그러나 일정한 형태 없이 회사의 수익 창출을 위해 이용되고 있는 모든 것을 무형자산으로 계상할 수는 없다. 미국 경제 매체 「포브스」는 매년 기업의 브랜드가치를 금액으로 산정해 발표한다. 2016년도 조사에 따르면 1위인 애플은 브랜드가치가 무려 1541억 달러로 평가받았고, 2위인 구글은 약 825억 달러의 가치를 지닌 것으로 평가받았다.

우리나라 기업 중에서는 삼성전자가 11위, 현대자동차가 71위로 100위 권 안에 두 개의 기업이 있다. 11위 삼성전자는 361억 달러의 브랜드가치를 가지는 것으로 조사되었는데, 2016년 6월 말 환율(1달러 = 1164.7원)로 환산해보면 약 42조 원에 이르는 금액이다. 그렇다면 삼성전자의 재무제표에 브랜드가치가 자산으로 기록되어 있을까?

아쉽지만 재무제표에 자산으로 계상되어 있지 않다. 브랜드가치의 경우 기업에서 오랫동안 많은 노력을 기울여 만들어 낸 기업의 자산인데, 왜 재무제표에는 자산으로 계상할 수 없을까?

회사에서 자체적으로 보유한 브랜드가치나 인적 네트워크, 맨파워, 고객 데이터베이스 등을 '자가 창설 영업권'이라 부른다. 자기 스스로 만들

| 표 9. 전 세계 브랜드가치 순위(The World's Most Valuable Brands |

순위	기업	브랜드가치 (단위 : 10억 달러)
1	Apple	154.1
2	Google	82.5
3	Microsoft	75.2
4	Coca-Cola	58.5
5	Facebook	52.6
6	Toyota	42.1
7	IBM	41.4
8	Disney	39.5
9	McDonald's	39.1
10	GE	36.7
11	Samsung	36.1
	……	
71	Hyundai	8.1

자료 : 「포브스」
발표일 : 2016년 6월

CHAPTER 03

어 낸 영업권이란 뜻이다. 회계기준에서는 개발 단계의 지출, 즉 개발비를 제외하고 내부적으로 창출한 무형자산의 인식을 금지하고 있다. 그 이유는 브랜드가치를 만들기 위해 들어간 원가를 신뢰성 있게 측정할 수 없기 때문이다.

예를 들어 '삼성'이라는 브랜드가치는 우수한 제품과 신속한 애프터서비스, 기업 이미지 광고, 스포츠팀 운영, 봉사와 기부 활동 등의 결과 만들어진 것이다. 42조 원으로 평가받은 삼성의 브랜드가치를 위해 이 활동들이 얼마만큼 기여했는지 구분해 내는 것은 현실적으로 불가능하다. 또한 기업이 내부적으로 창출한 브랜드가치를 무형자산으로 인식하면 유명한 브랜드를 가지고 있는 기업이 재무상태가 나빠질 때 브랜드가치를 임의적으로 평가해서 재무제표에 계상하는 문제가 발생할 수 있다. 이렇게 되면 재무제표의 신뢰성이 훼손될 가능성이 있다.

브랜드가치가 무형자산으로 인정받을 때

회사의 브랜드가치나 인적 네트워크, 맨파워, 고객 데이터베이스 등을 무형자산으로 계상할 수 있는 경우도 있다. 바로 외부에서 구입한 경우다. 주로 인수·합병 과정에서 발생한다. 만약 삼성전자가 애플을 인수하면서 애플이 가지고 있는 무형의 자산가치를 1541억 달러로 평가해 돈을 지급했다면, 삼성전자는 재무제표에 무형자산으로 1541억 달러를 계상할 수 있다.

즉, A회사가 순자산 공정가치가 1억 원인 B회사를 인수·합병하면서 5억 원을 지급했다고 가정하자. 초과지급액 4억 원은 회사의 브랜드가치, 특허권의 가치, 체계적인 고객 데이터베이스, 우수한 인적자원 등의 무형자산을 취득하기 위해 지급한 비용으로 본다. 따라서 이 거래에서 초과지급한 4억 원은 무형자산의 가치를 평가해 외부로부터 구입한 것으로 봐서 무형자산으로 인식한다.

고객거래정보, 무형자산이 될 수 있을까?

여러 해 동안 영업활동을 해 온 A사는 최근에 거래해왔던 고객들의 목록을 작성했다. 이 목록은 고객에 관한 방대한 정보를 포함하고 있다. 경영진은 이 목록이 중요한 가치가 있다고 판단하고 있다.

B사는 고객 이름, 주소, 연락처 그리고 평균 구매액 등의 정보가 담긴 방대한 고객목록을 보유한 경쟁업체 C를 인수했다. 이 고객목록은 가치가 있고, 경영진은 이를 제삼자에게 매각할 수도 있다.

A, B 두 회사는 보유한 고객목록이 기업에 의해 통제되는 자원이고, 미래에 경제적 효익이 유입될 것으로 기대되므로 무형자산으로 인식하고자 한다. 가능할까?

B사의 경우 인수한 경쟁업체가 보유한 고객목록의 공정가치를 평가해 그 대가를 지불했다면, 기업은 취득한 고객목록을 무형자산으로 인식할 수 있다.

그러나 고객목록을 외부로부터 구매한 것이 아니라 A사처럼 내부적으로 창출한 것이라면 무형자산으로 인식하지 않는다.

회계기준에서는 개발 단계의 지출(개발비)을 제외하고는, 내부적으로 창출한 무형자산을 재무제표에 계상하는 것을 금지하고 있기 때문이다.

기업이 내부적으로 수집한 고객정보는 무형자산이 아니지만, 외부에서 구매한 고객정보는 무형자산으로 인식한다.

왜냐하면 내부적으로 창출한 고객목록의 경우 고객정보를 수집하기 위한 원가를 다른 비용과 구분해 명확하고 신뢰성 있게 측정할 수 없기 때문이다.

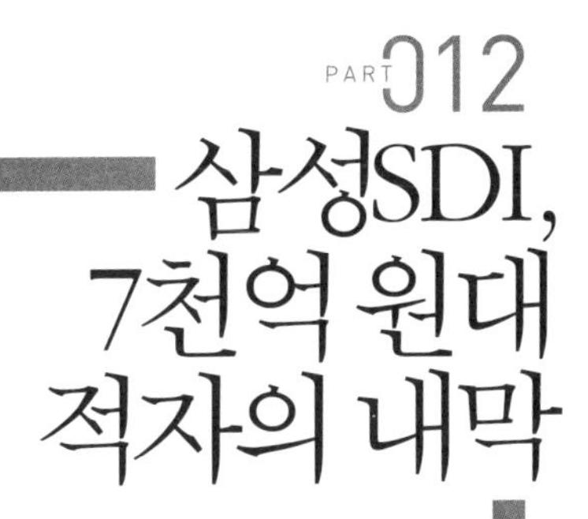

PART 012

삼성SDI, 7천억 원대 적자의 내막

: 손상차손 회계

2016년 4월 삼성SDI가 1분기 실적을 발표했다. 그러자 증권사의 한 애널리스트가 리포트에서 이렇게 말했다.

"실적 공시 후 자릿수를 세 번이나 확인해야 했습니다." 왜 실적 수치의 자릿수를 무려 세 번이나 되풀이해 봐야만 했을까? 실적 공시 전, 국내 각 증권사의 애널리스트들이 추정치를 발표했다. 아래 표에서처럼 매출은 평균 1조 3180억 원, 영업이익은 442억 원 '적자'로 집계됐다.

| 표 10. 삼성SDI 2016년 1분기 실적 시장 컨센서스 |

증권사	예상 매출	예상 영업적자
하나금융투자	1조 3600억 원	466억 원
NH투자증권	1조 2550억 원	380억 원
미래에셋대우증권	1조 3450억 원	480억 원
하이투자증권	1조 4800억 원	490억 원
한국투자증권	1조 1500억 원	395억 원
(평균)	1조 3180억 원	442억 원

그런데 막상 뚜껑을 열어보니 이른바 '어닝쇼크(기업이 실적을 발표할 때 예상했던 것보다 저조한 실적을 발표)' 수준이었다. 매출은 시상 컨센서스(1조 3180억 원)와 비슷한 1조 2907억 원. 그러나 영업적자는 무려 7037억 원(시장 컨센서스는 442억 적자), 분기 순손실도 7172억 원으로, 전문가들의 예상을 빗나가도 한참 빗나갔다.

| 표 11. 삼성SDI 연결 손익계산서 중 |

(단위 : 백만 원)

과목	2016년 1분기
매출액	1,290,705
영업이익(손실)	-703,758
분기 순이익(손실)	-717,233

애널리스트들은 도대체 삼성SDI 실적을 추정하면서 무엇을 크게 놓친 걸까?

재무상태표의 다섯 가지 자산

우선 재무상태표의 자산에 대해 잠시 알아보자. 기록되는 자산은 크게 보아 다섯 종류로 나눌 수 있다. 유형자산, 무형자산, 재고자산, 금융자산, 투자부동산 등이다.

유형자산은 말 그대로 형태가 있는 자산인데, 대표적으로 기계설비나 공장, 건물, 토지 같은 것들이다. 재고자산(완성된 제품이나 원재료, 제조과정에 있는 미완성제품, 상품 등)도 형태가 있기는 하다. 하지만 유형자산은 생산 또는 영업 활동에 사용하기 위해 보유하는 자산인 데 반해, 재고자산은 판매를 위해 보유 중이라는 점에서 차이가 있으므로 둘을 구별한다.

회계에서 자산은 "기업에 경제적 효과나 이익을 가져다줄 수 있는 것으로, 취득가격을 신뢰 있게 추정할 수 있는 것"이라고 정의한다. 이런 관점에서 본다면 특허권, 저작권 등의 지식재산이나 브랜드사용권, 영업라이센스, 프랜차이즈 등도 자산으로 인식될 수 있다. 이것들은 형태가 없으므로 무형자산으로 분류된다.

투자채권, 주식, 그 밖의 금융투자상품 등을 일반적으로 금융자산이라고 한다. 매출채권은 외상으로 상품을 판매하거나 서비스를 제공할 때 발생하는 채권이다. 일반적으로 수취채권이라고 표현한다. 이 역시 금융자산의 일종이라고 말할 수 있다. 대여금도 금융자산에 포함된다.

설비장부가격 > 회수가능액, 손상차손 발생

피자전문점 사장 최 씨는 피자제조설비를 200만 원(감가상각 내용연수 2년)에 구매했다. 1년 뒤 피자제조설비의 장부가격은 감가상각비를 반영해 100만 원이 되었다. 이 시점에서 최 씨는 피자제조설비가 앞으로 창출할 수 있는 수익의 현금 흐름을 재점검해 보았다. 최근 매출이 많이 떨어졌기 때문이다. 우선 사람들의 선호도가 피자에서 치킨으로 대거 이동했다. 한 번 바뀐 선호도가 바뀔 가능성도 높지 않다는 판단이 나왔다. 또 피자업체 난립에 따른 과당 경쟁으로 피자 가격이 많이 내려갔다. 따라서 애초 예상했던 미래현금흐름을 얻는 것은 어려울 것으로 예상했다. 그 결과, 예상되는 미래현금흐름이 80만 원 정도에 그칠 것으로 나타났다. 설비의 현재 장부가격(100만 원)보다 20만 원이나 적었다.

지금 이 피자제조설비를 중고시장에 내놔봐야 50만 원 정도밖에 못 받을 것이 확실하다. 이처럼 설비의 현재 장부가격보다 이 설비에서 얻을 수 있는 미래회수가능액이 적을 때 회계에서는 이를 '자산 손상차손(비용)'으로 인식한다. 피자제조설비의 장부가격은 손상을 반영해 100만 원

| 그림 3. 설비의 장부가격이 회수가능액 보다 작을 때 회계 처리 |

에서 80만 원으로 조정된다. 동시에 그 차액 20만 원은 비용 처리된다.

손상차손은 영업외비용 중 '기타비용' 항목에 반영된다. 따라서 영업이익 산출에는 영향을 주지 않지만, 그 아랫단 세전이익 산출에 반영되어 결국 당기순이익에까지 영향을 준다.

한때 LCD와 PDP(플라즈마디스플레이패널)가 TV나 휴대폰용 디스플레이 시장을 놓고 치열한 경쟁을 벌이던 시절이 있었다. PDP가 LCD보다 대형화와 가격 경쟁력 측면에서 장점을 많이 가지고 있었기 때문에 일부 디스플레이업체들은 PDP의 승리를 내다보고 대규모 설비투자를 단행했다. 그러나 얼마 지나지 않아 LCD 기술의 급속한 발전에 따른 대형화와 가격 경쟁력 확보, LED의 부상 등으로 PDP 수요는 급격하게 떨어졌다. 글로벌 디스플레이업체 가운데 PDP에 막대한 투자를 단행했던 기업들은 큰 타격을 입을 수밖에 없었다.

투자한 만큼 현금을 창출할 수 없었고, 이에 따라 기계설비에서 대규모 손실비용을 인식해야 했기 때문이다. 회사가 기계설비를 가동해 제품을 생산·판매하면 미래에 수익을 얻고 현금을 창출할 수 있다. 이러한 설비 자산에서 회사가 얻을 수 있는(회수할 수 있는) 미래의 경제적 효과나 이익 측정치가 바로 '회수가능액'이 된다. 회수가능액은 설비의 장부가격을 초과하는 것이 정상이다.

유형자산은 앞에서 배운 대로 감가상각(토지 제외)을 반영해 장부가격을 조정한다. 그런데 앞의 피자제조설비처럼 조정된 장부가격(100만 원)보다 회수가능액의 측정치(80만 원)가 작다면 그 차액만큼은 자산 금액으로 유지할 수 없다. 이럴 경우 우리는 "자산이 손상되었다"고 하고, 차액만큼 기계설비 장부가격을 감소시킨다(재무상태표). 동시에 차액을 손실비용으로 반영해야 한다(손익계산서).

기계장치에서 손상차손이 발생하는 경우는 대체로 설비가 급격하게 낡아서 시가가 급락하거나, 물리적 손상이 발생해 정상가동이 어려울 때, 또는 설비에서 생산하는 제품의 시장지배력이 급락하거나 유행 변화 때문에 매출이 떨어질 때 등이다.

애널리스트가 눈 비벼가며
삼성SDI 적자를 세 번이나 확인한 이유

앞의 사례로 돌아가, 삼성SDI가 시장 예상보다 1분기 손실을 훨씬 크게 낸 이유는 크게 두 가지였다. 일상적인 인건비 외의 일회성 인력 관련 비용 6500억 원과 중대형 2차전지(자동차용 전지) 사업 부문에서 발생한 자산 손상차손 4500억 원 등 합계 1조 1000억 원의 비용이 발생했다는 것이다. 인력 관련 비용은 영업이익 산출에, 손상차손은 영업이익의 아랫단에 반영됐다('영업외비용' 중 '기타비용' 항목으로 반영).

| 표 12. 삼성SDI의 사업 부문 |

* 케미칼사업은 2016년 중 롯데그룹에 매각함

사업 부문	매출비중
에너지솔루션(2차전지 등)	43%
케미칼(ABS 등 합성수지)	35%
전자재료	22%

인력 관련 비용은 뒤에서(282쪽) 설명하기로 하고 여기에서는 자산 손상차손만 다루기로 한다.

삼성SDI의 경우는 자동차용 중대형 전지 사업을 시작한 시점이 경쟁업체들보다 늦었다. 그러다 보니 사업 초기에 수요처 확보를 위해 저가수주를 많이 한 것으로 알려졌다. 따라서 관련 설비에서 얻을 수 있는 미래현금흐름 등의 회수가능금액 측정치가 장부가격에 크게 미치지 못할 것으로 예상됐다. 동시에 설비 노후화가 일부 진행된 사실 등을 종합적으로 반영해 손상차손을 인식한 것으로 알려졌다.

표 13은 삼성SDI 2016년 1분기 연결재무제표 주석 '유형자산' 항목 중

일부다(이해를 돕기 위해 부분편집했다).

기계장치만 놓고 보자. 삼성SDI가 지금까지 기계장치를 매입할 때 투입한 취득원가는 2조 4882억 원이다. 여기서 발생한 지금까지의 감가상각누계액(감가상각비와 손상차손까지 포함한 금액)은 1조 5484억 원이다. 따라서 기초(2016년 1월 초)의 장부금액은 9398억 원(2조 4882억 원 - 1조 5484억 원)이다.

1분기 중 인식한 감가상각비는 724억 원이다. 그런데 손상차손이 크게 발생했다. 그 금액이 2140억 원에 이른다. 매각 예정인 기계장치를 차감하면 기말(2016년 3월 말)의 장부금액은 5570억 원이다. 기계장치를 포함해 건물, 구축물 등에서 발생한 손상차손들을 모두 합하면 3383억 원에 이른다.

앞에서 삼성SDI가 밝힌 자산 손상차손 규모가 4500억 원이라고 했다. 그런데 표에 나타난 유형자산 손상차손은 3383억 원이다. 1100억 원 정도 차이가 발생한다.

| 표 13. 삼성SDI 2016년 1분기 연결재무제표 주석 중 '유형자산' 항목 |

(단위 : 백만 원)

구분	토지	건물	구축물	기계장치	합계
취득원가	597,578	2,079,292	525,101	2,488,276	6,397,590
감가상각누계액(자산손상포함)	-	1,063,549	249,643	1,548,482	3,168,629
기초(2016년초) 장부금액	597,578	1,015,742	275,457	939,794	3,228,961
감가상각	-	13,999	5,264	72,486	106,892
손상	-	92,642	20,571	214,069	338,356
매각예정	302,392	150,771	87,378	134,066	698,130
기말(1분기말) 장부금액	294,907	771,135	163,190	557,052	2,159,165

이 차이는 대형 2차전지 사업과 관련한 무형자산에서 발생한 손상차손일 것으로 추정된다. 즉 4500억 원은 '유형 + 무형 자산' 손상차손으로 봐야 할 것이다.

무형자산도 손상차손 발생

유형자산에서 손상차손을 인식하듯 무형자산 역시 손상차손이 발생한다면 이를 비용으로 반영해야 한다.

앞에서(105쪽) 피자헐을 경영하는 최 씨가 이탈리아 피자회사 마르코와 브랜드라이선스 사용계약을 했다고 했다. 그런데 브랜드 도입 1년 뒤 마르코 피자가 썩은 불량재료로 수년 동안 피자를 만들어 온 사실이 적발됐고, 언론에 이 사실이 대대적으로 보도되는 바람에 사람들이 꺼리는 브랜드가 되었다고 하자.

최 씨는 더 이상 '마르코 피자'라는 브랜드로 피자를 팔 수가 없다. 이런 경우라면 최 씨는 브랜드 무형자산액(1년 상각이 끝난 뒤의 잔존가액 200만 원)을 자산 항목에서 지우고, 200만 원을 모두 손실비용으로 반영(손상차손)해야 할 것이다.

CHAPTER 04

매출채권 분석만 잘해도 뒤통수는 안 맞는다!

PART 013

대손충당금이 아프다!

: 매출채권 평가와 비용 처리

요즘은 외상으로 술을 마시는 사람도, 외상술을 주는 술집도 거의 없다고 한다. 20여 년 전만 해도 외상술은 드물지 않았다. 물론 일면식도 없는 사람에게 주인이 외상술을 내주지는 않는다. 오래전 술집을 하는 지인에게서 들은 바로는, 외상술값 회수율은 70%도 채 안 된다고 한다. 그래서 아예 외상을 줄 때는 30% 이상 떼일 것을 각오한다는 이야기다.

최근 어느 방송프로그램에서 남편 술값 때문에 고민이라는 한 주부의 사연이 소개됐다. 남편이 한 달 술값으로만 120만 원 이상을 쓰는데, 월급은 정작 200만 원 정도 밖에 안된다는 하소연이었다. 남편의 친구가 남편 이름으로 마신 외상술값만 천만 원이 넘은 적이 있었다는 황당한 일화도 소개됐다. 오래전 이야기라고 하니, 그나마 외상술이 통용되던 시절의 이야기겠거니 했다.

술집 주인은 외상술을 줄 때 술값을 다 회수할 수 있을 것으로 생각하지 않는다. 기업으로 따지자면 매출채권 회수율이 100%가 될 것으로 예상하지는 않는다는 말이다. 술집 주인은 과거 경험치를 기준으로 떼일 돈을 미리 가늠해 볼 것이다. 기업은 결산 재무제표를 작성할 때 보유하고 있는 매출채권의 회수 가능성을 점검한다. 그리고 회수하지 못할 가능성이 높은 금액만큼을 미리 비용으로 처리한다.

회수 가능성이 없는 매출채권의 회계 처리

자산은 종류가 어떤 것이든 대부분 손상차손을 측정할 필요가 있다. 매출채권, 대여금, 미수금, 주식지분, 투자채권 등이 결산 때 손상 검사의 대상이 되는 자산이다. 예를 들어 거래 상대방이 부도나 파산 등을 당하거나 재무적으로 어려움을 겪고 있거나, 투자한 주식의 주가가 지속해서 하락해 회복 가능성이 현저하게 떨어진다면 이들 자산에 대해 손상차손 징후 검토와 회수가능액 추정 작업을 해야 한다. 무형자산에 대해서도 마찬가지다.

매출채권 역시 손상차손을 반영하는데, 다른 자산과는 회계 처리 방식이 약간 다르다. 기업이 물건을 팔면 매출이라는 수익이 발생한다. 매출에 대한 대가로 현금을 바로 받는 경우도 있다. 그러나 대개는 서로 간에 매입매출 세금계산서만 발행하든지 어음을 주고받는 식의 외상거래를 한다. 즉, 매출채권이 발생하는 것이다.

1월 20일 씽씽자동차가 차 다섯 대를 팔았다(대당 1000만 원씩 총 5000만 원). 매출(수익 발생) 5000만 원이 기록된다. 현금을 받았다면 현금 5000만 원(자산 증가)이, 외상으로 팔았다면 매출채권 5000만 원(자산 증가)이 기록된다. 이날은 자동차를 외상으로 판 것으로 가정한다.

2월 20일에는 차 열 대(대당 1000만 원씩 총 1억 원어치)를 외상으로 팔고 매출과 매출채권을 각각 1억 원 기록했다.

| 그림 1. 씽씽자동차 1분기 매출과 매출채권 |

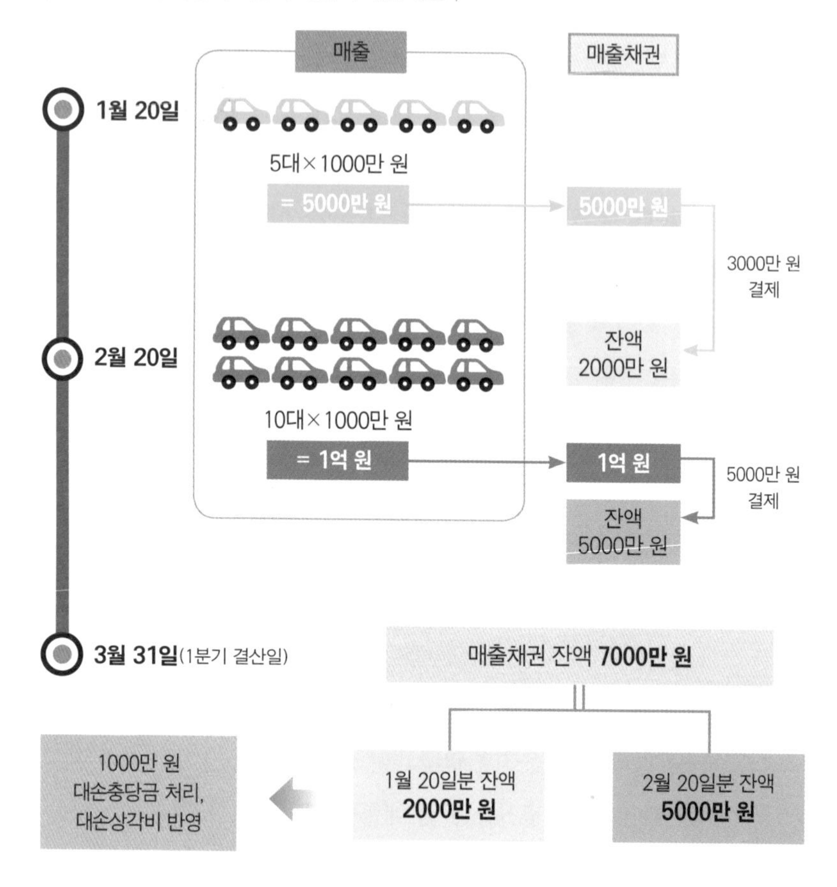

3월 31일 1분기 결산일이 되었다. 1월 20일 매출분(5000만 원) 중 3000만 원은 이보다 앞서 결제가 되었다. 2월 20일 매출분(1억 원) 중 5000만 원 역시 이미 결제가 된 상태라고 하자. 그럼, 결산 시점의 매출채권 잔액은 7000만 원이다(1월 20일분 잔액 2000만 원 + 2월 20일분 잔액 5000만 원).

이때 이 매출채권 잔액에 대해 회수 가능성을 평가해야 한다. 2월 20일분 잔액 5000만 원은 아직 만기가 도래하지 않았고 거래처에 별문제가 없어 전액 회수 가능할 것으로 파악됐다. 그런데 1월 20일분 잔액 2000만 원은 만기가 이미 상당 기간 지난 데다 거래처가 자금난을 겪고 있는 것으로 파악됐다.

씽씽자동차는 1월 20일분 매출채권 잔액의 50%(1000만 원)는 회수하지 못할 것으로 판단했다. 매출채권에 손상이 발생한 것이다. 결론은, 1분기 결산 시점의 매출채권 잔액 총 7000만 원 가운데 추정할 수 있는 미래 현금흐름 유입액은 6000만 원이다. 따라서 결산 재무상태표에 기록되는 매출채권의 장부금액은 6000만 원으로 조정된다. 이때 매출채권 손상 때문에 발생한 차액 1000만 원은 '대손충당금'이라는 차감 계정(매출채권에 마이너스 역할을 하는 계정)으로 기록한다.

매출채권 잔액	7000만 원
대손충당금	− 1000만 원
분기말 재무상태표 매출채권 장부금액	= 6000만 원

재무상태표에서 매출채권 차감 역할을 한 대손충당금 액수만큼을 손익계산서에서는 '대손상각비'라는 비용 항목으로 처리하면 된다(손상차손 비용이라고 해도 무방하나 일반적으로 대손상각비라고 한다).

매출채권의 경우 손상이 발생한 것으로 파악되면 매출채권 금액을 직접 조정하지 않고 대손충당금 계정(1000만 원)을 활용해 장부금액을 조정한다. 그리고 대손충당금 설정액만큼을 손익에서 대손상각비라는 비용 계정으로 처리하는 것이다. 위의 경우 "대손충당금 설정으로 대손상각비 1000만 원이 발생했다"고 한다. 대손상각비는 '판매비와 관리비'에 포함되는 계정이다. 따라서 영업손익에 영향을 준다.

대손충당금, 회계사기 수단으로 자주 활용

아래는 2016년 7월 한 언론에 보도된 내용이다.

> NH농협은행이 2015년 4분기 STX조선해양 사태로 사상 최대 분기 적자를 기록한 데 이어 올 2분기에도 대규모 손실을 낼 조짐을 보이고 있다. NH농협은행은 강도 높은 구조조정 작업이 진행 중인 조선·해운업의 부실로 거액의 충당금을 쌓아야 할 처지에 놓여 있다. 금융권에 따르면 NH농협은행이 조선·해운업에 물린 여신 잔액은 약 7조 6000억 원대에 달한다.
>
> NH농협은행은 최근 'NH농협은행 경영 현황' 자료를 발표하며 "(NH농협은행은) 시중은행과 달리 공공성이 강해 시중은행들이 조선·해운업에 대한 여신을 털고 나갈 때 지역사회와 국가경제에 미치는 영향을 고려하지 않을 수 없었다"며 "올 2분기에 1조 원 규모의 충당금을 더 쌓기로 했다"고 밝혔다.

대손충당금 설정액 증가는 곧 대손상각비 증가다. 대손충당금을 고의로 과다 적립하면 이익이 줄고, 과소 적립하면 이익이 증가한다. 따라서 대손충당금은 회사의 의도에 따라 분식회계 수단으로 이용될 수도 있다. 대손충당금은 매출채권뿐 아니라 대여금이나 미수금 등에 대해서도 인식해야 한다. 그러나 이외의 일반 금융자산에 대해 대손충당금을 설정하는 경우는 없다.

은행은 대출이 주 영업이므로, 대출자금에 대해 회수 가능성을 따져 대손충당금을 설정한다. 거래기업이 부도나 워크아웃, 법정관리 등 위기를 맞으면 대손충당금 설정액이 늘어나 손실이 커진다.

아래는 2016년 5월 증권사 애널리스트의 리포트 중 한 부분이다(한진해운이나 대우조선 등 조선업계 상황이 더 크게 악화하기 전이라 충당금 추가 설정액에 대한 전망이 낙관적이다).

조선·해운 구조조정 기업에 대한
상장은행 2분기 충당금 추가 부담 3600억 원 예상

- 연일 계속되는 조선·해운 구조조정 관련 뉴스 때문에 은행주에 대한 투자 심리가 크게 위축되고 있음.
- 하지만 상장은행들이 2분기 중 대우조선, 한진해운 등 조선·해운업체와 관련해 추가 부담해야 할 충당금은 약 3600억 원 수준에 그칠 것으로 보여 시장 우려보다 크지 않으리라고 전망.

매출채권 3분의 1이 '떼일 돈', 장사 어찌했길래? – LS네트웍스

2014년 LS네트웍스의 영업이익은 26억 원 흑자였다. 하지만 2015년에는 적자 전환하며, 적자 규모가 683억 원을 넘었다. 당기순이익도 757억 원 적자를 냈다. 주요 원인은 매출채권에 대한 대손충당금이다.

| 표 1. LS네트웍스 2015년 손익계산서 |

(단위 : 백만 원)

구분	2015년	2014년
수익(매출액)	810,130	948,088
영업이익(손실)	(68,390)	2,679
당기순이익(손실)	(75,757)	710

표 2는 LS네트웍스의 2015년 재무제표 주석 중 일부다. 대손충당금 급증 때문에 회사가 대규모 적자를 냈다는 사실을 잘 알 수 있다.

| 표 2. LS네트웍스 2015년 재무제표 주석 중 |

(단위 : 백만 원)

구분	매출채권	
	2015년 말	2014년 말
채권액	142,676	163,833
대손충당금	(43,613)	(743)
장부금액	99,063	163,090

2014년 말 기준으로 매출채권 잔액은 1638억 원이었고, 대손충당금은 매출채권 대비 0.5% 수준인 7억 4300만 원에 불과했다. 그런데 2015년 말 매출채권 잔액은 1426억 원인데 비해 대손충당금은 무려 31%에 달하는 436억 원이 반영됐다. 그래서 장부상 매출채권액은 990억 원(1426억 원 - 436억 원)이 됐다.

오른쪽 표 3의 〈매출채권 연령 분석표〉를 잘 해석해보자.

2015년 말 기준 매출채권 1426억 원 가운데 '연체되지 않은 채권'은 356억 원(25%) 밖에 안됐다. 나머지 75%의 채권에서 연체가 발생했다는 것이다. 2014년에는 반대로 매출채권 대비 '연체된 채권'이 25% 수준이었다. 2015년에는 연체 매출채권 가운데 436억 원이 자금 회수가 어려운 것(손상)으로 추정됐다. 그리고 이 손상채권 중에는 만기일이 90일이나 초과했는데도 대금회수가 안 되는 매출채권이 425억 원으로, 대부분을 차지했다.

오른쪽 표 4의 〈사업 부문별 실적표〉를 보면 '유통 및 글로벌상사 부문'의 영업손실(508억 6000만 원)이 전체 영업손실(683억 9000만 원)의 74%에 이를 정도로 컸다.

이 같은 실적이 발표된 뒤인 2016년 4월 신용평가사인 한국신용평가와 나이스신용평가는 LS네트웍스의 신용등급을 각각 A에서 A-, A2에서

| 표 3. LS네트웍스 매출채권 연령 분석표 |

(단위 : 백만 원)

구분	2015년 말	2014년 말
매출채권(대손충당금 반영 전)	142,676	163,833
연체되지 않은 채권	35,685	122,490
연체되었으나 손상되지 않은 채권	63,377	40,599
연체되었으면서 손상된 채권(대손충당금 반영)	43,613	743
* 참고 : 만기경과 후 90일 초과 채권	42,597	743

| 표 4. LS네트웍스 사업 부문별 실적 : 2015년 재무제표 주석 중 |

* 참고 : 기타 일부 사업 실적은 수치가 미미해 생략했음.

(단위 : 백만 원)

사업 부문	매출유형	품목	매출액	영업이익	당기순이익
브랜드	상품	신발, 의류, 용품	397,868	(23,078)	(20,486)
유통	상품 및 용역 서비스	유통 및 글로벌상사	380,337	(50,860)	(43,961)
임대	용역 서비스	사무실 임대	37,267	14,359	(22,659)
	소계		810,130	(68,390)	(73,089)

A2-로 한 단계 하향 조정했다. 신평사들은 등급 하향 이유에 대해 "현금흐름 대비 차입금 규모가 과중하며 최근 영업실적을 감안하면 당분간 영업현금흐름을 바탕으로 재무 부담을 완화하기가 어려울 것"이라고 밝혔다.

아울러 2015년 실적 부진에 대해서는 "내수경기 침체에 따른 사업 부진 지속, 글로벌상사 부문(석탄, 비철금속 등 광물자재 수입 판매)의 매출채권 부실화에 따른 대손충당금 설정 등이 영향을 미쳤다"고 평가했다.

대여금과 미수금에서도 대손충당금 발생 – 포스코대우

대손충당금은 앞에서 언급했듯 매출채권 뿐 아니라 미수금, 대여금 등 이른바 '수취채권'으로 분류되는 금융자산에서도 발생한다. 아래는 포스코대우(옛 대우인터내셔널)의 2015년도 3분기 보고서(1~9월) 재무제표 주석의 대손충당금 내역 중 일부이다.

포스코대우 역시 3분기 말 기준으로 보면 매출채권 잔액에 대한 대손충당금 설정액이 전년 3분기 말에 비해 큰 편이다. 전년보다 매출채권 잔액은 5600억 원 적은데도 대손충당금은 190억 원 더 늘어났다. 미수금의 경우 2015년 3분기 말 잔액 924억 원 대비 43%나 되는 401억 원의 대손충당금이 설정되어 있다.

| 표 5. 포스코대우 2015년도 3분기 재무제표 주석 중 |

(단위 : 백만 원)

	2015년 3분기 말	2014년 3분기 말
매출채권	3,454,524	4,015,506
대손충당금	59,170	39,917
미수금	92,464	81,249
대손충당금	40,195	6,641
단기대여금	8,937	6,291
대손충당금	7,722	0

PART 014

매출채권 양도, 매각인가 차입거래인가?

2015년 11월, 남태평양 섬나라 바누아투에서 왕처럼 호화롭게 살던 한국인이 현지에서 체포됐다.

N사 대표 J씨. 그는 허위 매출채권을 만들어 은행에 제출하고 대출을 받은 혐의로 한국 경찰수사가 본격화하자 2014년 2월 관광지로 유명한 바누아투로 도피했다. 2008년 5월~2014년 1월까지 15개 시중은행을 상대로 매출채권 사기극을 벌이고 대출받은 금액은 1조 8000억 원.

이 같은 초대형 사기가 가능했던 것은 매출 상대방 회사에 공범이 있었기 때문이다. 납품처 K사의 간부가 J씨에게 부품매입서류를 위조해 제공했고, 이를 근거로 허위 매출채권이 제작됐다. 은행은 매출의 진위 여부를 제대로 확인하지 않고 매출채권을 담보로 거액의 대출을 내줬다.

2년 가까이 바누아투 고급 단독주택에 거주하며 명품을 구입하는 등 호화로운 생활을 즐기던 J씨는 결국 한국과의 형사사법 공조에 나선 바누아투 수사 당국에 잡혔고, 2015년 11월 송환됐다.

현금 흐름에 숨통을 틔워주는 팩토링

기업은 매출채권을 은행 같은 금융회사에 양도해 현금화할 수 있다. 예를 들어 1억 원짜리 매출채권을 은행에 넘기고 기업은 9000만 원을 받고, 은행은 1000만 원의 수수료를 챙긴다.

삼성전기가 거래처로부터 확보한 1억 원의 매출채권을 은행에 넘기고 9000만 원을 받았다 하자. 만기 때 거래처가 은행에 1억 원을 입금하지 못하면 어떻게 될까? 만약 은행이 거래처로부터 회수하지 못한 1억 원을 삼성전기에 상환 요구할 수 있는 권리(상환청구권, recourse)를 가지고 있다면, 삼성전기는 비록 매출채권을 은행에 양도했어도 장부에서 매출채권을 제거하지 못한다. 그래서 매출채권을 담보로 은행에서 1억 원을 차입한 것으로 처리한다(단기차입금). 1000만 원은 삼성전기가 부담하는 이자비용이 된다. 따라서 재무상태표에는 단기차입금(부채) 1억 원 증가와 현금(자산) 9000만 원 증가가 기록되고, 손익계산서에는 이자비용 1000만 원 발생이 기록될 것이다. 거래처가 만기 때 1억 원을 은행에 제대로 상환한 다음에, 삼성전기는 차입금을 삭제하면 된다.

은행이 삼성전기에 대해 상환요구권을 갖고 있지 않다면 어떻게 될까? 삼성전기가 은행에 매출채권을 처분한 것이 되므로, 재무상태표에서 매출채권 1억 원을 지우고(자산 감소), 대신 현금 9000만 원 유입(자산 증가)을 기록하면 된다. 그리고 손익계산서에서는 매출채권 처분손실(비용) 1000만 원을 인식해야 한다.

매출채권과 같은 금융자산 양도가 '실질매각'에 해당하려면 그 금융자산에서 발생하는 위험과 보상이 양수인(은행)에게 이전되어야 한다. 그렇지 않다면 금융자산 양도는 실질매각이 아니므로 장부에서 금융자산을 제거하지 못한다.

금융자산 양도 시 상환청구권이 양수인(금융회사)에게 있으면 실질매각이 아니다.

이처럼 금융회사들이 어음이나 기타 매출채권을 고객기업으로부터 매입해 자금을 지원해 주는 것을 '팩토링(factoring)'이라고 한다. 대부분의 팩토링 거래에서 금융회사는 상환청구권을 보유하고 있다.

포스코대우는 매출채권을 현금화하고도 왜 매출채권 계정에 그대로 뒀을까?

포스코대우(옛 대우인터내셔널)의 2016년 1분기 재무제표 주석에 보면 다음과 같은 부분이 나온다.

| 표 6. 포스코대우 2016년 1분기 재무제표 주석 중 |

• 양도되었으나 제거되지 않은 금융자산

당분기말 현재 매각된 매출채권의 장부금액 913,303백만 원을 계속하여 인식하고 있으며, 매각으로 수령한 현금을 담보차입으로 인식하였습니다. 상기 매출채권의 양수자에게 소구권을 부여하는 조건으로 이를 양도하였으며 따라서 매출채권에 대한 소유권에서 발생하는 채무자의 채무불이행 등 신용위험을 양도 이후에도 계속 부담하고 있습니다.

2016년 1분기 말 현재 포스코대우의 매출채권 장부금액은 2조 9914억 원이다. 이 가운데 9133억 원은 팩토링으로 현금화했으나 매출채권 계정에서 지우지 않았다는 말이다. 그 이유는 양수자(팩토링 금융회사)에게 소구권(상환요구권)을 부여해 주기로 하고 매출채권을 양도했기 때문이다. 따라서 9133억 원에 대해 포스코대우는 단기차입금으로 처리해 놓았으며, 이 차입금은 거래처가 팩토링 회사(금융회사)에 대금을 납입함으로써 부채 계정에서 제거될 것이다.

단기차입금으로 분류된 매출채권 팩토링 – 삼성전기, 인터플렉스

삼성전기의 2016년 1분기 재무제표 주석을 보면 매출채권 팩토링에 대해 좀 더 구체적으로 적시되어있다.

| 표 7. 삼성전기 2016년 1분기 재무제표 주석 |

은행과의 매출채권 팩토링 계약을 통해 매출채권을 할인하였습니다. 제공한 매출채권은 채무자의 채무불이행 시 상환청구 등으로 대부분 위험과 보상을 연결 기업이 보유하므로 금융자산 제거 요건이 충족되지 않았습니다. 이러한 거래에서 인식한 금융부채는 재무상태표에 단기차입금으로 분류되어 있습니다(주석14 참조). 현재 매출채권 할인 내역은 다음과 같습니다.

(단위 : 백만 원)

구분	당분기
할인된 매출채권의 장부금액	169,485
관련 차입금의 장부금액	169,485

현재 단기차입금 내역은 다음과 같습니다.

(단위 : 백만 원)

차입처	내역	2016년 3월 31일 현재 연이자율(%)	당분기
우리은행 외 3곳	매출채권 할인	LIBOR +0.45~0.55	169,485
Citibank외 13곳	종속기업차입금	0.50~4.37	558,105
합계			727,591

우리은행, 신한은행, KEB하나은행, 국민은행의 금융기관과 매출채권 할인 약정을 체결하였는바, 금융기관 등에 매각한 매출채권 중 만기가 도래하지 않은 금액을 단기차입금으로 계상하고 있습니다.

앞에서 감가상각비를 주제로 다뤘던 인터플렉스의 2016년 1분기 재무제표 주석에도 매출채권 할인 내역이 자세히 나와 있다.

| 표 8. 인터플렉스 2016년 1분기 재무제표 주석 |

• 주요 단기차입금 내역

(단위 : 백만 원)

단기차입금	금액
외화매출채권 할인	88,354
단기원화차입금	16,500
단기외화차입금	122

• 단기차입금으로 분류된 만기 미도래 매출채권 할인 내역

(단위 : 백만 원)

구분	차입처	이자율 (당분기말)	만기일	당분기 말
수출대금채권	KEB하나은행	2.72%	2016-06-30	43,180
외화팩토링채권	KEB하나은행	2.77%	2016-06-30	9,019
수출대금채권	KEB하나은행	2.69%	2016-10-13	36,155
소 계				88,354

연결기업은 KEB하나은행 등 금융기관과 매출채권할인 약정을 체결하였는바, 금융기관 등에 할인 후 만기가 도래하지 않은 금액 중 금융자산 제거 요건을 충족하지 못하는 부분은 단기차입금으로 계상하고 있습니다.

매출채권 할인 내역에서 보면, 할인금액은 883억 5400만 원이다. '주요 단기차입금 내역'에서 외화매출채권 할인액도 역시 같은 금액인 것으로 보아, 수출매출채권을 은행에서 팩토링 거래한 것으로 짐작된다. 할인받은 매출채권 종류가 수출대금채권과 외화팩토링채권으로 명시되어 있다.

PART 015

매출채권 양도거래를 이용한 모뉴엘의 회계사기

세계 최대 가전박람회 CES에서 빌 게이츠가 극찬한 한국 회사가 있었다. 그 회사는 한국 수출입은행이 선정한 '히든챔피언'이자, 정부가 선정한 'World Class 300' 기업이기도 했다.

화려한 사회적 평판과 동시에 인기 연예인 소지섭을 CF모델로 기용하면서 회사에 대한 호감도도 더욱 높아지고 있었다. 2013년 공시된 회사의 손익계산서에는 매출액 1조 2737억 원, 영업이익 1100억 원, 당기순이익 601억 원이 기록되어 있었다. 회사 실적도 한마디로 승승장구였다.

그러나 이렇게 탄탄대로를 걷고 있던 회사가 돌연 2014년 10월 20일 법정관리를 신청해 시장이 충격에 빠졌다. 이른바 '모뉴엘 사태'다. 모뉴엘은 2004년 설립된 HTPC(Home Theater PC, 홈씨어터 PC)를 비롯해 로봇청소기 등 가전제품을 제작·판매해 온 IT 기반의 종합가전회사였다.

법정관리 신청 이후 회사의 실체가 적나라하게 드러났다. 매출의 80%가량을 차지한 수출은 해외 자회사를 통한 허위 수출이었다. 1조 원 규모의 매출을 들여다보니 실제로는 300억 원에 불과한 것으로 밝혀졌다. 제품도 값싼 중국산 부품으로 제조해 품질 문제로 소비자들의 항의가 빗발쳤고, 빌 게이츠의 극찬도 사실무근이었다. 화려한 '언론플레이'였던 것이다.

3조 원대 사기 대출, 어떻게 가능했나?

모뉴엘이 이렇게 사기 행각을 펼칠 수 있던 이유는 어디에 있었을까? 모뉴엘의 사기 수법은 매출 관련한 서류를 위조해 생긴 매출채권을 은행에 팩토링해 현금을 확보하는 것이었다. 매출채권 팩토링은 매출채권을 만기 이전에 현금화해 회사의 운전자금을 원활히 해주는 장점이 있다.

은행에서도 중소기업의 현금 흐름을 원활히 하기 위해 정책적으로 팩토링을 지원해 주는 경우도 있다. '모뉴엘 사태'는 은행 심사 단계의 허점을 노린 사기였다.

회계기준에서는 매출채권 양도(팩토링)를 계약 조건에 따라 매각거래와 차입거래로 처리하도록 하고 있다. 매출채권 양도를 매각거래로 처리하게 되면 재무상태표에서 매출채권이 없어지며, 은행에 미리 지급하는 선이자를 매출채권처분손실로 처리한다.

연매출 1조 원의 가전업체로 알려졌던 모뉴엘은 5년간 폐컴퓨터 가격을 120배 부풀리거나 가공의 해외매출을 꾸며 10개 은행에서 3조 2000억 원의 돈을 빌렸다.

그러나 차입거래로 처리하게 되면 양도한 매출채권이 해당 계정에 계속 남아 있으며, 매출채권 금액만큼 단기차입금이 늘어나게 된다(130쪽 참조). 매출채권을 담보로 대출받은 것으로 처리하는 셈이다. 은행에 미리 지급한 선이자는 손익계산서에 이자비용으로 처리한다.

그런데 매출채권 양도와 관련하여 K-IFRS와 일반기업회계기준에 차이점이 있다. 일반기업회계기준을 적용하면 매출채권 양도거래를 대부분 매각거래로 처리한다. 그 이유는 한국회계기준원이 팩토링과 관련한 질의에 회신하면서 "매출채권을 담보로 자금을 대출한 금융기관이 그 매출채권을 처분할 자유로운 권리를 갖고 있다면 매각거래로 회계 처리하는 것이 타당하다"라고 답변했기 때문이다.

일반적으로 회사가 은행에 매출채권을 양도하면 은행은 해당 매출채권에 대한 포괄적인 권리를 확보할 수 있다. 포괄적인 권리에는 자유로운 매각도 포함된다. 그래서 일반기업회계기준에서 기업은 은행에 매출채권을 매각한 것으로 회계 처리하는 것이다.

회사가 매출채권 양도를 매각거래로 회계 처리했어도 부도가 났을 경우 변제할 책임을 진다. 은행은 회사에 해당 금액만큼 소구권을 행사할 수 있기 때문이다. 소구권은 은행이 회사에 부도난 금액을 청구할 수 있는 권리다. 따라서 일반기업회계기준은 매각거래로 회계 처리한 매출채권 중 결산일 현재 만기가 도래하지 않은 채권액을 주석에 '우발 부채'로 기록하도록 규정하고 있다. 주석으로 공시하는 이유는 정보이용자들에게 부도 발생으로 회사가 책임질 수 있는 금액이 존재한다는 위험을 알리기 위해서다.

모뉴엘은 일반기업회계기준을 적용하는 기업이었기 때문에 소구권이 있는 매출채권을 은행에 양도하면서 매각거래로 처리했다.

일반기업회계기준과 달리 K-IFRS에서 매각거래와 차입거래를 나누는 중요한 기준은 바로 '소구권의 존재 여부'다. 즉 매출채권을 양도했을 때, 그 매출채권이 부도가 나더라도 양도한 회사에서 아무런 책임을 지지 않

| 표 10. 모뉴엘 2013년 손익계산서 중 |

제10 기 : 2013년 1월 1일부터~12월 31일까지
제9 기 : 2012년 1월 1일부터~12월 31일까지
(단위 : 백만 원)

과목	제10(당)기		제9(전)기	
매출액	1,140,984			825,132
영업이익		105,064		85,972
영업외수익		10,413		4,651
영업외비용		31,951		23,680
이자비용	5,161		3,455	
외환차손	7,153		3,173	
매출채권 처분손실	13,279		10,599	
단기매매 증권 처분손실	3		-	

| 표 11. 모뉴엘 2013년 재무제표 주석 중 '우발 채무와 약정 사항' |

• **우발 부채와 약정 사항** 보고 기간 종료일 현재 금융기관 등에 매각한 매출채권 중 만기가 도래하지 않은 금액은 다음과 같습니다.

(단위 : 천 원)

금융기관	구분	한도	실행액
중소기업은행	팩토링	44,063	44,063
농협은행(주)	외상매출채권담보대출	500,000	47,190
(주)한국외환은행	외화팩토링채권	39,119,000	29,403,743
합 계		39,663,063	29,494,996

회사는 당기와 전기 중 각각 1,058,056백만 원과 746,227백만 원에 해당하는 매출채권을 매각했고, 매출채권 처분손실로 각각 13,279백만 원과 10,599백만 원을 영업외비용으로 계상했습니다.

아야 진정한 매각거래로 인정한다는 것이다. K-IFRS를 적용하는 휴비스가 매출채권의 양도와 관련해 공시한 내용을 보면 표 12와 같다.

| 표 12. 휴비스의 2015년도 재무제표 주석 |

• 금융자산의 양도

당기 말 현재 당사는 매출채권 및 기타채권 37,495,063천 원을 우리은행 외 4곳에 양도하고 해당 채권의 예상 손실액에 대하여 신용보증을 제공했습니다. 따라서 당사는 동 채권의 장부금액 전액을 계속하여 인식하고 있으며, 양도 시 수령한 현금을 담보차입으로 인식했습니다(주석 13 참조). 당기 말 현재 양도된 단기채권(차입금에 대한 담보임)의 장부금액은 37,495,063천 원이며, 관련된 부채의 장부금액은 동일합니다.

| 표 13. 휴비스의 2015년도 재무제표 주석 13. 차입금 및 사채 |

보고 기간 종료일 현재 단기차입금 내역은 다음과 같습니다.

(단위 : 천 원)

구분	차입처	당기 말 현재 연이자율(%)	당기 말	전기 말
원화단기차입금	우리은행	2.95	10,000,000	10,000,000
원화단기차입금	한국수출입은행	2.85	10,000,000	15,000,000
매출채권양도	우리은행외(주1)	2.50~3.25	37,495,063	55,584,221
합계			57,495,063	80,584,221

(주1) 제거의 요건을 충족하지 못하는 매출채권의 양도와 관련하여 인식한 금융부채로 당사의 매출채권에 의하여 담보되어 있습니다.

회계기준이 사기를 조장했다?

국내에서 매출채권을 은행에 양도했을 경우 대부분 은행이 소구권을 가진다. 따라서 K-IFRS 적용기업의 매출채권 팩토링은 대부분 매각거래가 아닌 차입거래로 회계 처리되어 있다고 보면 된다.

매출채권을 양도할 때 차입거래보다 매각거래로 회계 처리할 경우, 재무비율을 좋게 할 수 있다는 장점이 있다. 매각거래로 회계 처리하면 재무상태표의 매출채권이 현금으로 변환되어 재무비율에 변동이 없기 때문이다. 선이자로 떼어가는 부분만큼 자산이 줄어들지만 미미한 수준이다.

그러나 차입거래로 회계 처리하면 자산에서는 현금이 증가하지만, 단기차입금도 증가하게 되어 부채도 함께 늘어나는 효과가 있다. 자산과 부채가 동시에 늘어나면 부채비율이 상승하게 된다(그림 2). 따라서 매출채권 양도거래를 차입거래로 처리하는 것이 좀 더 보수적인 회계 처리 방법이다.

매출채권 양도와 관련한 사기 대출이 모뉴엘 이후에도 여러 건 발생했다. 후론티어, 디지텍시스템스 등이 그 예이다. 매출채권 양도를 매각으로 간주하는 일반기업회계기준 때문에 이런 기업들의 사기 대출이 가능했던 것은 아니지만, 회계기준 때문에 재무 지표가 좋아진다는 측면에서는 회계기준에 일정 부분 책임이 있다.

| 그림 2. 50만 원짜리 매출채권을 양도하면서 차입거래로 회계 처리할 때 |

자산	100만 원
부채	50만 원
자본	50만 원
부채비율 (부채/자본)	100%

자산과 부채 동시 증가

자산	150만 원
부채	100만 원
자본	50만 원
부채비율 (부채/자본)	200%

매출채권 양도거래를 매각거래로
회계 처리하면 재무지표가 좋아진다.
이러한 회계기준의 허점을 파고들어
모뉴엘 등이 매출채권 사기 대출을 벌였다.

매출채권 양도거래를 차입거래로 처리했다면 부채비율의 상승 등 각종 재무 지표가 악화했을 것이기 때문이다. 그랬다면 금융권에서도 조기경보 대상 기업으로 선정해 면밀하게 관리해 사전에 부실을 예방할 수 있었을 것이다. 따라서 일반기업회계기준도 매각거래와 차입거래 여부를 판단할 경우 소구권을 고려해 보수적으로 처리하는 것이, 매출채권 양도를 통한 사기 거래를 막는 데 도움이 될 것이다.

"IPO를 진행하니 없던 차입금이 생겼어요"

: 회계기준과 휴비스의 단기차입금 :

일반기업회계기준을 적용하던 기업이 IPO를 통해 회계 기준을 한국채택국제회계기준으로 전환하면, 매출채권을 차입거래로 회계 처리하면서 갑자기 차입금이 늘어나는 경우가 있다.

일반기업회계기준을 적용하던 기업이 K-IFRS로 전환하면 어떻게 될까? 현재 비상장 기업 중 상당수와 중소기업들은 일반기업회계기준을 적용하고 있다. 이들 기업이 증권시장 상장을 위한 IPO(기업공개)를 추진한다면 K-IFRS로 전환해야 한다. 따라서 매각거래로 처리해 장부에서 제거했던 매출채권을 다시 살리고, 회사 자산 항목에 기재된 현금 유입액을 단기차입금으로 계상하는 작업을 하게 된다. 지금도 IPO를 하는 기업들은 이런 전환 작업을 하고 있다. 표 14는 2011년도 IPO를 진행했던 휴비스의 전환 사례다.

표에서 보면 일반기업회계기준을 적용해 매각거래로 처리됨에 따라 장부에서 삭제했던 '매출채권 및 기타채권' 651억 원이 K-IFRS에서는 되살아나 잔액이 1783억 원으로 늘었다. 그리고 651억 원 만큼의 단기차입금도 인식됐다. IPO 기업의 경우 이러한 이유로 갑자기 차입금이 늘어나는 경우가 있으므로 재무제표를 잘 해석해야 한다.

| 표 14. 휴비스 K-IFRS 전환 재무제표 |

• **한국채택국제회계기준 전환으로 인한 자본의 조정 내역**

2010년 1월 1일(한국채택국제회계기준 전환일) 자본의 차이 조정은 다음과 같습니다.

(단위 : 천 원)

구분	과거 회계기준		한국채택국제 회계기준 수정	한국채택국제 회계기준
유동자산	205,671,143			271,676,415
매출채권 및 기타채권	113,139,427	(주1)	65,179,868	178,319,295
비유동자산	352,588,791			349,547,743
자산 총계	558,259,934			621,224,158
유동부채	345,607,585			414,702,186
단기차입금	105,170,000	(주2)	65,179,868	170,349,868
비유동부채	51,492,713			47,355,713
부채 총계	397,100,298			462,057,899
자본금	143,750,000		-	143,750,000
기타포괄손익누계액	36,508,074		(36,508,074)	-
이익잉여금	(19,098,438)		34,514,697	15,416,259
자본 총계	161,159,636			159,166,259

(주1) 매각거래로 회계 처리했던 매출채권에 대해 차입거래로 조정.

(주2) 매각거래로 회계 처리했던 매출채권에 대해 차입거래로 조정.

CHAPTER 05

현금 만드는 자산, 재고

PART 016

재고자산평가손실, 어떻게 측정하고 어떻게 반영하나

'맨손으로 세상을 움켜쥔 싱싱한 총각들 이야기!'

『총각네 야채가게』의 광고 문구다. 젊은 창업자의 도전과 열정을 그린 이 책은 드라마로도 제작되어 큰 인기를 누렸다. 책에서 젊은 창업자의 도전 정신에 크게 감동을 하면서도, 재고 관리에 있어 매우 흥미로운 부분을 찾아내게 되었는데 바로 이 대목이었다.

"총각네 야채가게에는 생선도 판다. 갈치 상자에는 얼음이 뿌려져 있다. 그런데 더 중요한 게 있다. 그게 뭘까? 바로 냉동고다. 총각네 야채가게에는 냉동고가 없다. 그게 다른 생선가게와 구별되는 차이점이다. 생선가게에 냉동고가 필수라는 건 초등학생도 아는 상식이다. 생선은 온도에 민감하고 쉽게 상하기 때문에 적정한 저온에서만 신선한 상태를 유지할 수 있다."

야채가게에 정확히 말하면 생선도 파는 야채가게에 냉동고가 없는 이유는 무엇일까? 정답은 바로 재고 관리에 있다. 그날 들여온 생선은 그날 소진하는 시스템을 갖추었기 때문이다. 손님들도 매일 신선한 생선을 판다고 믿고 살 수 있고, 그만큼 현금 회전이 빠르니 가게 주인도 이득이다. 조그만 야채가게이지만 재고 관리의 중요성을 깨달으니 일거양득의 효과를 보게 된 것이다.

재고자산 원가의 구성

(주)대유위니아 김치냉장고 '딤채'의 제조원가는 어떻게 계산될까? 김치냉장고를 만들려면 각종 원재료와 부품이 투입된다. 생산공장 인력에 대한 인건비(노무비), 수도 및 전기요금 등의 일반제조경비, 공장설비나 공장건물에서 발생하는 감가상각비(제조간접비)도 필요하다. 이런 요소들이 모두 더해져 제조원가가 산출될 것이다. 생산라인에서 완성된 김치냉장고는 공장 물류창고로 들어가는데, 이때부터는 판매를 위해 대기 중인 재고자산이 된다. 이러한 재고자산의 가격(취득원가)은 곧 제조원가와 같게 된다.

재고자산취득원가 = 제조원가

'재고자산취득원가'라고 하면 마치 상품을 외부에서 들여와 발생한 원가라고 받아들일 수 있다. 하지만 회사 내 설비에서 완제품을 생산해 회사 장부에 재고자산으로 기록(취득)하는데 투입한 총원가라는 의미도 있다.

기업회계에서 말하는 재고자산은 제조 과정이 끝난 '제품(완제품)'만을 의미하는 것은 아니다. 예를 들어 대유위니아가 외부에서 전기레인지를 구매해 소비자에게 유통·판매하는 사업도 하고 있다면, 전기레인지라는 '상품' 역시 대유위니아가 보유한 재고자산이 된다. 이때 재고자산의 취득원가는 상품매입가격(매입원가)이 될 것이다.

또 생산라인에서 제조 중인 재공품(work in process)이나 반제품(semi-finished goods)도 재고자산이 된다. 재공품과 반제품에는 약간의 차이가 있다. 생신가공이 아직 끝나지 않았다는 점은 같다. 그러나 반제품은 현 상태에서도 판매가 가능한 물품, 재공품은 가공작업이 더 진행되어야만 판매할 수 있는 물품으로 구별한다. 재공품이나 반제품 재고의 취득원가는 그 단계에 이르기까지 투입된 제조원가다. 원재료나 부품, 소모품(원재료는 아니지만 생산가공작업에 사용되는 소모성 비품류 같은 것들)도 모두 재고자산에 해당한다.

재고자산 증가는 경영의 빨간불

재고자산 관리는 왜 중요할까? 침구류를 제조하는 중소기업에 컨설팅 상담을 해준 적이 있다. 컨설팅에 나가기 전 회사의 재무제표를 검토해 보았다. 회사는 당기순이익이 4억 원대, 주당순이익이 2700원을 기록하고 있어 양호한 상태로 보였다.

적정 재고 범위를 초과하거나 재고가 장기화할 경우 재고가 진부화될 우려가 있고, 재고량 증가에 따른 금융비용 등의 증가로 경영 부실화를 초래할 수 있으므로 적정 재고 관리는 경영에서 중요한 부분이다.

하지만 재고자산 가액을 확인하자마자 드는 생각은 공시된 당기순이익은 만들어진 숫자라는 것이었다. 재고자산이 전기 대비 20억 원 증가했으며, 총자산의 10%에 가까웠다.

재고가 늘어난 것이 왜 그렇게 큰 문제일까? 침구류의 특성상 생산된 해에 판매되지 않으면 할인 판매해야 하거나 폐기되는 재고가 생기기 마련이다.

| 표 1. 침구류 회사의 재무상태표상 재고자산 |

(단위 : 원)

	당기		전기	
재고자산		8,956,655,077		7,042,141,300
상품	1,147,370,130		1,599,677,762	
제품	6,077,639,044		4,075,922,865	
재공품	460,146,848		404,621,783	
원재료	1,178,400,278		956,804,859	
부재료	93,098,777		45,114,031	

하지만 재무상태표에는 재고자산평가손실충당금*이 하나도 계상되어 있지 않았다. 또 재고가 많이 쌓인다는 것은 제품이 잘 팔리지 않아 영업이 어려워졌다는 증거가 되고, 재고회전율이 낮아져 회사의 자금이 재고에 묶여있을 가능성이 높다고 볼 수 있다.

재고자산평가손실충당금 : 재고자산의 미래판매가치가 제조원가(취득원가)보다 낮을 경우, 재고자산의 취득가격에서 차감하기 위해 사용하는 계정이다.

이 회사의 손익계산서는 이익이 발생하고 있어 문제가 없어 보였지만, 재고는 회사의 자금 사정에 분명히 큰 부담을 주고 있을 것이라 생각됐다. "요즘 자금 사정은 어떤가요?"라고 사장에게 질문했더니, 역시나 생각했던 대로 "자금 사정이 좋지 않아 큰 걱정"이라고 대답했다. 재고자산이 증가했다는 것은 그만큼 원재료 매입과 제조에 돈을 썼다는 얘기다. 작년 대비 재고가 거의 20억 원 늘었다면, 올해 현금이 20억 원 지출됐다는 것이기 때문이다. 총자산 200억 원대의 회사가 현금 20억이 재고에 묶여 있으면 그만큼 자금 압박을 겪을 수밖에 없다.

전통적인 관리이론에서부터 현재에 이르기까지 재고자산 관리는 기업경영 관리 중 핵심적인 부분으로 다루어졌다. 제조원가와 재고의 보관·이동에 쓰인 재고자산 관련 비용이 기업에서 발생한 비용 중 가장 큰 부분을 차지하고 있기 때문일 것이다. 일례로, 도요타가 도입했던 JIT 시스템*이나 린생산 시스템**도 결과적으로는 재고 관리를 통해 생산의 효율화 및 비용의 낭비를 최소화하려는 노력에서 탄생한 관리 기법이다. 회계 관점에서 재고자산에서 기본적으로 확인하고 있어야 할 부분은 재고의 수량과 진부화 여부다. 재무제표에 있는 재고자산은 보통 취득원가로 계상된다. 그러므로 실사를 통한 수량 파악이나, 시간이 흘러 제값을 받고 팔 수 없는 제품에 대해 평가 과정을 거치지 않으면 현재 재고자산의 실제 가치가 얼마나 되는지 파악할 수가 없다.

JIT 시스템((Just In Time System) : 모든 프로세스에 걸쳐 필요한 때 필요한 것(부품, 원재료 등)을 필요한 만큼만 생산함으로써 생산 시간을 단축하고 재고를 최소화해 낭비를 없애고, 대내외적인 환경 변화에 신속하고 유연하게 대응하고자 하는 생산시스템이다.

린생산시스템(Lean Production System) : 작업 공정 혁신을 통해 비용은 줄이고 생산성은 높이는 것을 말한다. 즉 숙련된 기술자들을 편성하고 자동화 기계를 사용해 적정량의 제품을 생산하는 방식이다.

재고자산 평가 방법과 회계 처리

기업들은 결산기 말에 재고자산의 가치를 평가해 평가손실을 인식해야 하는 경우가 있다. 재고자산평가는 K-IFRS와 일반기업회계기준(K-GAAP) 모두 이른바 '저가법'이라고 하는 방법을 사용한다. 저가법은 재고자산취득원가와 순실현가능가치 중 낮은 가격을 재고자산의 장부가격으로 결정하는 방법이다. 순실현가능가치는 재고자산을 판매했을 때 받을 수 있는 금액에서 판매 과정에서 발생한 기타비용(운임 등)을 뺀 금액이다. 즉 재고자산의 제조에 들어간 원가(제조원가, 재고자산취득가격)와 이 재고자산의 미래판매가치(순실현가치)를 비교해 낮은 값을 재고자산 장부가격으로 기록한다.

예를 들어보자. (주)대유위니아가 2014년 말에 모델A형 김치냉장고 한 대를 재고로 보유하고 있다고 하자. 모델A형의 제조원가는 1만 원이고, 대유위니아가 유통점에 판매할 경우 1만 3000원을 받을 수 있다. 유통

| 그림 1. 저가법에 따른 재고자산의 장부가격 결정 |

2014년 말 재고자산 조사

모델A형 김치냉장고 제조원가 1만 원 → 운임 등 추가판매비용 1000원 → 재고자산판매가격 1만 3000원

제조원가 1만 원 < 순실현가능가치 1만 2000원 (= 1만 3000원 – 1000원)

⇨ 저가법 적용 : 재고자산의 장부가격 1만 원

2015년 말 재고자산 조사

모델A형 김치냉장고 제조원가 1만 원 → 운임 등 추가판매비용 1000원 → 재고자산판매가격 1만 원

제조원가 1만 원 > 순실현가능가치 9000원 (= 1만 원 – 1000원)

⇨ 저가법 적용 : 재고자산의 장부가격 9000원

- [회계 처리] 재고자산평가충당금 1000원 설정
  재고자산평가손실 1000원(매출원가에 더해줌)
- 2016년 말에 모델A형 재고자산의 장부가격 단가가 오르면, 오르는 금액만큼 평가손실 환입(매출원가에서 빼줌)

점으로 제품을 보내는 데 들어가는 운임 등 이런저런 추가판매비용으로 1000원이 들어간다. 김치냉장고 한 대의 순실현가능가치는 재고자산 판매가격 1만 3000원에서 추가판매비용 1000원을 뺀 1만 2000원이다. 제조원가 즉 재고자산취득원가(1만 원)와 순실현가능가치(1만 2000원)를 비교해 낮은 가격인 1만 원이 재고자산의 장부가격이 된다.

2015년 말 다시 결산 시점이 됐다. (주)대유위니아는 이때도 모델A형 재고 한 대 보유하고 있다고 가정한다. 그런데 이 무렵 '어떤 사유'가 발

생해 재고자산판매가격이 1만 원으로 떨어졌다. 순실현가능가치는 '판매가격 1만 원 - 추가판매비용 1000원 = 9000원'이 된다. 재고자산취득원가(1만 원)보다 순실현가능가치(9000원)가 1000원 더 낮다. 미래의 판매가치가 재고자산취득가격(제조원가)보다 낮아지면 재고 상태에서도 평가손실을 인식해야 한다. 재고자산의 장부가격은 저가법에 따라 9000원으로 조정되고, 재고자산평가손실로 1000원을 기록해야 한다.

재고자산이 손상된 경우, 소비자 수요가 신모델로 몰려 구모델의 가격이 내려가는 경우, 업체 간 경쟁 심화로 가격을 크게 내리지 않을 수 없는 경우 재고자산취득원가보다 순실현가능가치가 낮아진다.

재고자산평가손실 인식 회계는 '재고자산평가충당금'이라는 계정을 활용한다. 앞의 사례에서는 재고자산평가충당금을 1000원 설정해야 한다. 그러면 이 충당금이 재고자산 장부가격에 차감(마이너스) 역할을 해, 장부가가 1만 원에서 9000원으로 조정된다. 그리고 충당금 설정액만큼이 재고자산평가손실로 인식되는데, 재고평가손실은 매출원가로 반영된다. 매출원가가 증가하니 그만큼 이익이 줄어들게 된다. 제품이 아직 팔린 것은 아니지만, 순실현가능가치가 재고자산취득원가 보다 떨어진 금액만큼을 매출원가에 반영해 주는 것이다.

만약 다음 해인 2016년 결산 시점에서 모델A형 김치냉장고의 순실현가능가치가 오른다면 어떻게 회계 처리해야 할까? 재고자산평가손실을 환입해 이번에는 매출원가에서 차감해줘야 한다. 이때 매출원가가 줄어들기 때문에 이익이 증가하는 효과가 생긴다. 한 가지 주의할 점이 있다. 재고자산에 대해서는 평가이익을 인식하지 않는다는 점이다. 재고자산취득원가가 순실현가능가액보다 높다고 해 '재고자산평가이익'이라는 계정으로 재무제표에 반영하지는 않는다.

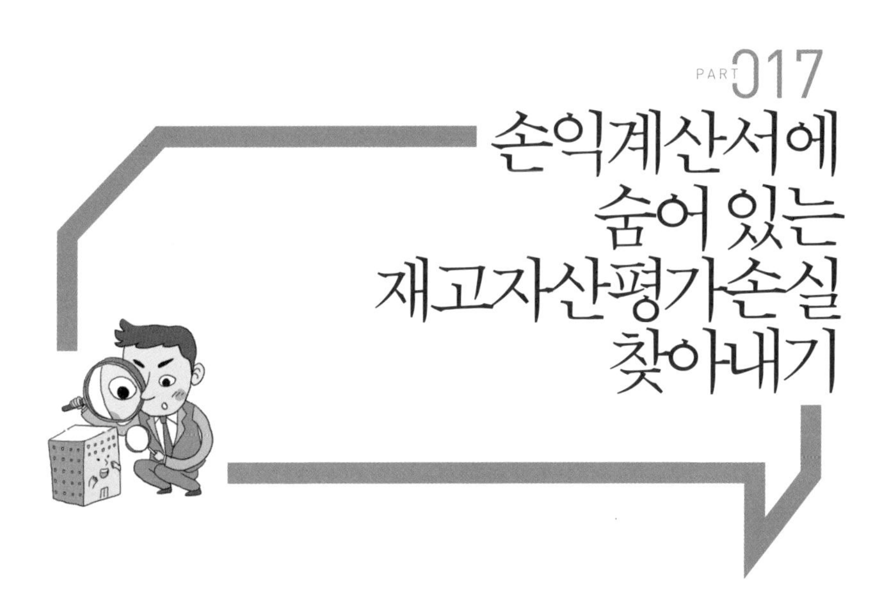

PART 017

손익계산서에 숨어 있는 재고자산평가손실 찾아내기

재고자산평가손실이 손익계산서에 나타나지 않는 이유

재고자산평가손실은 매 회계 기간 말에 추정한다. 그런데 손익계산서에서 재고자산평가손실이라는 계정 과목을 본 기억이 있는가? 아마 없을 것이다. 재고자산평가손실(손실이기 때문에 비용이다)은 손익계산서의 매출원가에 직접 더해주기 때문에 손익계산서에 나타나지 않는 것이 일반적이다.

만약 저가법 적용에 따른 평가손실을 초래했던 상황이 해소되어 새로운 시가가 장부금액보다 상승한 경우에는 평가손실을 환입한다. 재고자산평가손실환입(비용의 환입이기 때문에 수익이다)은 평가손실과 반대로 매출원가에서 차감한다. 환입금액은 최초의 장부금액을 초과하지 않아야 한다.

(주)MLB는 야구용품 제조전문업체다. 재고자산인 야구 배트의 회계연도 말 평가 자료는 표 2와 같다. 각 연도 말 재고자산평가와 관련된 금액은 얼마일까?(2014년에서 2015년으로 넘어온 재고자산평가손실충당금은 없는 것으로 가정한다.)

| 표 2. (주)MLB 재고자산 평가 자료 |

일자	취득원가	순실현가능가액
2015년 12월 31일	10,000원	7,000원
2016년 12월 31일	20,000원	22,000원

2015년 말 (주)MLB가 인식해야 할 야구 배트 재고자산평가손실금액은 3000원이다. 이 시점에 보유하고 있는 야구 배트 순실현가능가액이 7000원, 취득원가가 1만 원이기 때문이다. 평가손실 3000원은 손익계산서의 매출원가에 가산되며, 재무상태표에 재고자산평가손실충당금으로 계상된다(표 3). 야구 배트의 재무상태표상 금액은 7000원으로 조정된다.

1년이 지난 후 2016년 말에 야구 배트 재고자산 조사와 평가를 해 보니 취득원가가 2만 원, 순실현가능가액은 2만 2000원이다. 2016년 말에는 재고자산평가손실을 인식할 금액이 없다.

따라서 2016년 말에는 2015년 말 발생했던 평가손실충당금 3000원을 환입한다. 이렇게 하면 환입된 3000원만큼이 매출원가에서 차감되어 2016년 말 결산 시 이익 증가 효과가 생긴다. 재고자산 평가손실충당금 설정은 매출원가 가산, 환입은 매출원가 차감으로 반영된다.

| 표 3. (주)MLB 재무상태표 변화 |

재무상태표
2015년 12월 31일 현재

자산	부채/자본
재고자산 7,000원	부채
제품 10,000원	
제품평가손실충당금 -3,000원	자본

재무상태표
2016년 12월 31일 현재

자산	부채/자본
재고자산 20,000원	부채
제품 20,000원	
제품평가손실충당금 0원	자본

기업의 생존, 재고자산 관리에서부터 출발!

제조업체의 손익계산서상 매출원가는 '기초재고 + 당기 총제조원가 − 기말재고'로 계산된다. 수식에서 알 수 있듯이 기말재고 금액이 크면 클수록 매출원가가 작아지므로 당기순이익이 커지는 효과가 생긴다. 따라서 재고자산이 과다한 상태임에도 불구하고 당기순이익이 좋아 보이니, 경영자가 심각한 상황임을 인지하지 못하는 경우가 생긴다. 재고자산 평가가 중요한 이유다.

회사 운영 측면에서 재고자산이 증가하는 것은 기획팀에서 판매 예측을 잘못했거나, 영업팀에서 영업을 못해서 일 수도 있다. 또한 구매팀에서 좋은 자재를 구입하지 못했거나, 필요 구매량을 정확히 예측하지 못해서 발생했을 수도 있다. 아니면 마케팅팀에서 적절한 마케팅전략을 수립하지 못해서 발생했을 수도 있다. 재고자산관리는 회사가 전사적 차원에서 접근해야 할 문제다.

쿠팡은 5200억 원 손실을 보면서도 왜 계속해서 로켓배송에 돈을 쏟아 부을까?

기업에서 재고 관리를 중요하게 생각해야 하는 이유는 재고는 곧 돈이기 때문이다. 회사에 재고가 쌓여있다는 것은 그만큼 현금이 창고에 쌓여 있는 것으로 생각하면 된다.

전통적인 유통 회사에서도 재고 관리의 어려움을 인식하고 있다. 백화점의 특정매입판매(23쪽)가 재고 관리의 어려움을 덜기 위해 고안해 낸 방식이다. 직매입의 경우 재고가 발생할 경우 유통업체가 고스란히 그 위험을 부담해야 한다. 재고 보관을 위한 창고비용, 재고의 진부화에 따른 가격 하락 위험 등이 회사 입장에서 발생할 수 있는 낭비 요소가 된다.

따라서 G마켓 같은 기존 온라인 유통업체들도 선불리 직매입 판매방

쿠팡은 유아용품, 생필품, 식품, 도서 등을 자체 배송 인력 '쿠팡맨'을 통해 당일배송 서비스를 제공하고 있다.

식을 도입하지 못했다. 그런데 후발주자인 쿠팡에서 로켓배송을 위해 직매입 거래를 확대하고, 물류센터에 대대적인 투자를 한다고 했을 때 그 성공 가능성에 물음표를 던지는 의견도 많았다. 유통 질서를 교란한다는 의견과 정상화라는 의견이 갈렸던 이유이기도 하다.

재무제표에서 재고관리의 효율성을 확인할 방법은 '재고자산 회전율'을 구해보는 것이다. 재고자산 회전율은 재고자산이 어느 정도의 속도로 판매되고 있는가를 나타내는 지표로, 매출원가를 평균재고자산으로 나누어 구한다. 재고자산 회전율이 높을수록 재고가 효율적으로 관리되고 있다는 것을 의미한다. 쿠팡의 상품 회전율은 9.5회로 신세계(4.3회)보다 두 배 정도 높다(그림 2).

$$\text{재고자산 회전율} = \frac{\text{매출원가}}{(\text{전기 말 재고자산} + \text{당기 말 재고자산}) \div 2}$$

* 회사 재무수치의 변화가 매우 빠른 경우
'재고자산 회전율 = 매출원가/당기말 재고자산'으로 산출하기도 함.

재고자산 회전율을 통해 재고자산의 회전기간을 산출해 볼 수도 있다. 365일을 재고자산 회전율로 나누어 보면 된다. 재고자산 회전기간은 재고의 구매에서 판매 시점까지, 재고가 창고에 보관된 기간을 의미한다. 위메프와 티몬은 신세계와 비슷한 효율을 보여주고 있다. 짧은 업력에도

| 그림 2. 2015년도 유통업체별 상품 회전율과 회전기간 |

• 상품 회전율

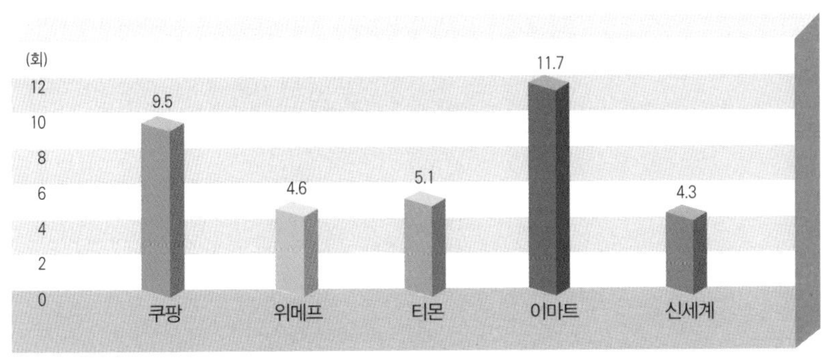

• 상품 회전기간

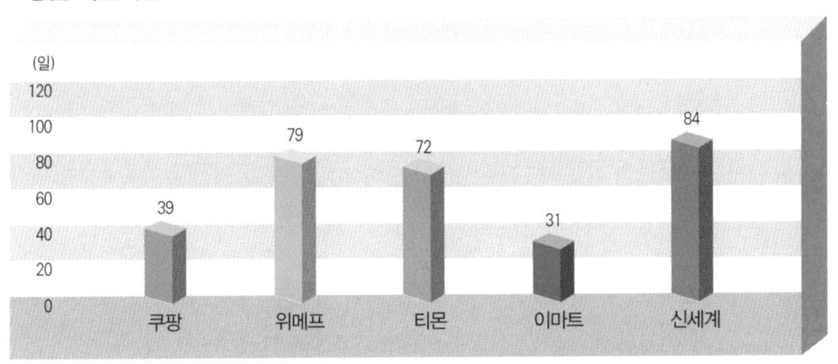

불구하고 재고 관리에 경쟁력을 가져가고 있다고 볼 수 있다. 소셜커머스 3사 모두 이마트에 비해서는 효율이 떨어지고 있지만, 이마트의 경우 유통기한이 짧은 신선식품 취급액이 포함돼있다는 점을 감안할 필요가 있다. 특히 쿠팡의 상품 회전기간을 연도별로 비교해 봤을 때도 2014년도 58일에서 2015년도 39일로 19일 감소했다. 과감한 물류투자의 효과를 재무 수치로 증명하고 있다고 볼 수 있다.

재무제표 분석에 유용한 회전율과 회전기간 구하기

장사가 잘 되는 식당에 가면 의도하지 않았는데도 기다리는 사람들 때문에 빨리 식사를 하게 되는 경우가 있다. 음식을 먹으면서 "이 집 참 회전율 높네. 돈 많이 벌겠어"라는 생각이 들 때가 가끔 있다. 우리가 흔히 쓰는 회전율이라는 단어는 일상용어이면서 전문 회계용어다. 재무제표를 분석할 때 많이 쓰이는 회전율 분석 항목은 매출채권 회전율, 재고자산 회전율, 매입채무 회전율이다.

먼저 회전율을 구하는 방법을 알아보자. 사실 공식 외우는 것이 매우 번거롭고 수고스러운 일이지만, 기본적인 공식은 외우는 것이 편할 때가 있다. 회전율 구하는 공식은 너무 외우기가 쉬워서 그냥 직관적으로 생각하면 된다. 매출채권 회전율이라면 회전하는 것이 무엇인지 생각하면 된다.

자동차가 움직이려면 바퀴가 굴러야 한다. 바퀴는 아래에 달려있다. 그러면 매출채권이 회전하려면 바퀴가 어디에 달려있으면 될까? 자동차와 마찬가지로 아래 달려 있으면 된다. 그러므로 매출채권이 분모에, 분자에는 손익계산서의 매출(매출채권이 발생하게 된 원인) 금액을 놓으면 바로 회전율을 구할 수 있다.

재고자산 회전율과 매입채무 회전율도 같은 방식으로 산출할 수 있다.

| 회전율 구하는 공식 |

매출채권 회전율 = 매출액 / [(전기 말 매출채권 + 당기 말 매출채권)/2]

재고자산 회전율 = 매출원가 / [(전기 말 재고자산 + 당기 말 재고자산)/2]

매입채무 회전율 = 매입액 / [(전기 말 매입채무 + 당기 말 매입채무)/2]

매출채권 회전율을 계산해 30이라는 숫자가 나왔다고 하자. 그럼 이것을 어떻게 해석해야 할까? 물론 전기와 비교해 보면 될 것이다. 전기에는 20이었는데 올해는 30이 되었다면, 전기에 비해 회전율이 높아졌고 그럼 매출채권 회수에 효율성이 높아졌다고 판단할 수 있을 것이다. 그런데 회전율은 직접 와 닿지 않는 느낌이다.

회전율을 알면 회전기간을 산출해 낼 수 있다. 회전기간은 365일(윤년은 366일)을 회전율로 나누어보면 손쉽게 산출할 수 있다. 전기에 매출채권 회전율이 20이었고, 올해 매출채권 회전율이 30이라고 가정해보자. 이것을 매출채권 회수기간으로 재계산해보면 전기는 18.25일, 당기는 12.17일이 된다.

회전율을 회전기간으로 바꾸어보니 보다 직접적으로 와 닿는다. 전기보다 올해 평균 매출채권 회수기간이 약 6일 정도 짧아진 것이다. 매출채권 회수기간이 짧아졌다는 것은 외상값이 빨리 회수된다는 것이며, 거래처에 돈을 떼일 위험이 감소했다고 판단할 수 있다.

| 회수기간 구하는 공식 |

매출채권 회수기간 = 365 / 매출채권 회전율

재고자산 회전기간 = 365 / 재고자산 회전율

매입채무 지급기간 = 365 / 매입채무 회전율

회사의 현금이 얼마나 빨리 돌고 있는지 계산해보기 위해서는 회사의 현금창출주기를 살펴보면 된다. 원재료를 매입해서 생긴 채무를 갚고, 재고자산을 생산해 판매하고, 매출채권을 회수하는 한 사이클이 바로 현금창출주기다. 회사의 현금창출주기는 '매출채권 회수기간 + 재고자산 회전기간 - 매입채무 지급기간'으로 계산할 수 있다. 회전율이 높아져서 현금창출주기가 짧아지면 돈을 벌어들이는 기간이 짧아지고, 같은 기간 동안 회사에 더 많은 현금이 돌게 되는 것이다. 그렇다고 회전율이 높다고 무조건 좋기만 한 것은 아니다. 직원회전율 같은 것은 낮을수록 좋을 수도 있다. 회전율은 이처럼 의미 있는 정보를 많이 줄 수 있다.

회전율과 회전기간은 경영 의사 결정에 필요한 많은 정보를 제공한다.

경영 의사 결정에 필요한 많은 정보를 제공하는 것이 회전율이다. 회전율을 잘 이용해서 경영자는 더욱 효율적이고 안정적인 경영활동을 해 나가고, 재무제표 이용자들은 의미 있는 분석 정보를 얻을 수 있었으면 하는 바람이다.

금융자산의 회계 처리

PART 018

쿠쿠전자는 웅진보다 삼성생명 주가가 오르면 더 반갑다!

:당기손익인식 금융자산

자동차 회사 임원 박 상무는 1년 전 해운업체 A상선이 공모 유상증자를 할 때 주식 5000주를 청약했다. 당시 A상선은 자금난에 허덕이고 있었는데, 친구인 A상선 김 상무의 부탁으로 기꺼이 힘을 보탰다. 단기 시세 차익을 보자고 주식을 매입한 것은 아니지만, 언젠가 회사가 정상화되어 주가가 상당히 오르면 현금화할 수 있을 것으로 기대하고 있다.

한편 박 상무는 크지 않은 금액이지만 단기 시세 차익을 목적으로 투자한 주식에서 짭짤한 차익을 보고 있다. 이 때문에 부인으로부터 '점수'를 좀 따고 있는 편이다. 지난달에 샀다가 이번 달에 매각한 코스닥 화장품 회사 주식에서는 300만 원 가까이 차익을 봤다. 이달에는 바이오회사 주식으로 갈아타 주가가 오르기만을 기다리고 있다. 짧으면 한두 달, 길면 네댓 달 보유하다 매각하는 패턴으로 투자해 왔는데, 지금까지 성적은 그리 나쁘지 않았다.

재작년 증권사 다니는 친구 소개로 사뒀던 L전자 3년 만기 회사채는 내년 말 만기 때까지 갖고 갈 생각이다. 3개월마다 나오는 이자가 은행 정기예금보다는 훨씬 높다. 채권가격의 변화도 거의 없을 것 같아 굳이 만기 전에 팔아 매각 차익을 얻으려 노력할 필요가 없을 것 같다.

박 상무가 가진 A상선 주식, 바이오 주식, 회사채는 금융자산이다. 기업들도 이런 금융자산을 가지고 있다. 그런데 보유 목적이나 만기 보유 의사 등에 따라 여러 가지로 분류하고 회계 처리를 제각각 달리한다. 예컨대, 박 상무가 보유한 금융자산을 기업회계기준에 따라 분류하면 A상선 주식은 '매도가능 금융자산', 바이오 주식은 '당기손익인식 금융자산', 회사채는 '만기보유 금융자산'이라고 할 수 있다. 기업에서는 금융자산을 어떻게 분류하고 회계 처리할까?

쿠쿠전자는 삼성생명 지분 회계 처리를 어떻게 할까?

압력밥솥 전문기업 쿠쿠전자는 상장기업 삼성생명 주식을 보유하고 있다. 주식 보유 목적은 단기 시세 차익 즉 투자이익이다. 2015년 11월 10일 10주를 10만 원(주당 1만 원)에 샀다고 가정해보자. 2015년 말 결산 시점이 됐다. 결산기 말 삼성생명은 종가가 1만 2000원이었다.

쿠쿠전자는 삼성생명 지분의 시세 변화를 영업외수익 또는 비용(주식평가이익 또는 손실)으로 반영한다. 즉 재무상태표에서 장부가격을 공정가치인 12만 원으로 보고하고, 손익계산서에는 2만 원의 평가차익을 수익으로 반영한다('영업외수익' 항목 중 '금융수익'으로 반영).

해를 넘겨 2016년이 됐고 1분기 말(3월 31일) 결산 시점이 되었다. 이날 삼성생명의 주가가 1만 1000원으로 떨어지면 어떻게 될까? 장부가격이 12만 원인데 분기 결산 시점에 공정가치가 11만 원이 되었으므로 장부가격은 11만 원으로 조정한다. 그리고 손익계산서에는 1만 원의 주식

| 그림 1. 당기손익인식 금융자산 회계 처리 과정 |

2015년 11월

삼성생명 10주 10만 원(주당 1만 원)에 취득
※ 단기매매 증권으로 분류 ------ 장부가격 10만 원

2015년 12월 말 결산

삼성생명 주가 상승 → 10주 12만 원
(주당 1만 2000원) ------ 장부가격 12만 원
2만 원 평가이익
(영업외수익) 반영

2016년 1분기 말 결산

삼성생명 주가 하락 → 10주 11만 원
(주당 1만 1000원) ------ 장부가격 11만 원
1만 원 평가손실
(영업외비용) 반영

만약 2016년 3월 20일 쿠쿠전자가 삼성생명 주식 일부를 매각했다면…….

삼성생명 3주 매각 가정(매각 시점 주가 1만 500원)
- 장부가격 3만 6000원 주식 제거(1만 2000원 × 3주)
- 현금 유입 3만 1500원(1만 500원 × 3주)

⇨ 4500원 단기매매 증권 처분손실 반영

평가손실(비용)이 보고된다.

만약 삼성생명 주식 3주를 1분기 결산 전인 3월 20일 증권시장에서 주당 1만 500원에 팔았다면 어떻게 될까? 일단 장부상 주당 1만 2000원 짜리 주식 3주가 처분되었으므로 3만 6000원(1만 2000원 × 3주)의 자산 감소(주식처분)가 일어난다. 대신 주식매각대금이 들어오는데, 유입되는 현금자산은 3만 1500원(1만 500원 × 3주)이다. 그리고 그 차이인 4500원(3만

6000원 - 3만 1500원)의 주식처분손실이 영업외비용 항목에 반영된다.

이제 1분기 말 결산에서는 남은 주식 7주의 공정가치를 평가해야 한다. 1분기 말 주가가 1만 1000원이 되었다고 했으므로, 지분의 장부가격은 8만 4000원(잔여 7주 × 1만 2000원)에서 7만 7000원(잔여 7주 × 1만 1000원)으로 조정되고, 주식평가손실 비용으로 7000원이 반영된다.

지금까지 살펴본 것처럼 쿠쿠전자는 삼성생명 지분에서 발생하는 평가손익을 모두 손익계산서에 당기의 수익 또는 비용으로 반영했다. 이러한 평가손익 말고 실제로 주식을 처분했을 경우 발생하는 손익은 당연히 당기손익에 반영된다.

쿠쿠전자가 보유한 주식지분이나 회사채, 국공채 등의 채권 상품들을 모두 이렇게 회계 처리하지는 않는다. 삼성생명 지분의 경우 단기 시세차익을 목적으로 매입한 '당기손익인식 금융자산'으로 분류해 놓았기 때문에, 결산 때마다 평가손익을 당기손익으로 반영하는 것이다.

금융자산의 네 갈래

기업이 보유하고 있는 금융자산이라고 하면 상장 또는 비상장회사 주식, 국공채나 회사채 등의 채권, 매출채권이나 대여금, 그 밖에 기업이 투자한 각종 금융상품 같은 것들을 들 수 있다.

다음 페이지의 표 1은 실제로 쿠쿠전자가 2014년 말 현재 보유하고 있는 금융자산들이다.

쿠쿠전자 보유한 금융자산에는 삼성SDI, 현대증권, 포스코대우, 삼성생명 주식 등 상장주식들이 있다. 쿠쿠전자는 이들 지분을 주가 등 가격 변화에 따라 단기 매각해 투자 차익을 얻을 목적으로 취득해 보유 중이다. 이런 금융자산들은 흔히 단기매매 금융자산(또는 단기매매 증권)이라 부른다. 결산 때마다 공정가치(시세) 변동을 손익으로 반영해야 하므로

| 표 1. 쿠쿠전자 금융자산 내역(2014년 말 기준) |

자산 구분	자산 내용
당기손익인식 금융자산	상장주식 : 포스코대우, 현대증권, 삼성SDI, 삼성생명
	수익증권
만기보유 금융자산	국공채, 회사채
매도가능 금융자산	상장주식 : KNN, 웅진홀딩스, 한국투자해외자원개발투자회사1호
	국공채, 회사채, 수익증권
대여금 및 수취채권	대여금, 매출채권, 미수금 등

'당기손익인식 금융자산'이라는 이름으로 분류한다. 당기손익인식 금융자산에는 일반적으로 증권시장에서 거래되는 상장주식들이 많은데, 시가를 평가해 산정할 수 있는 수익증권도 포함된다.

만기까지 보유할 의도를 가진 국공채, 회사채는 '만기보유 금융자산'이다. 금융자산에 만기와 만기 시 지급금액이 정해져 있고, 기업이 이 금융자산을 만기까지 보유할 적극적인 의도와 능력이 있다면 만기보유 금융자산으로 분류한다. 지분(주식)은 만기가 없으므로 이 범주에 포함될 수 없다. 국공채나 회사채 등 채권 상품들이 만기보유 금융자산에 포함된다.

당기손익인식 금융자산도 아니고 만기보유 금융자산도 아닌 것은 매도가능 금융자산이다. 단기매매 차익을 노리지도 않고, 만기까지 보유할 의사도 없되, 필요에 따라(예컨대 운영자금 필요) 앞으로 처분할 수도 있는 상장주식, 비상장주식, 수익증권, 국공채, 회사채 등이 포함된다.

쿠쿠전자가 2014년 말에 보유한 매도가능 금융자산(매도가능 증권이라고도 불린다)으로는 KNN(부산경남방송), 웅진홀딩스 등의 상장 주식과 일종의 사모펀드상품이라고도 할 수 있는 (주)한국투자해외자원개발투자회사1호 지분 등이 있다.

뒤에서 설명하겠지만 웅진홀딩스 주식과 같은 매도가능 금융자산에서 발생하는 평가손익은 당기손익으로 반영하지 않는다. 따라서 쿠쿠전자로서는 기왕이면 웅진홀딩스보다는 삼성생명 같은 당기손익인식 금융자산의 주가가 오르는 것이 더 반가울 것이다.

한편, 회사가 보유한 매출채권이나 대여금, 미수금 등의 금융자산은 다 묶어서 '대여금 및 수취채권'으로 분류한다.

쿠쿠전자가 보유하고 있는 지분 중에는 중국현지법인(청도복고전자) 지분 100%와 (주)엔탑 지분 42%가 있다. 그렇다면 이들 지분은 어떻게 분류할까? 이들 기업 지분은 종속기업 투자주식 또는 관계기업 투자주식으로 분류하고, 연결재무제표를 작성하거나 이른바 '지분법' 회계를 적용하게 된다. 이에 대해서는 182쪽에서 상세히 설명한다(참고로, 2018년부터는 금융자산과 관련한 K-IFRS 회계기준이 일부 변경 적용될 예정이다).

표 2. 금융자산의 분류(현금 제외)

- 대여금 및 수취채권
- 당기손익인식 금융자산(단기매매 증권, 당기손익인식 지정 증권)
- 만기보유 금융자산(만기보유 증권)
- 매도가능 금융자산(매도가능 증권)

기업마다 다른 자본 구성 항목 분류

이번 장부터는 금융자산과 여기에서 발생하는 손익을 어떻게 인식할지에 대해 공부하게 될 텐데, 먼저 '자본'에 대해 간단히 살펴보는 것이 좋을 듯하다(자본에 대해서는 293쪽에서 다시 한 번 자세히 다룬다).

자본은 크게 보아 자본금, 자본잉여금, 이익잉여금(또는 마이너스 이익잉여금 = 결손금), 자본조정, 기타포괄손익누계액 다섯 가지로 구성된다.

K-IFRS 회계기준은 자본에 포함되는 항목들을 어떻게 구성하라고 구체적으로 제시하지 않는다. 따라서 재무상태표에 나타나는 기업의 자본 구성 항목들은 기업마다 조금씩 다르다.

예를 들어 삼성전자는 자본금, 주식발행초과금, 이익잉여금(또는 결손금), 기타자본항목 등 네 가지로 구분한다. LG화학은 자본금, 자본잉여금, 기타자본항목, 기타포괄손익누계액, 이익잉여금으로 구분한다. SK텔레콤은 자본금, 기타불입자본, 이익잉여금, 기타자본구성요소로 나눈다.

앞서 제시한 다섯 가지 기본 분류에 따라 자본의 몇 가지 구성 요소를 살펴보자.

자본금은 '액면가 × 발행주식 수'다. LG화학이 주식 10주를 발행하는 유상증자(발행가 주당 20만 원)를 하면 자본금은 '액면가 5000원 × 10주

| 그림 2. 삼성전자와 LG화학 자본 구성 |

DART
유 삼성전자
본문 2016.08.16 반기보고서
첨부 +첨부선택+
다운로드 인쇄

항목			
이연법인세부채			
장기충당부채	546,266	457,290	
기타비유동부채	1,945	3,337	
부채총계	30,303,810	32,541,375	
자본			
자본금	897,514	897,514	
우선주자본금	119,467	119,467	
보통주자본금	778,047	778,047	
주식발행초과금	4,403,893	4,403,893	
이익잉여금(결손금)	138,556,832	143,629,177	1:
기타자본항목	(10,848,916)	(12,526,126)	(
매각예정분류기타자본항목		23,797	
자본총계	133,009,323	136,428,255	1:
자본과부채총계	163,313,133	168,969,630	1(

DART
유 LG화학
본문 2016.08.16 반기보고서
첨부 +첨부선택+
다운로드 인쇄

항목			
비유동성충당부채	30,409	24,535	22,485
순확정급여부채	128,601	79,077	85,407
이연법인세부채	0	8,554	141,596
기타비유동부채	28,374	27,852	0
부채총계	3,701,218	3,787,033	4,341,869
자본			
자본금	369,500	369,500	369,500
자본잉여금	1,166,764	1,166,764	1,166,764
기타자본항목	(15,484)	(15,484)	(15,484)
기타포괄손익누계액	2,333	(591)	0
이익잉여금	11,401,818	10,924,374	10,030,797
자본총계	12,924,931	12,444,563	11,551,577
부채와 자본총계	16,626,149	16,231,596	15,893,446

K-IFRS 회계기준에는 자본으로 분류해야 할 항목을 구체적으로 제시하고 있지 않아, 기업마다 자본 구성 항목들이 조금씩 다르다.

= 5만 원'이 늘어난다. 액면가를 넘어서는 주당 19만 5000원 × 10주 = 195만 원은 주식발행초과금이다. 이 주식발행초과금은 자본잉여금의 한 종류이다.

삼성전자라면 195만 원을 주식발행초과금으로 따로 표기할 것이다. 그러나 LG화학은 자본잉여금이라는 항목에 포함할 것이다. 자본잉여금으로 분류될 수 있는 계정으로는 주식발행초과금 외에도 자기주식처분이익, 감자차익 등이 있다.

이익잉여금은 회사가 창출한 당기순이익 가운데 배당 등을 통해 사외로 빠져나가지 않은 금액을 말한다. 예컨대 삼성전자가 2015년에 100억 원의 당기순이익을 냈는데 주주에게 5억 원을 배당했다면 95억 원이 자본 내에서 지금까지 누적되어 온 이익잉여금 수치에 합산될 것이다.

공정가치 평가를 했으나, 평가손익을 당기순이익에 반영하지 않는 매도가능 증권 평가손익 등은 기타포괄손익누계액으로 묶어 처리한다. 자본에 가산되거나 차감되는 나머지 여러 가지 계정들, 예를 들어 자기주식처분손실이나 감자차손 등을 묶어서 '자본조정' 항목으로 따로 기재하는 기업도 있고, '기타자본구성요소'라는 항목에 자본조정과 함께 여러 가지 자본 관련 계정들을 다 포함시키는 기업도 있다.

PART 019

처분될 때 당기손익으로 인정하마!

: 매도가능 금융자산

평가손익은 일단 자본에 저장!

매도가능 금융자산을 보유 중인 상태에서 발생하는 평가손익은 당기손익 산출에 반영하지 않는다. 그러나 포괄손익계산서에서 당기순이익 아랫단에 자리 잡은 '기타포괄손익'이라는 항목에 포함시킨다. 즉 총포괄손익을 산출하는 데 사용된다.

> **당기순이익**
> **(+)기타포괄이익**
> **(−)기타포괄손실**
> ―――――――――
> **총포괄이익**

예를 들어 설명해 보자. 쿠쿠전자가 2015년 12월 10일 증권시장에서 웅진홀딩스 주식 5주를 주당 5000원에 매입하고 매도가능 증권으로 분류했다고 하자. 거래 당일 현금 2만 5000원 자산 감소와 매도가능 증권 2만 5000원 자산 증가를 기록할 것이다. 즉 금융자산이 증가하면서 현금자산 감소가 일어났다.

12월 31일 결산 때 웅진홀딩스 주가는 6000원이 됐다. 쿠쿠전자는 매도가능 증권 장부가격을 3만 원(5주 × 6000원)으로 재무상태표에 조정해 기록하고, 5000원(1000원 × 5주)의 매도가능 증권 평가이익을 인식할 것이다. 그런데 이 평가이익 5000원은 '기타포괄이익'이라는 항목에 반영된다.

기타포괄이익은 포괄손익계산서에 보고되기는 하지만, 당기순이익의 아랫단에 자리 잡고 있기 때문에 당기손익에 반영되지는 않는다. 포괄손익계산서에 보고된 기타포괄손익 수치는 동시에 재무상태표 자본 항목 내의 '기타포괄손익누계액'이라는 계정에 반영되기 때문에 자본의 증감에 영향을 미친다.

단기매매 증권과 매도가능 증권 처분손익의 회계 처리

2015년 초 자본총계가 100억 원(자본금 20억 원 + 자본잉여금 30억 원 + 이익잉여금 40억 원 + 기타포괄손익누계 10억 원)인 기업이 있다. 2015년 말 결산에서 매도가능 증권 평가이익이 20억 원, 평가손실이 5억 원 발생했다. 그럼 기타포괄손익이 15억 원(20억 원 - 5억 원)이므로, 이 금액만큼이 자본 내 기타포괄손익누계액에 가산된다. 자본총계가 115억 원으로 증가하는 것이다. 반대로 평가이익이 5억 원, 평가손실이 20억 원이라면 자본총계는 85억 원(100억 원 - 15억 원)으로 감소한다.

만약 쿠쿠전자가 웅진홀딩스 지분을 2016년 2월 20일에 전량 매각했고, 매각가격이 주당 4000원이라고 하자. 회계 처리는 어떻게 될까? 처분에서 발생하는 손익은 당기의 수익 또는 비용 즉, 당기손익에 반영된다.

매도가능 증권을 매각할 때 발생하는 처분손익은 최초 취득 장부가격과 처분가격을 비교하면 된다. 최초 취득 장부가격이 2만 5000원(5주)이고, 처분가격이 2만 원이므로 매도가능 증권 처분손실 5000원이 영업외비용에 반영된다. 이 점이 단기매매 증권 처분손익을 따질 때와 차이가 나는 점이다.

웅진홀딩스 주식이 만약 단기매매 증권으로 분류됐다면, 2015년 말 장부가격 3만 원과 처분가격 2만 원과의 차액인 1만 원이 처분손실로 인식됐을 것이다. 그러나 매도가능 증권이기 때문에 손익으로 반영하지 않았던 중간의 평가손익들을 다 무시하고 최초의 취득가와 처분가를 따져 처분손익을 계산한다고 생각하면 된다. 웅진홀딩스 주식을 단기매매 증권으로 분류했을 때와 매도가능 증권으로 분류했을 때, 손익에 미치는 영향을 정리하면 다음과 같다.

| 표 3. 단기매매 증권 vs. 매도가능 증권이 손익에 미치는 영향 |

구분	단기매매 증권	매도가능 증권
2015년 12월 19일 5주 주당 5000원에 취득	장부가격 2만 5000원	장부가격 2만 5000원
연말결산 5주 보유 중 (주당 6000원)	장부가격 3만 원 ⇨ 5000원 당기손익 반영	장부가격 3만 원 ⇨ 5000원 당기손익 반영 × 자본 항목(기타포괄손익누계) 에 반영
2016년 2월 20일 전량 매각 (매각가격 주당 4000원)	장부가격 3만 원과 매각가격 2만 원 비교 ⇨ 처분손실 1만 원 반영	취득가격 2만 5000원과 매각가격 2만 원 비교 ⇨ 처분손실 5000원 반영
보유~매각까지 총손익	2015년 말 (+)5000원 2016년 2월 (-)1만 원 ※ 총손익은 (-)5000원	중간에 인식한 손익은 없음 ※ 총손익은 (-)5000원

단기매매 증권은 단기 투자 차익을 얻을 목적에 매입한다고 했다. 회사 차원에서 일종의 이익창출 목적의 투자를 하는 셈이다. 보유 상태에서 발생한 평가손익도 기업의 경영 성과와 미래현금흐름을 추정하는데 유용한 정보라고 할 수 있다. 따라서 당기손익에 반영한다.

그러나 매도가능 증권은 단기 차익용 투자가 아니므로 그 평가손익까지 당기손익으로 인식한다면 기업의 경영 성과 측정이나 합리적 미래현금흐름 추정을 왜곡할 수 있다. 다만, 매도가능 증권 역시 회사가 마음먹기에 따라 공정가치로 매도할 수 있는 증권이기 때문에 결산 시점의 장부가격과 공정가치 간 차이를 '기타포괄손익'이라는 이름으로 포괄손익계산서에 기록해 둔다. 그리고 그 금액을 자본 항목에 반영함으로써 재무제표 이용자들에게 유용한 정보를 제공한다고 보면 된다.

참고로, 포괄손익계산서에서 기타포괄손익으로 반영되는 계정은 매도가능 증권 평가손익 외에도 몇 가지가 더 있다는 것 정도만 알아두자.

표 4. 금융자산의 회계 처리

- 당기손익인식 금융자산이나 매도가능 금융자산은 최초 취득 시 공정가치(시세 또는 공정가치평가법에 따른 평가치)로 측정한다.
- 그리고 보유 기간에 발생한 공정가치 변동을 인식해 장부가격에 반영해야 한다는 점은 동일하다.
- 그러나 당기손익인식 금융자산은 그 변동을 당기손익으로, 매도가능 금융자산은 기타포괄손익으로 인식한다는 점이 다르다.

참고로, 쿠쿠전자가 비상장회사 주식을 보유하고 있는데, 증권시장에서 거래되는 가격도 없고 공정가치를 신뢰성 있게 측정하기가 어렵다면 어떻게 해야 할까? 취득가격을 장부에 올릴 때는 취득 대가로 지급한 금액을 기입하고 이후 결산일 장부가격은 취득가격을 그대로 유지한다. 시세 파악이나 가치 측정이 어렵다면 공정가치 변동을 인식하지 않는다.

PART 020

(주)무학, ELS에 취해 실적이 비틀비틀

소주 판매지역 제한이 풀린 지 20년이 넘었지만, 수도권에 제대로 진출한 지방소주업체는 없다는 언론의 보도가 있었다. 전국 주류시장의 40%를 차지하고 있는 서울·수도권 지역을 하이트진로의 '참이슬'과 롯데주류의 '처음처럼'이 꽉 잡고 있기 때문이다. 그나마 꾸준히 서울·수도권 지역의 문을 두드리는 업체가 부산·경남 지역을 기반으로 하는 (주)무학이라고 한다. 그러나 참이슬(서울·수도권 점유율 52%)과 처음처럼(46%)의 위세가 워낙 등등해 무학이 수도권 시장을 뚫을 수 있을지는 여전히 미지수다.

무학은 1995년, 25도 소주가 지배해오던 소주 시장에 23도 소주 '화이트'를 전격 출시, 선풍적 인기를 끌었다. 오프너 대신 손으로 돌려 따는 병마개도 이때 처음 시도했다고 한다. 화이트 출시 1년 만에 1억 병 판매 대박을 친 무학은 2006년 16.9도 소주 '좋은데이'를 내놓으며 저도주 열풍을 일으켰다. 그 결과 국내 3위 소주회사 반열에 올랐다.

무학은 부산·경남 점유율을 10%대에서 70%대까지 끌어올리는 대성공을 거뒀지만, 그런 무학에게도 수도권은 난공불락이었다. 무학의 전국 소주 시장 점유율은 15% 안팎으로 추정되지만, 서울·수도권 지역 점유율은 불과 1% 수준에 머물러있다. 2016년 7월 초 다시 경영일선에 복귀한 오너 회장이 최근 수도권 공략의 전진기지로 충주공장 건립을 결정하는 등 서울·수도권 공략에 강한 의지를 보여 향후 무학의 행보에 업계 관심이 쏠리고 있다.

무엇이 잘 나가는 소주회사의 발목을 잡았나?

잘 나가던 소주업체 무학이 2015년에 전년 대비 뚝 떨어진 이익을 냈다. 매출은 거의 비슷한 수준이었지만, 영업이익은 19%나 감소했다(814억 4900만 원 → 656억 6000만 원). 그런데 당기순이익은 더 악화했다. 거의 3분의 2 토막이 났다(828억 7100만 원 → 288억 1200만 원). 무학에 대체 무슨 일이 있었던 걸까?

| 표 5. 무학 연결손익계산서 |

(단위 : 백만 원)

구분	2015년	2014년
매출액	295,760	290,146
영업이익	65,660	81,449
당기순이익(손실)	28,812	82,871

실마리는 '당기손익인식 금융자산'에서 찾을 수 있다. 표 6에서 보듯 무학은 당기손익인식 금융자산으로 '주가연계증권(ELS)'이라는 금융상품을 수십 종 보유하고 있다.

| 표 6. 무학 당기손익인식 금융자산 내역 |

(단위 : 백만 원)

구분	2015년 말		
	취득금액	장부금액	평가손익
주가연계증권	288,185	254,357	(33,828)

주가연계증권은 흔히 ELS(Equity Linked Securities)라고 불리는데, 개인들이 많이 투자하는 금융상품 가운데 하나다. 개별기업 주식(종목형 ELS) 또는 주가지수(지수형 ELS)를 기초자산으로 정하고, 기업의 주가나 주가지수의 등락에 연동되어 투자수익이 결정된다. 만기는 대개 1~3년이다.

2015년 말 기준 무학의 ELS 취득금액은 2881억 8500만 원이다. 2015년 한 해에 이만큼 취득을 했다는 말이 아니다. 최초 매입 이후 지금까지 누적 보유하고 있는 주가연계증권의 취득금액이 이만큼 된다는 이야기다.

그런데 결산일 평가한 주가연계증권의 공정가치 즉, 장부금액은 2543억 5700만 원 밖에 안된다. 차액 338억 2800만 원만큼의 평가손실을 내고 있다는 말이다.

당기손익인식 금융자산 평가손실은 손익계산서에 당기비용(영업외비용 항목 중 기타비용)으로 반영해야 한다. 영업실적도 좋지 않았던 데다 영업외비용이 급증하니 당기순이익 하락 폭이 클 수밖에 없었다.

2015년 3분기 보고서, 거액의 연간 ELS 평가손실 예고

사실 무학의 연간실적이 이렇게 망가지리라는 것은 2015년 3분기 재무제표가 공시될 때 이미 예상됐다. 다음 표 7은 무학의 3분기 보고서(2015년 1~9월) 손익계산서 중 일부다.

분기 보고서의 결산 기간은 누적이다. 예를 들어 1분기 보고서는 1~3월까지의 수치지만, 3분기 보고서는 1~9월까지의 결산 수치다. 그런데 3분기 보고서에서는 7~9월까지 즉, 3/4분기의 수치만 별도로 집계해 보여준다.

아래 표에서 '3개월'이라고 적힌 부분이 2015년 7~9월까지의 수치다. 이 기간에 무학은 무려 232억 원의 당기순손실을 냈다. 3분기 누적치로도 당기순이익 규모는 겨우 적자를 면한 28억여 원에 불과했다.

| 표 7. 무학의 2015년 3분기 보고서 재무제표 중 |

(단위 : 백만 원)

구분	2015년 3분기	
	3개월	누적
매출액	73,371	209,405
영업이익	16,192	46,546
당기순이익(손실)	(23,287)	2,809

영업이익 아랫단에서는 어떤 일이 있었을까? 다음표 8은 손익계산서에서 영업외수익과 비용에 반영된 내용을 재무제표 주석에서 따온 것이다. '금융수익 - 금융비용'을 계산한 금융손익은 미미하긴 하지만 플러스다(5900만 원). 그런데 기타손익을 한번 계산해 보자. 기타영업외수익은 8억 5800만 원에 불과한 데 비해, 기타영업외비용은 455억 4500만 원이나 발생했다. 기타비용의 대부분이 ELS 평가손실이다. 이 때문에 기타손익이 - 446억 8700만 원이 됐다.

| 표 8. 무학의 2015년 3분기 보고서 재무제표 주석 중 |

(단위 : 백만 원)

구분	금액
금융손익	59
기타영업외수익	858
기타영업외비용	45,545

무학은 왜 ELS를 당기손익인식 지정 금융자산으로 바꿨나?

여기서 한 가지 참고로 알아야할 것은, 무학의 ELS는 '당기손익인식 지정 금융자산'으로 분류된다는 점이다. 당기손익인식 금융자산은 단기매매 금융자산과 당기손익인식 지정 금융자산으로 나누어 볼 수 있다. 당기손익인식 지정 금융자산은 단기매매 목적으로 보유하는 것이 아니라도, 보유 기간에 공정가치(시세)의 변동을 손익으로 인식하는 것이 회계 목적상 더 적합하다고 판단되면 지정할 수 있다. 물론 활성화된 시장에서의 거래 가격이 존재하지 않고 공정가치를 신뢰성 있게 측정할 수 없는 비상장주식 같은 것은 당기손익인식 지정 금융자산이 될 수 없다.

무학은 2013년까지만 해도 ELS 금융자산을 매도가능 금융자산으로 분류하고, 그 평가손익을 기타포괄손익으로 처리했다. 그러나 금융감독원이 ELS상품의 경우 공정가치(시세) 변동을 당기손익에 반영하는 것이 재무제표 유용성을 높일 뿐 아니라 회계기준에도 적합하다고 밝힘에 따라 2014년부터 평가손익을 당기손익으로 처리하기 시작했다. 2014년에는 ELS에서 평가이익을 봄에 따라 ELS를 당기손익인식 금융자산으로 전환한 것이 당기순이익 증가에 기여했다. 그러나 2015년 들어 국내외 주가지수 급락에 따라 ELS 가격이 하락하며 큰 평가손실을 보게 됐다.

일부 증권가 애널리스트들은 2016년 상반기에는 무학이 ELS에서 평가이익을 볼 것으로 전망했다. 그러나 실제 뚜껑을 열고 보니 여전히 손실이 지속됐다.

부산·경남 지역 점유율을 70%대까지 끌어 올리고 서울·수도권 공략에 나섰던 무학은 2015년 ELS 평가손실로 주가가 하락하며 대규모 당기손실을 냈다. 무학은 본업과 상관없는 부업에 발목이 잡혔다.

| 표 9. 무학의 2016년 상반기 보고서 재무제표 주석 중 |

(단위 : 백만 원)

구분	2016년 1분기 말			2015년 말		
	취득금액	장부금액	평가손익	취득금액	장부금액	평가손익
주가연계증권	242,546	239,834	(2,712)	288,185	254,357	(33,828)

표 10은 무학의 2015년 재무제표 주석 중 매도가능 금융자산 내역이다. 무학의 매도가능 금융자산에는 상장주식과 비상장주식들이 있다. 결산재무제표에 이들의 장부가격을 어떻게 표기했는지 보자.

우선 상장주식이다. 상장주식은 증권시장에서 거래되는 가격이 있기 때문에 '결산일 종가 × 주식 수'를 하면 공정가액을 구할 수 있고, 이 금액이 바로 장부가격이 된다.

매도가능 금융자산 중 (주)금비의 경우를 보면 2015년 12월 30일(31일은 증권시장 휴무) 종가 5만 8800원 × 9460주 = 5억 5624만 8000원을 장부가격으로 올렸다. 2014년 말 (주)금비의 장부가액은 3억 1643만 7000원이었다. 주식 수가 변동되지 않은 상태에서 장부가격이 증가했으므로 (주)금비의 주가가 상승한 것이다.

| 표 10. (주)무학 2015년 말 현재 매도가능 금융자산 중 상장주식 내역 |

(단위 : 천 원)

구분	2015년 말			
	주식 수	취득원가	공정가액	장부가액
(주)금비	9,460	349,947	556,248	556,248
삼성전자	3,800	4,997,262	4,788,000	4,788,000

구분	2014년 말			
	주식 수	취득원가	공정가액	장부가액
(주)금비	9,460	349,947	316,437	316,437
삼성전자	3,800	4,997,262	5,042,600	5,042,600

실적이 아무리 좋아도 장부금액이 변하지 않는 주식들

비상장 주식의 경우 취득원가를 장부에 계속 기록하는 경우가 있다. 활성화된 거래시장이 존재하지 않고 공정가치를 신뢰성 있게 측정할 수 없기 때문이다. 이런 경우 최초 지분 매입 시 인식한 취득원가를 결산 때마다 공정가치로 인식하여 장부가격으로 기입한다. 표 11은 무학이 보유한 비상장주식들이다. 2014년 말 장부가액이나 2015년 말 장부가액에 변함이 없다는 것을 알 수 있다.

표에 나타난 순자산가액(자산 - 부채)은 참고사항이다. 세왕금속공업의 경우 2015년 말의 순자산가액 47억 5620만 원에 무학이 보유한 지분율 13.15%를 곱하면 6억 2544만 원이 산출된다. 그러나 무학은 세왕금속공업 지분에 대해 최초 취득원가를 장부가액으로 인식하기 때문에 장부가액은 8억 4341만 6000원으로 변함이 없다.

한편, 국공채나 회사채 같은 채권이 당기손익인식 금융자산이나 매도가능 금융자산으로 분류되어 있다면 미래의 현금흐름을 시장이자율로 할인해 산출한 현재가치가 공정가치가 된다. 채권은 재무제표 결산일에 미래의 현금흐름을 확정할 수 있으므로, 이에 대한 현재가치 평가액을 산출할 수 있다. 따라서 공정가치 변동을 인식해야 한다.

| 표 11. 무학 2015년 말 현재 매도가능 금융자산 중 비상장주식 내역 |

(단위 : 천 원)

구분	2015년 말			
	지분율(%)	취득원가	순자산가액	장부가액
세왕금속공업(주)	13.15	843,416	4,756,200	843,416
용원씨에스(주)	1.67	111,800	92,223	111,800

구분	2014년 말			
	지분율(%)	취득원가	순자산가액	장부가액
세왕금속공업(주)	13.15	843,416	4,745,532	843,416
용원씨에스(주)	1.67	111,800	82,570	111,800

그러나 투자채권이 '만기보유 증권'으로 분류되어 있다면 좀 다르다. 만기보유 증권은 만기까지 원리금을 회수하는데 목적이 있으므로 재무보고 목적상 공정가치의 변동이 중요하지 않다. 따라서 만기보유 증권은 공정가치로 평가하지 않는다. 발행되는 채권 또는 유통되고 있는 채권을 매입하는 시점에서 최초 공정가치를 어떻게 계산하는지, 채권을 보유하고 있는 상태에서 매 결산기 마다 공정가치를 어떻게 산출해 회계 처리할지 알려면 '사채 회계 처리'를 이해해야 한다. 그런데 본서에서는 독자들이 사채 회계 처리까지 알 필요는 없다는 판단에 따라 이 부분은 생략한다.

CHAPTER 07

지분법 1시간 만에 이해하기

PART 021

자회사의 순자산 변동을 모회사는 어떻게 회계 처리할까?

: 지분법 회계의 기본 원리

다음 내용은 2016년 8월 증권사 리포트와 언론 기사에서 발췌한 것들이다.

- 현대엘리베이터는 2분기에 전년 동기 대비 27% 증가한 매출액과 12% 증가한 영업이익을 기록. 2분기부터 현대상선이 지분법 연결에서 제외되고 일부 차익이 잡힌 효과.
- 한라홀딩스는 만도와 만도헬라 등 자회사 실적 개선에 힘입어 2분기 매출액과 영업이익이 전년 동기 대비 각각 12%, 26% 증가함. 증권사 전문가들은 "만도 등 주요 자회사로부터 지분법 이익이 늘고 유통물류 부문 매출이 양호한 성장세를 보였다"고 평가.
- 증권사들은 게임빌에 대해 자회사 컴투스의 주가 하락 리스크에 주의해야 한다고 밝힘. 전문가들은 게임빌의 세전 이익에서 컴투스 지분법이익이 차지하는 비중이 70%를 웃돈다고 지적. 게임빌의 기업가치도 신작 출시보다 자회사 컴투스 영향이 더욱 클 것이라고 내다봄.

- 한국가스공사는 상반기 영업이익이 전년 동기 대비 2% 상승. 그러나 당기순이익은 25% 감소함. 당기순이익 감소는 이자비용 감소에도 불구하고 유가 하락 때문에 해외지분법이익이 줄어든데 따른 것으로 분석됨.

현대엘리베이터, 한라홀딩스, 게임빌, 한국가스공사 이 네 기업의 실적과 관련한 내용에 공통으로 등장하는 것이 '지분법'이다. 지분법은 A사가 경영에 상당한 영향력을 행사할 수 있을 정도로 B사의 지분을 보유하고 있을 경우 A사 재무제표에 B사의 실적을 반영하는 회계 제도다. 이번 장에서는 지분법이 재무제표에 어떤 영향을 미치는지 살펴볼 것이다.

지분 20% 이상이면 '관계기업', 지분법 회계 적용

단기 시세 차익을 목적으로 다른 회사 주식을 취득하면 당기손익인식 금융자산(단기매매 증권)으로 분류한다. 또한 회사가 중장기 동안 보유하면서 필요에 따라 매각이 가능한 주식은 매도가능 금융자산(매도가능 증권)으로 분류해 보고한다. 그리고 이 주식은 최초에는 취득가격을 장부가격으로 기록하고, 이후 결산 때마다 공정가치(시장거래가격 또는 공정가치평가법에 따른 측정치)를 산출해 장부가격으로 수정해 반영한다.

그런데 기업이 시세 차익을 기대해서가 아니라 다른 기업의 영업활동이나 재무활동에 영향력을 행사하기 위해 주식을 취득하는 경우가 있다. 그 기업으로부터 원재료를 안정적으로 공급받기를 원하거나, 그 기업이 좋은 유통망을 가지고 있어서 매출을 확대하는데 도움이 된다거나, 향후 높은 성장이 기대된다는 등의 이유에서다. 이처럼 다른 회사에 영향력을 행사하기 위해 주식을 취득했다면 그 주식을 시세에 맞추어 공정가액으로 평가하는 것이 오히려 재무제표 이용자의 목적에 적합한 정보를 제공하지 못할 수 있다. 매각해 시세 차익을 올리기 위해 주식을 보유하는 게 아니기 때문이다. 따라서 이때는 지분을 공정가치로 따지지 않고 다른 방식으로 회계 처리하게 된다.

A사가 B사 지분을 보유하면서 B사의 재무와 영업 등 주요 경영 의사 결정에 대해 상당한 영향력을 행사할 수 있을 때 B사를 A사의 '관계기업'이라고 말한다. 그리고 A사가 가진 B사 지분은 '지분법 (적용) 주식' 또는 '관계기업 투자주식'이라고 부른다.

이때 A사는 B사 지분에 대해 지분법을 적용한 회계 처리를 해야 한다. 일반적으로 특정 기업의 주식을 20% 이상 보유하고 있으면, 이는 지분법 주식에 해당한다. A사가 B사 지분을 20% 이상 보유하면 A사가 B사의 주요 영업과 재무 정책 결정에 영향력을 행사할 수 있다고 보는 것이다.

아주 간단하게 지분법 회계를 설명하자면, B사의 당기순이익이나 당기순손실액을 A사의 당기순손익에도 지분율만큼 반영해 주는 것이라고 할 수 있다. A사가 B사 지분 30%를 5억 원에 취득해 지분법 주식(관계기업 투자주식)으로 분류했다고 하자. B사가 당기순이익 10억 원을 기록했다면 A사는 3억 원(10억 원 × 30%)만큼을 지분법이익(영업외이익)으로 자신의 당기순이익 산출에 반영하는 것이다. 그리고 이 3억 원만큼 A사는 지분법 주식 장부가격을 올려 8억 원(5억 원 + 3억 원)으로 기록한다.

SK하이닉스 당기순이익의 지분법 회계 처리

SK텔레콤의 실제 관계기업인 SK하이닉스를 이용해 가상의 수치로 지분법 회계를 좀 더 구체적으로 살펴보자.

SK텔레콤은 SK하이닉스 지분 20%를 보유하고 있다(정확하게는 20.1%

이나, 여기서는 계산의 편의를 위해 20%로 한다). 따라서 SK하이닉스는 SK텔레콤의 관계기업이다. SK텔레콤은 보유하고 있는 SK하이닉스 지분에 대해 지분법 회계 처리를 해야 한다.

지분법을 적용하면 어떻게 될까? SK텔레콤은 SK하이닉스의 '순자산 변동액' 중 SK텔레콤 몫(지분율)에 해당하는 만큼을 재무상태표와 손익계산서에서 인식해야 한다.

순자산은 '자산 - 부채' 즉, 자본을 말한다. SK텔레콤이 SK하이닉스 지분 20%를 보유하고 있다는 것은 SK하이닉스 순자산(자본)의 20%가 SK텔레콤의 몫이라는 말이다. 그래서 SK하이닉스 순자산액에 변동이 생기면 그 변동액을 SK텔레콤 재무제표에 반영해야 한다는 것이다. 구체적으로 어떻게 반영할까?

SK하이닉스의 순자산에 변동이 생기는 경우는 크게 두 가지다. SK하이닉스가 당기순이익(또는 순손실)을 내거나 기타포괄이익(또는 손실)을 냈을 경우다. 기타포괄손익의 대표적 사례는 매도가능 증권 평가손익이다.

2015년 1월 1일 SK텔레콤이 SK하이닉스 지분 20%를 50억 원에 취득했다고 가정하자. SK텔레콤은 재무상태표에 관계기업 투자주식 50억 원을 기록할 것이다.

SK하이닉스가 당기순이익(또는 당기순손실)을 내면 SK하이닉스 순자산에 변동이 생긴다. 2015년 12월 31일 SK하이닉스가 결산에서 100억 원의 당기순이익을 냈다. SK하이닉스는 이 100억 원을 '이익잉여금'(자본 항목)으로 기록할 것이다. 그만큼 SK하이닉스의 자본(순자산)은 증가한다(두 회사 간 내부거래는 없으며 SK하이닉스는 주주배당을 하지 않는 것으로 가정).

이 경우 SK텔레콤은 SK하이닉스 순자산 변동액 100억 원 중 20%에 해당하는 20억 원만큼을 관계기업 투자주식 장부금액에 더해준다. SK텔레콤이 보유한 관계기업 투자주식(SK하이닉스 지분) 장부가격은 연초 50억 원이었다. SK하이닉스가 당기순이익을 100억 원 냄에 따라 장부가격은 연말에 70억 원(50억 원 + 20억 원)이 된다.

자산의 가치가 20억 원 증가했으니 SK텔레콤은 이번에는 손익계산서에서 '지분법이익'이라는 항목으로 20억 원을 인식한다(영업이익 아랫단 영업외수익으로 반영). 지분법이익 20억 원은 SK텔레콤의 당기순이익(이익잉여금)을 증가시키므로 결국 SK텔레콤의 자본 증가에도 기여하는 셈이다.

만약 SK하이닉스가 100억 원의 당기순손실을 냈다고 하자. 그럼 SK텔레콤은 관계기업 투자주식 장부가격을 30억 원(50억 원 – 20억 원)으로 조정해야 한다. 그리고 손익계산서에서 20억 원(-100억 원 × 20%)의 지분법손실(비용)을 인식해야 할 것이다.

SK하이닉스 기타포괄손익의 지분법 회계 처리

SK하이닉스의 순자산액은 당기순이익 때문에 변동하기도 하지만, 매도가능 증권 평가손익 같은 기타포괄손익(당기손익에는 반영되지 않고 자본 항목에 반영됨)때문에 변동하기도 한다.

SK하이닉스가 당기순이익 100억 원을 냈고, 동시에 매도가능 증권 평가이익이 10억 원 발생한 경우를 가정해 보자.

우선 당기순이익 때문에 발생한 SK하이닉스의 순자산 변동액 100억 원에 대해서는 앞서 살펴본 사례처럼 회계 처리가 된다. 즉 SK텔레콤은 지분법 회계를 적용해 관계기업 투자주식 장부가격을 20억 원만큼 증가시키고, 동시에 지분법이익으로 20억 원을 인식하면 된다.

그다음은 매도가능 증권 평가이익 10억 원과 관련한 처리다. 매도가능 증권 평가이익은 SK하이닉스의 포괄손익계산서에서 기타포괄손익(당기순이익 아랫단)으로 10억 원이 기록되고, 동시에 재무상태표의 '기타포괄손익누계액'(자본 항목)에도 역시 10억 원이 더해진다. 즉 SK하이닉스의 순자산(자본)이 10억 원 증가하는 것이다.

기타포괄이익 때문에 SK하이닉스 순자산액에 변동이 생겼다. 따라서 SK텔레콤은 역시 지분법 회계에 따라 이를 반영해야 한다. '순자산 변동액 10억 원 × 지분율 20% = 2억 원'만큼 관계기업 투자주식 장부가격을 올려준다. 그리고 포괄손익계산서에도 2억 원을 끌어가는데, 당기순이익의 아랫단에 있는 기타포괄손익 항목에 2억 원을 반영한다(기타포괄손익 항목 중에서도 '매도가능 증권 평가이익' 2억 원으로 기록).

| 그림 1. SK텔레콤과 SK하이닉스의 지분법 회계 처리 |

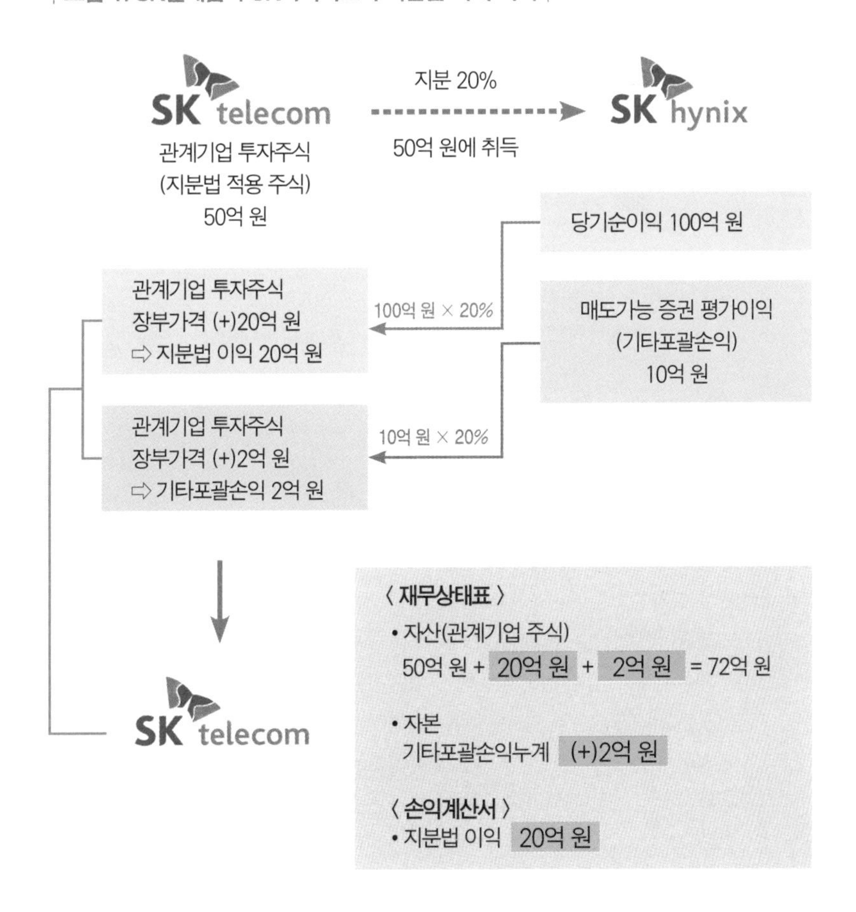

SK하이닉스 순자산이 변동한 원천이 당기순이익인 경우는 SK텔레콤이 지분율만큼 지분법이익으로 끌어오면 된다. 하지만 SK하이닉스가 보유하고 있던 매도가능 증권에서 발생한 평가이익(기타포괄이익) 때문에 순자산이 변동했다면 SK텔레콤이 지분법이익으로 끌어오면 안 된다.

SK텔레콤이 SK하이닉스에서 지분율만큼 끌어온 2억 원은 SK텔레콤의 포괄손익계산서에서 기타포괄이익으로 잡히고, 동시에 재무상태표에서는 기타포괄손익누계액(자본 항목)에 반영될 것이다. SK텔레콤의 당기순이익 증가에는 기여하지 못하지만, 자본 증가에는 기여한 셈이다.

정리해보면 그림 2와 같다.

| 그림 2 |

당기순이익 : 100억 원

매도가능 증권 평가이익 : 10억 원

SK하이닉스(자회사) 순자산액 변동으로
SK텔레콤(모회사)이 재무제표에 반영해야 할 내용

① 재무상태표에서 관계기업 투자주식 장부가격을 72억 원으로 조정
⇨ 최초 취득가 50억 원 + 당기순이익 인식분 20억 원 +
기타포괄이익 인식분 2억 원
② 손익계산서에서 20억 원은 지분법이익(당기손익에 반영)으로 인식,
2억 원은 기타포괄손익(당기손익에는 미반영, 자본에 반영)으로 인식.
⇨ 지분법이익으로 인식한 20억 원은 결과적으로 SK텔레콤의 당기순이익에
포함돼 이익잉여금 형태로 SK텔레콤의 자본 증가에 기여.

지분율이 20% 미만이어도 관계기업

표 1은 실제 SK텔레콤의 2015년 연결재무제표 주석에 나타난 관계기업 투자주식 내역 중 일부다.

표에서 보면 '공동기업'이라는 말이 있다. 다른 기업과 공동으로 지배력을 행사하기로 약정을 맺고 투자한 경우다. 예를 들어 표에서 터키에 소재한 'Dogus Planet'의 경우 SK텔레콤과 터키 현지업체가 50 대 50으로 지분을 보유하고 공동지배력을 행사하기로 약정했기 때문에 공동기업투자에 해당한다. 이런 경우 SK텔레콤은 Dogus Planet 지분을 지분법에 따라 회계 처리한다. 참고로, 공동기업투자라고 해서 지분율이 반드시 50 대 50

| 표 1. SK텔레콤 관계기업 및 공동기업 투자 내역 |

(단위 : 백만 원)

기업명	소재지	당기 말(2015년 말)		전기 말(2014년 말)	
		지분율(%)	장부금액	지분율(%)	장부금액
관계기업투자					
SK China Company Ltd.	중국	9.6	43,814	9.6	35,817
캔들미디어	한국	35.1	20,144	35.1	19,486
나노엔텍	한국	28.6	45,008	26.0	36,527
SK하이닉스	한국	20.1	5,624,493	20.1	4,849,159
소계			6,850,322		6,246,620
공동기업투자					
Dogus Planet, Inc.	터키	50.0	15,118	50.0	11,441
PT. Melon Indonesia	인도네시아	49.0	4,339	49.0	3,564
소계			45,971		51,468
합계			6,896,293		6,298,088

이 되어야 하는 것은 아니다.

또 한 가지 잘 살펴봐야 하는 부분이 있다.

'SK China Company'라는 회사는 SK텔레콤 지분이 9.6%밖에 안 되는데도 관계기업으로 분류되어 있다. 즉 관계기업이라고 해서 반드시 지분율이 20% 이상이 되어야 하는 것은 아니다. 지분율이 20% 미만이어도 이사선임권 등 경영진 구성에 영향력을 행사할 수 있거나 재무와 경영 정책 등 주요 의사 결정에 참여할 수 있다면 관계기업으로 분류해 지분법 회계 처리를 할 수 있다. 실제로 많은 기업이 지분율 20% 미만의 계열사도 관계기업으로 분류한다.

표 2. 지분율 20% 미만이어도 관계기업으로 분류하는 경우

- 피투자기업의 이사회나 이에 준하는 의사 결정 기구에 참여하는 경우
- 배당이나 다른 분배에 관한 의사 결정에 참여하는 것을 포함해 정책 결정 과정에 참여하는 경우
- 기업과 피투자기업 사이에 중요한 거래를 하고 있을 경우
- 경영진을 상호 교류하고 있는 경우
- 피투자기업에게 필수적 기술 정보를 제공하고 있는 경우

신세계가 광주신세계 지분을 관계기업으로 볼 때와 금융자산으로 볼 때의 회계 처리

신세계는 광주신세계 지분 10%를 보유하고 있다. 그런데 광주신세계를 관계기업으로 분류하고 있다. 유의적 영향력을 행사할 수 있다는 이유에서다.

| 표 3. 신세계 2016년 반기 재무제표 주석 중 관계기업 및 공동기업투자 현황 |

(단위 : 백만 원)

회사명	구 분	주요 영업활동	당 반기 말	
			지분율(%)	장부금액
인천신세계	공동기업	소매업	90.00	74,700
광주신세계*	관계기업	백화점 및 대형마트업	10.42	23,082

* 광주신세계는 지분율 20% 미만이나, 피투자회사에 대해 유의적인 영향력을 행사할 수 있어 관계기업으로 분류했습니다.

신세계가 광주신세계 지분을 당기손익인식 금융자산(단기매매 증권) 또는 매도가능 금융자산(매도가능 증권)으로 분류했을 때와 관계기업으로 분류했을 때 회계 처리상 어떤 차이가 있을까?

광주신세계는 증권시장 상장회사다. 따라서 결산기 말의 주가가 공정가치가 된다. 2014년 말 신세계 장부에 잡혀있는 광주신세계 지분가격을 100억 원이라고 하자. 2015년 말 광주신세계 주가가 올라 지분가치가 130억 원이 됐다.

광주신세계 지분이 단기매매 증권일 때 회계 처리는 다음과 같다. 신세계는 2015년 결산 재무제표에서 광주신세계 장부가격을 30억 원 더 올리고 단기매매 증권 평가이익 30억 원을 영업외수익에 반영할 것이다.

광주신세계 지분을 매도가능 증권으로 분류해 놓았다면, 다음과 같이 회계 처리할 것이다. 신세계는 장부가격을 30억 원 더 올리고 30억 원의 매도가능 증권 평가이익을 인식하겠지만, 이 평가이익은 당기손익에 반영되지는 않는다. 포괄손익계산서에서 기타포괄손익 항목 내에 '매도가능 증권 평가이익' 계정으로 반영한다. 동시에 자본 항목 내 '기타포괄손익누계액' 계정에도 반영해 자본이 증가할 것이다. 현재처럼 광주신세계가 신세계의 관계기업 주식으로 분류되어 있을 때 회계 처리는 어떻게 될까? 광주신세계의 주가 상승은 지분법 회계 처리와는 관계가 없다. 지분법 회계 처리는 광주신세계의 순자산(자산 - 부채액) 변동액을 반영하는 것이지, 주식가치(공정가치) 변화를 반영하는 것은 아니기 때문이다.

광주신세계가 2015년 결산에서 20억 원의 당기순이익을 냈다면 10%인 2억 원을 장부가격에 반영하면 된다. 신세계 재무제표에 기록되는 광주신세계 장부가격은 102억 원(100억 원 + 2억 원), 지분법이익은 2억 원이 된다.

광주신세계 주가가 많이 오를 경우 단기매매 증권이라면 신세계 손익에 도움이 될 것이다. 그러나 신세계는 광주신세계를 지분법에 따라 회계 처리하므로, 광주신세계가 당기순이익을 많이 내야 신세계 손익에 도움이 되는 것이지 주가 상승 여부는 신세계 손익과 상관없다.

광주신세계가 재무적 어려움을 겪고 주가가 지속적으로 하락해 회복 가능성이 거의 없는 상황이 발생하면, 광주신세계 주가가 신세계 당기손익에 영향을 줄 수도 있다. 신세계가 광주신세계 지분에 대해 '손상차손'을 인식해야 할 수도 있기 때문이다.

손상차손은 지분의 장부가격과 회수가능액 간 차이로 측정하게 된다. 예를 들어 광주신세계 장부가격이 100억 원인 상태에서 당기순손실 50억 원을 냈다고 하자. 회사의 재무 부실이 크고 지속적인 주가 하락으로 지분 공정가치(주가)가 70억 원으로 측정됐다.

신세계는 광주신세계 지분에 대한 손상을 검사해야 한다. 일단 지분가치가 70억 원인 상황에서 광주신세계가 영업활동으로 미래에 창출할 수 있는 현금흐름을 산출해보니 400억 원이었다. 이 중 신세계 몫(지분법 주식 10%)은 40억 원이다. 광주신세계 지분 10%의 공정가치(70억 원)와 미래 현금흐름 40억 원 가운데 높은 금액인 70억 원이 신세계의 '회수가능금액'이 된다. 이 70억 원과 지분법주식의 장부가격을 비교해야 하는데, 광주신세계가 50억 원의 당기순손실을 냈으므로 지분법주식 장부가격은 95억 원이 된다[100억 원 − (50억 원 × 10%)]. 회수가능액 70억 원과 장부가격 95억 원과의 차액인 25억 원을 손상차손으로 인식해야 한다. 이렇게 되면 신세계는 지분법손실로 5억 원(50억 원 × 10%), 관계기업 주식(지분법주식) 손상차손으로 25억 원 등 광주신세계 지분에서 발생한 총 30억 원의 손실을 비용으로 손익에 반영해야 하는 셈이다. 관계기업 주식이라도 이처럼 손상차손을 반영해야 하는 상황에서는 주가 하락이 모기업 손익에 영향을 미칠 수도 있다.

PART 022

KFC 지분법손실 왜 이렇게 커?

"가격 인하네요! 인상이 아닌 인하, 신기해요!"

"가격이 싸졌으니 먹으러 가야겠어요."

"가격 인하가 이벤트가 아니네요. 가격을 아예 낮췄대요."

KFC가 2016년 7월 가격 인하를 전격적으로 발표하자, 이런 소비자 반응이 나왔다. KFC는 대표메뉴인 징거버거 세트 가격을 6700원에서 5500원으로 18%, 타워버거 세트는 7400원에서 6300원으로 15% 내리는 등 주요 인기 메뉴 대부분을 13~18% 인하했다. KFC의 가격 인하는 18년 만이라고 한다. 그러니 오로지 인상에만 익숙했던 소비자로서는 어리둥절할 수밖에 없었다.

KFC가 가격을 인하한 속사정은 실적 부진 때문으로 알려졌다. KFC의 영업이익은 최근 몇 년 새 눈에 띄게 감소했다. 외식업계 전반에 불어닥친 불황에서 KFC도 비켜나가긴 어려웠던 모양이다. 업계에서는 가격 인하로 가격 대 성능비를 극대화해 손님을 잡겠다는 일종의 박리다매식 전략에 나선 것 아니냐는 반응도 나오고 있다.

한편 미국 맥도날드 본사도 한국시장에서의 실적 부진을 이유로 한국맥도날드법인 지분 매각에 나섰다. 2016년 9월 현재 매일유업과 CJ그룹 등 일부 기업들이 인수에 관심을 보이는 것으로 알려졌다.

KFC가 당기순이익을 내도 투자사가 웃을 수 없는 이유

한국에서 KFC사업을 운영하는 에스알에스코리아(주)(이하 에스알에스)는 원래 두산그룹 계열사였다. KFC는 2014년 CVC캐피탈이라는 유럽계 사모펀드가 에스알에스를 인수하면서 두산그룹과 결별하게 됐다. CVC캐피탈은 한국에 레스토랑인베스트먼트코리아(주)(이하 레스토랑인베스트)라는 특수목적법인을 설립해 에스알에스 주식 100%를 998억 원에 취득했다. 비상장사인 레스토랑인베스트는 일반기업회계기준을 적용하기 때문에 개별재무제표를 작성할 때 에스알에스 지분에 대해 지분법 평가를 한다.

레스토랑인베스트는 지분법 적용 투자주식 998억 원을 재무상태표에 표시했다. 이때 에스알에스의 순자산 공정가치가 약 458억 원이었으므로, 공정가치를 초과해 지급한 540억 원의 투자차액*이 발생했다. 투자차액은 재무제표에 별도로 표시하지는 않는다. 관계기업 투자주식 장부가격 998억 원에 포함돼 있다고 보면 된다.

투자차액 : 피투자회사의 순자산 공정가액 중 투자회사가 취득한 지분율에 해당하는 금액과 취득 대가의 차이 금액.

일반기업회계기준에서는 투자차액에 대해 정해진 기간 내에 상각하도록 하고 있다. 레스토랑인베스트는 투자차액을 5년간 정액상각하기로 했다. 상각액은 연 108억 원 정도다.

투자차액은 다음과 같은 방법으로 상각한다. 예를 들어 2014년 7월

| 그림 3. 투자차액 상각 방법 |

2014년 7월 1일

지분 100% 12억 원에 취득

A사

B사

순자산 공정가치 10억 원

⇨ 투자차액 2억 원(12억 원 - 10억 원) 발생

투자차액 2억 원, 2년간 상각

2014년 12월 결산

지분법 투자주식 장부가격에서 **5000만 원** 차감	장부가격 : 11억 5000만 원 지분법손실(손익계산서) : 5000만 원

2015년 12월 결산

지분법 투자주식 장부가격에서 **1억 원** 차감	장부가격 : 10억 5000만 원 지분법손실(손익계산서) : 1억 원

2016년 12월 결산

지분법 투자주식 장부가격에서 **5000만 원** 차감	장부가격 : 10억 원 지분법손실(손익계산서) : 5000만 원

1일 A사가 B사 지분 100%를 12억 원에 취득했다고 가정하자. B사의 순자산 공정가치가 10억 원이라면, 2억 원의 투자차액(영업권)이 발생한다.

이 투자차액을 2년간 상각하기로 했다면 2014년 12월 결산에서는 5000만 원(2014년 7월 1일~12월 31일까지 6개월 치 상각분)만큼을 재무상태표의 지분법 투자주식 장부가격에서 줄여주면 된다. 그래서 지분법 투자주식 장부가격은 11억 5000만 원이 되고, 손익계산서에서는 지분법손실로 5000만 원을 반영하면 된다.

2015년 말 결산에서는 1억 원(1년 치)의 투자차액 상각을 반영해야 할 것이다. 그러면 재무상태표에 지분법 투자주식 장부가격은 1억 원 더 줄어든 10억 5000만 원이 되고, 손익계산서에는 지분법손실 1억 원을 보고하면 된다. 2016년 말 결산에서는 나머지 5000만 원의 상각을 반영하면 투자차액 상각은 끝난다(장부가격 10억 원, 지분법손실 5000만 원).

위 사례는 B사의 당기순이익 등을 고려하지 않고, 투자차액을 상각하는 경우만을 놓고 A사가 인식해야 할 지분법 투자주식의 장부가격 변화와 지분법 손익 변화를 따져본 것이다. 실제로는 B사가 경영활동을 통해 당기순이익 또는 당기순손실을 기록할 것이기 때문에 경영실적에 따른 변화까지 종합적으로 고려해야 한다.

레스토랑인베스트는 에스알에스의 지분을 취득한 지 2년 차가 되던 2015년도 손익계산서에 지분법과 관련해 지분법손실 98억 원과 지분법 투자주식 손상차손으로 396억 원을 보고했다.

표 4는 레스토랑인베스트의 개별재무제표 손익계산서다. 참고로, 레스토랑인베스트는 스스로 사업을 하는 회사가 아니라 에스알에스의 지분을 보유할 목적으로 설립한 회사다. 따라서 손익계산서에 나타났듯이, 개별재무제표상으로 별도의 매출은 없다.

2015회계연도에 에스알에스는 당기순이익 약 10억 원을 보고했다. 레스토랑인베스트가 보유한 지분법 적용 투자주식은 에스알에스밖에 없다. 관계회사(에스알에스)가 이익을 냈는데 왜 지분법이익이 아니라 지분법손실을, 그것도 무려 98억 원이나 계상했을까?

이유는 다름이 아니라 투자차액 상각액과 관련이 있다. 에스알에스가 당기순이익을 약 10억 원 냈으니, 지분 100%를 보유한 레스토랑인베스트가 인식하는 지분법이익은 10억 원 정도일 것이다. 그런데 2015년도에 레스토랑인베스트가 인식해야 하는 투자차액 상각액이 108억 원이다(투자차

| 표 4. 레스토랑인베스트먼트코리아(주) 손익계산서 |

제2기 : 2015년 1월 1일~12월 31일

과목	제2(당)기	
Ⅰ. 매출액		-
Ⅱ. 매출원가		
Ⅲ. 매출총이익		-
Ⅳ. 판매비와 관리비		213,434,760
Ⅴ. 영업손실		213,434,760
Ⅵ. 영업외수익		78,269
Ⅶ. 영업외비용		60,365,261,879
지분법손실	9,840,014,583	
지분법 투자주식 손상차손	39,625,087,265	
외화환산손실	4,818,663,815	
외환차손	140,000	
Ⅷ. 당기순손실		60,578,618,370

액 540억 원을 5년 동안 상각해야 하므로 2015년도의 투자차액 상각액은 '540억 원/5년 = 108억 원'이 된다). 투자차액 상각액은 지분법손실로 인식된다. 따라서 지분법이익 10억 원에서 지분법손실 108억 원을 차감하면 손익계산서에는 지분법손실로 98억 원이 계상되는 것이다.

만약 에스알에스가 KFC사업에서 108억 원 이상의 당기순이익을 냈더라면 투자차액 상각액을 감안하더라도 레스토랑인베스트가 지분법이익을 계상할 수 있었을 것이다.

KFC에 투자한 지 1년 만에 주식가치가 반 토막!

이번에는 손익계산서에 나타난 관계기업 투자주식(지분법 투자주식) 손상차손 396억 원 부분을 알아보자. 레스토랑인베스트가 2014년 약 998억을 투자해 주식을 취득한 후 2015년 결산을 하면서 396억 원의 손상차손을 인식했다. 손상차손액만큼 장부가격을 낮추면서 동시에 손익계산서에 비용으로 반영했다.

레스토랑인베스트먼트코리아(주)가 KFC에 투자한 지 1년 만에, 지분법손실과 지분법 주식 손상차손을 반영하자 KFC 주식가치가 반토막 났다.

에스알에스는 2014년 7억 원, 2015년에는 10억 원의 당기순이익을 기록했다. 이익이 나고 있는 회사의 주식을 감액한다는 것은 언뜻 이해하기 힘든 측면이 있다. 왜 그랬을까?

레스토랑인베스트가 순자산 458억 원짜리 회사인 에스알에스의 주식 100%를 998억 원에 취득한 것은 향후 KFC사업에서 540억 원(998억 원 - 458억 원 = 540억 원) 이상의 초과 수익을 올릴 수 있을 것으로 기대했던 것이다. 그러나 회사를 운영해보니 10억 원 안팎의 당기순이익으로는 540억 원의 초과 투자금액을 회수하기가 어렵다고 판단한 것으로 보인다. 또한 재무제표의 숫자 이외에도 떨어지는 손님 수나 객단가(1인당 소비액)도 감액의 주요 이유가 되었을 것이다. 단순계산으로도 매년 10억 원의 당기순이익으로 초과 지급액 540억 원을 벌기 위해서는 무려 54년의 시간이 걸린다.

KFC의 영업 현황이 기대에 미치지 못하자 최초 투자차액 540억 원의 자산성에 의심이 발생했다. 이에 따라 레스토랑인베스트는 에스알에스의 지분에 대해 396억 원의 손상차손을 인식했다.

결과적으로 2015년도 결산에서 지분법손실(98억 원)과 지분법 주식 손상차손(396억 원)을 반영한 후 장부가격이 476억 원이 됐다. 이 금액은 에스알에스 순자산가치와 동일하다. 지분법의 목적에 맞게 투자주식가액

(레스토랑인베스트 장부에 적힌 에스알에스 지분액)과 피투자회사의 순자산가액(에스알에스의 순자산액)이 일치하게 된 셈이다.

레스토랑인베스트가 재무상태표에 기록한 에스알에스 지분의 장부가격은 최초 취득시점(2014년 9월)에는 998억 원이었다. 2014년 말의 장부가격은 975억 원이 됐다. 투자차액 상각금 일부(2014년 9~12월 치)와 에스알에스의 당기순이익 중 일부(2014년 9~12월 치)를 반영한 결과, 지분법손실 반영금액이 13억 원으로 집계되면서 장부가격이 975억 원(998억 원 - 13억 원)으로 하락 조정되었다.

그리고 2015년 결산에서 앞에서 살펴본 것처럼 지분법손실 98억 원과 지분법주식 손상차손 396억 원이 한꺼번에 반영되면서, 장부가격은 476억 원 수준까지 떨어진 것이다.

레스토랑인베스트의 재무제표 주석에 나타난 다음 표들을 차근차근 살펴보면 지분법 투자주식 장부가격 변화와 지분법 손익 인식 과정을 이해할 수 있다.

| 표 5. 레스토랑인베스트먼트코리아(주) 재무제표 주석의 지분법 적용 투자주식 |

보고 기간 종료일(2015년 12월 31일) 현재 회사의 지분법 적용 투자주식에 대한 지분율 현황은 다음과 같습니다.

(단위 : 천 원)

피투자회사	지분율	취득원가	피투자 순자산액 중 회사 지분액	장부가액
에스알에스코리아	100%	99,802,792	47,595,791	47,595,791

표 5를 보면 최초 취득원가는 998억 원이고, 에스알에스의 순자산액 중 레스토랑인베스트 지분(100%)에 해당하는 금액은 476억 원이다. 이 금액은 레스토랑인베스트의 지분법 적용 투자주식의 장부가액과 일치한다.

재무상태표에 보고된 지분법 투자주식의 변동금액을 찾아내는 방법

재무상태표에서도 지분법 투자주식 장부가격의 변화를 알 수 있다. 다음 표를 보면 지분법 적용 투자주식 장부가격이 2014년 말 975억 원, 2015년 말 476억 원이다. 최초 취득가격 대비로는 반 토막 수준이다.

| 표 6. 레스토랑인베스트먼트코리아(주) 재무상태표 |

제2기 : 2015년 12월 31일 현재
제1기 : 2014년 12월 31일 현재
(단위 : 원)

과목	제2 (당)기		제1 (전)기	
I. 유동자산		311,998,615		528,443,512
(1) 당좌자산		311,998,615		528,443,512
현금 및 현금성 자산	311,987,665		528,395,072	
II. 비유동자산		47,595,791,407		97,555,339,108
(1) 투자자산		47,595,791,407		97,555,339,108
지분법 적용 투자주식		47,595,791,407		97,555,339,108

여기에서 한 가지만 더 주의 깊게 살펴보자. 2014년 말 지분법 적용 투자주식 975억 원에서 2015년 말의 지분법손실 98억 원 및 지분법 주식 손상차손 396억 원을 차감하면 481억 원이 돼야 한다. 그런데 2015년 말 재무상태표 금액은 476억 원이다. 5억 원은 어디에서 추가로 발생했을까? 5억 원의 행방은 에스알에스의 포괄손익계산서(표 7)에 기록된 기타 포괄손익금액에서 찾을 수 있다.

| 표 7. 에스알코리아주식회사(주) 포괄손익계산서 |

제12기 : 2015년 1월 1일~12월 31일까지
(단위 : 원)

과목	제 12기	
Ⅰ. 당기순이익		966,827,398
Ⅱ. 기타포괄손익		(494,445,853)
Ⅲ. 총포괄이익		472,381,545

에스알에스의 기타포괄손익이 (-)5억 원이다. 이 5억 원만큼 레스토랑인베스트의 지분법 투자주식 장부가격을 줄여야 한다. 이로써 지분법 적용 투자주식 감소액의 마지막 퍼즐이 맞춰졌다. 지금까지 설명한 내용은 레스토랑인베스트의 재무제표 주석 중 다음 표(표 8)에서 일목요연하게 확인할 수 있다.

| 표 8. 레스토랑인베스트먼트코리아(주) 지분법 적용 투자주식 |

당기(2015년) 및 전기(2014년) 중 회사의 지분법 적용 투자주식에 대한 지분법 평가 내역은 다음과 같습니다.

(단위 : 천 원)

피투자회사	기초	지분법 자본 변동	지분법이익 (손실)	손상차손	기말
에스알에스코리아	97,555,339	(494,446)	(9,840,015)	(39,625,087)	47,595,791

PART 023

'내부거래'와 '배당'이 있을 때 지분법 회계

지분 영향력을 이용한 이익 조정 방지

연결재무제표를 이해하기 위해서는 지분법 회계 처리의 이해가 필수적이다. 실무에서 "가장 중요한 회계기준이 무엇인가?"라고 묻는다면, 단박에 "지분법 회계 처리"라고 답할 정도로 지분법 회계 처리는 중요하다. 지분법 회계를 적용하면 두 회사 간의 내부거래에서 발생한 손익 중 아직 실현되지 않은 손익은 제거해야 하고, 관계회사가 배당금을 지급했을 경우 배당액만큼 지분법 투자주식의 장부가격을 차감조정해야 한다. 이렇게 하면 관계회사에 대한 지분 영향력을 이용해 매출, 이익, 배당 등을 임의로 증가시키는 것을 막을 수 있다.

뒤에서 자세히 다루겠지만, 연결회계 역시 내부거래와 미실현 손익을 제거하고, 지배주주와 비지배주주에 속하는 순자산과 당기순이익을 구별한다는 점에서 지분법 회계와 일맥상통한다.

다음의 간단한 사례에서 지분법 회계 처리의 A to Z를 익혀보자.

지분법 투자주식의 취득과 투자차액의 상각

사례 1단계 | (주)충남텔레콤이 2015년 1월 1일에 (주)공주의 주식 20%를 100만 원에 취득했다. (주)공주의 순자산 공정가치는 400만 원이었다.

위 사례는 관계기업 투자주식(지분법투자주식)의 취득과 관련한 회계처리다. 관계기업 투자주식의 취득가액은 지급한 현금으로 기록한다. 따라서 재무상태표에 기록될 관계기업 투자주식은 100만 원이 된다.

그런데 (주)공주의 순자산 공정가치가 400만 원이므로 (주)충남텔레콤이 취득한 20%에 대한 순자산 공정가치는 80만 원(400만 원 × 20%)이 된다. 즉 (주)충남텔레콤은 80만 원짜리 주식을 100만 원을 주고 샀으니, 20만 원 더 높은 가격에 구매한 셈이 된다.

초과지급액 20만 원은 '영업권'(248쪽 참조)에 해당한다고 보면 된다. 지분법 회계에서는 이 같은 영업권을 일반적으로 '투자차액'이라고 부른다. 지분법 투자차액은 영업권에 해당하지만, 개별재무제표에 별도의 금액으로 표시되지 않는다.

순자산액을 초과하여 지급한 금액을 영업권 계정에 별도로 기재하는 경우가 있다. 영업권 금액이 재무제표에 기재되는 경우는 크게 보아 두 가지 경우다. A사가 B사를 흡수합병한 뒤부터 작성하는 A사 재무제표에 영업권 금액이 표기된다. 또 하나는, A사가 B사에 대한 지배력을 확보한 뒤부터 작성하는 연결재무제표에서다. 지배력을 확보하려면 일반적으로 지분을 50% 초과 획득해야 하지만, 50% 이하를 취득해도 지배력을 확보한 것으로 판단하는 경우가 있다. 어쨌든 A사가 B사에 대해 지배력을 확보한 경우 영업권 금액을 연결재무상태표 자산 항목에서 확인할 수 있다. 합병과 지배력 획득, 이 두 가지를 일반적으로 '사업결합'이라고 한다.

[사례 1단계]의 경우 (주)충남텔레콤은 주식 취득 시 재무제표에 '관계기업 투자주식(공주 지분) 100만 원'이라고 보고하면 된다. 취득가격이 그대로 장부가격이 된다. 순자산보다 더 지급한 프리미엄 20만 원(투자차액)은 관계기업 투자주식 취득 장부가격 안에 포함돼 있다.

A사가 B사를 흡수합병한 뒤부터 작성하는 A사 재무제표와 A사가 B사에 대한 지배력을 확보한 뒤부터 작성하는 연결재무제표에는 순자산액을 초과해 지급한 금액을 영업권 계정에 별도로 기재한다.

그런데 이 투자차액에 대한 회계 처리가 K-IFRS와 일반기업회계기준 간에 차이가 있다. K-IFRS는 투자차액을 성격에 따라 상각하는 경우가 있기도 하지만, 일반적으로는 상각하지 않는다고 보면 된다. 대신 손상검사만 수행한다. 손상검사란 자산에서 발생할 미래현금흐름을 산출해 자산으로서 가치에 손상이 발생했는지를 점검하는 과정을 말한다.

그러나 일반기업회계기준에서는 내용연수를 정해 투자차액을 정액법으로 상각한다.

이러한 지분법 회계 처리의 기본 구조는 (주)충남텔레콤이 보유한 주식가액을 (주)공주의 순자산 공정가치와 일치하도록 만들어 나가는 과정이다. 그래서 투자차액 상각의 진행과 더불어 (주)공주의 당기순이익과 자산, 부채의 변동을 (주)충남텔레콤의 지분율만큼 주식가액에 반영해 나간다.

| 표 9. K-IFRS와 일반기업회계기준의 투자차액 상각 예 |

	K-IFRS	일반기업회계기준
투자차액 20만 원	상각액 없음(손상검사만 수행)	5년 동안 매해 4만 원씩 상각 (손상검사도 수행)

관계기업 손익과 자본변동을 투자회사로 끌어오기

사례 2단계 | 2015년도에 (주)공주는 당기순이익 100만 원을 보고했다. 또한 (주)공주가 보유하고 있는 매도가능 금융자산의 공정가액이 10만 원 증가해 자본의 기타포괄손익으로 처리했다.

지분법 회계 처리의 핵심이다. (주)공주에서 당기순이익 100만 원을 보고했으므로 이 중 20%(20만 원)는 (주)충남텔레콤 몫이다. 또한 매도가능 증권 평가이익(기타포괄손익)으로 늘어난 자본의 20%도 (주)충남텔레콤 몫이다.

지분법 회계 처리에서는 피투자회사((주)공주)의 손익계산서 항목이 증가하면 투자회사((주)충남텔레콤)도 손익계산서 항목의 증가로 처리한다. 그리고 피투자회사의 자본 항목이 증가하면 투자회사도 자본 항목이 증가한 것으로 처리해주면 된다.

따라서 (주)공주의 당기순이익 100만 원에 대해 (주)충남텔레콤의 지분이 20%이므로, 지분법이익 20만 원을 기록한다. 또한 (주)공주의 매도가능 증권 평가이익으로 인한 순자산 증가분 10만 원 중 (주)충남텔레콤의 몫 20%(2만 원)는 지분법 자본변동 즉 자본 항목 내 기타포괄손익누계액 과목으로 처리해주면 된다.

내부거래에 따른 회계 처리

사례 3단계 | (주)충남텔레콤은 (주)공주에 부품 100만 원어치를 판매했다. (주)공주는 이 부품을 하나도 판매하지 못해, 100만 원 그대로 기말재고로 남아 있다. (주)충남텔레콤의 매출총이익율은 50%이다.

이와 같은 거래를 '내부거래'라고 부른다. A사가 관계회사 B(지분율 20%)에게 100원짜리 물건을 150원에 팔아 50원의 이익을 냈다고 하자. B사는 아직 이 물건을 외부에 판매하지 못하고 재고자산으로 보유 중이다. 이 경우 A사는 B사와의 거래에서 얻은 50원의 이익 중 지분율 20%에 해당하는 10원만큼은 '미실현이익'으로 간주한다. 즉 A사는 총이익 50원에서 미실현이익 10원을 차감한 40원만 이익으로 인식하게 된다. 이를 '내부거래에 따른 미실현손익 제거'라고 한다.

같은 기업 집단에 속한 회사 간에 상품이나 서비스를 사고파는 거래 행위를 내부거래라고 한다.

(주)충남텔레콤이 (주)공주에 판매한 부품 중에서 (주)공주가 판매하지 못하고 보유하고 있는 부품은 (주)충남텔레콤이 아직 완전히 판매하지 않은 것으로 간주한다. (주)충남텔레콤의 순이익을 부풀리기 위해 관계회사인 (주)공주에 대한 영향력을 이용해 대량의 매출을 발생시켰을 수도 있기 때문이다. 지분법 회계에서 내부거래 미실현손익을 제거하는 것은 중대한 영향력을 이용해 밀어내기 매출을 발생시키는 것을 방지하기 위한 목적도 있다.

[사례 3단계]에서 (주)충남텔레콤은 공주에 부품을 100만 원에 팔았다(매출 100만 원). 매출총이익률이 50%이므로 50만 원의 매출총이익을 냈다고 기록할 것이다. 그러나 공주는 이 부품을 아직 외부에 판매하지 못했다. 따라서 이 부품에 대한 (주)충남텔레콤의 매출총이익 50만 원 중 (주)공주에 대한 지분율인 20%만큼은 이익이 실현된 것으로 보지 않는다. 따라서 10만 원(50만 원 × 20%)만큼은 지분법이익에서 조정해 (주)충

남텔레콤의 이익을 줄여 준다. 따라서 (주)충남텔레콤의 지분법이익(손익계산서 항목)에서 10만 원이 차감된다.

배당에 따른 회계 처리

사례 4단계 | (주)공주는 2015년도 결산 배당으로 주주들에게 총 10만 원을 지급하기로 결정했다.

배당금과 관련한 회계 처리다. 일반적으로 기업이 배당을 받게 되면 배당금 수익으로 손익계산서에 표시한다. 그러나 관계기업으로부터 받은 배당금은 수익으로 기록하지 않는다.

만일 (주)공주가 현금으로 1억 원을 배당했다면, (주)공주의 순자산액이 1억 원만큼 감소하게 된다. 또한 (주)공주가 배당금을 지급할 재원이 충분히 있을 경우, (주)충남텔레콤은 (주)공주에게 배당금을 지급하도록 영향력을 행사할 수 있다. 만일 (주)충남텔레콤이 (주)공주에게 받은 배당금을 수익으로 인식할 수 있다면, (주)충남텔레콤은 (주)공주의 배당금 지급 정책에 영향력을 행사해 본인의 당기순이익을 조정할 수 있게 된다. 따라서 지분법에서는 배당금을 수익으로 처리하지 않고 투자주식을 감액한다. 배당을 통해 (주)공주의 순자산이 10만 원 감소했으므로, 순자산 감소분 중 (주)충남텔레콤의 지분율 20%에 해당하는 2만 원은 관계기업투자주식의 감소로 처리하게 된다.

지분법에서는 배당금을 수익으로 처리하지 않고 투자주식을 감액한다. 관계기업이 배당금을 외부에 지급하면 배당한 금액만큼 관계기업의 순자산액이 감소하기 때문이다.

사례 1~4단계까지를 회계 처리하면 2015년도 말 (주)충남텔레콤이 재무상태표와 손익계산서에 보고하게 될 금액은 얼마일까? 정리하면 표 10과 같다.

결론적으로 K-IFRS에 따라 2015년 말 (주)충남텔레콤에 보고될 관계기업 투자주식 장부가격은 110만 원이 되고, 손익계산서상 당기순이익에 반영될 지분법이익은 10만 원이 된다. 지분법 자본변동 2만 원은 재무상태표상 자본의 기타포괄손익누계액과 포괄손익계산서상 당기순이익 아래편의 포괄이익으로 보고된다.

| 표 10. (주)충남텔레콤의 재무상태표와 손익계산서 |

구분	재무상태표		포괄손익계산서	
	관계기업 투자주식(자산)	지분법 자본변동(자본)	지분법이익 (당기순이익)	지분법 자본변동 (포괄손익)
취득 시	100만 원			
당기순이익	(+)20만 원		20만 원	
매도가능 증권 평가이익	(+)2만 원	(+)2만 원		(+)2만 원
영업권 상각	-		-	
내부거래 제거	(-)10만 원		(-)10만 원	
배당금수취 시	(-)2만 원			
합계	110만 원	2만 원	10만 원	2만 원

PART 024

한진해운 때문에 만신창이가 됐던 대한항공

: 지분법 손실이 엎치고, 손상차손이 덮치고

한진그룹 창업주는 고(故) 조중훈 회장이다. 조 회장에게는 네 아들이 있었다. 첫째 아들 양호에게는 대한항공, 둘째 남호에게는 한진중공업, 셋째 수호에게는 한진해운, 넷째 남호에게는 메리츠화재 경영을 맡겼다.

2002년 창업주가 타계하자 네 아들은 계열 분리에 들어간다. 2005년 한진중공업과 메리츠화재가 한진그룹에서 분리됐다. 그런데 한진해운은 2006년 조수호 회장이 별세하고 부인 최은영 씨가 새 회장에 선임되면서 분리 작업이 중단됐다.

최 회장이 한진해운 경영권을 확보하기는 했지만, 지분 구조가 애매했다. 최 회장 일가가 9.2%, 조양호 회장 측(한진그룹 계열사들)이 9.1%를 보유하고 있었다. 최 회장은 한진해운그룹에 대한 지배력을 높이고 한진그룹으로부터 독립하기 위해 2010년 한진해운을 지주회사체제로 전환한다.

그러나 지주회사에 대한 최 회장 측 지분은 26.5%, 조양호 회장 측 지분은 27.45%로, 대등한 지분 구조는 변하지 않았다. 어정쩡한 동거가 지속되던 중, 해운업 경기 악화가 지속되면서 최 회장은 조 회장에게 자금 지원 SOS를 쳤다. 이후에도 한진해운의 자금난은 지속됐고, 결국 최 회장은 경영권을 포기하기에 이른다. 대한항공이 한진해운 유상증자에 참여해 대주주가 되면서 한진해운은 조양호 회장 손에 넘어갔다. 조 회장은 이후 한진해운 채권을 인수하는 등 회사 정상화를 위해 막대한 자금을 투입했다. 그러나 해운 경기 침체가 지속되면서, 한진해운은 2016년 9월 현재 결국 법정관리에 들어가는 운명을 맞게 되었다.

자산손상에 채권손상까지, 사상 최대 영업이익도 무용지물

2016년 들어 대한항공은 계열회사 한진해운 때문에 골머리를 앓고 있었다. 2014년 자금난에 시달리던 한진해운의 유상증자에 참여, 대주주가 되었지만 상황이 나아지지 않았다. 한진해운 리스크 때문에 대한항공도 어려워질 것이라는 전망이 나오는 실정이었다.

5월 16일 대한항공이 1분기 실적을 발표하자, 이 같은 전망이 점차 현실화하는 것 아니냐는 우려의 목소리들이 나왔다. 대한항공의 영업이익은 사상 최고치인 3233억 원을 기록했다. 전년 동기보다 70%나 증가했다. 중장거리 노선 수송객이 늘어난 데다 저유가 기조가 지속되면서 유류비 절감 효과를 봤다는 것이 회사의 설명이었다. 그러나 당기순이익은 1749억 원 적자였다. 전년 동기(-1331억 원)보다 적자가 더 커졌다. 원인은 예상대로 한진해운에 있었다. 대한항공이 보유한 한진해운 지분 33%에서 2157억 원의 손상차손이 발생했다. 대한항공은 한진해운이 발행한 신종자본증권 이른바 '영구채(永久債)' 2200억 원 어치를 매입했었다. 여기서도 1100억 원의 손상차손을 입었다. 합계 무려 3200억 원이 넘는 영업외비용을 1분기 실적에 반영하다보니 사상 최대 영업이익을 내고도 적지 않은 당기순손실을 기록한 것이다.

지분법 손실과 손상 규모, 어떻게 계산되었나

우리는 앞에서 유형자산이나 무형자산에서 발생하는 손상차손에 대해 공부했다. 예를 들어 기계장치에 대해서는 일단 감가상각을 적용한 뒤 장부가격을 정한다. 예를 들어 2011년 초 취득가격 20억 원짜리 기계설비를 구입했다고 하자. 내용연수는 10년, 정액법으로 감가상각(연간 2억 원)을 하면 5년 뒤인 2015년 말 기계설비의 장부가격은 10억 원(취득가격 20억 원 - 감가상각누계액 10억 원)이 된다. 2015년 말 결산 때 이 기계설비로 생산된 제품의 판매가 중단되어 자산 손상 징후가 있다는 판단을 했고, 이 기계설비가 앞으로 회사에 벌어다 줄 미래현금흐름 예상치 즉, 회수가능액을 산출해봤더니 8억 원으로 계산됐다. 회수가능액이 장부금액보다 작으므로 차액 2억 원은 자산 손상차손으로 반영한다. 2015년 말 기계설비의 최종장부가액은 8억 원으로 조정된다.

매출채권이나 대여금 등에 대해서도 미래 회수 가능한 현금흐름과 장부가격 간 차액을 손상차손으로 반영한다. 이 경우에는 대손충당금을 설정하고 대손상각비를 반영하는 식으로 회계 처리한다고 배웠다.

금융자산에 대해서도 손상이 있을 경우, 역시 손상차손을 인식한다. 그러나 모든 금융자산에 손상차손이 다 적용되는 것은 아니다. 당기손익인식 금융자산은 손상차손을 인식하지 않는다. 공정가치 변동액을 결산 때마다 곧바로 당기손익에 반영하기 때문이다.

매도가능 금융자산(주식지분, 투자채권, 수익증권 등)의 경우는 금융자산 발행자나 지급의무자가 재무적 어려움을 겪는 것이 명확하거나, 구조조정에 따라 채무를 정상이행하지 못할 가능성이 높아지면, 손상차손을 측정해 반영해야 한다. 주가가 취득가격에 못 미치는 상태가 지속된다고 해

대한항공은 한진해운을 떠안으며 본 손실로 2016년 1분기 사상 최고치 영업이익을 올리고도 당기순이익은 1749억 원 적자를 기록했다.

서, 반드시 손상차손을 인식해야 하는 것은 아니다. 하지만 회사 신용등급 하락과 재무부실 등 여러 가지 요소가 복합적으로 작용하면 손상차손을 평가·반영해야 한다. 매도가능 금융자산 평가손익은 당기손익으로 인식하지 않지만 손상차손은 당기비용으로 반영한다.

대한항공이 보유한 한진해운 지분은 관계기업 투자주식이다. 즉 지분법 회계를 적용해 한진해운 지분에 대한 장부가격을 기록해왔다. 이 같은 관계기업 투자주식(지분법 적용 투자주식)에 대해서도 손상 징후가 있다면 주식의 가치를 측정해 손상차손을 인식해야 한다.

예를 들어 ① 한진해운 지분의 장부가격이 15억 원이라고 하자. ② 한진해운 지분을 매각할 경우 받을 수 있을 것으로 예상되는 가격은 12억 원이라고 하자. ③ 한진해운이 영업활동을 지속함으로써 앞으로 창출해낼 현금흐름이 30억 원이라면, 이 가운데 대한항공 몫(지분율 33%)에 해당하는 금액이 9억 9000만 원이다.

②와 ③중에서 큰 값인 12억 원이 대한항공이 한진해운 지분으로부터 회수할 수 있는 금액이라고 할 수 있다. 그런데 측정된 회수가능금액이

장부가격 15억 원에 못 미친다. 따라서 차액 3억 원을 지분법 적용 투자주식(관계기업 투자주식)에서 발생한 손상차손(비용)으로 인식해 당기손익에 반영해야 한다. 한진해운 지분 장부가격은 손상차손을 반영해 12억 원으로 조정된다.

다음은 2016년 1분기 대한항공 연결재무제표 주석 중 '관계기업 투자' 항목의 일부다.

| 표 11. 대한항공 연결재무제표 주석 중 관계기업 투자 항목 |

(1) 당분기 말(2016년 1분기 말) 및 전기 말(2015년 말) 현재 관계기업 투자의 세부 내역은 다음과 같습니다.

(단위 : 백만 원)

구분	2016년 1분기 말			2015년 말		
	지분율	취득원가	장부금액	지분율	취득원가	장부금액
한진해운	33.23%	444,829	262,010	33.23%	444,829	519,974

당분기 중 한진해운 주식에 대해 215,714백만 원의 손상차손을 인식했습니다.

(2) 2016년 1분기 말 및 2015년 말 현재 시장가격이 존재하는 관계기업 투자의 공정가치는 다음과 같습니다.

(단위 : 백만 원)

회사명	2016년 1분기 말	2015년 말
한진해운	262,010	296,238

이 내용을 천천히 들여다보고 해석해보자.

위의 주석 내용 중 (1)에서 보면 대한항공은 2015년 말 한진해운 지분에 대한 장부금액으로 5199억 원을 기록했다. 그런데 (2)에서 보면 2015년 말 한진해운 지분의 공정가치는 2962억 원이다. 한진해운이 상장회사이므로 지분의 공정가치는 2015년 말의 주가로 산정했을 것이다.

대한항공이 보유한 한진해운 지분은 지분법 적용 주식이다. 따라서 2015년 말에 대한항공 재무제표에 기록되는 한진해운 장부가격은 한진해운의 주가와는 상관이 없다. 즉 2015년 말 한진해운 지분 공정가치(주가)는 2962억 원이었지만 지분법 회계를 적용한 장부가격은 5199억 원으로 기재되어 있다.

한진해운 지분의 장부가격은 대한항공이 한진해운 지분을 취득한 이후 거의 한진해운의 당기순이익(또는 당기순손실)에 따라 정해졌는데, 이게 2015년 말 기준으로 5199억 원이었다는 것이다.

그런데 2016년 1분기 들어서 상황이 급변했다. 해외에서 빌린 선박에 대한 용선료(선박 임차료)도 제때 못 낼 정도로 한진해운의 자금난이 악화됐다. 만기 회사채를 갚지 못하는 상황이 벌어졌다. 채권단과 구조조정 자율협약을 맺고 자산 매각 등 자구안을 제출해야만 했다. 이러는 사이 신용등급도 하락했다.

대한항공으로서는 한진해운 지분에 대한 손상차손을 검토·측정해 비용으로 인식해야 할 상황이 된 것이다. 일단 지분법 회계 처리로 산출한 1분기 말 한진해운 장부가격은 4777억 원이었다. 한진해운이 1분기 당기순손실을 기록함에 따라 2015년 말(5199억 원) 대비 장부가격이 줄었다.

다음은 손상차손 부분이다. 대한항공은 한진해운 지분을 매각할 때 받을 수 있는 금액 2620억 원을 회수가능금액으로 산정했다. 이 금액은 한진해운 1분기 말 주식시장 종가(3215원)와 대한항공이 보유한 주식 수를 곱한 금액이다. 즉 주석 (2)에서 나타난 1분기 말의 공정가치 금액과 같다.

따라서 지분법 회계 처리에 따른 장부가격 4777억 원과 회수가능액 2620억 원간 차액인 2157억을 지분법 주식 손상차손(비용)으로 반영했다. 그리고 1분기 말 장부가격은 공정가치(주식시세)인 2620억으로 조정됐다.

2200억 원 영구채, 딱 절반만 회수가능 평가

한진해운이 대한항공에 던진 직격탄은 이것만이 아니었다. 대한항공은 1분기에 매도가능 금융자산에서도 1100억 원의 손상차손을 인식했다. 한진해운이 발행한 무보증 사모사채 때문이었다.

이 사모사채의 만기는 30년으로, 발행회사의 뜻에 따라 만기를 연장할 수 있고 이자 지급을 유예할 수도 있는 조건이었다. 이런 채권을 특히 '영구채'라고 부르는데, 발행회사 입장에서는 부채가 아닌 자본으로 분류할 수 있는 일종의 '신종자본증권'이다. 발행일로부터 일정한 시간이 지날 때마다 지급 금리가 계속 오르는 스텝형 구조가 많고, 발행회사에 조기상환권이 부여되어 있다.

2016년 한진해운이 발행한 영구채(액면가 2200억 원)는 발행 후 1년까지는 금리가 9.575%지만 1~2년까지는 10.575%, 2년~만기까지는 14.575%로 상승하는 구조다. 그리고 발행일로부터 1년 뒤부터 매년 발행회사가 조기상환권(콜옵션)을 가진다.

영구채는 대개 발행일로부터 2~3년이 지난 시점부터 금리가 2~3%포인트 이상 급등하는 조건들이 많아서 발행회사들은 금리 부담을 피해 조기상환을 시도한다. 기업들이 영구채가 자본으로 분류된다는 점을 노리고 재무구조 개선과 자금 확보라는 두 마리 토끼를 잡기 위해 발행에 나서고 있지만, 전문가들은 사실상 만기 2~3년짜리 채권상품과 다름없다는 지적을 하고 있다.

대한항공이 한진해운 영구채를 인수하게 된 데는 스토리가 있다.

2013년 대한항공은 한진해운에 2500억 원을 빌려줬다. 이때 한진해운 선박 등이 담보로 제공됐다. 한진해운이 이 가운데 300억 원을 상환함에 따라 대여금 잔금은 2200억 원이 됐다. 한진해운은 2016년 2월에 영구채 2200억 원을 발행해 마련한 자금으로 대한항공 차입금 2200억 원을 갚았다. 그런데 이 영구채의 인수자가 바로 대한항공이었다.

대한항공 처지에서 보면 대여금 채권을 영구채 채권으로 바꾼 셈이다. 처음 한진해운은 영구채에 대한 제3의 투자자를 물색했던 것으로 알려졌다. 그러나 투자자 확보에 실패하면서 최대주주인 대한항공이 다시 짐을 짊어지게 됐고, 대한항공은 결국 영구채에 대한 손상차손까지 인식하게 된 것이다.

표 12~13은 대한항공의 2016년 1분기 연결재무제표 주석 내용 중 일부들이다.

| 표 12. 대한항공 연결재무제표 주석 중 매도가능 금융자산 |

(단위 : 백만 원)

구분	2016년 1분기 말	2015년 말
지분상품		
상장주식	108,149	108,504
비상장주식	51,916	51,916
채무상품		
국공채	6	6
회사채	110,000	-

* 당분기 중 매도가능 금융자산에서 발생한 손상차손은 110,000백만 원입니다.

표를 보면 매도가능 금융자산으로 2016년 1분기 말에 새로 회사채 1100억 원이 기록되어 있다. 1분기 중에 대한항공이 취득한 매도가능 금융자산은 2월에 인수한 한진해운 발행 무보증사채(영구채) 2200억 원밖에 없다. 발행액이 2200억 원이었고, 전량 대한항공이 인수했다. 그런데 1분기 말 장부가격은 1100억 원으로, 반 토막이 난 것으로 기재되어 있다. 표 하단을 보면 대한항공은 "매도가능 금융자산에서 1100억 원 손상차손이 발생했다"고 밝혀놓고 있다. 손상차손이 발생한 매도가능 금융자산이란 바로 한진해운 영구채(표에서는 채무상품 중 회사채)를 말한다.

| 표 13. 대한항공 2016년 1분기 기타영업외비용 내역 |

(단위 : 백만 원)

구분	2016년 1분기
기타영업외비용	615,577
외환차손	126,758
외화환산손실	70,066
매도가능 금융자산 손상차손	110,000
관계기업 투자주식 손상차손	215,714
유형자산 처분손실	5,946
유형자산 손상차손	65,300

위 표에서 보면 대한항공의 2016년 1분기 기타영업외비용 총액을 합산해보니 6155억 원이다(표에서는 일부 비용 항목을 편집 생략). 이 가운데 한진해운 지분과 채권에서 발생한 손상차손이 총 3257억 원으로, 53%나 된다. 한진해운이 법정관리에 들어갔기 때문에 앞으로 손실은 더 커질 것이다. 한편, 대한항공이 한진해운 때문에 안고 있는 리스크 중에는 '파생상품 계약'도 있다. 파생상품부채에서 발생하는 평가손실인데, 여기서는 생략한다.

우리나라 기업에 적용되는 세 가지 재무회계기준

정보 이용자들의 경제적 의사 결정에 유용한 정보를 제공하기 위해 기업의 재무 상태나 경영 성과를 외부에 보고하는 재무회계에는 일정한 기준이 필요하다. 이러한 기준을 '일반적으로 인정된 회계원칙(GAAP, Generally Accepted Accounting Principle)'이라고 한다. GAAP에 따른 회계 처리를 통해 재무제표의 신뢰성, 이해 가능성 및 기업 간 비교 가능성을 확보할 수 있다. 우리나라에서 적용해야 하는 재무회계기준은 기업 규모 또는 기업공개 여부에 따라 달라진다.

기업의 성장 단계별로 적용해야 할 회계기준

우리나라 기업에 적용되는 재무회계기준은 '한국채택국제회계기준(K-IFRS)'과 '일반기업회계기준', '중소기업회계기준' 세 가지로, 각각의 적용 대상 기업이 다르다.

한국채택국제회계기준(K-IFRS)은 「주식회사의 외부감사에 관한 법률」에서 정한 외부감사 대상 법인 중에서도 상장기업, 상장기업의 자회사, IPO(기업공개, 주식시장 상장)를 준비하고 있는 기업에 적용되는 기준이다.

기업에 이해관계가 있는 사람들이 경제적 의사 결정을 합리적으로 내리는 데 필요한 재무적 정보를 제공하는 일련의 과정을 회계라고 한다. 우리나라 기업에 적용되는 재무회계기준은 한국채택국제회계기준, 일반기업회계기준, 중소기업회계기준 세 가지다.

코넥스(KONEX : Korea New Exchange) : 코스닥시장 상장 요건을 충족시키지 못하는 벤처기업과 중소기업이 상장할 수 있는 중소기업 전용 주식시장으로 2013년 7월 1일 개장했다. 자기자본 5억 원 이상, 매출액 10억 원 이상, 순이익 3억 원 이상이라는 세 가지 조건 가운데 한 가지만 충족하면 상장할 수 있다.

일반기업회계기준은 외부감사 대상 법인 중 비상장기업과 코넥스* 상장법인에 적용된다. K-IFRS와 구분해 실무에서는 K-GAAP으로 표현하기도 한다.

중소기업회계기준은 외부감사 대상에 포함되지 않는 중소법인을 위한 기준이다.

참고로, 외부감사 대상 법인은 다음과 같다.

| 외부감사 대상 법인 |

「주식회사의 외부감사에 관한 법률 제2조, 동법 시행령 제2조①」

1. 직전 사업연도 말의 자산총액(외부감사를 받아야 하는 회사가 분할하거나 다른 회사와 합병해 설립한 경우 설립 시점의 자산총액)이 120억 원 이상인 주식회사.
2. 직전 사업연도 말의 부채총액이 70억 원 이상 또는 종업원 수가 300명

이상이고, 자산총액이 70억 원 이상인 주식회사(그 주식회사가 분할하거나 다른 회사와 합병해 새로운 회사를 설립한 경우에는 설립 시의 부채총액이 70억 원 이상 또는 종업원 수가 300명 이상이고, 자산총액이 70억 원 이상인 주식회사를 말한다).

3. 「자본시장과 금융투자업에 관한 법률」에 따른 주권상장법인*(기존의 주권상장법인 또는 코스닥 상장법인).

4. 당해 사업연도 또는 다음 사업연도 중에 주권상장법인이 되고자 하는 법인(상장 예정 법인으로 주권상장법인과 합병이나 주식의 포괄적 교환 등 증권선물위원회가 정하는 방법을 통해 주권상장법인이 되려고 하거나 해당 주식회사의 주권이 상장되는 효과가 있게 하려는 경우의 해당 주식회사를 포함).

주권상장법인 : 주권이란 주주의 출자금에 대해 회사가 주주에게 발행해주는 유가증권을 말하는데, 주식으로 이해해도 무방하다. 주권상장법인이란 회사 발행주식이 유가증권시장 또는 코스닥시장 등의 공인받은 증권거래시장에 상장되어 있는 회사를 말한다.

신규로 외부감사 대상 법인이 되는 경우 대부분은 직전 사업연도 말 자산총액이 120억 원 이상인 법인들이다. 따라서 위 요건 중 1번 정도만 알고 있다면 충분하다.

우리나라 기업은 스타트업 단계에서부터 주권상장법인이 되기까지 각 단계별로 적용해야 할 회계기준이 따로 정해져 있는 셈이다.

물론 중소기업회계기준을 적용할 수 있는 기업도 K-IFRS를 적용할 수는 있으나, 적용에 따른 실익은 없다. 위 설명은 잊어버리고 그림 4 〈회사 성장 단계별 적용 회계기준〉만 이해해도 된다.

| 그림 4. 회사 성장 단계별 적용 회계기준 |

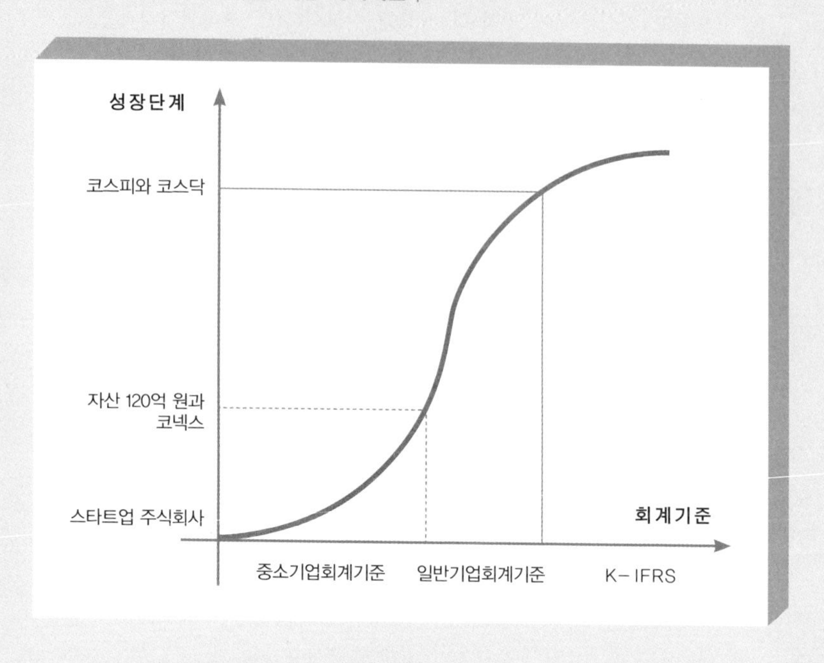

국내 기업 90%는 일반기업회계기준 적용

K-IFRS가 홍보가 잘 된 덕에 우리나라 회계기준은 K-IFRS로 통일된 것으로 알고 있는 사람들이 많다. 하지만 아직 대부분 기업은 일반기업회계기준을 적용하고 있다. 2015년도 말 기준으로 외부감사 대상 회사의 회계기준 적용 현황을 살펴보면 K-IFRS를 적용하는 회사 비율이 약 10%, 일반기업회계기준을 적용하는 회사가 90%를 차지하고 있다.

회계 부분에서 취업 준비를 하거나 이직을 고려하고 있는 사람의 경우 이직 대상 회사가 어떤 회계기준을 적용하고 있는지 파악해, 적용하고 있는 회계기준에 맞게 공부할 필요가 있다.

| 표 14. 외부감사 대상 회사 회계기준 적용 현황 |

기준 : 2015년 12월 말
자료 : 금감원
(단위 : 사)

구 분	상장법인			비상장법인	총 계
	유가증권	코스닥	소계		
2015년	760	1,249*	2,009**	22,942	24,951
2014년	760	1,108	1,868	22,190	24,058
증감	-	141	141	752	893

* 코넥스 상장법인 108사 포함

** 2015년 12월 말 현재 한국거래소에 상장된 회사는 모두 2030개사이나, 이 중 21개사는 외부감사 대상이 아닌 외국법인, 「자본시장법상」 투자회사 등에 해당해 제외.

회계 투명성은 회계기준이 아니라 회계기준을 적용하는 사람에 달려있다

우리나라에 적용되는 세 가지 회계기준 중에 어느 기준이 가장 우월하고, 가장 정확하다고 말하기는 힘들다. 다 나름의 존재 이유와 근거가 있기 때문이다. 그런 의미에서 중소기업회계기준을 잘 적용하고 있는 회사가 국제회계기준을 적용하는 회사보다 회계 투명성이 낮다고 평가받을 하등의 이유가 없다. 회계기준은 기업의 3대 활동인 영업, 투자, 재무 활동의 결과를 적절하게 표현할 수 있게 해주는 수단이기 때문이다.

분식회계(회계사기)는 기업이 의도를 가지고 재정 상태나 경영 실적을 왜곡해 회계 처리하는 것을 말한다. '분식'은 가루 분(粉)과 꾸밀 식(飾)을 분식회계는 한마디로 회계를 '분칠'해서 경영 내용을 속이는 것이다. 분식회계는 회계기준의 문제가 아니라 그것을 적용하는 사람의 의도에서 온다.

합쳐 만든 말로, 얼굴에 분을 발라 기미나 주근깨를 가리듯이 회계에 분칠을 해 꾸민다는 뜻이다. 분식회계는 회계기준의 문제가 아니다. 매출이 발생해 세금계산서가 발행되었고, 거래명세표가 존재하며, 심지어는 통장에 대금을 회수한 기록까지 남아 있다고 하자. 회사는 이 거래를 있는 그대로 회계 처리했다. 하지만 회계 감사가 끝나자, 이 매출은 반품 처리되었고 대금은 돌려주었다. 회사는 이것도 그대로 회계 처리했다. 어디에서 분식이 발생했는가?

회계기준은 맡은 임무를 다했다. 그러나 이 거래가 결산기 말의 실적을 부풀리기 위해 다른 업체와 공모(共謀)해 발생시킨 것이라면, '공모'가 분식의 원인이다. 분식회계는 회계기준의 문제가 아니라 그것을 적용하는 사람의 의도에서 온다.

무형자산의 세계

PART 025

진짬뽕과 제네시스 개발비는 어떻게 회계 처리될까?

(주)오뚜기가 '진짬뽕'을 출시한 것은 2015년 10월이다. 진짬뽕은 판매 10개월여만인 2016년 8월 현재 1억 4000만 개가 팔렸다. 일일 판매량이 무려 180만 개에 달했던 때도 있었다. 진짬뽕의 이런 빅히트 뒤에는 한국과 일본 맛집 100여 군데 이상을 찾아다니며 맛의 비결을 탐구한 개발팀 연구원들이 있었다고 한다.

2015년 진짬뽕 개발담당 연구원 다섯 명이 전국 짬뽕 맛집 88곳 탐방에 나섰다. 그 가운데 탁월한 맛을 자랑하는 맛집 몇 군데는 30차례 이상 재방문해 맛 비결 찾기에 몰두했다. 일본 나가사키 짬뽕의 육수 비법을 찾기 위해 규슈지방 나가사키현의 맛집들을 뒤지기도 했다. 결론은 고온에서 야채를 볶는 데 사용하는 중화요리용 프라이팬, 이른바 '웍(wok)'의 불맛이 짬뽕맛을 좌우한다는 것이다. 불맛은 고온의 웍에서 야채 표면의 수분이 순간적으로 증발해 그을리며 발생하는 향이 요리에 입혀지는 것이다.

연구원들은 실제로 웍을 구입해 수백 번의 실험을 해가며 불맛을 담은 짬뽕 수프 개발에 매달렸다. 처음에는 분말 수프를 개발했지만, 짬뽕 맛이 덜했다. 자연스러운 국물맛을 위해 액체 수프를 개발하고 불맛을 재현해 줄 핵심 요소로 유성 수프가 더해지면서 진짬뽕의 완성도는 높아졌다. 진짬뽕은 출시 50여 일 만에 1000만 개 판매를 돌파했고, 100일 만에 5000만 개 판매기록을 세웠다. 1억 개 판매를 돌파한 것은 불과 출시한 지 173일 만이라고 한다. 진짬뽕의 성공 비결에 대해 오뚜기 측은 "끊임없는 연구개발활동의 결과물"이라고 강조했다.

여기서 회계적으로 생각해보자. 오뚜기가 진짬뽕 개발을 위해 수십억 원대의 연구개발비를 지출하지는 않았겠지만, 상당한 지출이 있었을 것으로 추정된다. 기업은 연구개발활동에 투입하는 지출을 모두 당기의 비용으로 처리할 것 같은데, 실제로 그럴까?

연구활동 지출은 당기비용, 개발활동 지출은 자산

현대자동차가 2015년에 신차 연구개발에 1000억 원을 지출했다고 하자. 연구 단계에 필요한 각종 기초 데이터를 수집하기 위한 지출들이 있었을 것이고, 좀 더 진척된 개발 단계로 가면 여러 가지 원재료와 기자재 구입, 디자인과 설계 및 금형제작을 위한 지출이 있었을 것이다. 아울러 연구인력 관련 인건비 등도 있을 것이다.

1000억 원의 지출이 있었던 것은 명백한 사실이므로 재무상태표에서는 1000억 원의 현금 감소가 반영될 것이다. 그런데 이 금액을 모두 손익계산서에서 비용 처리하는 것이 합리적일까? 앞서 우리는 "미래에 회사에 경제적 효과나 이익을 가져다줄 가능성이 크고, 그 원가를 신뢰성 있게 측정할 수 있다면 자산이 될 수 있다"고 배웠다. 그렇다면 현대자동차의 연구개발 지출 중에서 앞으로 회사에 수익을 가져다줄 신차 출시와 직접 관련 있는 개발활동에 사용된 금액은 당기의 비용으로 처리할 것이 아니라, 일단 '자산'으로 분류할 수 있다.

이때 연구개발 지출 중 자산으로 처리하는 금액을 나타내는 계정이 바로 '개발비'다. 재무제표에 나타난 '개발비' 계정은 자산이며, 그중에서도 '무형자산' 항목에 해당한다.

그리고 자산화한 금액은 신차가 실제 출시된 시점부터 일정한 햇수(실제 생산기간, 예를 들어 5년 또는 6년) 동안 비용으로 분배(자산의 비용화)해 나가면 되는 것이다.

연구개발 지출 중 '연구활동'에 해당하는 지출은 당기비용으로 처리하고, '개발활동'으로 분류되는 지출만 개발비 자산화를 하는 것이 일반적 원칙이다. 신차가 생산되기 전 설계와 모형·금형 제작, 시험 라인 가동 및 시제품 가동 등과 관련한 지출은 개발비 계정으로 분류해 자산으로 처리할 수 있다. 나머지 지출은 대개 '경상개발비'라는 이름을 달고 비용으로 처리된다. 경상개발비 금액은 통째로 '판매비 및 관리비(판관비)' 항목에 집어넣기도 하고, 판관비와 제조원가(제조경비) 두 군데로 나누어 반영하기도 한다.

연구개발 지출 중에서 앞으로 회사에 수익을 가져다줄 신제품과 직접 관련 있는 개발활동에 사용된 금액은 자산으로 분류할 수 있다.

예를 들어 연구개발활동 지출 10억 원 가운데 개발비 자산으로 4억 원을 잡고, 나머지 6억 원은 경상개발비로 처리한다고 하자. 이 6억 원의 경상개발비를 판관비 항목에 그대로 반영하기도 하고, 2억 원을 따로 떼어 내 제조원가로 분류하기도 하는 것이다. 재무제표 주석에 나와 있는 현대자동차의 개발비 회계 처리 방침은 다음과 같다.

| 표 1. 현대자동차 개발비 회계 처리 방침 |

연구활동에서 발생한 지출은 발생한 기간에 비용으로 인식하며, 개발활동과 관련된 지출은 개발 계획의 결과가 새로운 제품의 개발이나 실질적 기능 향상을 위한 것이며 그 개발 계획의 기술적, 상업적 달성 가능성이 크고 소요되는 자원을 신뢰성 있게 측정 가능한 경우에만 무형자산으로 인식하고 있습니다.

무형자산에 대해서는 추정 경제적 내용연수 동안 정액법으로 상각하고 있으며, 대표 내용연수는 다음과 같습니다.

• 무형자산 내용연수

구분	대표 내용연수
개발비	3~6년
산업재산권	2~13년
소프트웨어	2~20년
기타무형자산	2~40년

앞의 예에서 현대자동차가 2015년에 지출한 1000억 원 가운데 400억 원을 개발비 자산으로 처리한다고 하자. 그리고 개발비 자산은 4년에 걸쳐 정액 비용화(무형자산 상각비로 처리)하기로 한다.

우선 1000억 원이 지출되었으므로 재무상태표에는 1000억 원의 현금 감소가 기록된다. 400억 원은 개발비 자산으로 재무상태표에 보고되고,

600억 원은 손익계산서에서 경상개발비로 처리된다. 4년 동안 해마다 100억 원이 무형자산(개발비) 상각비로 손익계산서에 비용으로 반영된다. 자산으로 계상한 개발비는 400억 원의 취득원가에서 출발해 해마다 100억 원씩 낮아지다, 4년 뒤에는 0이 된다.

구분	2015년 말	2016년 말	2017년 말	2018년 말	2019년 말
개발비 자산	취득원가 400억 원	취득원가 400억 원	취득원가 400억 원	취득원가 400억 원	취득원가 400억 원
개발비 상각비	-	100억 원	100억 원	100억 원	100억 원
장부가격	400억 원	400억 원 - 누계 100억 원 = 300억 원	400억 원 - 누계 200억 원 = 200억 원	400 억 원 - 누계 300억 원 = 100억 원	400억 원 - 누계 400억 원 = 0

경상개발비는 제조원가와 판관비로 분리

실제로 현대자동차의 연구개발 내역을 한번 보자. 2015년 사업보고서에 따르면 2조 1724억 원이 연구개발활동에 사용됐다.

| 표 2. 현대자동차 2015년 사업보고서 중 |

(단위 : 백만 원)

과 목	2015년	2014년	2013년
연구개발비용 계	2,172,406	2,128,904	1,849,044

표 3을 통해 연구개발비용 2조 1724억 원 중 1조 981원을 개발비 자산(무형자산)으로 보고했다는 사실을 알 수 있다. 아울러 경상개발비는 제조경비와 관리비 등 두 가지로 나뉘어 비용 처리됐다는 것도 알 수 있다.

제조경비와 관리비로 얼마가 처리됐는지까지 구체적으로 알고 싶다면

| 표 3. 현대자동차 2015년 사업보고서 중 |

(단위 : 백만 원)

구분	2015년
개발비(무형자산)	1,098,176
경상개발비(제조경비 및 관리비)	1,074,230
계	2,172,406

| 표 4. 현대자동차 2015년 사업보고서 중 판매비와 관리비 |

(단위 : 백만 원)

구분	2015년
판매비:	
수출비	857,364
광고선전비 및 판촉비	2,071,836
판매보증비용	1,223,492
관리비:	
급여	2,558,891
지급수수료	1,183,696
연구비	929,280
계	11,899,534

'판매비와 관리비' 항목을 보면 된다. 표 4는 판관비 내역을 요약한 것이다. 판관비 내 관리비 항목에 보면 '연구비'라는 이름으로 9292억 원이 기록되어 있다. 그러니까 비용 처리된 경상개발비 1조 742억 원 가운데 판관비 항목으로 9292억 원이 반영됐고, 나머지 금액이 제조경비(제조원가)에 반영됐을 것으로 추정할 수 있다. 대다수 기업이 현대자동차처럼 경상개발비의 대부분을 판관비 항목으로 비용 처리한다.

오뚜기, 개발비 자산 처리 '0'

그럼 앞서 언급한 오뚜기는 연구개발비를 어떻게 회계 처리했을까? 오뚜기 사업보고서에 나타난 연구개발활동 관련 항목에 답이 있다. 오뚜기는 해마다 60억 원대의 연구개발 관련 지출을 하는데, 개발비 자산으로 회계 처리하는 금액은 '0'이다. 모두 당기비용으로 처리한다. 그런데 특이한 점은 전액 제조경비로 반영한다는 점이다. 식품 연구부서에서 신제품 개발이나 기존 제품 개선을 위해 사용하는 각종 비용, 연구원 인건비 등을 제조경비로 다 묶어 처리하고 있는 셈이다. 많은 기업이 판관비 항목으로 처리하는 것과는 차이가 있다.

| 표 5. (주)오뚜기 연구개발비용 |

(단위 : 천 원)

과목		제 45(당)기	제 44(전)기	제 43(전전)기
연구개발비용 계		6,142,666	6,498,768	6,620,692
회계처리	제조경비	6,142,666	6,498,768	6,620,692
	개발비(무형자산)	-	-	-

개발비와 같은 무형자산의 종류에는 특허권, 저작권, 각종 판권(판매권), 프랜차이즈, 브랜드(상표) 사용권 등이 있다.

A사는 2015년 중에 유산균 발효 특허권을 10억 원에 구매했다. 이를 이용해 유산균 음료를 생산·판매할 계획이라고 하자. 일단 특허권을 구매할 때 10억 원의 현금 지출이 발생하고(자산 감소), 10억짜리 특허권(무형자산)이 생긴다(자산 증가). 그리고 이 특허를 활용해 생산된 제품을 7월 1일부터 상업판매하기 시작했다고 하자(이 회사는 특허권을 5년 정액상각하기로 했다). 2015년 말 결산 때 회사는 손익계산서에 무형자산 상각비로 1억 원을 인식하면 된다.

연간 무형자산(특허권) 상각비는 2억 원(10억/5년)이다. 그런데 7월 1일부터 상업판매에 들어갔으므로 2015년 말에는 6개월 치에 해당하는 상각비 1억 원만 반영해야 한다. 연말 결산 재무제표에서 특허권 장부가격은 9억 원(10억 원 - 1억 원)으로 조정된다.

그런데 2016년 중에 유산균 발효와 관련한 신기술이 등장했다. 그리고 이 기술을 도입한 경쟁업체의 신제품이 소비자들에게 큰 호응을 얻기 시작했다. A사의 유산균 음료 매출은 심각하게 떨어졌다.

2016년 말 결산 때 A사는 어떻게 해야 할까? 일단 특허권 무형자산 상각비 2억 원을 반영하고 장부가격은 7억 원(9억 원 - 2억 원)으로 조정한다. 경쟁사의 유산균 발효기술 때문에 A사가 보유한 특허권에 손상이 발생했다는 판단이 서면, 무형자산 회수가능액을 측정해야 한다. 회수가능액이 3억 원으로 산출되었다고 하자. 그렇다면 회사는 4억 원(장부가격 7억 원 - 회수가능액 3억 원)의 무형자산 손상차손(비용)을 손익계산서에 인식해야 하고, 장부가격은 3억 원으로 조정한다. 이렇게 되면 2016년 한 해에 특허권에서 비롯된 비용이 6억 원(상각비 2억 원 + 손상차손 4억 원)이나 되는 셈이다.

오뚜기는 해마다 60억 원대의 연구개발 관련 지출을 전액 당기비용으로 회계 처리한다.

PART 026

LG전자는 6%, 셀트리온은 80%

: 천차만별 연구개발 지출 자산화 비율

회계기준서에는 당기비용으로 처리해야 하는 연구활동비와 자산화한 뒤 상각기간 동안 비용으로 분배해야 하는 개발활동비의 예를 열거해놓았다. 그러나 구별이 쉽지는 않다.

제조기업들은 일반적으로 연구개발비용의 80% 이상을 깔끔하게 당기비용으로 처리한다. 하지만 같은 제조기업이라도 현대자동차처럼 절반 가까운 개발비를 자산 처리하는 곳이 있기도 하다.

일단 개발비를 자산으로 많이 잡아놓으면 그만큼 당장 비용으로 처리할 금액이 줄어드니 이익이 커지는 효과가 있다. 그러나 자산성이 없는 것이 확실한 경상지출인데도, 무리하게 개발비를 자산화하는 것은 이익을 의도적으로 부풀리는 분식회계에 해당한다.

바이오기업들은 제조기업들과는 좀 다르다. 연구개발비용의 최소 절반 이상을 자산화하는 경향이 있다. 연구개발비용은 많이 투입되는 데 비해 매출은 아직 본격화하지 않아 손익계산서가 과도하게 망가지는 것을 막기 위해 개발비를 자산화하는 데 적극적이다.

그러나 이 경우에도 자산성을 최대한 엄격하게 따져 볼 필요가 있다. 그렇지 않으면 회사의 의도대로 연구개발 결과물이 창출되지 않을 경우에 추후 개발비 자산에서 막대한 손상차손을 인식해야 할 수도 있기 때문이다.

셀트리온, 연구개발 지출의 80%가 무형자산

코스닥 시가총액 1위 기업 셀트리온은 바이오시밀러(항체의약품 복제약) 제조기업이다. 미국 존슨앤드존슨사의 류머티즘관절염 치료제 '레미케이드'의 복제의약품인 '램시마'를 개발해, 전 세계 의약품 시장에서 점유율을 높여가고 있다.

2003년부터 바이오시밀러 개발에 뛰어든 이 회사는 여러 오리지널 의약품에 대한 복제약 생산·판매와 신약 개발을 위해 연구개발 작업을 진행하고 있다. 이 회사가 2015년 사업보고서에서 밝힌 연구개발비용 내역을 한번 보자(표 6).

연구개발활동 관련 총비용은 1939억 원 발생했다. 이 가운데 개발비(무형자산)로 인식한 금액은 80%나 되는 1558억 원이다. 나머지 381억 원 정도는 비용으로 처리됐다. 비용 처리된 항목도 두 가지로 나뉜다. 판관비 항목으로 처리된 것이 373억, 제조경비(제조원가)로 처리된 것이 8억 원 정도 된다.

표 7 셀트리온의 재무제표 주석 '판매비와 관리비' 내역에 들어가 보면 '경상연구개발비'라는 계정으로 373억 원이 처리되어 있음을 알 수 있다. 셀트리온은 개발비 자산에 대해서는 5~15년을 추정 내용연수로 잡고 정액법으로 비용화(상각)한다.

| 표 6. 셀트리온 2015년 사업보고서 중 연구개발비용 | (연결 기준)

(단위 : 백만 원)

과목		2015년
	원재료비	55,613
	인건비	28,438
	감가상각비	4,968
	위탁용역비	77,588
	기타	27,370
	연구개발비용 계	193,980
회계처리	판매비와 관리비	37,319
	제조경비	789
	개발비(무형자산)	155,871

| 표 7. 셀트리온 2015년 사업보고서 중 판매비와 관리비 |

(단위 : 백만 원)

구분	2015년
급여, 상여 및 퇴직급여	20,959
감가상각비	1,181
무형자산상각비	4,723
지급수수료	7,751
경상연구개발비	37,319

바이오업종의 연구개발비 자산화에 대한 우려

연구개발에 가장 큰 비용을 지출하는 업종이 IT기업과 제약·바이오 업종이다. 그중 우리나라 제약·바이오 업종이 글로벌 제약사에 비해 지나치게 개발비를 많이 인식하고 있다는 우려가 그동안 간간이 제기돼 왔다.

| 그림 1. 셀트리온과 존슨 앤 존슨 자산 중 개발비 비중 |

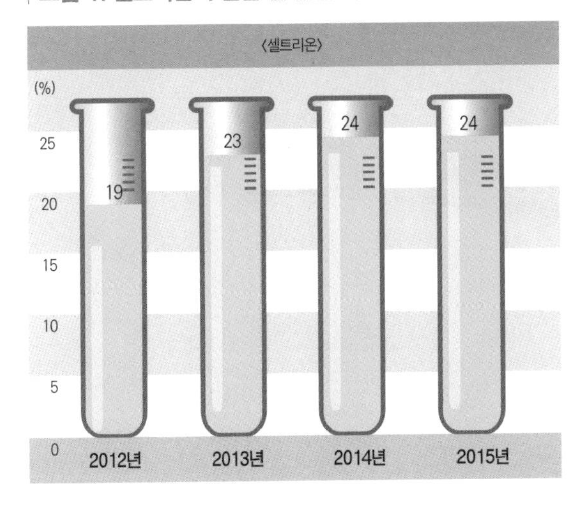

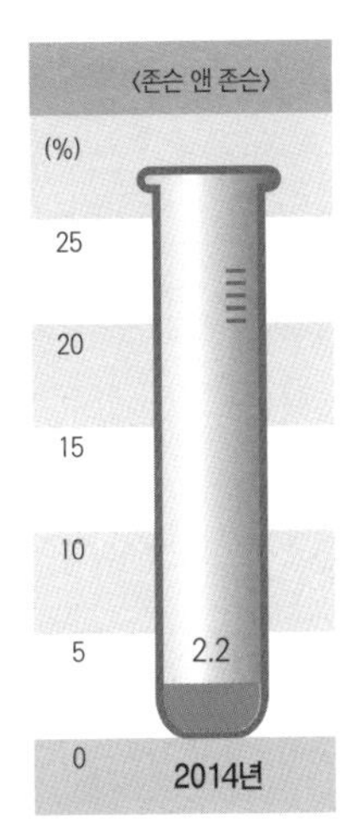

2011~2012년 사이 증권시장에 상장된 바이오 회사들에 대한 K-IFRS 적용이 시작되자, 일부 회계법인에서 앞으로 연구개발 지출 중 상당 부분을 당기비용으로 처리하는 것이 맞다는 견해를 제시했다. 그러자 바이오업체들이 반발했다. 연구개발 지출을 해당연도 비용으로 대부분 처리해 계속해서 손실이 나면, 결국 자본잠식에 빠질 위험이 크다는 이유에서였다.

우리나라 제약·바이오업체들의 개발비 자산화는 어느 정도 수준일까?

2015년 말 기준으로 셀트리온의 개발비 잔액은 6604억 원으로 전체 자산에서 차지하는 비중이 24%에 달한다. 2012년 19%, 2013년 23%, 2014년 24% 등 계속해서 20% 안팎을 유지하고 있다.

일부 바이오업체들도 개발비 잔액이 자산 대비 20~40%대에 이르는 실정이다. 한미약품처럼 과거 6~7%대에서 3%대 수준으로 낮아진 경우도 있다. 그러나 우리나라 제약회사들은 글로벌 제약사들과 비교할 때 자산으로 계상한 개발비가 지나치게 높다는 지적이다. 글로벌 1위 제약사인 존슨 앤 존슨의 2014년 말 기준 개발비 자산은 28억 4200만 달러로 총

| 그림 2. 신약개발 프로세스 |

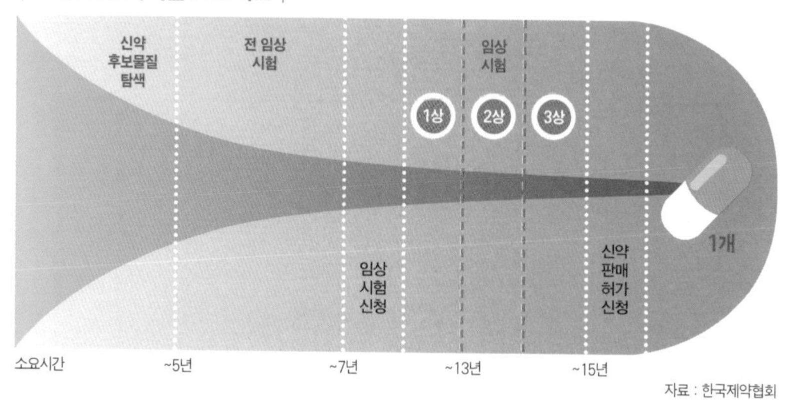

자료 : 한국제약협회

보통 신약을 하나 개발하는 데는 15년 이상이 소요된다. 우리나라 제약사는 임상시험 3단계부터 개발비를 자산화하고, 해외 제약사들은 정부 승인을 받은 후부터 개발비를 자산화한다. 즉, 해외 제약사들이 좀 더 보수적으로 회계 처리한다고 볼 수 있다.

자산(1311억 1900만 달러) 대비 2.2% 수준이다. 2위 노바티스도 2.3%, 4위 화이자는 0.2%에 불과한 것으로 알려졌다.

개발비 자산화에 대해 글로벌 제약업체들은 우리나라 업체보다 훨씬 보수적으로 회계 처리하고 있다. 예를 들어 신약은 개발 시 1~3단계의 임상시험을 완료한 후에 정부 승인을 거쳐야 제품화할 수 있다. 그런데 국내 기업은 일반적으로 임상시험 3단계에서부터 개발비를 자산화한다. 이에 반해 해외업체는 한 단계 더 늦은 정부 승인 단계부터 자산화한다.

삼성전자와 LG전자,
연구개발비의 6.2%와 7.7%만 무형자산

바이오기업과 달리 일반제조기업은 연구개발비용 중 10~20% 정도를 자산화하고 있다. 표 8~9는 삼성전자와 LG전자의 2015년 사업보고서에 나타난 연구개발비용 회계 처리 내역이다.

삼성전자가 총 14조 8487억 원의 연구개발비용 가운데 무형자산으로

| 표 8. 삼성전자 2015년 연구개발비용 |

(단위 : 백만 원)

과목		2015년
회계처리	연구개발비용 계	14,848,754
	개발비 자산화(무형자산)	1,143,059
	연구개발비(비용)	13,705,695

| 표 9. LG전자 2015년 연구개발비용 |

(단위 : 백만 원)

과목		2015년
회계처리	연구개발비용 계	3,809,810
	판매비와 관리비	2,377,830
	제조원가	1,194,287
	개발비(무형자산)	237,693

처리한 금액은 7.7%인 1조 1430억 원에 불과하다. 나머지는 모두 비용 처리했다(재무제표 주석 중 판관비 내역을 찾아보면 나머지 13조 7056억 원을 모두 경상연구개발비 계정으로 처리).

LG전자 역시 마찬가지다. 총 3조 8098억 원의 연구개발비용 중 6.2%인 2376억 원만 개발비 자산으로 처리하고, 나머지는 제조원가 또는 판관비로 비용 처리했다.

차바이오텍, 개발비 자산 손상으로 한 방에 '훅'

2011년 네오세미테크라는 회사가 분식회계를 일삼다 금융당국에 적발돼 상장 폐지됐다. 7000여 명의 개미투자자들이 4000억 원 넘는 피해를 본 사건으로, 파장이 상당했다. 이 회사는 허위 매출을 일으키고 비용으로 처리해야 할 연구개발비 지출 중 상당 금액을 개발비 자산으로 처리해 950억 원 적자회사를 210억 원 흑자회사로 탈바꿈시키기도 했다.

한편, 표 10~12 차바이오텍 재무제표와 주석들을 살펴보자 이 회사는 세포치료제와 화장품 원료개발 등에 주력하는 기업이다. 2015년 매출과 영업이익은 전년보다 증가했다. 그런데 당기순이익은 전년 28억 흑자에서 2015년에는 129억 원의 적자로 돌아섰다. 176억 원의 영업이익에도 불구하고 왜 대규모 당기순손실이 났을까?

| 표 10. 차바이오텍 재무제표 주석 |

(단위 : 백만 원)

구분	2015년	2014년
매출	393,781	345,344
영업이익	17,644	11,662
당기순이익(손실)	-12,904	2,852

다음 표는 차바이오텍 재무제표 주석에서 '무형자산 장부가액 변동' 중 일부다. 개발비에서 122억 원의 손상차손(영업외비용)이 반영됐다는 사실을 알 수 있다.

| 표 11. 차바이오텍 재무제표 주석 중 무형자산 장부가액 변동 |

(단위 : 백만 원)

구분	산업재산권	소프트웨어	개발비	골프회원권	합계
무형자산상각비	667	161	1,994	-	2,823
손상차손	-	-	12,250	73	12,323

산업재산권, 소프트웨어, 개발비, 골프회원권 등의 무형자산에서 발생한 상각비는 합계 28억 원 수준에 불과했다. 그러나 손상차손의 경우 개발

비에서만 122억 원이나 발생, 골프회원권까지 포함하면 총 123억 2300만 원이 당기비용(영업외비용 중 기타비용)으로 인식됐다.

세포치료제나 바이오화장품 원료와 관련한 연구개발 프로젝트 비용 중 개발비로 자산화했던 금액에서 손상이 발생했다는 판단을 내린 것으로 추정된다. 개발비와 같은 무형자산의 상각비는 영업이익 산출에 반영된다. 그러나 손상차손은 영업외비용이기 때문에 당기순이익 산출에 영향을 미친다. 영업이익의 아랫단에서 수익보다 비용이 훨씬 크게 발생하다 보니 당기순이익은 적자로 돌아섰다.

| 표 12. 차바이오텍 재무제표 주석 중 기타영업외비용 |

(단위 : 백만 원)

구분	금액
금융수익	4,850
금융비용	10,161
기타영업외수익	1,215
기타영업외비용	18,879

기타영업외비용	2015년
유형자산 처분손실	24
기타의 대손상각비	4
유형자산 손상차손	56
무형자산 손상차손	12,323
합계	18,879

연구개발비, 비용일까? 자산일까?

: 개발비로 분식하다 딱 걸렸어요! :

투자와 비용은 어떻게 구분할까?

월급은 꼬박꼬박 받는데 왜 돈이 안 모이는지, 매출도 꽤 나오는데 왜 통장에는 현금이 없는지 고민하는 분들이 많다. 이런 문제가 발생하는 중요한 원인 중의 하나가 투자와 비용을 구분하지 못하는 데 있다.

회사원이 매일 새벽 6시에 듣는 영어학원 수강료는 투자일까 개인 입장에서 비용일까?

영어학원을 다닌 결과, 토익 만점을 받았다면 개인의 역량이 향상된

회사원이 매일 새벽 6시에 영어학원에 다닌다면, 수강료는 투자일까 비용일까? 회계에서는 영어 실력이 향상돼 미래에 돈을 벌 수 있어야만 투자가 된다.

것으로 볼 수 있다. 이정도면 학원비 지출은 확실히 투자라고 볼 수 있다. 하지만 회계적으로 접근하면 영어학원에 지출하는 돈의 성격이 보다 명확한 기준에 따라 구분된다. 영어 실력 때문에 취업에 성공하거나, 지금보다 연봉이 높은 자리를 제안받을 것이 확실하다면 투자다. 하지만 영어 실력은 키웠지만 해외여행에서 원활한 의사소통을 하게 된 것밖에 얻은 것이 없다면, 이럴 때는 비용으로 처리해야 한다. 결국 '영어 실력이 향상돼 미래에 돈을 벌 수 있을 것인가?'가 투자인지 비용인지를 구분하는 핵심이다.

개발비 회계기준이 이례적으로 친절한 이유

개인이 본인의 역량 향상을 위해 영어학원에 지출하는 비용과 비슷한 성격의 지출이 기업의 연구개발비다. 연구개발을 통해 신제품을 개발하면 매출을 늘릴 수 있다. 공정을 개선하면 생산원가를 획기적으로 줄일 수도 있다. 즉 회사의 역량 강화를 위해 필수적인 지출이라고 할 수 있다.

회계기준에서는 미래에 돈을 벌 수 있는지가 투자와 비용의 구분 기준이라고 했지만, 사실 기업에서 지출하는 돈이 비용인지 투자인지 구분하기 모호한 경우가 많다. 회계 감사 현장에서 회계사들이 가장 크게 고민하는 문제이기도 하다.

회계에서 투자와 비용을 구분하는 것이 중요한 이유는 투자라면 회사의 자산으로 계상할 수 있지만, 투자로 인정받지 못할 경우 바로 당기비용으로 처리해야 하기 때문이다. 회사에서 투자로 봤다면 개발비라는 계정 과목으로 재무상태표상의 무형자산으로 계상하고, 그렇지 않다면 경상개발비나 연구개발비라는 계정 과목으로 손익계산서에 비용으로 회계 처리한다. 재무제표 주석을 확인하면 비용으로 계상한 경상개발비 금액을 확인할 수 있다.

회계기준에서는 자산과 비용을 구분하는 방법을 연구와 개발 단계로 나누어 설명하고 있다. 연구단계에서 발생한 비용은 당기비용으로 처리하고, 개발단계에서 발생한 비용은 자산으로 처리하도록 하고 있다. 회계기준서의 내용을 살펴보면 회계를 모르는 사람도 쉽게 이해할 수 있도록 사례를 들어 설명하고 있다.

그렇다면 회계기준이 이렇게 이례적으로 친절한 이유는 무엇일까? 그만큼 자산과 비용의 구분이 어렵다는 이야기다. 구분이 어렵다면 우려되는 점이 개발비의 자산화를 통한 분식회계일 것이다. 비용 항목을 자산으로 계상한다면 당기순이익을 높이고 각종 재무비율을 좋게 만들 수 있기 때문이다. 따라서 미래에 돈을 벌 수 있는 것이 불확실한데 자산으로 계상했다는 것은 실적을 왜곡해 투자자 및 채권자에게 피해를 줄 가

회계기준에서는 '이 돈을 투입해서 미래에 돈을 벌 수 있는지'가 투자와 비용을 구분하는 기준이 된다.

능성이 크다.

개발비 회계 처리는 감독당국인 금감원에서도 항상 중점 감리* 사항으로 지정하기 때문에 감사인들도 관심을 둘 수밖에 없다. 따라서 회계 감사 현장에서 회사와 감사인의 의견 충돌이 많이 발생하는 부분이다.

회계감리 : 재무제표 및 감사보고서에 대한 이해관계자의 신뢰를 제고하기 위해 금융감독원이나 한국공인회계사회가 검사하는 것이다.

개발비에 대한 금감원 회계감리 지적 사례

• S사의 개발비 과대 계상

| **지적 사항** | S사는 2006년 재무제표를 작성·공시함에 있어 감리 대상 연도 중 최첨단 기술인 △△ 기술개발을 담당한 전문인력이 대부분 퇴사(1998~2005년까지 평균 열세 명이 투입되었으나 2006년말 현재 한 명만이 근무 중)해 제품화를 위한 기술적 실현 가능성이 없어졌다. 또한 이 기간에 직접적인 기술개발 투자도 전혀 없는 등 사실상 개발이 중단되어 자산성과 장래 경제적 효익 발생 가능성을 상실한 △△기술 관련 개발비를 전액 감액해야 함에도, 개발비를 2006년 말에 재무제표에 계상하고 자기자본을 그 금액만큼씩 과대 계상한 사실이 있다.

S사의 상황을 보자. S사는 회사를 설립하고 개발을 주도적으로 담당했던 전 대표이사 갑 씨가 2007년 1월 경영권양수도 계약을 통해 현 경영진에게 경영권을 양도하고 퇴사했다. 그리고 전 대표이사 갑 씨와 협력해 개발을 진행하며 회사의 이사로 재직하던 A대학교 교수 역시 2005년 5월 퇴사했고, 교수의 퇴사와 함께 전문 인력이 대부분 빠져나갔다.

회사의 개발비 투자는 2005년을 기점으로 급격히 줄어들었으며 2006년 중에는 직접적인 개발투자가 전혀 없었다.

내부 창출 개발비의 경우 기술개발을 지속할 수 있는 인적·물적 자원의 확보가 기술의 제품화를 통한 경제적 효익 창출에 중요한 전제 조건이 되므로 개발 인력 및 금전적 자원의 변화를 중점적으로 파악하는 것이 중요하다. 또한 기술개발을 완성하기 위해서는 경영진의 의도가 중요하므로, 대표이사 교체가 기술개발에 미치는 영향에 대해 검토해야 한다.

• **C사의 개발비 과대 계상**

| **지적 사항** | C사는 2000년 및 2001년 서울, 인천 등 150개소의 무인 속도위반 단속기 설치공사를 위한 외주가공계약을 체결했다. 2000년 11월에 관련 업체 3사에 외주비로 지급한 10억 8400만 원 중 8억 1400만 원을 제조원가로 계상하지 않고, 개발 중이던 무인 속도위반 단속기의 개발 관련 외주비로 계상했다. 2000년 회계연도의 제조원가 8억 1400만 원을 과소 계상하고 동액만큼 개발비를 과대 계상했으며, 이로 인해 2001년 회계연도 이익잉여금과 개발비도 8억 1400만 원씩 각각 과대 계상했다.

개발비와 같이 자산 과대 계상의 가능성이 있는 계정 항목에서 비경상적으로 큰 금액의 주요한 증빙을 회사가 제시하지 못하면, 이를 확인하는 추가적인 감사 절차가 필요하다. 또한 제조원가 등 비용으로 처리해야 할 항목을 자산(개발비 등)으로 대체하지 않았는지를 확인하는 절차도 필요하다.

재무제표에서 개발비를 어떻게 볼 것인가?

연구개발비는 기업의 성장을 위해 지출해야 할 필수적인 비용이다. 연구개발에 투자하지 않는 기업에 미래 성장동력이 있을 리 없다. 회사 입장에서는 연구개발비용이 미래에 현금을 창출할 수 있다고 믿는 것이 당연하다.

하지만 기업 외부에 있는 투자자나 채권자들을 위해서는 명확한 구분이 필요하다. 재무제표를 이용하는 입장에서도 개발비는 보수적으로 접근하는 편이 좋을 것이다. 주식투자를 위해 재무제표를 분석할 때 개발비는 제외하고 각종 재무비율을 산출해 보는 작업을 해보는 것도 의미가 있을 것이다.

실제로 재무제표 감사가 아니라 M&A를 위한 기업 실사 작업을 할 때 개발비는 없는 것으로 보는 경우도 많이 있다. 매수자 측에서 개발비를 자산으로 인정하지 않겠다는 이야기다.

재무제표에 개발비가 계상되어 있다면 재무제표 주석을 확인해서 회사가 무엇을 개발하고 있는지 확인해보고 과연 그 기술로 현금을 만들어 낼 수 있는지 판단해 보는 것이 필요하다. 재무제표 주석과 함께 회사의 사업보고서나 홈페이지에서 관련 정보를 찾아보는 것도 도움이 될 것이다.

PART 027

인수·합병 시 '영업권' 회계 처리의 기본 원리

서울 여의도 모빌딩 지하 치킨집에는 늘 손님이 북적댄다. 외견상 여느 치킨집과 별로 다를 것이 없어 보이는데도 저녁 시간에는 빈자리가 잘 안 보인다. 누군가 이 가게 주인을 찾아가 이렇게 제안한다고 해 보자.

"내가 이 가게를 인수하고 싶소. 임대보증금 1억 원은 건물주한테 받으시면 될 것이고, 치킨 제조기나 주방 설비, 대형 냉장고와 에어컨, 기타 인테리어 등 다 해서 넉넉하게 자산가치를 1억 원으로 쳐주겠소. 기계설비를 들여오면서 은행에서 빌린 돈이 3000만 원쯤 남아 있는 걸로 알고 있소. 그건 내가 떠안겠소. 그럼 이 가게 순자산이 7000만 원인데……. 이 금액에 인수할 생각이 있소. 응하시겠소?"

돌아올 반응은 뻔하다. 이 가게를 순자산(자산 - 부채) 가치로 평가할 수는 없다. 주변에 경쟁업체가 별로 없고 오피스 빌딩이 밀집해 있다는 입지의 장점, 차별적인 치킨 맛과 입소문, 수많은 직장인 단골손님 등에서 창출되는 미래현금흐름 즉, 수익가치가 더해져야 제대로 된 가게가치가 산출될 것이다.

이런 가게는 수익가치가 자산가치의 10배, 20배 이상 될 수도 있다. 가게 거래에서 붙는 이른바 '권리금'이라는 웃돈이 바로 수익가치를 반영한 것으로 생각해도 무방하다. 기업 인수·합병(M&A) 거래도 마찬가지다. 기업을 순자산 금액대로만 거래하는 경우는 거의 없다. 여기에 웃돈이 붙는 경우가 허다하다. 회계에서는 이것을 '영업권'이라고 한다.

재무제표에는 나타나지 않는 무형자산에 대한 대가, 영업권

(주)A피자가 (주)B치킨 지분을 100% 인수하기로 했다고 하자. 인수대금으로 200억 원을 지급하기로 했다. B치킨의 순자산은 160억 원이다. A피자는 자산에서 부채를 뺀 순자산 160억 원짜리 회사를 인수하면서 200억 원을 지급했다. 이때 초과지급분 40억 원을 '영업권'이라고 한다. A피자의 개별재무상태표에는 영업권이 나타나지 않는다.

개별재무상태표 자산 항목에는 'B치킨 투자주식 장부가격 200억 원'으로만 나타난다. 40억 원의 영업권이 별도의 자산 항목으로 재무제표에 표시되는 것은, A피자가 작성하는 연결재무제표에서다. 만약에 A피자가 아예 B치킨을 합병했다면(합병하면 B치킨은 소멸법인이 됨) B치킨과 연결할 수가 없으므로 A피자의 개별재무제표(합병 이후 작성하는 재무제표)에도 영업권 금액이 바로 나타난다(연결재무제표에 대해서는 14장에서 자세히 다룬다).

순자산액을 초과해 지급한 금액(지분 이전 대가)을 자산으로 인정하는 이유가 있다. 인수되는 회사가 보유한 브랜드가치, 경영 노하우나 우수한 제조기술력, 충성도 높은 고객네트워크, 영업에 유리한 입지조건 등 재무제표에는 나타나지 않는 무형자산에 대한 대가를 영업권이라고 보기 때문이다. 이러한 영업권은 앞으로 회사가 안정적 수익을 지속해서 창출하는 데 기여할 것으로 기대되기 때문에 '자산'으로 인정한다.

A피자가 연결재무제표에 영업권을 표시할 때, 'B치킨의 브랜드가치가 30억 원, 제조기술력이 10억 원이므로 총 40억 원을 영업권으로 계상한다'와 같이 기록하지는 않는다. 브랜드가치, 기술력, 영업네트워크, 탁월한 입지조건 같은 영업권 요소들을 구체적인 금액으로 환산하기는 어렵다. 환산한다 하여도 신뢰성 있는 추정이라고 보기도 어렵다. 그럼 영업권은 어떻게 계산할까?

영업권, 순자산 공정가치를 초과해 지불한 대가

우선 인수대금을 정하기 위해 B치킨의 기업가치를 산출해야 한다. 여러 가지 기업가치평가법 가운데 B치킨의 업종 성격 등에 적합한 평가기법을 적용했더니, 기업가치가 180억 원으로 계산됐다고 하자. 경영권을 넘기는 거래이므로 여기에다 경영권 프리미엄으로 20억 원을 더해 총 200억 원을 B치킨 주주들에게 지급하기로 했다.

그다음으로 B치킨의 순자산가치를 구해야 한다. B치킨의 재무제표상 자산총계가 300억 원, 부채총계가 130억 원이라면 순자산은 170억 원이라고 평가하면 될까? 인수·합병에서 인수 대상이 되는 기업의 순자산은 자산과 부채에 대한 공정가치 평가를 거쳐 산출한 순자산의 '공정가치'를 기준으로 삼는다. 예를 들어 자산 중에 매출채권으로 50억 원(대손충당금 반영 후)이 잡혀있다면 이것을 그대로 인정해야 할지 따져보는 것이다(매출채권 회수 가능성과 가능액을 다시 점검한다). 기계설비 장부가격이 30억 원으로 기록돼 있다면 이 기계에서 앞으로 30억 원 이상의 현금 흐름이 발생할 수 있는지를 검토해야 한다. 이렇게 공정가치를 측정한 결과 자산의 공정가치는 290억 원으로 조정됐고, 부채는 공정가치와 장부금액이 일치(130억 원)했다. 그러면 순자산 공정가치는 160억 원(290억 원 - 130억 원)이 된다. 그리고 인수대금(이전 대가) 200억 원과 순자산 공정가치 160억 원 간의 차액인, 40억 원이 영업권 자산으로 A피자 연결재무상태표에 계상되는 것이다.

덜 주고 사면 염가매수차익

상장사를 인수할 때 매입대금은 대부분 주가를 기준으로 결정한다. 그런데 증권시장에서 형성된 시가총액과 재무제표상의 순자산이 일치할 확률은 거의 '0'에 가깝다. 상장사 (주)A식품의 순자산(공정가치 기준)이 100억 원이라고 해서 회사 시가총액도 100억 원인 경우는 사실상 없다고 봐야 한다. 시가총액은 순자산보다 많거나 적다.

A식품의 순자산은 100억 원, 시가총액은 140억 원이라고 하자. 대주주 지분 60%를 매입해 경영권을 확보하고 싶다면 적어도 시가총액의 60%인 84억 원 이상은 줘야 할 것이다. 경영권 프리미엄을 얹어서 110억 원에 사기로 했다고 하자. 지분 60%에 해당하는 순자산은 얼마인가? 60억 원(100억 원 × 60%)이다. 따라서 이 거래에서 매수자는 연결재무제표에 50억 원(110억 원 - 60억 원)의 영업권을 계상할 것이다.

만약 회사 시가총액이 작아서 순자산은 60억 원인데 이전 대가(인수 대금 지급액)가 40억 원밖에 되지 않는다면 어떻게 할까? 40억 원을 주고 순자산 60억 원짜리 회사를 인수했으므로, 차액인 20억 원은 '염가매수차익'이 되며, 인수한 시점의 이익으로 일시에 손익계산서에 반영된다.

영업권은 두 회사 간 '사업결합'에서 발생할 수 있다. 사업결합이란 A가 B를 합병하는 경우, 또는 A가 B의 지분을 인수함으로써 B에 대한 지배력을 획득하는 경우를 말한다. 대개 50%를 초과하는 지분을 획득해야 지배력이 생겼다고 한다. 이때 A는 지배회사, B는 종속회사가 되며, A는 B를 포함한 연결재무제표를 작성해야 한다. 지분 50% 이하를 획득해도 여러 가지 상황을 종합해 A가 B에 대해 지배력을 가진 것으로 인정받을 수도 있다. 이때도 연결재무제표를 작성해야 한다(연결 회계에 대해서는 14장에서 따로 다룬다).

합당한 영업권 금액은 얼마일까?

다음은 영업권이 발생하는 여러 가지 가상의 사례들이다. 사례에 합당한 영업권 금액을 계산해보자.

사례 1 | (주)A호떡이 현금 100억 원을 지급하고 (주)B순대 지분 60%를 취득해 '지배력을 획득'한다고 하자. B순대의 순자산 공정가치는 140억 원이다. A호떡이 연결재무제표를 작성할 때 인식해야 할 영업권 자산은 얼마일까?

지분 60%에 대한 순자산 공정가치가 84억 원(140억 × 60%)이다. 따라서 16억 원(지급 대가 100억 원 − 순자산 공정가치 84억 원)이 A호떡 재무상태표에 계상될 영업권 금액이다.

사례 2 | (주)A맥주가 (주)B소주를 흡수합병한다고 하자. A맥주는 자사 보통주 10주(주당 시가 1000원)를 발행해 B소주 주주들에게 합병대가로 지급하기로 했다. B소주의 순자산 공정가치는 7000원이라고 한다. 합병에서 A맥주가 재무제표에 인식할 영업권은 얼마나 될까?

A맥주가 합병으로 지급하는 대가(여기서는 현금이 아니라 A맥주의 신주)가 1만 원(1000원 × 10주)이고, B맥주 순자산 공정가치가 7000원이므로, 순자산 공정가치 초과분인 3000원이 영업권 금액이다.

사례 3 | (주)A식품(시가총액 80만 원)과 (주)B라면(시가총액 50만 원)은 둘 다 상장사다. A식품이 B라면을 흡수합병한다고 해보자. B라면의 순자산 공정가치가 30만 원이라고 한다면, A맥주가 인식할 영업권은 얼마일까?

B라면의 순자산 공정가치는 30만 원 밖에 안되지만, 증권시장에서 거래되는 주식을 기준으로 한 시가총액은 50만 원이다. 그러므로 A식품은 합병으로 소멸될 B라면 주주들에게 합병대가(소멸대가)로 50만 원을 지급해야 한다. A식품 신주를 50만 원어치 발행해 주는 것이 일반적이다(현금 지급도 가능하나, 대개는 신주를 발행함). 그러므로 그 차액 20만 원(지급 대가 50만 원 - 순자산 30만 원)을 영업권 자산으로 인식해야 한다.

무형자산에 대해서는 내용연수를 정하고 그동안 비용상각을 해 나간다. 그리고 손상차손이 발생하면 이를 비용으로 인식한다. 그러나 기업 합병이나 경영권 인수 등의 사업결합에서 발생하는 영업권 자산에 대해서는 K-IFRS 회계기준에 따르면 상각을 하지 않는다. 다만, 손상징후를 검사해 손상이 있는 것으로 판단되면 손상차손으로 비용을 인식해야 한다.

PART 028

CJ E&M, 드라마 제작비 회계를 크게 손보다

2016년 2~4월까지 KBS 2TV를 통해 방영된 미니시리즈 〈태양의 후예〉는 시청률 30%대 중후반을 기록한 빅히트작이었다. 주인공 송중기의 인기가 폭발적으로 치솟으며 '중기앓이'라는 유행어도 탄생시켰다. 아내가 〈태양의 후예〉를 시청할 때 옆에서 말을 걸었다가 맞을 뻔했다는 남편 이야기가 SNS에 나돌 정도로, 여성층을 중심으로 한 드라마 인기는 사상 최고였다.

16부작으로 제작된 이 드라마의 총제작비는 얼마였을까? 언론 보도에 따르면 무려 130억 원이라고 한다. 회당 8억여 원 수준이다. 발칸반도의 가상 지역을 드라마의 주요 배경으로 설정하다 보니 그리스 현지촬영만 한 달 정도 진행됐다. 이후 강원도 태백과 경기도 안성에 별도의 세트장을 지었고, 해외 현지 분위기를 표현하기 위해 CG(컴퓨터그래픽) 작업을 진행하면서 제작비가 많이 투입된 것으로 알려졌다. 특급대우를 받는 작가와 송중기, 송혜교 등 스타급 배우의 몸값도 상당했다고 한다.

CJ E&M이 제작한 2015년 히트작 〈응답하라 1988〉(20부작)의 경우 제작에 총 60억 원 정도가 투입된 것으로 추정된다. 이제 웬만한 미니시리즈의 경우 제작비가 수십억 원대는 기본으로 여겨지는 정도다. CJ E&M의 경우 1년 드라마 제작비 지출이 1500억 원 안팎에 이르는 것으로 알려졌다. CJ E&M은 이처럼 막대한 제작비를 어떻게 회계 처리할까?

〈응답하라 1988〉, 〈시그널〉 제작비는 무형자산!

CJ E&M은 방송, 영화, 음악, 공연사업 등을 하는 회사다. 방송채널로는 우리가 잘 아는 tvN, OCN, 채널CGV 등 열 개 채널을 운영하고 있다. 영화제작 및 유통, 투자, 음반제작, 음원유통 등 다양한 사업을 하는 종합엔터테인먼트 업체라고 할 수 있다.

채널을 운영하려면 국내외 영화와 드라마, 방송프로그램의 판권을 구매해 케이블TV, IPTV, 위성방송 등으로 송출해야 한다. 요즘은 미국 드라마(미드)나 영국 드라마(영드)의 인기가 높아 이들 나라로부터 구매하는 드라마 판권이 많은 것으로 알려지고 있다.

회사는 이런 판권을 무형자산으로 분류하고 있다. 자산 요건을 충족하기 때문이다. CJ E&M에는 이처럼 외부구매로 취득하는 판권 말고 자체창출하는 판권도 있다. 앞서 셀트리온, 삼성전자, LG전자, 현대자동차 등의 회사들이 연구개발활동에 사용한 지출 중 일부를 '개발비' 자산으로 인식한다고 배웠다(234쪽 참조). 개발비로 인식하는 자산이 바로 자체 창출 무형자산이다.

CJ E&M은 드라마 제작비 대부분을 '판권'이라는 이름의 무형자산으로 인식하고, 내용연수 기간 동안 상각(비용화)한다.

CJ E&M은 드라마 제작이 그런 경우에 해당한다. 드라마 제작에 현금을 지출했다면 재무상태표에 현금자산 감소를 기록한다. 그럼 손익계산서에도 이 지출을 모두 당기비용으로 처리하는 게 맞을까?

드라마는 방송 과정에서 광고수익을 올릴 수도 있고, 방영권 판매수익을 올릴 수도 있다. 그래서 CJ E&M은 드라마 제작비 거의 대부분을 '판권'이라는 이름의 무형자산으로 인식하고, 4년에 걸쳐 상각 처리한다.

'무형자산(판권) 상각비'라는 계정으로 매출원가에 반영하는 것이다. 기업들이 인식하는 무형자산 상각비는 일반적으로 매출원가 또는 판매비 및 관리비에 반영된다. 기업, 업종, 무형자산의 성격에 따라 반영되는 계정에 차이가 있다.

CJ E&M이 드라마 제작비 상각 기간을 줄인 이유는?

그런데 CJ E&M은 2016년 1분기부터는 자체 드라마 제작에서 발생한 판권에 대해서는 상각 기간을 4년에서 1년 반으로 줄이기로 했다. 드라마

CJ E&M은 드라마 소비 사이클이 짧아지고 있는 점을 반영해, 기존 4년이었던 드라마 판권 상각 기간을 2016년 1분기부터 1년 반으로 줄이기로 했다.

콘텐츠에 대한 소비 트렌드가 아주 빨리 변하기 때문에, 4년 동안 자산으로 유지하는 것이 합리적이지 않다는 게 회사의 판단이다. 국내 드라마와 영화뿐만 아니라 해외 드라마, 모바일 영상물 등 영상 콘텐츠가 다양해지고, 스마트폰이 대중화되면서 시청자들의 영상 소비 속도가 더욱 빨라지는 추세를 회계에 반영한 것이다. 이렇게 되면 분기 결산 때마다 반영해야 할 무형자산 상각비가 늘어난다. 상각해야 할 총액은 같지만, 단기 부담이 증가한다는 이야기다.

예를 들어 400억 원의 판권을 4년간 정액법으로 상각한다면 매 분기 25억 원(400억/16개 분기)을 비용 처리하면 되지만, 1년 반 상각이면 매 분기 67억 원(400억/6개 분기)이 된다.

CJ E&M은 궁극적으로는 드라마 제작비 지출 전액을 당기비용으로 처리하는 게 목표인 것으로 전해졌다. 드라마 제작에 지출한 비용은 발생한 기간에 손익계산서 비용으로 반영하겠다는 것이다. 일단, CJ E&M이 2015년 4분기 실적 발표 때 제시한 IR 자료(표 13)를 보면 이런 내용이 있다.

CJ E&M은 2015년 4분기에 판권이라는 무형자산에서, 특히 드라마 판권과 관련해 917억 원의 손상차손(IR 자료에서는 일회성 상각비용이라고 표

CHAPTER 08

표 13. CJ E&M 2015년 4분기 IR 자료

| **2015년 4분기** | 매출 3850억 원(YoY +12.9%),
영업이익 121억 원(YoY +24.6%)

- 방송 영업이익 170억 원 견조한 성장에도 불구하고 영화 영업손실 341억 원, 음악 영업손실 13억 원.
- 드라마 콘텐츠의 경제적 효용 주기 재산정에 따른 일회성 상각비용 917억 원 반영.

| **드라마 콘텐츠 소비 사이클 단축으로 내용연수 변경 추진** |

- 자체 제작 드라마 기존 4년 정액 감가상각에서 1년 6개월 정액 감가상각 고려.

현)을 반영했다고 밝히고 있다. 드라마 판권에서 앞으로 회수 가능할 것으로 추정되는 금액이 장부가격에 그만큼 못 미칠 것으로 본다는 이야기다. 아울러 자체 제작 드라마의 경우 판권에 대한 무형자산 인식 금액을 기존 4년 정액상각했으나, 2016년 1분기 결산부터는 1년 6개월로 변경하는 방안을 검토한다고 밝혔다.

아래는 CJ E&M의 2016년 1분기 IR 자료에 담긴 내용 중 일부다.

표 14. CJ E&M 2016년 1분기 IR 자료

| **2016년 1분기** | 매출 3135억 원(YoY +7.0%),
영업이익 89억 원(YoY -2.9%)

- 방송 비수기 및 무형자산 내용연수 변경에 따른 비용 증가에도 불구, 강한 매출 성장으로 영업이익 증가(51억 원).
- 〈히말라야〉, 〈검은 사제들〉 등 영화 투자 수익 반영으로 영업이익 38억 원.

이 자료를 보면 CJ E&M이 2015년 4분기에 예고한 대로 방송 드라마 제작비(판권)에 대한 상각 기간(내용연수)을 변경했다는 사실을 알 수 있다. CJ E&M의 2016년 1분기 재무제표 주석에서도 이를 확인할 수 있다.

표 15. CJ E&M 2016년 1분기 재무제표 주석 중

회계 추정의 변경

판권은 계약 기간 또는 수익이 실현되는 기간을 추정 내용연수로 하여 정액법으로 상각했습니다. 다만, 추정의 근거가 되었던 상황의 변화 및 추가적인 경험의 축적으로 인하여 판권의 추정 수익 실현 기간을 변경했습니다. 추정 변경 효과는 당분기 및 그 후의 회계 기간에 걸쳐 인식합니다.

자산의 손상과 환입, 어떻게 처리할까?

2016년도 2분기 하나금융지주가 실적을 발표하면서, 좋은 실적을 낼 수 있었던 원인으로 손상차손 환입이 354억 원 발생한 것을 들었다. 자산의 손상차손과 손상차손 환입은 당기손익에 바로 반영하는 것이 원칙이므로 회사의 당기순이익에 많은 영향을 끼친다.

하나금융지주는 보유한 현대시멘트 주식에 대해 과거 인식했던 손상차손을 환입해 당기이익으로 반영했다. 현대시멘트는 2010년 워크아웃에 들어간 후 최근 매각 움직임이 활발해지는 등 회사 업황 개선이 눈에 띄는 상황이었다. 이처럼 자산의 손상을 인식한 후 손상 징후가 해소되는 경우 손상차손을 환입해 재무상태표상 자산 가액을 상승시킨다. 주가가 일시적으로 상승한 것은 손상차손 환입의 근거가 되지는 않는다. 자산의 손상차손을 인식하게 만들었던 상황이 해소되는 예로 자산의 시장가치가 상승했다는 객관적인 정보를 얻거나, 법률이나 정부정책 변동으로 해당 회사의 영업에 유리한 상황이 전개될 것이라는 예상 등이 있다.

현대시멘트의 경우도 언론의 보도를 통해 최근 업황이 크게 개선된 것을 확인할 수 있다. 보도에 따르면 건자재기업들은 2015년 사상 최대 건설수주고를 올린 데 힘입어 구조조정 위협에서 벗어나고 있다. 철강재와

동시에 투입되는 레미콘·시멘트도 마찬가지다. 상위 8개 상장사의 상반기 총영업이익(3065억 원)이 작년 동기(2659억 원)보다 15.3% 늘어나면서 인력을 증원하는 추세라고 보도했다.

한편, 손상차손환입액에는 한도가 있다. 손상차손 환입 한도는 과거 손상차손을 인식하기 전 장부금액이다. 예를 들어 장부금액이 100만 원인 투자주식에 대해 70만 원을 손상차손으로 인식하면, 장부금액이 30만 원이 된다. 이후 이 투자주식의 시가가 120만 원이 되어도 손상차손 환입은 최초 금액인 100만 원까지 밖에 할 수 없다. 즉 70만 원 한도 내에서 환입할 수 있다.

유무형자산처럼 상각해야 하는 자산이라면 다음의 예처럼 환입하면 된다. 예를 들어 10년 내용연수를 가지는 100만 원짜리 기계장치를 손상인식했다고 하자. 그리고 2년 뒤 환입한다면 이 기계장치의 손상차손환입액은 80만 원(최초 취득원가 100만 원 - 2년간 감각상각비 20만 원) 한도로 가능하다. 이렇게 한도를 설정하는 이유는 손상차손과 손상차손 환입이 당기손익에 영향을 미치기 때문에 회사의 손익을 조정할 목적으로 악용되는 것을 방지하기 위해서다. 마지막으로, 영업권은 한번 손상을 인식하면 다시 환입할 수 없다.

자산의 손상을 인식한 후 손상 징후가 해소되는 경우에 손상차손을 환입한다. 이때 손상차손환입액의 한도는 손상차손을 인식하기 전 장부금액 범위 안이다.

PART 029

연예인으로 먹고사는 기획사들의 독특한 회계 처리

팝스타 아델이 음반유통사 소니뮤직과 전속계약을 체결했다는 뉴스가 있었다. 전속계약금은 얼마나 될까? 외신에 따르면 9000만 파운드, 우리나라 돈으로 1560억 원이라고 한다. 역대 여성가수 중 최고 액수로, 2001년 휘트니 휴스턴이 아리스타와 계약할 당시 받은 7000만 파운드(약 1213억 원)를 훨씬 넘어선다. 소니뮤직은 앞으로 제작될 아델 앨범들의 전 세계 판매 독점권을 갖기로 했다고 한다.

우리나라 가요계 빅스타인 빅뱅의 전속계약금은 얼마일까? 소속사 YG엔터테인먼트와 당사자가 공개하지 않는 한 정확하게 알기는 어렵다. 알려진 금액은 5년 계약에 80억 원 정도다. 전속계약금은 말 그대로 YG엔터테인먼트 소속 연예인으로서 YG 측 관리하에 수익 창출활동(앨범, 공연, 광고 출연 등)을 하기로 약속하고 받은 돈이다.

빅뱅이 창출하는 수익은 YG와 빅뱅이 적정 비율로 분배한다. YG 입장에서는 전속계약 기간 동안 계약금과 활동지원비를 초과하는 수익을 분배받아야 이익을 낼 수 있다. YG는 빅뱅 전속계약금과 활동지원비를 어떻게 재무제표에 반영할까? 소속 연습생과 빅뱅 같은 특급연예인에 대한 회계 처리가 똑같을까?

엔터테인먼트 기획사의 독특한 회계에 대해 알아보자.

빅뱅 전속계약금은 YG의 무형자산

연예기획사는 소속 연예인의 활동(방송 및 영화, 광고 출연, 공연, 음반 판매)에 기반을 둬 돈을 버는 곳이다. 자동차 회사가 지속적으로 신차를 출시해 수익을 올리듯 계속해서 신인을 발굴하고 데뷔시켜 나가야 안정적으로 수익을 창출할 수 있다. 물론 돈을 한창 벌고 있는 A급 소속 연예인에 대한 관리와 지원도 중요하다.

SM엔터테인먼트, YG엔터테인먼트, JYP엔터테인먼트, FNC엔터테인먼트, 로엔엔터테인먼트 등이 증권시장에 상장된 우리나라의 대표적 연예기획사들이다. 이들 기획사들은 잘 나가는 연예인들과 전속계약을 맺는다. 전속계약금과 전속기간, 수익분배비율 등이 전속계약서에 기재된다. A급과 특급 연예인들의 경우 3~5년 전속에 수억에서 수십억 원에 이르는 전속계약금을 받는 것으로 알려지고 있다. B급 이하 연예인들의 전속계약금은 수백만 원에서 수천만 원인데, 전속기간은 스타급에 비해 대부분 더 긴 편이다(5년 이상).

전속계약금은 기획사 입장에서 현금 지출이다. 그러나 기획사들은 이를 한 번에 비용으로 처리하지 않는다. 전속기간 동안 회사 수익 창출에 기여할 수 있을 뿐 아니라 원가(전속계약금 액수)가 명확하게 측정 가능하므로 무형자산으로 처리한다.

전속계약금을 무형자산으로 잡는다는 것은, 일정한 햇수 동안 손익계산서에서 비용화 해 나가면서 자산 항목에서 지우겠다는 말과 같다. 예를 들어 FNC엔터테인먼트가 가수 FT아일랜드와 7년 전속계약에 14억 원의 계약금을 지급했다고 하자. FNC는 현금자산 14억 원이 나가고 동시에 전속계약금이라는 무형자산 14억 원이 생겼다고 장부에 기록할 것이다. 그리고 전속활동기간 동안 해마다 2억 원씩(14억 원/7년)을 손익계산서에 무형자산 상각비로 반영하면 된다. 전속계약금의 장부가격은 해마다 2억 원씩 낮아져 7년 뒤면 '0'이 된다.

전속계약금 상각비는 매출원가에 반영된다. 예기치 못한 사건이나 사고 때문에 연예인의 활동이 중단되면 어떻게 될까? 해당 연예인의 전속계약금 잔액에 손상이 발생했다고 보고 손상차손만큼을 비용으로 반영해야 한다.

YG엔터테인먼트 등 기획사들의 회계 방식도 모두 비슷하다. 다음 표는 YG의 2015년 연결재무제표 주석 '무형자산' 중 전속계약금 부분을 발췌한 것이다.

| 표 16. YG엔터테인먼트 2015년 연결재무제표 주석 중 무형자산 |

(단위 : 백만 원)

	2015년 초	취득	처분	상각	2015년 말
전속계약금	1,458	8,790	-	(1,259)	8,989

2015년 초 전속계약금 잔액은 14억 5800만 원이었는데, 1년 동안 새로 87억 9000만 원의 전속계약금이 발생했다(취득). 그리고 12억 5900만 원의 전속계약금이 비용으로 반영(상각)되어 연말 장부잔액은 89억 8900만 원이 되었다.

소속 연예인의 연예활동 지원에 쓴 돈은 비용일까 자산일까?

소속 연예인에 대한 지출은 전속계약 시 발생하는 전속계약금 외에 또 있다. 연예활동 지원 과정에서 발생하는 각종 활동 관련 지출들이다. 이런 지출 역시 연예인의 수익 창출이 기대되는 측정 가능한 비용이므로, 자산 요건을 충족시킨다. 그래서 기획사는 이를 당장 손익에 반영되는 비용으로 처리하지 않고, 일단 선급금(자산)으로 처리한다. 결산 기긴 동안 지출액만큼 현금이 줄고(자산 감소), 그만큼의 선급금이 계상된다(자산 증가). 이 선급금 자산은 언제 비용화할까?

해당 연예인과 관련한 매출수익이 발생하면 손익계산서에 비용으로 처리한다. 상장사의 경우 분기 단위로 수익과 비용을 정산하는 데, 이때 비용으로 반영된 금액만큼을 선급금 자산금액에서 빼주면 된다.

만약 예기치 못한 스캔들이나 사건 등으로 해당 연예인의 인기가 떨어지고 활동 중단 등의 사태가 발생하면 선급금은 한번에 잔액 모두 또는 잔액의 상당 부분을 대손처리(손상차손)해야 할 수도 있다.

기획사들은 결산 때마다 선급금 잔액에 대해 일정 비율만큼의 대손충당금을 설정하고, 손익계산서에 대손상각비라는 비용 계정으로 반영한다.

연예기획사들은 소속 연예인이 스캔들 등 예기치 못한 사건으로 연예활동 중단 등의 사태가 발생하면 연예활동 지원에 쓴 돈(선급금)을 대손처리해야 한다.

2년 넘게 활동을 중단한 연예인의 대손설정율은 몇 퍼센트일까?

아래에 재미있는 표가 있다. 2013년 말 기준 YG엔터테인먼트 소속 연예인에 대한 선급금 잔액과 대손충당금 설정 내역이다.

| 표 17. YG엔터테인먼트 2013년 말 선급금 잔액과 대손충당금 설정 내역 |

(단위 : 원)

구분	활동 중	1년 이하	1년 초과~2년 이하	2년 초과	합계
대상선급금	995,060,596	-	-	163,930,477	1,158,991,073
대손충당금	9,950,606	-	-	163,930,477	173,881,083
대손설정율	1%	30%	50%	100%	15%

현재 활동 중인 연예인들에 대한 선급금 계상액은 9억 9500만여 원이다. YG엔터테인먼트는 이들에 대해서는 995만여 원의 대손충당금을 설정했다. 대손설정률은 1%다. 그런데 활동을 중단한 지 2년이 넘은 연예인들에 대해 계상되어있는 선급금 1억 6393만여 원에 대해서는 전액 대손충당금을 설정했다.

즉 이들 연예인이 활동을 재개해 수익을 올릴 가능성을 '0'으로 보고, 선급금 100%를 모두 손실로 처리했다는 말이다. 이들에 대한 선급금 장부가격은 '0'이 됐다.

활동을 중단한 지 '1년 이하' 또는 '1년 초과~2년 이하'에 해당하는 연예인에 대한 선급금은 현재로써는 없지만, 대손설정율은 각각 30%, 50%로 책정해놓고 있음을 표에서 알 수 있다.

YG vs. JYP의 연습생 트레이닝 비용 회계 처리

연예기획사의 지출 중에는 소속 연예인에 대한 전속계약금은 분명히 아니고, 활동지원 관련 선급금으로 보기도 모호한 성격의 비용이 있다. 예를 들면 가수의 경우 음반 및 음원 제작을 위한 트레이닝 비용 같은 것들이다. 기획사들은 이런 지출도 개발비라는 자산 계정으로 처리하고 계약기간 동안 비용화한다.

이미 데뷔하여 수익활동을 하는 연예인들에게 투입되는 트레이닝 비용을 개발비로 처리하고 있다면, 데뷔하기 위해 트레이닝을 받는 이른바 '연습생'들에 대한 트레이닝비는 어떻게 회계 처리할까?

이건 기획사마다 좀 차이가 있다.

YG엔터테인먼트의 경우 연습생들에게 노래, 연기, 안무, 작곡, 외국어 교육 등의 트레이닝을 실시하는 데 들어가는 비용도 개발비로 처리하고 추후 비용화한다. 따라서 YG엔터테인먼트의 개발비 계정에는 활동 중인

대부분의 연예 기획사들은 연습생들에게 노래, 연기, 안무 등을 트레이닝하는 데 들어가는 비용을 손익계산서에 당기비용으로 처리한다. YG엔터테인먼트의 경우 예외적으로 연습생의 '자산성'을 인정해 개발비로 처리한다.

연예인과 데뷔 준비 중인 연예인에 대한 트레이닝비가 모두 포함된다. 연습생에 대해서도 '자산성'을 상당 부분 인정해 주는 셈이다.

활동 중인 연예인에게서 발생한 개발비는 전속계약 기간 동안 비용 처리(상각 처리)한다. 만일 소속 연예인이 활동을 못 하게 되는 사건이 발생하면 개발비 잔액을 한꺼번에 비용 처리해야 할 수도 있다. 만일 소속 연습생이 데뷔하지 못하고 계약 기간이 종료된 상태에서 재계약하지 않을 것이라면 개발비를 일시에 비용 처리해야 한다.

한편, 대부분 기획사들은 연습생 발굴과 트레이닝에 소요되는 지출은 손익계산서에서 전액 당기비용으로 처리한다. 다음 표는 JYP엔터테인먼트의 2015년 재무제표 주석 '판매비와 관리비' 내역 중 일부를 발췌한 것이다. 신인개발비가 판관비 항목 내에 있어, 당기비용으로 처리되고 있음을 알 수 있다.

| 표 18. JYP엔터테인먼트 2015년 재무제표 주석 판매비와 관리비 내역 |

구분	2015년	2014년
직원급여	3,358,769	2,815,361
감가상각비	211,776	213,571
지급임차료	1,187,716	861,053
보험료	69,726	66,485
신인개발비	380,378	634,314
광고선전비	1,181,475	48,397
무형자산상각비	100,481	89,322

채용보너스, 회사의 무형자산이 될 수 있을까?

소매업무를 주영업으로 하는 은행이 있다고 하자. 이 은행의 전략은 서비스를 다양화하고 고객층을 확장하는 것이다. 경영진은 투자은행(IB) 업무부서를 새로 설립할 계획이다.

은행은 새로운 사업을 신속히 개시하기 위해 경력직 직원을 채용하려 한다. 은행은 시장에서 유명한 열 명에게 고용을 제안했고, 열 명 모두 제안을 수락했다.

계약 기간은 5년이고, 계약 기간 안에 퇴사하더라도 회수하지 않는 조건으로 상당한 채용보너스를 지급하기로 했다. 은행은 채용보너스로 지급한 비용을 무형자산을 인식하고자 한다. 가능할까?

이 경우 지급한 채용보너스는 무형자산으로 인식하지 않고, 발생 시점에 당기비용으로 처리해야 한다. 신규 직원은 계약 기간 안에 퇴사해 그들의 능력을 다른 곳에서 사용할 가능성이 있다. 만약 계약서에 경쟁금지(피고용인이 퇴사 후 고용주와 경쟁 관계에 있는 동일 계열 회사에 일정 기간 취업하지 못하도록 규제하는 것)조항이 있어 직원이 퇴사할 경우 은행이 채용보너스를 회수할 수 있고, 경쟁업체가 해당 직원을 고용할 수 없다면 이

를 무형자산으로 인식할 수 있다.

일반적으로 전속계약금을 받은 연예인이나 프로스포츠 선수는 계약을 위반할 경우 계약금의 배상뿐만 아니라 손해배상의 책임을 진다. 따라서 전속계약에는 실질적인 경쟁금지조항이 포함된 것으로 볼 수 있다. 그러므로 전속계약금을 무형자산으로 계상할 수 있다.

충당부채와 유무상 증자·감자 회계

PART 030

지출 시기와 금액이 불확실한 부채, 충당부채

2016년 9월 초 서울 태평로 삼성전자 사옥에서는 긴급 기자회견이 열렸다. 스마트폰 신제품 갤럭시노트7 출시 직후 배터리 폭발사고가 잇달아 발생하자, 삼성전자가 대응책을 내놓는 자리였다. 대다수 업계 관계자들은 배터리 교체와 소폭 보상을 실시하겠다는 내용이 제시될 것으로 예상했다. 그러나 삼성전자는 제품 전량을 리콜하겠다고 전격 발표했다.

판매분 150만 대에다 유통업체 재고분 100만 대까지, 총 250만 대를 회수하고 소비자 의사에 따라 환불 또는 갤럭시S엣지7으로 바꿔주겠다는 내용이었다. 전문가들은 리콜에 따라 삼성전자가 3분기에 반영해야 할 비용이 적게는 7000억 원에서 많게는 1조 2000억 원 수준에 달할 것으로 분석했다.

리콜이 가끔 발생하는 자동차 회사의 경우 대부분의 리콜 방식은 문제 부품을 교체하거나 부분 무상수리를 해주는 정도다. 제품을 팔 때 회사는 예상되는 무상수리 의무를 금액으로 추정해 부채로 계상한다. 그리고 부채금액만큼을 미리 비용으로 반영한다. 삼성전자도 제품매출이 일어나면 무상수리비용을 인식하는 회계 처리를 한다. 그러나 갤럭시노트7처럼 제품 그 자체를 리콜하는 데다 규모가 막대할 경우에는 보증수리회계와 함께 재고손실 회계 처리도 병행해야 할 것이다.

제품보증(무상수리)비용이 앞으로 얼마나 발생할지 판매할 때는 알지 못하는데 어떻게 이 금액을 부채로 계상한다는 것일까? 미리 비용으로 반영했다가 실제 수리비용이 그만큼 발생하지 않으면 어떻게 되는 걸까? 제품보증을 둘러싼 회계 처리에 대해 알아보자.

누구에게, 언제, 얼마를 지급해야 할지 몰라도 부채

부채는 미래에 경제적 효과나 이익이 내재된 회사 자원을 유출함으로써 이행해야 하는 현재의 의무이다. 결제될 금액이 신뢰성 있게 측정될 수 있어야 재무상태표에 부채로 인식한다.

제품을 만들 목적으로 원재료를 외상으로 사거나, 판매를 목적으로 상품을 외상으로 사면 재무상태표에 '매입채무'라는 부채가 생긴다. 미지급금, 단기차입금, 미지급배당금, 회사채 등은 이름만 들어도 부채라는 것을 알 수 있다.

하지만 언뜻 생각해서는 부채 같지 않지만, 부채의 정의에 부합하기 때문에 회계상 부채로 인식해야 하는 경우도 있다. 앞서 우리는 밀가루 장수가 1주일 뒤 밀가루 두 포대를 납품하기로 하고 호떡장수에게서 미리 10만 원을 받았다면, 이 10만 원은 일단 '선수금'이라는 부채로 인식한다고 배웠다. 미래에 밀가루를 납품해야 하는 의무가 생겼기 때문이다.

그런데 누구에게, 얼마를, 언제 지급해야 할지 명확하지 않아도 부채로 잡아야 할 때가 있다. 이른바 '충당부채'라는 것이다. 충당부채는 지출의 시기 또는 금액이 불확실하지만, 추정금액을 부채와 비용으로 반영해야 한다. 충당부채의 대표적 예라 할 수 있는 '판매보증충당부채'를 통해 충당부채를 알아보자.

현대차는 무상수리비용을 어떻게 회계 처리할까?

현대자동차가 차를 판매하면서 2년간 무상수리 조건을 붙였다고 하자(과거 경험으로 볼 때 현대자동차는 매출의 5% 정도 선에서 무상수리비용이 발생한다고 가정). 이때 발생하는 무상수리에는 현금 또는 재고자산(수리용 부품)이 투입된다고 하자.

차를 팔면 앞으로 무상수리에 회사의 자원(현금과 수리부품)이 투입될 가능성이 매우 크고, 그 금액은 오랫동안 축적된 경험에 근거해 신뢰성 있게 추정(매출의 5% 수준)할 수 있다.

따라서 이 금액만큼을 부채와 비용으로 미리 인식해야 한다. 이때 사용하는 계정이 충당부채다. 충당부채를 회계상 인식하는 것을 '설정한다' 또는 '적립한다'라고 표현한다. 실제로 현금을 은행 같은 곳에 적립해 두는 것은 아니다. 충당부채 추정액을 회계 장부에 미리 비용으로 인식하고, 부채로 기입해 놓는다는 말이다.

충당부채는 수리비 발생을 예상하고 설정한 부채이므로, 실제로 보증수리가 발생할 때마다 투입한 금액만큼을 충당부채금액에서 차감해 부채금액을 줄여나간다.

현대자동차(연 1회 연말 결산 가정)가 2015년 1월 1일에 현금 판매한 차량 20대(대당 100만 원)분에 대해서만 판매보증충당부채 회계 처리를 해 보자. 이날 현대자동차는 장부에 매출 2000만 원(수익 발생)과 현금 2000만 원(자산 증가)을 기록할 것이다.

2015년 중에 30만 원의 실제 보증수리가 발생했다고 하자. 그러면 30만 원의 자산(현금과 수리부품)이 감소하고, 제품보증비로 30만 원이 발생했다고 기록할 것이다. 제품보증비는 판관비 항목으로 반영된다.

이제 2015년 말 결산 시점이 되었다. 결산 재무제표에 판매보증충당부채를 설정해야 하는데, 얼마를 인식해야 할까? 2015년 중에 이미 30만 원의 보증수리가 실제 발생했으므로, 연말 결산에서 계상해야 할 판매보증충당부채는 70만 원이다.

'매출 2000만 원 × 5% = 100만 원'의 제품보증비(보증수리)가 예상됐고, 연중 30만 원이 이미 투입됐으므로 '100만 원 - 30만 원 = 70만 원'의 충당부채를 결산 시점에 인식하는 것이다. 그리고 동시에 70만 원을 제품보증비로 반영해야 한다.

결론적으로 2015년 1월 1일 판매한 자동차 분에 대해 2015년 연간 결산 재무제표에 다음과 같이 회계 처리한다.

- 재무상태표의 부채 항목에 판매보증충당부채 70만 원, 자산 감소(현금과 부품) 30만 원.
- 손익계산서에는 제품보증비 100만 원(2015년 중 발생한 제품보증비 30만 원 + 앞으로 발생예상비용 70만 원) 계상

2016년으로 넘어가, 연중 다시 50만 원의 실제 보증수리가 발생했다. 그러면 2015년 말에 계상한 판매보증충당부채 70만 원이 있으므로 여기서 50만 원을 차감해주면 된다. 이제 충당부채 잔액은 20만 원이 된다.

이때 제품보증비로 50만 원을 인식할 필요는 없다. 2015년 말 결산에서 미래의 보증수리 예상분 70만 원을 제품보증비로 미리 비용 처리해놓

왔기 때문이다.

2016년 말이 되어 2년간의 보증수리 기간이 종료되었다. 이제 더이상 자원을 투입해 보증의무를 이행할 필요가 없어졌다. 판매보증충당부채 잔액 20만 원은 더 이상 부채로 존재하면 안되므로, 제거해야 한다. 이를 '충당부채의 환입'이라고 하는데, 제거되는 잔액만큼 다시 수익으로 인식한다. 2016년 결산 재무제표에서는 충당부채잔액 20만 원 제거(부채 감소)와 20만 원의 충당부채 환입(판매관리비 차감으로, 사실상 수익 증가 효과)만 계상하면 된다.

- 2년 동안 회사의 손익계산서에 보고된 보증수리비용은 2015년도 100만 원, 2016년도 (-)20만 원으로, 총 80만 원.
- 실제 2년간 발생한 보증수리비도 총 80만 원(2015년 30만 원, 2016년 50만 원)으로 정확하게 일치.

| 그림 1. 현대차 판매보증충당부채 회계 |

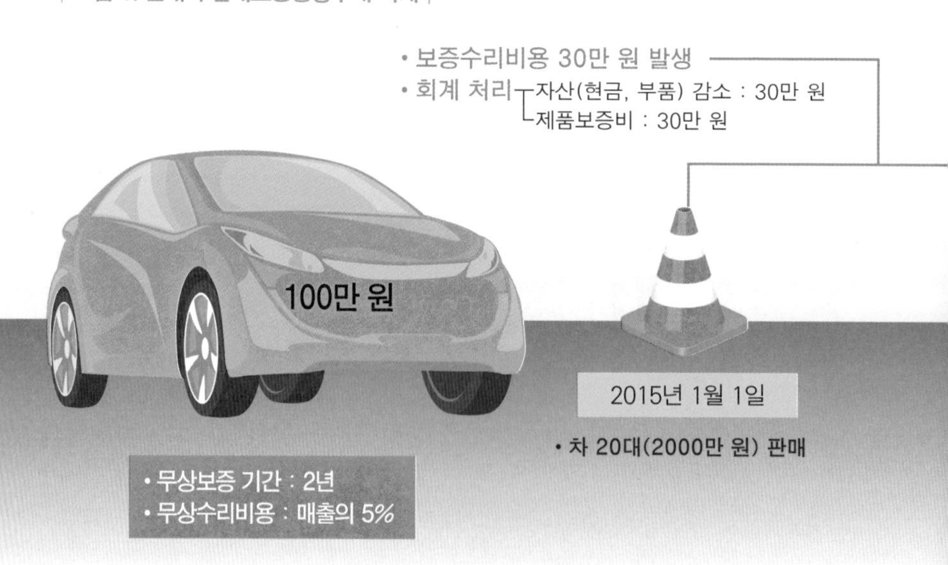

현대차와 쌍용차의 판매보증충당부채

다음 표는 현대자동차의 2015년 연결재무제표 주석 중 판매보증충당부채 내역이다.

| 표 1. 현대자동차 2015년 연결재무제표 주석 중 판매보증충당부채 내역 |

(단위 : 백만 원)

구분	2015년	2014년
기초	5,613,785	5,871,332
전입액	998,395	866,416
사용액	-1,130,761	-1,136,032
기타	158,176	-12,069
기말	5,639,595	5,613,785

• 보증수리비용 50만 원 발생
• 회계 처리 ┬ 자산(현금, 부품) 감소 : 50만 원
├ 제품보증비 : 반영 없음
└ 판매보증충당부채 감소 : 50만 원

2015년 12월 31일

• 연말 결산(충당부채 설정)
• 회계 처리 ┌ 판매보증충당부채 : 70만 원
└ 제품보증비 : 70만 원

2016년 12월 31일

• 보증기간 종료 • 연말 결산
• 회계 처리 : 판매보증충당부채 20만 원 환입
┌ 판관비 20만 원 차감
└ 부채 20만 원 제거

2014년 초 판매보증충당부채 장부금액은 5조 8713억 원이었다. 2013년 말의 잔액이 2014년 초로 넘어온 것이다. 2014년 1년 동안 매출이 발생하면서 새로 8664억 원의 판매보증충당부채가 설정되었다. 이를 '8664억 원이 판매보증충당부채 계정으로 전입됐다'고도 표현한다. 그래서 이 표에서는 '전입액'이라는 용어를 사용했다.

1년 동안 실제 수리비로 지출된 것은 1조 1360억 원이다. 이 금액만큼의 충당부채를 차감해야 하므로, '사용액'이라는 표현을 썼다. 2014년 말 판매보증충당부채 잔액은 5조 6137억 원이 되었다. 이 잔액은 2015년 초 금액으로 넘어간다. 2015년분 전입액을 가산하고 사용액을 차감한다. 기타사항(환율효과 등)을 반영하면 2015년 말의 판매보증충당부채 잔액이 나온다.

쌍용자동차의 판매보증충당부채 내역은 더 간소하다. 증가(전입액)와 감소(사용액)만 기입했다.

| 표 2. 쌍용자동차 2015년 판매보증충당부채 내역 |

(단위 : 백만 원)

구분	2015년	2014년
기초	445,733	409,335
증가	100,198	274,615
감소	-108,470	-238,417
기말	278,087	445,733

아파트 하자보수비와 소송배상금도 충당부채

아파트 건설업체는 입주민들의 하자보수 요청에 대비하기 위해서 하자보수충당부채를 설정해야 한다. 아파트가 아니라 일반 오피스 건물이나 토목공사 같은 경우도 마찬가지다.

| 표 3. 동부건설 연결재무제표 주석 중 충당부채 |

제 48(당)기 반기 : 2016년 1월 1일~6월 30일까지
(단위 : 백만원)

구분	변동 내역			
	기초금액	전입	환입	기말금액
기타손실충당부채	271	-	-	271
하자보수충당부채*	27,917	-	(5,110)	22,807
합계	28,188	-	(5,110)	23,078

* 주요 도급공사에 대한 보완작업을 위해 소비될 것으로 예상되는 지출을 하자보수충당부채로 인식하고 있음.

A사가 B사로부터 100억 원의 특허침해소송을 당했다고 하자. 1심 판결에서 B사가 승소했고, A사는 항소하기로 했다. 그렇다면 A사는 1심 판결로 미래에 배상하게 될 가능성이 매우 커졌으므로, 100억 원 중 상당금액을 소송배상충당부채로 설정해야 하고, 손익계산서에서 소송배상비용으로 인식해야 한다.

미래에 배상하게 될 가능성이 큰 소송배상금도 충당부채로 설정한다.

주가도 출렁이게 만드는 통상임금 소송 관련 충당부채
– 아시아나항공, 현대위아, 기아차, 삼성SDI

2015년 초 한 언론에 아시아나항공의 충당부채 부담에 대한 기사가 실렸다. 다음 내용은 기사를 간략하게 요약한 것이다.

> 소송 리스크로 인해 아시아나항공의 비용 부담이 커졌다. 아시아나항공은 손해배상 청구를 포함한 다수의 소송 사건을 진행 중이서 추가손실 발생 가능성도 높다.
> 아시아나항공은 지난해 총 484억 원의 소송 관련 비용을 반영한 것으로 나타났다. 대표적인 손해배상 사례가 바로 '미국 유류할증료 담합에 따른 집단소송(화물)'과 '임금 등 청구소송' 건이다.
> 아시아나항공은 지난해부터 회사 노조원들과 통상임금 산정 관련 소송을 벌이고 있다. 1심 재판 결과는 아시아나항공의 패소였다. 아시아나항공은 이에 따라 직원들에 대한 임금 소급 적용 지급액까지 포함해 297억 원가량을 소송충당부채로 쌓아뒀다. 소송충당부채는 소송 사건으로 발생할 미래 손실 예상액을 부채로 잡아둔 회계 계정이다. 이 충당부채는 전액 기타비용으로 반영됐다.

일부 기업들의 충당부채 가운데 눈에 띄는 것이 있다. 통상임금 소송 관련 충당부채다. 우리나라 근로자들이 받는 임금 항목은 기본급 외에 각종 수당, 상여금, 성과급 등 다양하고 복잡하다. 그런데 이들 수당이나 상여금 중 어떤 것들이 '통상임금(근로자가 회사로부터 정기적이고 일률적으로 지급 받는 임금)'에 포함되느냐 여부가 매우 중요하다. 통상임금은 연장, 야간, 휴일근로, 연차수당, 퇴직금 등을 산정할 때 그 기준이 된다. 따라서 통상임금이 많으면 많을수록 야근이나 휴일근무 때 받은 수당이나 퇴직금 등이 더 많아진다.

2013년 12월 대법원 판결에서 정기적·일률적·고정적 성격을 가진 상여금과 각종 수당은 통상임금에 포함된다는 기준이 제시된 이후, 많은 기업의 노조나 근로자들이 회사와 통상임금 소송을 벌이고 있다. 이때 회사가 패소할 경우 근로자들에게 소급해 지급할 급여가 대거 발생한다.

다음 표는 현대위아의 2015년 연결재무제표 충당부채 내역이다.

| 표 4. 현대위아 2015년 연결재무제표 충당부채 내역 |

구분	2015년 말	2014년 말
판매보증충당부채	41,294	41,162
기타충당부채	88,554	-

2015년 이전까지 현대위아의 충당부채는 판매보증충당부채 밖에 없었다. 연말 판매보증충당부채 잔액도 400억 원대였다. 그런데 2015년 말 기준으로 무려 885억 원의 '기타충당부채'가 새로 설정됐다. 현대위아 노

통상임금은 근로자가 회사로부터 정기적이고 일률적으로 지급 받는 임금이다. 많은 기업의 노조나 근로자들이 회사와 통상임금 소송을 벌이고 있는데, 기업은 패소할 경우 추가로 지급해야 할 급여를 추정해 통상임금충당부채를 설정해놓고 있다.

조가 제기한 통상임금 소송의 1심 판결을 앞두고 패소 시 예상되는 회사의 추가 급여 지급액을 추정해 충당부채를 새로 설정한 것이다(현대위아는 이후 2016년 초 1심 판결에서 패소했다).

기아자동차의 경우 노조가 제기한 통상임금 관련 소송의 1심 판결이 2017년 1분기에 나올 것으로 예상한다. 업계에서는 회사 측이 패소할 것이라고 예상하는 분위기가 강하다. 이 경우 기아차는 2017년 1분기부터 막대한 통상임금충당부채를 설정해야 할 것으로 보인다.

업계 전문가들은 노조 주장이 받아들여질 경우 기아차의 추가 비용 부담이 1조 원 이상이 될 것으로 내다보고 있다. 충당금 규모도 업계 최고 수준이 될 것이라는 전망이다. 기아차의 주가 하락세가 이 때문이라는 분석도 제기되고 있다.

한편 삼성SDI는 2016년 초 통상임금 소송 관련 충당부채를 설정하면서 1분기 손익에 상당한 영향을 받았다. 그러나 1분기 연결재무제표 주석에서 이와 관련한 충당부채 설정금액을 밝히지 않았다.

그 이유에 대해 회사 측은 이렇게 밝혔다.

"통상임금 소송 결과 지급할 것으로 예상되는 최선의 추정치를 충당부채로 인식했습니다. 소송 결과에 따른 최종부담금은 추정금액과 달라질 수 있습니다. 다만 충당부채의 세부 내역은 소송의 진행 과정에 큰 영향을 미칠 수 있으므로 공시하지 않습니다"

충당금과 충당부채, 비슷해 보이지만 그 의미는 천지 차이

다음 계정 과목을 읽어보자.

'판매보증충당부채, 포인트충당부채, 퇴직급여충당부채, 하자보수충당부채, 소송충당부채, 대손충당금, 재고자산평가손실충당금'.

다들 '충당'이라는 단어가 들어가 있어서 비슷하게 느껴질 것이다. 그렇다면 다시 한 번 위 계정 과목을 천천히 확인해 보자. 계정 과목 이름이 어떤 것은 '충당부채'이고, 어떤 것은 '충당금'이다. 그렇다면 이렇게 계정 과목 이름이 다른 이유가 있을까? 충당부채와 충당금을 구분해 쓰는 이유에 대해 알아보자.

회계에서 말하는 부채는 우리가 일상적으로 사용하는 부채의 개념과는 조금 다르다. 일상생활에서 부채는 주택담보대출이나 신용카드 대금 등을 말한다. 즉 '빚'이란 말로 바꾸어 쓸 수 있다. 은행빚과 카드빚 등…… 영어로 표현하면 'Debt'이다. 하지만 회계에서 말하는 부채는 일상생활에서 사용하는 부채라는 말보다 그 의미가 더 넓다. 회계에서는 미래에 현금이나 회사의 자원을 사용해 이행될 것으로 예상되는 현재 의무를 모두 부채로 부른다. 영어로 표현하면 'Liability'이다.

그런데 충당부채는 여기서 한 단계 더 나간다. 충당부채는 지출의 시기 또는 금액이 불확실한 부채를 일컫는 말이기 때문이다. 판매한 제품에서 언제 불량이 발생할지, 수리비가 얼마가 들 것인지 명확하지 않다. 그러나 불량은 언제나 있었다. 그러므로 과거 불량률과 발생한 수리비를 통해 미래 금액을 예측할 수 있다. 이렇게 미래에 돈이 유출될 것은 확실하지만 언제, 얼마큼 돈이 들어갈지 모르는 항목을 재무상태표에 충당부채로 기록하게 된다.

충당금은 부채와는 성격이 다르다. 충당금은 자산 평가에 사용되는 계정 과목이다. 매출채권에 대한 대손충당금은 매출채권 중 받지 못할 금액을 측정해 놓은 것이다. 즉 매출채권이 1000원, 대손충당금 200원이라고 재무상태표에 기록되어 있다면, 매출채권 1000원 중 200원은 받지 못할 금액이라는 의미다.

또 재고자산평가손실충당금은 재고자산을 실제 가치로 평가해 가치가 하락했을 경우, 그 가치 하락액을 측정해 놓은 계정 과목이다. 즉 상품이 1000원, 상품평가손실충당금 300원이라고 재무상태표에 기록되어 있다면, 이 상품의 가치가 700원으로 하락했다는 것을 의미한다. 다시 말해 현재 그 자산이 어느 정도의 가치를 지니고 있는지를 평가한 계정이 충당금이다.

PART 031

신종자본증권, 자본인가 부채인가?

영구채와 상환전환우선주 회계 처리는 거래의 실질에 따라

영구채는 채무증권의 일종인데도 한국채택국제회계기준(K-IFRS)에서는 발행자의 '자본'으로 처리한다. 상환전환우선주(RCPS)는 주식의 일종인데도 발행자의 '부채'로 처리하도록 하고 있다(일부 예외적인 경우도 있다). 증권의 이름과 회계 처리가 반대다. 회계 처리에서는 거래의 실질을 중요하게 생각하기 때문이다.

비상장기업의 상환전환우선주에 투자한 벤처캐피털(VC)이나 사모펀드(PE) 등은 이 기업을 증권시장에 상장시키기 위한 IPO(기업공개)가 진행될 때, 상환전환우선주를 보통주로 전환 매각하여 투자금을 회수하는 전략을 주로 사용한다. 스타트업이나 벤처기업, 급성장하는 중소기업 등이 상환전환우선주를 주로 발행한다. 일반적으로 상환전환우선주 투자금에 대한 회수를 요구하는 상환청구권이나 상환전환우선주를 보통주로 바꿔달라는 전환청구권은 투자자가 가진다.

투자자가 현금 상환을 요구할 수 있기 때문에 K-IFRS에서는 상환전환우선주를 부채로 처리한다. 투자자가 계약서에 명시된 기간 내에 상환을 청구하면 회사는 현금을 내줘야 하므로 부채의 정의에 충족된다는 것이다. 그런데 상환전환우선주는 상법상 회사에 배당가능이익, 즉 이익잉여금이 없으면 상환할 수 없다. 이런 상황을 업계 용어로 '물린다'고 표현한다. 그러므로 투자자는 투자금액의 안전한 회수를 위해, 상환청구 대상을 투자 대상 기업의 대주주나 관계회사로 정하는 방식으로 설계하기도 한다.

다음은 ㈜노예스런이라는 스타트업 기업이 상환전환우선주를 발행하면서 크라우드펀딩* 방식으로 투자자를 모집하기 위해 제시한 공고문이다. 이런 경우는 투자자가 상환청구권을 가지기 때문에 발행회사는 상환전환우선주 발행액을 부채로 회계 처리해야 한다.

크라우드펀딩(crowd funding) : SNS, 모바일, 인터넷 등의 매체를 활용해 다수의 개인으로부터 투자금을 모으는 방식.

| 표 5. 스타트업의 클라우드 펀딩을 이용한 상환전환우선주 발행 조건 |

- 발행증권의 권리 본 모집발행증권은 '상환전환우선주'로, 회사 경영에 참여할 수 있는 의결권은 없으며 우선배당권과 잔여재산분배우선권, 보통주로의 전환권 및 상환청구권이 포함되어 있습니다. 자세한 내용은 아래와 같습니다.

존속기간	발행일로부터 10년
상환권	청구기간 : 발행일로부터 3년 후부터 존속기간 이내 상환조건 : 연복리 6% 적용(단, 이익잉여금 범위 내에서 청구 가능)
전환권	청구기간 : 발행일로부터 3년 후부터 존속기간 이내 전환비율 : 우선주 1주당 보통주 1주
우선배당권	연 1% 누적적 우선배당(단, 이익 배당을 위한 미처분이익잉여금이 없는 경우, 상법에 따라 이익 배당이 없을 수 있음)
기타	잔여재산분배우선권

그런데 상환전환우선주를 발행한 회사가 상환전환우선주를 자본으로 회계 처리를 하는 경우도 있다. 상환권을 발행 회사가 갖는 경우다. 상환권을 발행 회사가 갖는다면 도대체 누가 믿고 투자할 수 있겠는가? 그런데 이런 발행 회사들은 대부분 대주주가 '상환보증'을 선다. 투자자와 대주주가 투자금 회수에 대한 안전장치를 발행계약조건(정산 조항 또는 콜옵션 조항 등)에 넣어둔다.

그래서 이런 상환전환우선주 투자자는 발행 회사의 대주주를 보고 투자하는 것이고, 발행 회사는 투자자에게 상환청구권을 부여하지 않았으므로 자본으로 처리하는 것이다.

다음은 한화건설이 2016년 5월 30일 상환전환우선주 발행과 관련해 공시한 증권신고서 내용이다.

| 표 6. 한화건설 상환전환우선주 관련 증권신고서 |

- 상환전환우선주 발행에 관한 사항

당사는 2014년 6월 상환전환우선주(RCPS) 1,913,800주(4000억 원)를 발행했으며, 2016년 4월 추가로 상환전환우선주 701,800주(약 2000억 원)을 발행했습니다. 두 차례에 걸친 상환전환우선주 발행에서 상환권을 당사에서 보유하고 있으며 현금 등 금융자산을 인도하기로 하는 계약상 의무가 없어, 상환전환우선주를 자본으로 인정받아 당사 재무구조가 개선되었습니다. 2014년 발행한 상환전환우선주는 당사 최대주주인 (주)한화가 상환전환우선주 투자자와 상환전환우선주를 대상으로 한 정산 의무 및 매수청구권 행사에 대한 주주 간 계약을 체결했습니다.

배임 위험 있는 LBO보다는 '인수 후 유상증자'

인수·합병(M&A)과 관련한 상식을 하나 알아두자. 차입매수(금융기관 차입부 기업매수, LBO : Leveraged Buyout)는 자금이 부족한 매수기업 A사가 매수대상기업 B사의 자산과 수익을 담보로 금융기관으로부터 자금을 차입해 회사를 인수 또는 합병하는 것을 말한다. 쉽게 표현하면 전세를 끼고 집을 사는 것이라고 이해하면 된다.

LBO의 구조를 보면 일반적으로 A사는 페이퍼컴퍼니를 하나 세운다. 이때 페이퍼컴퍼니가 법적으로 B사를 인수하는 주체가 된다. A사가 페이퍼컴퍼니에 현금을 출자하고, 페이퍼컴퍼니는 추가로 금융기관들로부터 돈을 빌린다. 금융기관에서 인수 자금을 빌리는 것을 '인수금융'이라고 한다.

금융기관은 담보 없이 돈을 꿔주는 곳이 아니므로 페이퍼컴퍼니가 인수하게 될 B사 주식이나 B사의 자산을 담보로 잡는다. 즉 매수기업이 매수대상 회사의 자산이나 주식을 담보로 돈을 꿔서 인수하게 되므로, 적은 돈으로 인수·합병이 가능하게 된다. 인수가 마무리된 후에는 페이퍼컴퍼니와 B사를 합병하고 대개 회사명을 B사로 정하여 인수·합병 과정을 마무리한다.

인수금융으로 발생한 페이퍼컴퍼니의 부채는 결국 합병사(B사)의 부채가 되므로, B사의 현금으로 상환하게 된다. LBO는 과거 STX그룹의 빠른 외형 확장 방식이기도 했다. 하지만 LBO 방식의 인수·합병에는 배임* 관련 이슈가 따라다닌다. 그래서 우리나라에서는 인수·합병 시 매수대상기업의 자산만을 담보로 제공해 인수 자금을 조달하는 경우는 거의 없다.

> 배임죄 : 타인의 사무를 처리하는 자가 그 임무에 위배하는 행위를 하여 재산상의 이익을 취득하거나 제3자로 하여금 이를 취득하게 하여 본인에게 손해를 가하는 죄(형법 제355조 2항).

요즘은 LBO보다는 인수 후 유상증자 방식이 많이 사용되는 것 같다.

| 그림 2. LBO 구조도 |

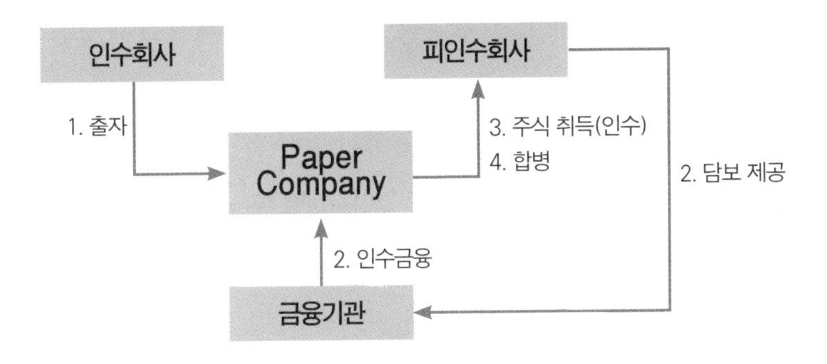

인수회사는 인수 완료와 함께 유상증자를 실시한다. 이 유상증자에 인수당한 회사의 주주가 참여하는 방식이다.

예를 들면, (주)성동이 (주)마장을 인수한다고 하자. 마장 매각대금은 1000원이다. 마장 주주는 주식 매각 대가로 받은 돈 1000원 중 500원을 성동이 실시하는 유상증자에 다시 참여하는 것이다. 유상증자에 현금 대신 본인의 주식으로 현물출자할 수도 있다. 돈을 내느냐 주식을 내느냐의 차이일 뿐이다.

그러면 인수당한 마장의 주주는 현금 500원과 인수회사인 성동의 주식 500원을 받은 셈이 된다. 인수회사의 가치가 상승한다면 합병으로 더 큰 이익을 기대할 수 있다. 2015년도에 일어났던 카카오와 로엔, 아가방과 디자인스킨 간 인수·합병이 인수 후 유상증자를 한 사례에 해당한다.

두산인프라코어의 영구채 발행 구조

영구채는 일반적으로 만기가 정해져 있지 않은 자본증권이라고 설명한다. 하지만 실제로 자본증권이라기보다는 자본의 성격을 가지고 있는 채무증권으로 보는 것이 더 적합하다.

'부채냐, 자본이냐'라는 논쟁을 불러일으켰던 두산인프라코어 발행 영구채의 구조를 한번 살펴보자. 발행금리는 3.25%다. 채권 만기는 30년이며 만기연장이 가능하다. 발행 후 5년이 되는 시점에 두산이 영구채를 다시 사들이는 방식(콜옵션 행사*)으로 조기상환할 수 있다. 투자자도 'Core Partner's Ltd'라는 회사에 영구채를 파는 방식(풋옵션 행사*)으로 조기상환 받을 수 있다. 발행 후 5년이 지난 시점에 조기상환되지 않으면 금리는 5%가 가산되어 8.25%가 적용된다. 또 다시 2년이 지나 7년이 지난 시점부터는 10.25% 금리가 적용된다. 이처럼 발행 이후 일정 기간이 지나면 금리를 올려주는 것을 '스텝업(step-up) 금리'라고 한다.

콜옵션(call option) : 특정 자산을 미래에 정해진 가격에 살 수 있는 권리.

풋옵션(put option) : 특정 자산을 미래에 정해진 가격으로 팔 수 있는 권리.

두산인프라코어는 영구채를 발행할 때 LBO와 비슷한 구조를 도입했다. 회사는 Core Partner's Limited(이하 Core Partner's)라는 페이퍼컴퍼니를 세운다. Core Partner's는 은행들로부터 지급 보증을 받고 있다. 즉, 투자자들이 풋옵션을 행사해 영구채를 매각할 때 Core Partner's는 현금을 지급하고 영구채를 취득한다. 이때 Core Partner's가 돈이 없다면 지급 보증한 은행이 대신 대금을 지급한다.

투자자로부터 영구채를 사들인 Core Partner's는 다시 두산인프라코어에 영구채 상환을 요구할 수 있다. 이때 두산인프라코어는 현금 대신 자사 주식을 지급해 영구채를 상환할 수 있다. 즉 두산인프라코어는 영구채 상환에 현금이 필요 없다. 이 경우 은행들은 Core Partner's가 확보한 두산인프라코어 주식을 매각해 대신 지급한 자금을 회수하게 되는데, 주가가 내려갈 경우에는 손실을 볼 수도 있다.

표 7은 두산인프라코어 재무제표 주석 내용 중 영구채 관련 부분이다.

| 표 7. 두산인프라코어 재무제표 주석 |

• 신종자본증권

신종자본증권 내역은 다음과 같습니다.

구분	내용
발행금액(원화환산액)	USD 500,000,000 (556,650백만 원)
만기	30년 리볼빙
금리 및 이자조건	• 금액 : 액면기준 3.25%, 매 5년 시점 재산정되어 적용되며, 스텝업 조항에 따라 5년 후 +5%, 7년 후 +2% 적용. • 지급 : 6개월 후급이며, 선택적 지급 연기 가능.
기타	• 발행 후 5년 시점 및 이후 매 6개월마다 콜옵션 행사 가능. • 발행사가 콜옵션 미행사 시 신종자본증권 보유자는 특수목적 법인인 Core Partner's Limited.에 풋옵션 행사 가능.

5년 후 풋옵션 행사로 특수목적법인인 Core Partner's Limited.가 당사(두산인프라코어)의 신종자본증권을 보유하게 되는 경우, 신종자본증권 액면금액 USD 15.4를 당사의 보통주 1주와 교환청구할 수 있는 주식교환청구권을 상기 특수목적법인에 부여했습니다. 상기 신종자본증권은 계약상 현금결제 의무가 없습니다.

기업의 재무 위기와 영구채 회계 처리는 다른 문제

영구채 논란의 핵심은 재무구조가 불안정한 기업이 기업회계기준(IFRS)을 이용해 실질적으로는 회사채인 영구채를 발행하고도 자본으로 분류함으로써 재무구조를 왜곡하는 꼼수를 부리고 있다는 것이다.

영구채와 관련한 언론 기사들을 보면 영구채를 발행한 기업과 함께 회계기준을 싸잡아 비판하는 경우를 볼 수 있다. 그러나 시장에 수요가 있으니 영구채가 발행되는 것이다.

두산인프라코어의 영구채 이자가 앞으로 1년에 500억 원은 될 터인데 회사에 큰 부담이 될 것이라고들 한다. 이는 기업의 재무상 문제이지 회계기준과는 상관이 없다.

어떤 이들은 "두산 영구채의 발행 조건을 보면 금리가 5년 뒤부터 8% 대까지 급등하게 되어있어 조기상환할 수밖에 없는 구조인데, 이런 것도 자본으로 볼 수 있느냐"고 지적한다. 그러니까 5년 뒤에는 회사가 금리 부담 때문에 콜옵션을 행사해 투자자들로부터 영구채를 되살 가능성이 크므로, 부채로 봐야 한다는 것이다.

회사에서 콜옵션을 가지고 있다는 것은 상환해도 되고 안 해도 된다는 뜻이다. 회사 선택에 따라 원금을 갚지 않아도 되는데, 유동성 위기가 우려된다면서 굳이 원금을 갚을 수밖에 없을 것이라고 가정하는 것은 좀 억지스럽다.

회사에서 보유한 콜옵션은 영구채의 자본적 성격을 더욱 강화하는 조건으로 보는 게 타당할 것 같다. 신용평가회사들이 두산인프라코어의 영구채 금액 상당 부분을 부채로 간주하는 것은 회계기준과는 달리 신용평가사들의 평가기법과 내부 방침에 따른 것으로 이해하면 된다.

PART 032

자산의 원천, 자본과 부채

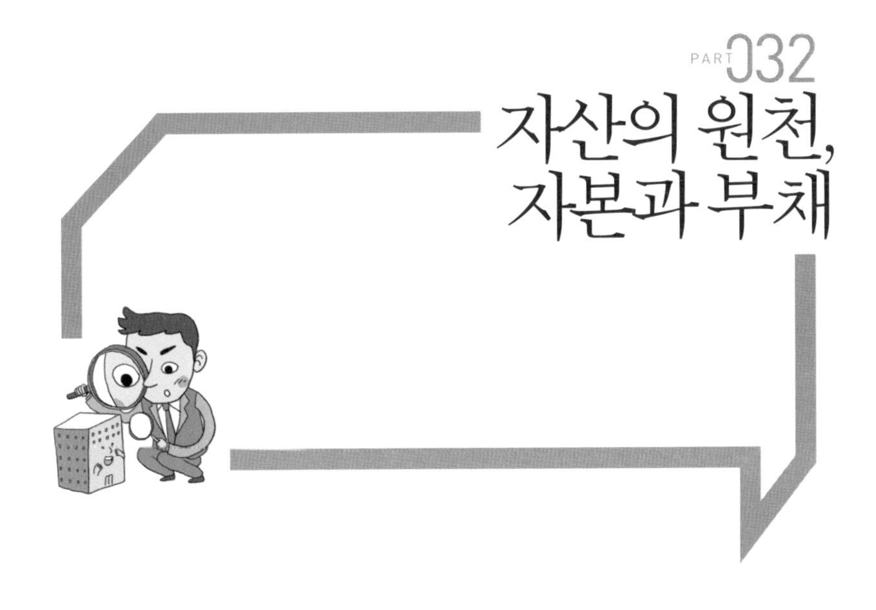

출자와 차입금으로 주식회사를 출범시키다

갑, 을 두 사람이 각각 5000만 원씩 종잣돈(자본금)을 내어 식품회사 (주)대박을 설립했다. (주)대박은 액면가 5000원짜리 주식을 발행해 출자자인 갑에게 1만 주, 을에게 1만 주를 분배했다.
회사는 이와 함께 은행에서 2억 원의 대출을 받았다. 이렇게 해서 (주)대박은 현금자산 3억 원을 갖게 되었다. 이 현금은 자본금(주주 출자금) 1억 원과 부채(은행 차입금) 2억 원에서 비롯되었다.

(주)대박은 현금을 활용해 공장(1억 원), 기계설비(1억 5000만 원), PC(2000만 원)를 구매했고 남은 돈 3000만 원을 은행에 입금해 놓았다. 현금자산뿐이던 (주)대박은 이제 공장, 기계, PC, 현금 등 다양한 자산을 보유하게 되었다. 이러한 자산의 원천은 회사를 설립할 때의 자본금과 부채다. (주)대박의 재무상태표는 아래와 같다.

| 표 8. (주)대박 재무상태표 |

자산(3억 원) = 자본금(1억 원) + 부채(2억 원)

* 자산의 내용 : 공장, 설비, PC, 현금 등

차량 구입과 자금 차입 후 자산, 자본, 부채 변화

이후 회사가 1000만 원을 들여 차량을 구매한다면 어떻게 될까? 현금자산이 1000만 원 줄고 대신 1000만 원짜리 차량운반구가 유형자산으로 새로 생긴다. 자산의 내용은 변하지만, '자산 = 자본 + 부채' 등식은 변함이 없다.

이번에는 은행에서 새로 5000만 원을 빌렸다고 하자. 부채가 5000만 원 증가하고, 자산(현금)이 5000만 원 증가했다.

| 표 9. (주)대박 5000만 원 차입 후 재무상태표 |

자산(3억 5000만 원) = 자본(1억 원) + 부채(2억 5000만 원)

주식발행초과금으로 자본잉여금이 생기다

자본에도 변화가 있을 수 있다. 대박이 신주 5000주를 발행해 다른 투자자 병과 정에게 각각 2500주씩 분배한다고 하자. 그리고 주당 발행가격은 8000원으로 정했다. 주당 8000원에 신주 5000주를 발행했으니 회사로 불입되는 자본은 4000만 원(8000원 × 5000주)이다. 증가하는 자본 4000만 원은 다시 자본금과 주식발행초과금 계정으로 나눌 수 있다. 자본금은 '액면가 × 발행주식 수'로 계산된다. 따라서 '액면가 5000원 × 발행주식 수 5000주 = 2500만 원'의 자본금 증가가 발생한다. 액면가를 초과하는 주당 3000원(발행가격 8000원 - 액면가 5000원)에다 발행주식 수 5000주를 곱한 1500만 원은 '주식발행초과금(주식을 발행할 때 액면가를 초과해 얻은 금액)'으로 재무제표에 보고된다.

이 초과금은 회사의 영업활동, 손익거래, 자산처분 등에서 발생한 것이 아니다. 회사가 신규투자자 또는 기존 주주에게 신주를 발행하거나,

이들이 보유한 주식을 매입하는 등 이른바 자본 거래에서 발생한 잉여금의 한 종류다. 따라서 이를 '자본잉여금'이라고 부른다(뒤에서 살펴보겠지만, 자본잉여금에는 주식발행초과금 외에도 여러 종류가 있다).

이제 회사의 자본 항목 구성이 기존에 자본금 뿐이던 구조에서 '자본금 + 주식발행초과금'의 구조로 바뀐다.

회사가 이처럼 투자자 또는 기존 주주에게 신주를 발행해 주고 그 대금을 받는 것을 '유상증자'라고 한다. 이때 증자란 '자본금의 증가'를 의미한다. (주)대박은 유상증자를 통해 자본 4000만 원 증가, 그리고 자산도 4000만 원(현금) 증가했다.

| 표 10. (주)대박 유상증자 후 재무제표 |

자산(3억 9000만 원) = 자본(1억 4000만 원) + 부채(2억 5000만 원)

- 자본금(액면가 × 발행주식 수) = 회사 설립 시 주주출자금 1억 원 + 유상증자로 자본금 증가 2500만 원 = 1억 2500만 원
- 자본잉여금 = 유상증자 시 주식발행초과금 1500만 원 발생

영업의 결과, 이익잉여금을 발생시키다

1년간 (주)대박이 영업을 해 1000만 원의 이익을 냈다고 하자. 손익계산서에는 당기순이익 1000만 원이 기록된다. 회사의 주요 영업활동(식품 제조·판매)과 영업외활동(이자, 임대, 자산처분 등)에서 발생한 수익 및 비용을 계산해 당기순이익을 창출했으므로 이를 이익잉여금이라고 한다. 배당*을 하면 그만큼 이익잉여금이 줄어든다. 배당은 회계에서 '이익잉여금의 처분'으로 인식한다.

배당 : 기업이 일정기간 동안 영업활동을 해 발생한 이익 중 일부를 주식을 가지고 있는 사람들에게 나누어주는 것이다.

(주)대박이 배당하지 않는다고 가정하면 손익계산서의 당기순이익은 동시에 재무상태표 자본 항목 내 이익잉여금 계정으로 1000만 원 계상되므로 자본이 그만큼 늘어난다. '자산 = 부채 + 자본' 등식이 성립하려면 자산도 1000만 원만큼 증가해야 한다.

(주)대박이 당기순이익 1000만 원을 창출한 과정을 최대한 간단하게 가정해 보자. 4000만 원의 제조원가를 들여 만든 식품을 6500만 원에 팔았다(현금 거래했다고 가정). 그리고 직원들 급여로 1000만 원을, 은행 이자 비용으로 500만 원을 지출했다.

회사 손익계산은 다음과 같다.

매출	6500만 원
(-)매출원가	4000만 원
(-)급여	1000만 원
(-)이자비용	500만 원
당기순이익	1000만 원

1000만 원의 이익을 내는 과정에서 자산에서는 어떤 변화가 있었을까? 다음과 같이 정리할 수 있다.

재고자산(제조식품) 감소	(-)4000만 원
현금 증가(판매대금 유입)	(+)6500만 원
현금 감소(급여 지급)	(-)1000만 원
현금 감소(이자 지급)	(-)500만 원
자산 증감	(+)1000만 원

자산이 활용되어 수익과 비용이 발생하고 그 결과로 당기순이익 1000만 원이 창출되는 것이므로, 결국 자산 역시 1000만 원 증가하는 것이다. 이제 자본의 구성은 '자본금 + 자본잉여금 + 이익잉여금'으로 변한다. 회계 등식의 수치는 다음과 같이 변한다.

| 표 11. (주)대박 당기순이익 1000만 원 창출 후 재무제표 |

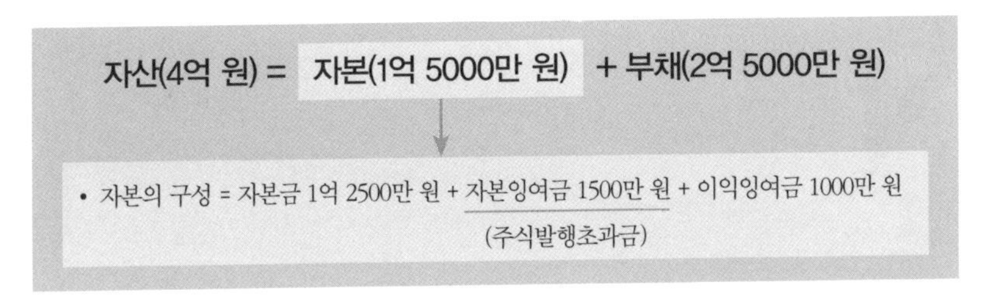

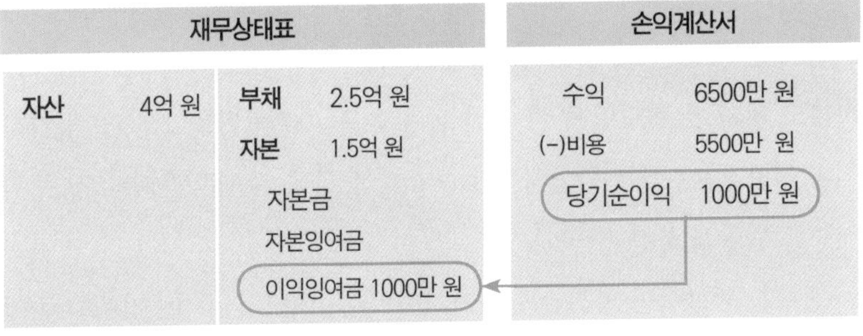

* 손익계산서의 당기순이익을 재무상태표 내 이익잉여금으로 보냄

PART 033

기업의 성장과 쇠락에 따른 자본 변화

: 무상증자, 무상감자, 자본잠식

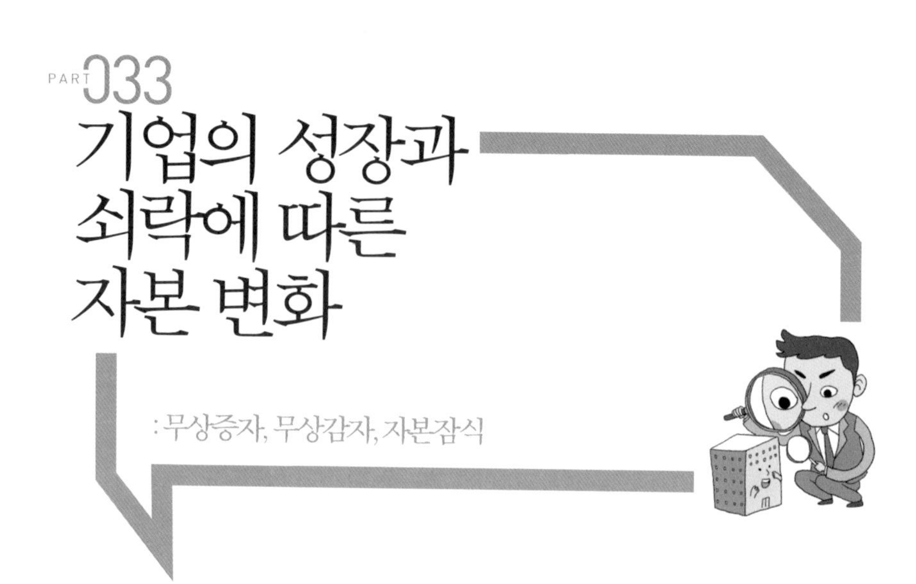

무상증자, 잉여금을 자본금으로

(주)대박은 기존 주주인 갑, 을, 병, 정에게 신주를 발행해 무상으로 나눠주기로 했다. 기존 주식 1주당 0.1주의 비율(무상증자비율 10%)로 무상배분한다고 하자. 그럼, 1만 주씩 가진 갑과 을은 1000주씩을, 2500주씩 가진 병과 정은 250주씩를 무상배정받는다. 이를 위해 (주)대박은 총 2500주의 신주를 발행해야 한다.

신주를 발행하면 자본금 증가가 일어난다. 대박의 무상증자에서 늘어나는 자본금은 1250만 원(5000원 × 2500주)이다. 무상증자 신주발행가격은 액면가이므로 주식발행초과금은 없다.

무상증자를 하면 말 그대로 회사에 실제로 유입되는 주식대금이 없다. 신주 발행으로 자본은 증가하는데, 유입되는 현금이 없으므로 자산 수치는 그대로인 상황이 발생한다. 무상증자는 어떻게 회계 처리되어야 할까?

상법에서 무상증자는 자본잉여금 또는 이익잉여금을 자본금으로 전입하고, 이 전입액에 기반해 신주를 무상분배하는 것이라고 되어있다. 예를 들어 회사 자본이 1억 원(자본금 6000만 원 + 잉여금 4000만 원)인 상황에서 무상으로 신주를 1000주를 발행해 주주들에게 나눠주려면, 500만 원(액면가 5000원 × 1000주)의 잉여금을 자본금으로 전입시키면 되는 것이다.

자본 내에서 잉여금이 줄고 자본금이 그만큼 늘어나므로 무상증자 뒤의 회사 자본은 1억 원 그대로다. 다만 자본 구성은 '자본금 6500만 원(500만 원 증가) + 잉여금 3500만 원(500만 원 감소)'으로 변한다.

(주)대박의 경우 무상으로 신주를 2500주 발행해야 하므로 잉여금 중 1250만 원(5000원 × 2500주)을 빼내 자본금으로 전입해야 한다. 이렇게 하면 무상증자 뒤 대박의 자산, 부채, 자본 수치는 그대로다.

무상증자의 재원으로 활용 가능한 것은 자본잉여금이나 이익잉여금 중 법정적립금이다. 참고로, 기업들은 대개 자본잉여금 중 주식발행초과금을 무상증자 재원으로 많이 활용한다.

| 표 12. (주)대박 무상증자 후 자본 구성 |

자본 1억 5000만 원 = 자본금 1억 2500만 원 + 자본잉여금 1500만 원 + 이익잉여금 1000만 원

무상증자

자본 1억 5000만 원 = 자본금 1억 3750만 원 + 자본잉여금 250만 원 + 이익잉여금 1000만 원

1초 만에 자본잠식 판별하는 법

(주)대박의 영업이 부진해 이번에는 6000만 원의 당기순손실을 냈다고 하자. 이익잉여금은 회사의 당기순이익을 누적시켜 나가는 계정이다. 그런데 대규모 적자를 내거나 지속해서 적자가 누적되면 이익잉여금 계정이 마이너스가 된다. 이것이 바로 결손금(마이너스 이익잉여금계정)이다.

아래는 STX중공업의 2015년 연결재무제표 재무상태표 중 자본 부분을 발췌한 것이다. 이익잉여금 계정 수치를 괄호로 묶어 '마이너스 이익잉여금' 즉 결손금이라는 표시를 해 놓았다.

| 표 13. STX중공업 2015년 연결재무제표 재무상태표 중 |

(단위 : 백만 원)

자본	2015년 말	2014년 말
자본금	64,918	285,772
보통주자본금	64,918	285,772
기타자본구성요소	363,262	277,374
기타자본잉여금	300,582	247,671
자기주식	(41)	(669)
기타포괄손익누계액	62,720	30,372
이익잉여금(결손금)	(321,440)	(565,382)

(주)대박은 이익잉여금 계정 잔액이 1000만 원인 상태에서 6000만 원의 당기순손실을 기록했기 때문에 이익잉여금이 마이너스 즉, 결손금 5000만 원을 기록한다. 회사의 자본만 놓고 보면 다음과 같이 변한다.

| 표 14. (주)대박 자본 구성 |

구분	금액
자본총계	9000만 원
자본금	1억 3750만 원
자본잉여금	250만 원
이익잉여금(결손금)	(5000만 원)

여기서 주목할 부분은 자본총계(9000만 원)가 자본금(1억 3750만 원)보다

적다는 점이다. 회사가 정상적인 영업활동으로 이익을 계속 낸다면 자본금 수치에다 이익잉여금 누적 수치가 가산되기 마련이다. 그럼 자본금 수치보다 자본총계 수치가 커야 한다. 그러나 (주)대박의 경우 대규모 적자 때문에 이익잉여금 계정이 누적 마이너스(미처리결손금)가 됐기 때문에 자본금보다 자본총계가 적은 상태가 된 것이다. 이처럼 자본금보다도 자본총계가 더 적은 상태를 두고 '자본잠식'이라고 한다.

대규모 적자 등으로 자본금보다 자본총계가 더 적어진 상태, 즉 자본금이 깎여나간 상태를 자본잠식이라고 한다.

표 14에서 자본잉여금 수치가 더 컸다면 자본잠식 상태까지 가지는 않을 것이다. 예를 들어 자본잉여금이 6000만 원 정도 된다면 자본총계는 1억 4750만 원으로, 자본금보다 1000만 원 큰 상태가 될 것이다. 그러나 자본잉여금마저 250만 원으로 빈약해서 자본잠식 상태가 되었다. 자본잠식률은 34.5%다. 자본잠식률 계산법은 자본총계와 자본금 간 차액을 자본금으로 나누는 것이다(34.5% = 4750만 원(자본총계와 자본금 간 차액)/1억 3750만 원(자본금)).

CHAPTER 09

무상감자 후 회계 처리

이렇게 회사가 결손금 때문에 자본잠식 상태에 놓였을 경우 일반적으로 기업이 자본잠식 탈출을 위해 가장 많이 사용하는 방법은 '무상감자'다. 예를 들어 결손금(5000만 원)만큼 자본금을 감소시키고, 감소한 자본금과 결손금을 상계 처리하는 방법이다.

발행주식을 무상으로 회수해 소각 처리하는 감자를 하면 자본금이 감소한다.

자본금을 5000만 원만큼 감소시키려면 어떻게 해야 할까? 자본금을 증가시키려면 주식을 발행해야 한다. 반대로 감자하려면 발행주식 수를 줄이면 된다. 즉 주주들이 보유하고 있는 주식을 회사가 회수해 소각처리를 하면 된다. (주)대박의 경우 5000만 원의 감자가 필요하므로 갑, 을, 병, 정 네 명의 주주로부터 1만 주(액면가 5000원 × 1만 주 = 5000만 원)를 회수해 소각해야 한다. 네 명의 주주가 보유하고 있는 총 주식 수가 2만 2500주이므로, 1만 주를 회수하려면 45% 정도의 감자를 실시해야 한다.

감자는 회사가 하고 싶다고 해서 마음대로 할 수 있는 것은 아니다. 이사회 결의를 거쳐 주주총회에서 주주들이 찬성해야하는 등 상법상의 절차에 따라야 한다. 이렇게 하면 회사 자본 구조는 다음과 같아진다.

| 표 15. (주)대박 무상감자 후 자본 구조 |

구분	금액
자본총계	9000만 원
자본금	8750만 원
자본잉여금	250만 원
이익잉여금(결손금)	0

- 자본금 8750만 원 = 1억3750만 원 - 5000만 원(감자)
- 결손금 0 = (-5000만 원) + 5000만 원

➡ 자본금 계정에서 5000만 원이 차감되고, 이 수치가 이익잉여금(결손금) 계정에 가산됨으로써 '0'이 됨.

만약 무상감사 규모를 6000만 원으로 한다고 하자. 그러면 결손금을 상계하고도 1000만 원이 남는다. 이것은 감자차익이다. 주주들에게 아무런 대가를 주지 않고 주식을 회수·소각해 발생시킨 차익이다. 자본 거래에서 발생한 차익으로, 자본잉여금의 한 종류이다.

이 경우 자본 구조는 아래처럼 된다.

| 표 16. (주)대박 감자차익 발생 후 자본 구조 |

자본 9000만 원 = 자본금 7750만 원 +
자본잉여금 1250만 원(감자차익 1000만 원 반영) +
이익잉여금(결손금) 0원

PART 034

유상감자와 감자차손은 부창부수?

: 싱가포르투자청과 사모펀드의 투자회수기

서울 광화문에 있는 서울파이낸스센터를 보유한 회사는 (주)서울파이낸스센터다. 이 회사 소유주는 싱가포르투자청(GIC)으로, 지분 100%를 보유하고 있다.

GIC는 외환위기 이후인 2000년 서울파이낸스센터빌딩을 인수했다. 투자금은 3500억 원 정도. 인수 14년이 지난 2014년까지 GIC는 투자금에 육박하는 3200억 원가량을 회수했다. 시가 1조 원이 넘는 빌딩은 그대로 보유한 채 말이다.

서울 역삼역 앞 강남파이낸스센터도 GIC 소유다. 이 빌딩을 보유·관리하고 있는 (주)강남금융센터의 지분을 100% 보유하고 있는 곳도 GIC다. 2004년 9000억 원을 투자해 강남파이낸스센터를 인수한 GIC는 투자 10여 년만인 2014년까지 무려 5500억 원가량의 투자금을 회수했다. 역시 1조 7000억 원짜리 빌딩은 그대로 보유한 채 말이다.

GIC의 투자금 회수에는 혹시 대단한 비법이 있었을까?

GIC

유상감자로 발생한 감자차손과 감자차익 회계 처리

홍콩계 사모펀드 운영회사 어피너티에쿼티파트너스(AEP)가 조성한 사모펀드 스텔라인베스트먼트(이하 스텔라)는 풀무원식품의 주주였다. 2015년 7월 스텔라 측은 보유 주식(보통주 220만 2096주)을 회사가 유상으로 매입해 달라고 요구했다. 즉 유상감자로 투자금을 회수하겠다는 생각이었다.

우리는 앞서 무상감자에 대해 알아봤다. 무상감자의 목적은 대개 결손금 해소를 통한 재무구조 개선이다. 결손금은 회사가 이익을 내면 없어진다. 예를 들어 이익잉여금 계정이 마이너스가 되어 결손금이 5억 원 있다고 하자. 회사가 8억 원의 당기순이익을 낸다면 이익잉여금 계정으로 8억 원이 유입(배당은 없는 것으로 가정)된다. 그럼 결손금 5억 원은 없어지고, 이익잉여금 계정은 플러스 3억 원으로 전환한다.

그러나 누적 결손금 규모가 커서 회사가 자본잠식 상태에 빠져 있거나, 자본잠식 진입 가능성이 클 때, 또는 앞으로 단기간에 이익을 내 결손금을 해소할 가능성이 크지 않을 때 등은 무상감자를 단행해 결손금을 해소하는 경우가 대부분이다. 특히 상장회사의 경우 자본잠식 정도에 따라 상장폐지를 당할 수도 있으므로 무상감자를 재무구조 개선방법으로 흔히 선택한다. 무상감자와 달리 유상감자는 회사가 주주에게 대가를 주고 주식을 회수·소각하는 것이다. 주식의 액면가보다 지급대가가 많으면 회사는 '감자차손'을 반영해야 한다. 액면가보다 지급대가가 적으면 '감자차익'으로 회계 처리한다.

예를 들어 주주 보유 주식 10주(주당 액면가 5000원)를 주당 2만 원에 유상소각하면 주당 1만 5000원(지급대가 2만 원 - 액면가 5000원)만큼의 감자차손이 발생한다. 이 경우 감자차손은 총 15만 원이다. 만약 주당 3000원에 유상소각을 하면 총 2만 원((액면가 5000원 - 지급대가 3000원) × 10주)의 감자차익이 발생한다.

감자차익이나 감자차손은 '차익'이니 '차손'이니 하는 표현이 붙어있기는 하지만, 손익계산서에 당기손익으로 반영하는 계정이 아니다. 감자차익은 주주와의 자본 거래(주식 거래)에서 발생한 것이므로 자본잉여금의 한 종류다. 우리는 앞서 주식발행초과금도 자본잉여금에 속하는 계정이라는 것을 배웠다.

감자차손은 액면가보다 더 많은 대가를 주고 주식을 회수·소각하는 것이므로 당연히 잉여금이 될 수는 없다. 그럼 어떻게 회계 처리해야 할까? 감자차손이 가야 할 위치는 기본적으로 자본 항목 내 '자본조정'이다. 자본조정은 자본총계에 차감 또는 가산되는 여러 가지 잡동사니 계정들을 모아놓은 항목이라고 보면 된다(기업에 따라서는 자본 항목 안에 자본조정을 따로 두지 않고 '기타자본구성항목' 또는 '기타불입자본' 안에 감자차손을 포함해 여러 가지 계정들을 통합시키는 경우도 있다).

사모펀드 투자회수용 유상감자에 풀무원식품 1371억 원 감자차손

다음은 풀무원식품이 2015년 7월 14일 〈감자 결정〉이라는 제목으로 공시한 내용이다.

| 표 17. 풀무원식품 2015년 7월 14일 〈감자 결정〉 공시 |

감자주식 종류와 수	보통주식(주)	2,202,096	
1주당 액면가액(원)		5,000	
감자 전후 자본금		감자 전(원)	감자 후(원)
		32,345,715,000	21,335,235,000
감자 방법		임의 유상소각	
감자 사유		지배구조 개선	
감자 일정	주총 예정일	2015년 7월 14일	

* 기타 투자 판단에 참고할 사항
- 감자 방법 : 임의 유상소각
- 회사는 총 주주에게 감자에 참여할 기회를 부여했고, 이에 감자를 원하는 주주 S.I.H.(Stella Investment Holdings)로부터 1주 금액 5000원의 보통주식을 1주당 금 6만 7294원으로 양도받아 소각.

스텔라가 보유한 220만 2096주를 주당 6만 7294원을 지급하고 유상감자한다는 내용이다. 감소하는 자본금은 '액면가 5000원 × 주식 수 220만 2096주 = 110억 1048만 원'이다. 이 과정에서 감자차손은 얼마나 발생할까? '6만 2294원(지급대가 6만 7294원 - 액면가 5000원) × 220만 2096주 = 1371억여 원'에 이른다. 이 감자차손은 자본조정 항목에 들어가 마이너스 역할을 한다. 즉, 자본총계 수치를 감소시킨다.

이 유상감자가 7월에 시행됐으므로 풀무원식품의 2015년 3분기 보고서에 반영됐을 것이다. 3분기 연결재무제표와 그 주석에서 이 유상감자가 어떻게 처리되었는지를 살펴보자. 표 18은 재무상태표 중 자본총계 부분을 발췌·편집한 것이다.

| 표 18. 풀무원식품 2015년 3분기 연결재무제표 중 자본 구성 내역 |

(단위 : 백만 원)

구분	2015년 3분기말	2014년 말
자본금	26,536	28,150
기타불입자본	148,126	224,751
기타자본구성요소	(727)	(4,533)
이익잉여금	(15,625)	(12,744)

자본 구성 내역을 보면 풀무원식품은 자본을 자본금, 기타불입자본, 기타자본구성요소, 이익잉여금 등 크게 네 가지로 분류해놓았다. 앞서 설명했듯 한국채택국제회계기준(K-IFRS)은 자본을 어떤 구성 요소로 표기하라

는 기준을 제시하지 않기 때문에 기업마다 내용에 조금씩 차이가 있다.

일반적으로 보면 자본금(보통주 자본금, 우선주 자본금)과 이익잉여금(또는 결손금)은 대부분 기업이 따로 표기해 놓는다. 자본잉여금(주식발행초과금, 감자차익, 자기주식처분이익 등)도 따로 표기하는 경우가 많다.

그런데 자본조정(감자차손, 자기주식처분손실, 주식선택권 등)에 속하거나 기타포괄손익누계액(매도가능 증권 평가손익 등)에 속하는 계정들은 뭉뚱그려서 '기타자본요소' '기타불입자본'이라는 이름의 항목으로 통합해 놓는다.

풀무원식품의 경우를 보면, 자본금과 이익잉여금만 따로 표기하고 주식발행초과금을 포함한 나머지 계정들은 모두 기타자본 또는 기타불입자본에 뭉뚱그려놓았다.

이 회사의 재무제표 주석을 보면, 자본 중에서도 기타불입자본 내역을 제시해 놓았다. 여기서 1371억여 원의 감자차손을 확인할 수 있다.

| 표 19. 풀무원식품 2015년 3분기 연결재무제표 중 기타불입자본 구성 내역 |

(단위 : 백만 원)

구분	당분기 말(2015년 3분기말)	전기 말(2014년 말)
주식발행초과금	259,430	198,877
기타자본잉여금	25,874	25,874
감자차손	(137,177)	-

과거 사례를 보면 지분 상속으로 대주주가 된 오너 일가가 상속세 납부 자금을 마련하기 위해 유상감자를 단행한 경우가 있었다. 또 세무조사로 거액의 개인 세금 추징을 당한 대주주가 역시 세금 때문에 유상감자를 하기도 했다.

모회사가 재무구조 개선이나 투자금 확보를 위해 자회사 지분에 대해 유상감자를 하는 경우도 있다. 외국계 투자자의 경우 경영권보다는 투자 차익을 얻는 것이 목적이므로, 투자금 회수 차원에서 유상감자에 나서는 경우가 많다. 우리 귀에 너무나 익숙한 미국계 론스타펀드가 외환은행과 강남지역 빌딩에 투자해 유상감자 등으로 엄청난 차익을 낸 것은 잘 알려진 사실이다.

싱가포르투자청, 2014년에만 두 번의 유상소각으로 6300억 원 회수

앞서 언급했던 싱가포르투자청(GIC)은 2014년 1월 서울파이낸스센터(주) 주식 242만여 주를 주당 7만 5500여 원(액면가 1만 원)에 유상소각하면서 한번에 1830억 원의 자금을 회수했다. 서울파이낸스센터는 1587억 원의 감자차손을 자본조정으로 인식했다. 그 이전의 유상감자와 배당 등을 포함해 싱가포르투자청은 총 3200억 원을 회수했다.

역시 2014년 1월 강남금융센터(주)에 대해서도 유상감자를 실시, 한번에 4430억 원을 걷어갔다. 강남금융센터는 보통주 100주를 무려 주당 8억 3000만 원에, 148만여 주는 24만 3000원에 유상소각했다. 이 때문에 발생한 3451억 원의 감자차손을 자본조정으로 인식했다.

서울파이낸스센터와 강남금융센터에 투자한 싱가포르투자청은 두 차례 유상감자와 배당으로 3200억 원을 회수했다.

PART 035

자기주식을 사고 팔 때 회계 처리

비메모리반도체업체 다윈텍(현재 사명 한컴지엠디)은 2015년 초 디지털 데이터 복구 전문업체인 지엠디시스템 지분을 100% 인수했다. 인수대금 90억 원 가운데 72억 원은 현금으로, 나머지 18억 원은 다윈텍이 보유하고 있던 자기주식(다윈텍 보통주)으로 치렀다.

한미약품그룹 지주회사 한미사이언스도 2016년 6월 약품조제기 제조업체 제이브이엠을 인수하면서, 대금 1292억 원 가운데 80%를 자기주식으로 지급했다. 자기주식을 인수·합병에 활용해 현금 유출 부담을 확 줄인 것이다.

이 밖에도 많은 회사들이 보유하고 있던 자기주식을 임직원 인센티브나 성과급 지급, 스톡옵션 부여 등 다양한 용도로 활용하고 있다. 특히 회사 주가가 많이 올라 과거 매입해 놓았던 자기주식의 가치가 크게 뛴 기업들은 자기주식을 외부에 매각해 미래 신규 사업 투자 재원으로 활용하거나 인수·합병 결제 자금으로까지 활용하고 있다.

자기주식은 시장에서 유통되고 있는 주식을 발행회사가 다시 사들여 보유하는 것이다. 회사가 자기주식을 사고 팔 때 어떻게 회계 처리를 할까?

자기주식은 자산이 아니다!

기업이 이미 발행한 주식을 되사면 어떻게 회계 처리될까? 예를들어 해태제과가 증권시장에서 자기주식 10억 원어치를 사면, 회사 차원에서는 10억 원의 현금자산을 사용해 10억 원의 주식자산을 구입한 것으로 회계 처리하면 될까?

정답은 "그렇게 해서는 안 된다"이다. 한국채택국제회계기준(K-IFRS)이나 일반기업회계기준(K-GAAP)에서는 기업이 취득하는 자기주식을 '자산'으로 인정하지 않는다.

해태제과가 주식 10주를 주당 1만 원에 발행했고 투자자들이 이를 매입해 주주가 됐다. 그러면 해태제과 재무상태표에는 10만 원(발행금액 1만 원 × 10주)의 자본 증가가 일어난다.

이렇게 해 유통되고 있는 주식을 해태제과가 다시 증권시장에서 주주들로부터 되사 회사가 보유한다는 것은 애초 이 주식을 발행하지 않은 것과 마찬가지다. 즉 자본에서 자기주식 매입대금만큼을 빼주는 회계 처리를 해야 한다는 것이 K-IFRS와 일반기업회계기준의 규정이다.

해태제과는 현금 10만 원을 사용해(10만 원 자산 감소) 자기주식 10만 원어치를 매입(10만 원 자본 감소)한 것으로 기록한다. 자기주식 계정은 일반적으로 자본 항목 내에서 자본조정에 포함되는데, 자본 수치를 차감하는 역할을 한다.

표 20은 가상으로 만들어 본 해태제과 자본 구성이다. 자본조정에서 자기주식 10만 원이 마이너스(차감) 역할을 하고 있다.

| 표 20.해태제과 자본 구성(가상) |

구분	금액
자본(총계)	290억 원
자본금	10억 원
자본잉여금	90억 원
이익잉여금	200억 원
자본조정(자기주식)	(10억 원)

자기주식을 장부가격보다 비싸거나 싸게 팔 때 회계 처리

이 자기주식을 다시 12억 원에 팔면 어떻게 될까? 현금 12억 원이 유입된다. 장부에 기록돼 있던 10억 원의 자기주식은 제거되고, 2억 원의 자기주식처분이익이 발생한다. 자기주식처분이익은 투자자와의 주식 거래(자본거래)에서 발생한 것이므로 '자본잉여금'의 일종이다.

자본에서는 차감 역할을 하던 자기주식 10억 원이 제거되므로 자본총계가 10억 원만큼 늘어나는 효과가 있다. 자기주식처분이익이라는 자본잉여금이 2억 원 발생했으므로 자본총계가 또 2억 원 증가한다. 그래서 모두 12억 원의 자본 증가 효과가 생긴다.

| 표 21. 자기주식을 12억 원에 매각한 뒤 자본 구성 |

구분	금액
자본(총계)	302억 원
자본금	10억 원
자본잉여금	92억 원
이익잉여금	200억 원
자본조정(자기주식)	-

자기주식을 12억 원이 아니라 7억 원에 팔았다면 어떻게 될까? 일단 자기주식매각대금으로 7억 원이 들어오므로, 자산에서 7억 원(현금)의 증가가 있다. 자본조정에 차감 항목으로 기록돼있던 자기주식 10억 원은 제거된다. 10억 원의 자본 증가 효과가 발생한다. 그러나 장부상 10억 원의 자기주식이 7억 원에 매각됐으므로 자기주식처분손실 3억 원을 반영해줘야 한다.

자기주식처분손실 계정도 일반적으로 자본조정으로 분류한다. 손실이므로 당연히 자본을 차감하는 역할을 한다. 그러니까 자본조정에서 자기주식 10억 원이 제거되면서 자본에 10억 원 더해지는 효과가 생기지만, 제거(처분) 과정에서 발생한 자기주식처분손실 3억 원이 자본조정으로 계상되어 자본 차감 역할을 한다.

최종적으로 자본 수치에 더해지는 것은 7억 원인 셈이다(자기주식처분이익은 '자본잉여금' 항목, 자기주식처분손실은 '자본조정' 항목이라는 점을 기억하자). 간단하게 정리하자면 자기주식을 12억 원에 매각하면 자본이 12억 원 증가하는 효과(290억 원 + 12억 원 = 302억 원), 7억 원에 매각하면 7억 원 증가하는 효과(290억 원 + 7억 원 = 297억 원)가 생긴다고 이해하면 된다.

| 표 22. 자기주식을 7억 원에 매각한 뒤 자본 구성 |

구분	금액
자본(총계)	297억 원
자본금	10억 원
자본잉여금	90억 원
이익잉여금	200억 원
자본조정(자기주식처분손실)	(3억 원)

화인베스틸이 매입한 자기주식은 어디에 숨어있나

2015년 5월 6일 화인베스틸이라는 철강회사가 자기주식 125만 주를 증권시장에서 직접 취득하겠다는 내용의 공시를 했다. 자기주식 취득 목적은 '주가 안정 및 주주가치 제고'였다. 매입 기간은 5월 7일~8월 6일까지 석 달이었다.

6월 23일 화인베스틸이 공시한 〈자기주식 취득 결과 보고서〉에 따르면, 이 회사는 매일 5만 주~10만 주씩을 사들여 6월 19일 125만 주를 모두 채웠다. 총 매입대금은 47억 5500만 원(매입수수료 포함 금액)이다. 자기주식 매입이 5~6월까지 완료되었기 때문에 2015년 반기보고서 재무제표에 반영됐을 것이다.

다음 표는 화인베스틸의 2015년 반기 재무제표 중 자본 부분을 발췌한 것이다.

| 표 23. 화인베스틸 2015년 반기 재무제표 중 자본 부분 |

(단위 : 백만 원)

구분	금액
자본총계	101,764
자본금	16,050
기타불입자본	55,830
이익잉여금(결손금)	29,883

위 표에서 보면 자기주식이나 자본조정 항목이 안 보인다. 대신 '기타불입자본'이라는 항목이 기재되어 있다. 그래서 재무제표 주석으로 가서 기타불입자본 내역을 찾아봤다. 다음 주석(표 24)을 보면 자기주식 47억 5500만 원이 자본의 차감 요소로 반영되어 있다.

| 표 24. 화인베스틸 2015년 반기 재무제표 주석 중 기타불입자본의 내역 |

당반기 말(2015년 반기 말)과 전기 말(2014년 말) 현재 기타불입자본의 구성 내역은 다음과 같습니다.

(단위 : 백만 원)

구분	당반기 말(2015년 반기 말)	전기 말(2014년 말)
주식발행초과금	34,607	34,607
감자차익	25,662	25,662
자기주식	(4,755)	-
자기주식처분이익	316	316
합계	55,830	60,586

삼천리자전거가 매입한 자기주식은 기타자본항목으로 쏙!

코스닥기업 (주)삼천리자전거의 경우를 한 번 보자.

이 회사는 2015년 11월 4일 〈자기주식 취득 결정〉 공시를 했다. 주식시장에서 직접 보통주 9만 주를 사들였고, 매입 기간은 11월 5일~12월 31일까지, 자사주 취득 목적은 '주가 안정 및 주주가치 제고'였다.

12월 1일 삼천리자전거가 공시한 〈자기주식 취득 결과 보고서〉에 따르면, 11월 5일~26일까지 자사주를 매일 8000주씩 사들여 9만 주 취득을 완료했다. 총 취득대금은 16억 400만 원(매입수수료 포함)이다.

자기주식 매입은 2015년 연말 사업보고서 재무제표에 반영됐을 것이다. 표 25는 (주)삼천리자전거 재무제표의 재무상태표 중 자본 부분을 발췌한 것이다. 앞의 화인베스틸에서 '기타불입자본'이라는 이름을 사용한 것과 달리, 삼천리자전거는 '기타자본항목'이라는 명칭을 사용했다.

| 표 25. (주)삼천리자전거 2015년 연말 재무제표의 재무상태표 |

• 재무상태표의 자본 부분

구분	금액
자본총계	98,722
자본금	6,636
자본잉여금	53,030
기타자본항목	(4,366)
기타포괄손익누계액	(330)
이익잉여금	43,752

• 기타자본항목 내역

보고 기간 종료일 현재 기타자본항목의 내역은 다음과 같습니다.

(단위 : 백만 원)

구분	당기(2015년)	전기(2014년)
자기주식	(4,366)	(2,762)
자기주식 주식 수	1,000,000주	910,000주

위의 표를 보면, 삼천리자전거의 기타자본항목은 자기주식으로만 구성되어있다. 그리고 2014년 말 기준으로 삼천리자전거는 91만 주의 자기주식을 이미 보유하고 있었고, 2015년 중에 새로 9만 주를 취득하며 총 100만 주의 자기주식을 보유하고 있다는 것을 알 수 있다. 자기주식 매입에 들어간 금액은 2014년 말 27억 6200만 원에서, 2015년 중 16억 400만 원이 더해져 2015년 말 43억 6600여만 원이 됐다. 이 금액만큼이 자본 차감 요소로 작용하고 있다는 것을 알 수 있다.

CHAPTER 10

리스 거래와 세일앤리스백

PART 036

똑같이 빌려 쓰는데 어떨 때는 내 자산, 어떨 때는 남의 자산

: 금융리스와 운용리스

아래는 2016년 1~9월까지 몇몇 언론에 실린 기사의 일부분이다. 이 내용을 얼마나 이해할 수 있는지 한 번 체크해 보자.

- 항공기와 선박을 리스 방식으로 장기간 빌려 쓰는 국내 항공·해운 회사의 부채비율이 급증할 것이란 예상이 나온다. 현재는 자산을 빌리는 대가로 지급하는 리스료만 손익계산서에 반영한다. 그러나 2019년부터 리스 자산과 부채를 모두 회계장부에 기재하도록 국제회계기준(IFRS)이 바뀌기 때문이다. 이렇게 되면 2019년부터 리스 부채가 갑자기 늘어날 것이란 전망이다.
- 아시아나항공이 재무구조 개선을 위해 1662억 원 규모의 유상증자에 나선다. 높은 부채비율과 대규모 적자를 개선하기 위한 조치로 보인다. 아시아나항공은 운용리스 위주로 항공기를 운항했다. 그러나 대형항공기의 경우 금융리스로 선회함에 따라 부채비율이 큰 폭으로 증가했다.
- 제주항공이 이사회에서 항공기 세 대 구입을 의결했다. 항공기를 임대해서 쓰는 현재의 운용리스 방식에서 벗어나 금융리스 방식으로 항공기를 직접 보유하기로 했다. 현재 운항 중인 25대

의 제주항공 항공기는 모두 운용리스 회계를 적용하고 있다.

- 포스코대우(옛 대우인터내셔널)가 항공기를 빌려주는 운용리스사업 진출을 검토하고 있다. 항공기 운용리스사 설립은 국내 첫 사례다. 항공기 수요가 가파르게 늘고 있어 신사업으로 적합하다는 판단에서다.
- KTB투자증권이 총 8560만 달러(950억 원) 규모의 펀드를 조성, 항공기 금융사업을 한다. 싱가포르항공이 운항 중인 A330기를 소유주인 중국 리스사로부터 매입해 싱가포르항공에 약 6년간 임대(운용리스)하는 구조다. 투자자들은 싱가포르항공이 지급하는 리스료를 기반으로 원리금을 상환받는다. 리스 만기 시에는 항공기를 매각해 추가 차익을 기대할 수 있다.

굴착기를 리스한 변학도가 할 수 있는 두 가지 회계 처리

이몽룡이 굴착기 한 대를 180만 원에 구매했다. 임대수익을 올릴 목적에서다. 마침 변학도가 나타났다. 변학도는 이 굴착기로 소규모 공사에 참여해 돈을 벌어볼 작정이다. 변학도는 2년 동안 굴착기를 빌리기로 하고 사용료로 총 200만 원(연 100만 원)을 지급하기로 했다. 이른바 '리스(lease)'를 한 것이다. 변학도는 해마다 장부에 굴착기 리스비용으로 100만 원을 계상하면 될 것이다. 이몽룡은 해마다 장부에 굴착기 리스 수익으로 100만 원을 계상하면 끝이다. 2년이 지나면 굴착기 소유권은 어떻게 될까? 두 사람 간 특별한 약속이 없었다면 이 경우 변학도는 이몽룡에게 굴착기를 돌려준다. 2년 동안 단순히 장비를 빌려 사용했을 뿐이다.

그런데 이와는 상당히 다른 방법으로 회계 처리를 하는 경우가 있다. 굴착기를 2년 임대하고, 리스료로 연 100만 원씩을 주기로 계약하는 것은 앞의 경우와 같다. 그런데 리스 계약을 하자마자 변학도는 자기 장부에 굴착기 자산을 180만 원에 취득한 것으로 기록한다. 실제로 변학도가 이몽룡에게 180만원을 굴착기 값으로 지급한 사실은 없으니, 부채도 같은 금액인 180만 원이 생겼다고 기록한다.

변학도는 해마다 이몽룡에게 약속한 리스료 100만 원을 지급한다. 그런데 변학도는 이 100만 원의 지급 명목을 두 가지로 나눠 기록한다. 90만 원은 부채원금상환으로, 10만 원은 이자비용으로 적는다. 그 다음 해에도 똑같이 100만 원을 지급한 뒤 90만 원은 부채원금상환으로, 10만 원은 이자비용으로 기록한다.

이렇게 하면 2년 동안 변학도가 이몽룡에게 지급한 돈은 총 200만 원이 된다. 변학도의 장부상 회계 처리는 부채원금상환으로 180만 원(90만 원 × 2년), 이자비용으로 20만 원(10만 원 × 2년)을 지급한 것이 된다.

애초 리스장부에 기록했던 부채원금 180만 원은 2년 동안 당연히 제거될 것이다. 그럼 변학도가 자기 장부에 잡아놓은 자산 180만 원 기록은 어떻게 되나?

변학도가 굴착기를 자기 장부에 자산으로 잡아놓았기 때문에 감가상각을 적용한다. 굴착기에 대해 사용 기간인 2년 동안 감가상각해야 한다. 첫 해 감가상각비는 90만원이 발생하고 굴착기 장부가는 90만원(취득가 180만 원 - 감가상각누계 90만 원)이 될 것이다. 둘째 해에 또 90만 원을 감가상각하면 굴착기 장부가는 0원(취득가 180만 원 - 감가상각누계 180만 원)이 된다.

이 경우 2년 뒤 굴착기 소유권은 어떻게 될까? 일반적으로는 이몽룡에게서 변학도로 넘어가는 경우가 많다.

리스한 굴착기를 리스 제공자와 사용자 중 누구의 자산으로 볼 것인가?

첫 번째나 두 번째 회계 처리 방식 모두 변학도가 이몽룡에게 2년 동안 연 100만 원씩 지급한 것은 똑같다. 그럼 차이는 뭔가?

첫 번째 방식에서 굴착기는 이몽룡의 자산으로 유지된다. 감가상각도 이몽룡이 인식한다. 변학도는 해마다 100만 원의 사용료만 회계 처리하면 된다.

두 번째 방식에서는 변학도가 굴착기 가격만큼을 자기 장부에 자산과 부채로 동시에 인식한다. 연 100만 원을 지급하면서 이 돈으로 부채를 갚아나가고 이자를 내는 것으로 기록한다. 굴착기 감가상각도 변학도가 자기 장부에 반영한다.

그렇다면 의문이 생긴다. 왜 복잡하게 두 번째 방식처럼 회계 처리를 할까?

물론 개인 간 거래에서 이렇게 회계 처리하는 사람들은 거의 없을 것이다. 그러나 기업이 리스회사로부터 자산(기계설비, 선박, 항공기 등)을 빌릴 때는 회계기준에 따라 두 번째 방식처럼 해야 할 때가 있다.

자산을 단순하게 빌려서 사용하는 것으로 보는 첫 번째 방식을 '운용리스'라고 하고, 자산을 실질적으로 취득한 것이나 마찬가지라고 보는 두 번째 방식을 '금융리스'라고 한다(사실 금융리스 회계는 상당히 복잡한데, 위의 사례는 이해를 위해 최대한 간단하게 단순화 한 것이다.)

운용리스건 금융리스건 임대하는 리스자산의 법적 소유권은 이몽룡(리스 제공자)에게 있는 경우가 대부분이다(참고로, 리스 계약 직후 법적 소유권이 이전되는 경우도 있다). 변학도(리스 사용자)는 사용권만 갖는 형태가 일반적이다. 그런데도 변학도가 굴착기를 자기 장부에 자산 취득처럼 올리는 것은, 변학도가 사용할 굴착기를 회계기준상 변학도의 자산으로(자산 취득으로) 봐야 하는 요건에 들어맞는 경우가 있기 때문이다.

리스가 종료된 뒤 변학도가 이몽룡에게 굴착기를 반환하느냐 안 하느냐 여부가 운용리스와 금융리스를 구분하는 '절대적 기준'은 아니지만 리스 종료 뒤 변학도에게 굴착기 소유권이 넘어간다면 금융리스가 된다. 하지만 설령 변학도가 굴착기를 반환한다 하더라도 리스 이용 기간에는 금융리스(변학도의 자산, 부채로 인식)로 처리하는 경우가 있다.

그럼 어떤 경우 리스 이용자가 자산을 취득한 것으로 간주하고 금융리스 회계 처리를 해야 하는지 간단한 예를 들어보자.

우선, 리스 계약을 하면서 계약 종료 시점에 변학도에게 굴착기 소유권을 이전해 주기로 약속한 경우다. 따라서 리스 계약 종료와 함께 굴착기를 반환하지 않고 변학도가 소유권을 넘겨받는 것으로 계약을 했다면 당연히 금융리스가 된다. 이런 경우 리스가 개시되면 변학도는 굴착기를 자기 장부에 자산으로 인식해야 한다.

리스 계약 종료 이후 변학도가 굴착기를 반환하더라도 금융리스가 될 수 있다. 리스 기간이 굴착기 내용연수의 상당부분을 차지하는 경우다. 예를 들어 굴착기 내용연수가 10년인데, 변학도가 9년 동안 리스한 뒤 돌려주는 조건이라면 리스 회계에서는 굴착기를 변학도가 취득한 것으로 회계 처리하는 것이 거래의 실질에 부합한다고 간주한다.

또 하나 예를 들면 굴착기의 공정가치가 500만 원인데, 이몽룡에게 지급하기로 한 총리스료의 현재가치가 450만 원이라면, 총리스료가 굴착기 공정가치의 상당 부분을 차지하는 상황에 해당한다. 이 또한 자산 취득으로 간주해 회계 처리한다. 변학도가 굴착기를 빌려 쓰다가 특정 시점에 상당히 싼 가격에 굴착기를 이몽룡으로부터 매입할 수 있도록 계약돼 있다면 이 경우도 자산 취득으로 보고 금융리스 회계를 적용해야 한다.

| 그림 1. 금융리스 회계를 적용하는 경우 |

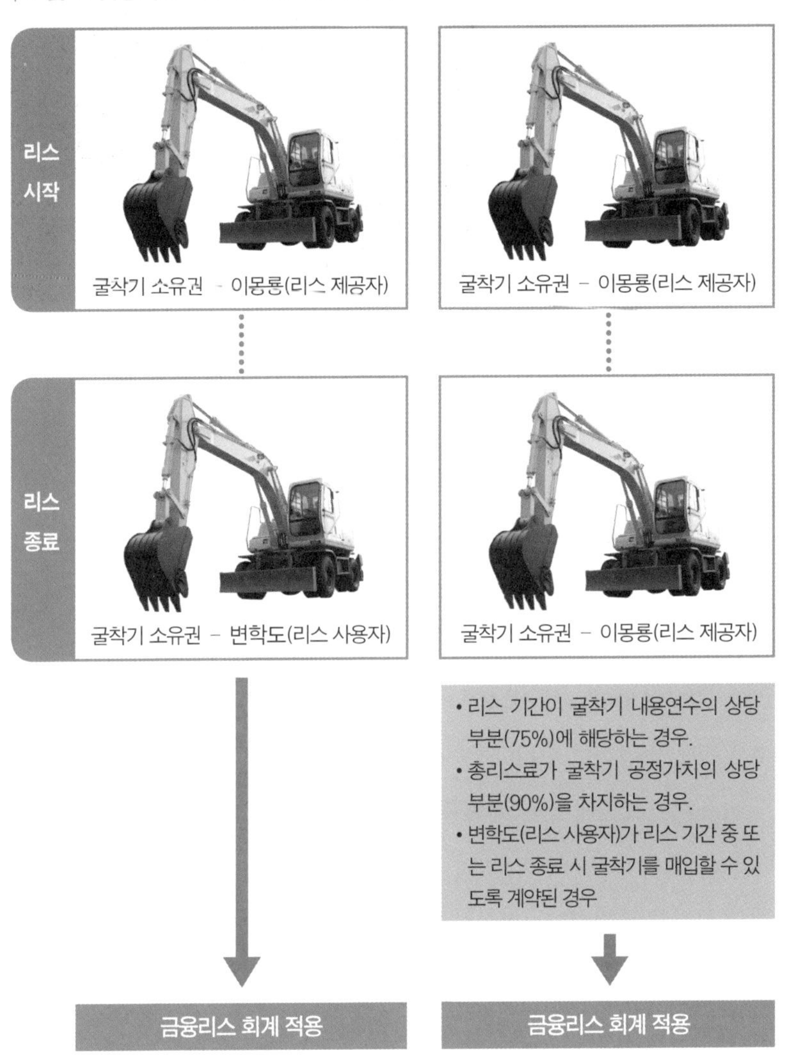

운용리스와 금융리스가 재무제표에 미치는 영향

운용리스와 금융리스는 재무제표에 미치는 영향이 다르다. 일반적으로 운용리스가 금융리스에 비해 재무 상태를 좀 더 좋아 보이게 만드는 효과가 있다. 금융리스의 경우 리스 계약을 하면 리스 자산과 리스 부채를 인

운용리스와 금융리스는 재무제표에 미치는 영향이 다르다. 일반적으로 운용리스가 금융리스에 비해 재무 상태를 좀 더 좋아 보이게 만드는 효과가 있다.

식해야 하므로 회사의 부채 규모가 급증할 수 있다. 리스 부채는 리스 종료 시점으로 갈수록 줄어들기는 하겠지만, 계속 재무상태표에 계상되어 있으므로 부채비율 면에서 운용리스에 비해 불리하다.

그리고 당기손익을 따져 봐도 리스 기간 초기에는 금융리스 회계를 적용할 경우 인식해야 할 비용이 더 크기 때문에 초기 손익 산정에서도 금융리스가 불리하다. 그래서 계약의 실질이 금융리스임에도 회계기준서의 리스 관련 조항이 모호한 점을 이용해 기업들이 운용리스로 회계 처리를 하는 경우가 있다고 한다.

이 다음 파트에서도 계속해서 리스 회계와 세일앤리스백(sale and lease-back, 매각 후 재임대) 방식 등을 다룬다. 아울러 리스의 여러 가지 사례와 설명을 통해 좀 더 확실하게 리스 회계를 이해해 보자.

항공사의 리스 회계

아마도 리스를 가장 많이 이용하는 업종 가운데 하나가 항공 운송업일 것이다. 항공기의 경우 가격이 매우 비싸기 때문에, 항공사들은 대부분 리스로 항공기를 확보한다.

항공사들은 운용리스로 지급하는 리스료를 매출원가에 반영한다. 아시아나항공이 2016년 9월 주주 배정 유상증자에 앞서 공시한 〈증권 신고서〉를 보면 아래와 같은 내용이 있다.

| 표 1. 아시아나항공 2016년 9월 12일 〈증권 신고서〉 공시 |

당사(아시아나항공)는 2016년 9월 현재 AerCap 등으로부터 항공기 70대와 엔진 30대 등을 리스하는 운용리스 계약을 체결하고 있습니다. 2016년 반기 중 운용리스로 사용 중인 항공기 및 엔진 등에 대해 인식한 매출원가는 2487억 원입니다.

표 2 〈증권 신고서〉를 보면 아시아나항공이 운용리스로 사용하고 있는 항공기 가운데 일부를 다시 자사 계열의 저가항공사 등에 운용리스로 임대해 주고 있음을 알 수 있다.

| 표 2. 아시아나항공 2016년 9월 12일 〈증권 신고서〉 공시 |

현재 회사는 운용리스로 사용 중인 항공기 17대 중 16대를 에어부산(주)에, 1대를 에어서울(주)에 리스하는 운용리스 계약을 체결하고 있습니다. 2016년 반기와 2015년 반기 중 운용리스로 제공한 항공기에 대해 인식한 기타항공운송수익은 각각 224억 원과 188억 원입니다.

항공사들이 항공기와 같은 고가의 장비를 자체 현금 창출력으로 확보하기에는 어느 정도 한계가 있다. 따라서 항공사는 통상 차입금 혹은 리스 금융으로 설비투자 대금을 확보하고 있다.

리스로 항공기를 도입할 경우, 항공사는 항공기 구조를 임의로 개조할 수 없다. 리스비용 또한 항공기 구입에 필요한 외부 차입 금리보다 높은 게 일반적이다. 그런데도 항공사들이 리스 항공기 조달을 선호하는 데는 이유가 있다. 대규모 외부 차입금 조달 방식과 비교하면 항공기 리스는 상당한 규모의 선불이 필요없어 향후 유동성 확보가 쉽기 때문이다.

금융리스와 운용리스 중 어떤 방식을 선택하느냐에 따라 항공사들은 재무 수치와 영업 실적에 영향을 받는다. 금융리스의 경우는 금융리스 부

항공기의 경우 가격이 매우 비싸므로,
항공사들은 대부분 리스로 항공기를 확보한다.

채가 계상되어 매년 높은 수준의 금융 리스료를 지불해야 하는 경우가 많다. 또 항공기의 감가상각비가 영업비용에 포함된다. 운용리스는 회계 장부상 부채에 반영되지는 않지만, 연간 지급하는 리스비용 규모가 항공기 운영에 따른 수익에 비해 과중하여 수익성이 떨어질 수 있다.

| 표 3. 금융리스와 운용리스 차이 |

자료 : KDB 산업은행

구분	금융리스	운용리스
소유자	리스 기간 동안에는 소유권이 리스사에 있지만, 계약 종료 후에는 리스 이용자에게 이전	리스사
중도해지 가능 여부	리스 기간 중 중도 해지 금지	리스 기간 중 중도 해지 가능
리스 기간	10년 이상 장기	5년 내외 단기
유지 보수	리스 이용자 부담	리스사 부담
이용자 회계 처리	자산 및 부채로 계상, 감가상각 처리	재무상태표에 계상하지 않음, 리스료는 비용 처리
리스 자산	범용성이 낮은 경우가 많음	범용성이 크고 재리스와 매각 용이

PART 037

임대차거래인가? 차입거래인가?

: 리스의 실전

'공유경제'란 말을 들어본 적이 있을 것이다. 2008년 미국 하버드 대학교의 로렌스 레식(Lawrence Lessig) 교수가 처음 사용한 용어로, 물건을 서로 대여해 주고 빌려 쓰는 것을 의미하는 말이다. 즉, 물건은 물론 생산설비나 서비스 등을 개인이 소유할 필요 없이 필요한 만큼 빌려 쓰고, 자신이 필요 없는 경우 다른 사람에게 빌려주는 공유 소비의 의미를 담고 있다. 자가용을 택시로 이용하는 우버와 집의 빈 공간을 여행객에 대여해 주는 에어비앤비가 공유경제의 대명사라고 할 수 있다. 이렇듯 물건을 대여해 주고 빌려 쓰는 것에 대한 회계기준이 바로 리스 회계처리라고 할 수 있다.

위험과 보상이 누구에게 돌아가는가?

리스는 리스 제공자(주로 리스회사로, 하나캐피탈처럼 '캐피탈'이라 이름을 가진 회사)가 자산(기계설비나 차량, 항공기, 선박 등)의 사용권을 합의된 기간 동안 리스 이용자(회사, 개인)에게 이전하고, 리스 이용자는 그 대가로 사용료를 리스 제공자에게 지급하는 계약을 말한다. 리스의 법적 형식은 임대차계약이다. 하지만 회계기준에서는 거래의 실질에 따라 '금융리스'와 '운용리스'로 구분한다.

리스 자산을 소유함에 따른 위험과 보상의 대부분을 리스 이용자에게 이전하는 리스는 금융리스로 분류하고, 이전하지 않는 리스는 운용리스로 분류한다. 두 개념이 쉽게 이해되지 않을 수 있다. 금융리스와 운용리스의 정의에 등장하는 '소유'를 '사용'으로 바꾸면 보다 이해하기 쉬워진다.

리스 회사가 제시한 두 가지 계약 조건

두 가지 계약의 사례를 보면 보다 이해하기 쉬울 것 같다.

(주)대한은 (주)여의도캐피탈이 소유하고 있는 시가 4억 원짜리 아파트형 공장을 10년간 임차하기로 했다. (주)여의도캐피탈이 제시한 계약 조건은 두 가지 중 한 가지를 선택하는 것이다.

| (주)여의도캐피탈이 제시한 리스 계약 조건 |

계약 1 | 10년간 임차료로 매달 400만 원을 내고 쓰다가, 계약 종료 시점에 1000만 원으로 이 아파트형 공장을 매수할 수 있는 계약.

계약 2 | 10년간 임차료로 매달 200만 원을 내고 공장을 사용한 후 비워주는 계약.

계약 시점에 아파트형 공장의 법적 소유권은 (주)여의도캐피탈에 있다. [계약 1]은 (주)여의도캐피탈 입장에서는 10년 동안 리스료로 총 4억 8000만 원을 받고, 리스 기간이 종료한 후 1000만 원에 소유권을 (주)대한에 넘길 수 있는 계약이다. 반대 시점에서 보면 리스 이용자인 (주)대한은 10년 뒤 아파트형 공장을 1000만 원이라는 낮은 가격에 살 수 있는 권리를 갖고 있다. 현재 4억 원의 아파트형 공장을 10년 뒤 1000만 원만 있으면 살 수 있으므로, (주)대한은 리스 기간이 종료하는 시점에 아파트형 공장을 살 것으로 예상된다.

어차피 계약 종료 시점에 (주)대한이 소유권을 가지게 될 것이므로 회계에서는 이러한 형식의 계약을 단순한 임대 거래로 보지 않고, 리스 이용자((주)대한)에게 공장 사용에 따른 위험과 보상을 대부분 이전한 경우로 판단한다. 따라서 [계약 1]은 금융리스로 회계 처리한다. 리스회사 입장에서 조금 더 들여다보면 이 계약은 내부수익율* 약 4% 조건의 할부 판매와 동일한 거래로 간주하는 것이다.

내부수익률(IRR : Internal Rate of Return) : 투자에 수반되는 지출의 합계와 투자로부터 발생되는 예상 수익의 현재가치 합계를 동일하게 만드는 수익률로, 손익분기점 수익률을 의미한다.

[계약 2]는 (주)대한에서 10년 동안 총리스료로 2억 4000만 원을 지불한다. 이 금액은 리스 자산 시가의 60%에 이른다. 리스 기간이 종료되면 공장을 비워주는 계약이므로 소유권 변동도 생기지 않는다. 아파트 전세 계약처럼 단순한 임대차계약이다. 리스 제공자인 (주)여의도캐피탈은 연 임대수익율 6%에 자신의 부동산을 임대한 것이다. 따라서 이런 경우 운용리스로 회계 처리한다.

금융리스와 운용리스의 회계 처리

금융리스와 운용리스의 개념을 이해했으면, 이제 회계 처리 방법을 살펴보자.

1. 2016년 1월 1일 리스 이용자 (주)세종은 리스 제공자 (주)서울캐피탈과 리스료 총액 150만 원(매년 30만 원씩 5회 후불지급 조건)으로 반

도체장비 리스 계약을 체결했다.

2. 리스자산(반도체장비)의 취득가액(리스 실행일인 2016년 1월 1일의 공정가치와 일치)은 110만 원이다. 이 자산의 내용연수는 5년이고 잔존가치는 0이다.
3. 리스 이자율은 10%
4. 리스 기간은 5년이다.

⦿ 금융리스로 회계 처리할 경우

위 거래를 금융리스로 회계 처리하면 리스 이용자인 (주)세종의 재무상태표 자산 항목에 금융리스 자산(반도체장비)의 취득가액(공정가치)으로 110만 원이 계상된다. (주)세종은 이 금융리스 자산에 대해 리스 기간인 5년 동안 감가상각을 해야 하므로, 손익계산서에 감가상각비로 해마다 22만 원(110만 원/5년)을 인식한다(감가상각이 되는만큼 반도체장비의 장부가격은 감소되어 간다).

자산 계상과 동시에 재무상태표의 부채 항목에 금융리스 부채 110만 원이 계상된다. 자산과 부채가 동일하게 계상되는 것이다. (주)세종은 계약대로 매년 리스료 30만 원을 ㈜서울캐피탈에 지급한다. 매년 지급하는 리스료는 금융리스 부채상환액과 이자비용으로 구성된 것으로 본다. 따라서 ㈜세종은 지급액 30만원을 리스 부채상환액과 이자비용 두 가지로 회계 처리한다.

금융리스 부채는 매년 금융리스 부채상환액만큼 감소한다. 그럼 리스료 30만 원 중에서 얼마를 리스 부채원금상환액으로 처리하고, 얼마를 이자비용으로 처리하면 될까?

위의 예에서는 이자율이 10%이므로 첫 해에는 금융리스 부채 110만 원의 10%인 11만 원이 이자비용이 된다. 따라서 리스료 30만 원에서 이자비용처리금액 11만 원을 뺀 19만 원이 금융리스 부채상환액(금융리스 부채 감소)이 된다. 이렇게 되면, 재무상태표의 금융리스 부채 잔액은 110만 원에서 19만 원을 뺀 91만 원으로 감소한다. 따라서 2016년도 세종의 재무상태표와 손익계산서에는 다음과 같이 보고된다.

| 그림 2. (주)세종 재무상태표와 손익계산서 |

재무상태표

2016년 12월 31일 현재
(단위 : 만 원)

자산		부채	
고정자산		금융리스부채	91
금융리스 자산	110	자본	
감가상각누계액	(22)		

손익계산서

2016년 1월 1일~12월 31일까지
(단위 : 만 원)

영업비용	
감가상각비	22
영업외비용	
이자비용	11

리스 제공자인 (주)서울캐피탈의 입장에서는 어떻게 회계 처리될까?

재무상태표에 계상되어 있던 리스용 자산(반도체장비)은 리스 개시 이후에는 금융리스 채권으로 바뀐다. 리스 이용자인 ㈜세종이 반도체 장비 110만원을 자산과 부채로 장부에 계상했으니 리스 제공자인 ㈜서울캐피탈은 반도체 장비를 자산에서 지우고 금융리스 채권 110만 원으로 대체하는 것이다.

이후 ㈜세종으로부터 리스료를 받으면, 이자수익 부분과 금융리스 채권 회수 부분으로 구분해야 한다. 이때 이자 수령액을 먼저 계산한다. 이자수익은 채권액 110만 원 × 이자율 10% = 11만 원으로 계산된다. 따라서 금융리스 채권 회수액은 리스료 30만 – 이자 11만 원 = 19만 원이 된다. 2016년도 말의 재무상태표와 손익계산서에는 그림 3과 같이 보고된다. 금융리스 채권은 19만 원이 회수되었으므로 2016년 말 잔액은 91만 원(최초

금융리스 채권 110만 원 - 금융리스 채권 회수액 19만 원)이 된다.

| 그림 3. (주)서울캐피탈 금융리스 시 재무제표 |

재무상태표

2016년 12월 31일 현재
(단위 : 만 원)

자산	부채 / 자본
고징자산	부채
금융리스 채권 91	자본

손익계산서

2016년 1월 1일~12월 31일까지
(단위 : 만 원)

영업수익
이자수익 11

⊙ 운용리스로 회계 처리할 경우

위 거래를 운용리스로 회계 처리하면 (주)세종의 재무상태표에는 별도의 자산과 부채는 표시되지 않는다. 매년 지급하는 리스료만 비용으로 인식하게 된다. 따라서 (주)세종의 손익계산서에 운용리스료 비용으로 30만 원이 보고된다. (주)서울캐피탈은 (주)세종에게 받은 리스료 30만 원을 손익계산서에 운용리스료 수익으로 인식하면 된다. 운용리스 자산은 계속 ㈜서울캐피탈의 재무상태표에 기록되고 다른 유형자산과 동일하게 내용연수 동안 감가상각한다. 따라서 운용리스는 일반적인 임대차계약과 회계 처리가 동일한 것으로 이해하면 된다.

| 그림 4. (주)서울캐피탈 운용리스 시 재무제표 |

재무상태표

2016년 12월 31일 현재
(단위 : 만 원)

자산	부채 / 자본
고정자산	부채
운용리스 자산 110	
감가상각누계액 (22)	자본

손익계산서

2016년 1월 1일~12월 31일까지
(단위 : 만 원)

영업수익
운용리스료 수익 30
영업비용
감각상각비 22

CHAPTER 10

PART 038

돈맥경화를 뚫는 세일앤리스백

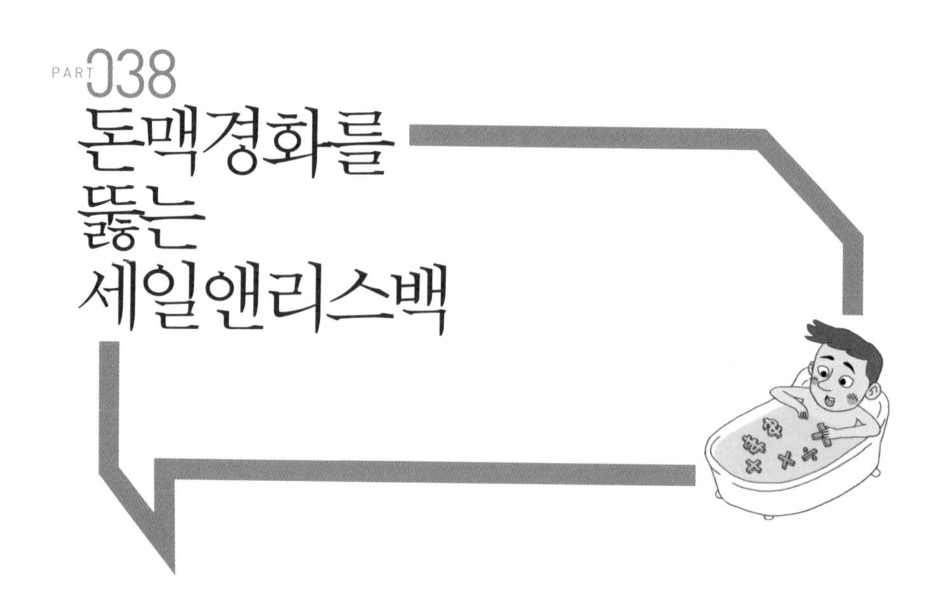

2016년 2월 페이스북을 시끄럽게 달궜던 기사가 있었다. 쿠팡 물류센터의 세일앤리스백(sale & lease-back)과 관련된 기사였다. 오보로 밝혀졌지만, 쿠팡이 세일앤리스백에 대한 사전 조사 정도는 해본 것이 아닐까 추측할 수 있다. 기사의 주요 내용은 다음과 같다.

> 쿠팡은 최근 인천물류센터와 경기도 이천시 덕평물류센터를 매각하기로 하고 투자기관들을 접촉하고 있다. 인천물류센터는 쿠팡이 신축한 곳이고, 덕평물류센터는 1400억 원을 주고 매입한 곳이다. 업계 관계자는 "매각 후 재임차해서 쓰는 세일앤리스백 방식이 될 것"이라고 전했다.

팔고 왜 다시 빌릴까?

리스 거래의 특이한 형태 중의 하나로 세일앤리스백(sale & lease-back)이 있다. 말 그대로 회사에서 소유한 자산을 매각한 후, 그 자산을 다시 빌려 쓰는 계약을 맺는 것이다.

세일앤리스백 거래는 대상 자산이 주로 건물같은 부동산이다 . 부동산 거래는 거래 금액이 매우 크기 때문에 리스 제공자의 실체가 매우 다양하다. 은행, PEF(사모펀드), 리츠회사(REITs : Real Estate Investment Trusts), 부동산신탁사 등이 리스 제공자의 역할을 하고 있다. '부동산펀드'라고 부르는 '리츠펀드'도 많이 활동하고 있다.

예를 들어 A백화점이 자사 건물을 B부동산투자회사에 매각한 뒤 부동산투자회사로부터 다시 이 건물을 리스해 사용한다고 하자. A백화점은 리스 이용자가 되고 B부동산투자회사는 리스 제공자가 된다.

세일앤리스백을 이용하는 이유는 기존 사업 구조를 건드리지 않으면서, 영업력 훼손 없이 부족한 운영자금을 충당하거나 신규 투자자금을 확보할 수 있기 때문이다.

단기적으로는 거액의 자금을 조달할 수 있다는 장점이 있다. 하지만 리스 제공자의 수익률을 보장하는 내용의 계약을 체결한다면 장기적으로는 임차료 부담이 커질 수 있다.

홈플러스의 대대적 세일앤리스백은 성공작일까 실패작일까?

대형마트 홈플러스의 2014년 감사보고서 주석을 통해 세일앤리스백 거래 내역을 살펴보자.

| 표 4. 홈플러스 2014년 감사보고서 주석 |

주석 6. 유형자산

회사는 2012년 8월 영등포점 등 4개 영업점의 토지 및 건물(장부가액 : 2038억 원)을 이지스KORIF 사모부동산투자신탁13호에 6066억 원에 일괄매각했습니다. 한편 회사는 매각된 동 자산에 대해 이지스KORIF 사모부동산 투자신탁13호와 리스 기간 15년의 운용리스 계약을 체결하여 2014년 2월 현재 사용하고 있습니다.

회사는 2013년 12월 영통점 등 4개 영업점의 토지 및 건물(장부가액 : 1784억 원)을 삼성에스알에이사모부동산투자신탁제5호에 6225억 원을 받고 일괄매각했습니다. 한편 회사는 매각된 동 자산에 대해 삼성에스알에이사모부동산투자신탁제5호와 리스 기간 15년의 운용리스 계약을 체결하여 2014년 2월 현재 사용하고 있습니다.

'주석 6. 유형자산'을 확인하면 홈플러스는 2012년 8월과 2013년 12월 두 차례 점포용 부동산을 매각해, 총 1조 2300억 원의 매각대금을 받았다. 홈플러스는 세일앤리스백의 목적을 재무구조 개선이라고 밝혔다. 하지만 당시 홈플러스 대주주인 영국 테스코가 투자금의 일부를 회수하기 위해 점포용 부동산 매각을 단행한 것으로 보도되기도 했다. 어찌 되었건 세일앤리스백 거래를 통해 1조 원이 넘는 자금이 홈플러스에 유입되었다. 홈플러스는 현금이 풍부해지면서 경영 의사 결정이 한결 수월해졌을 것이다. 이것이 바로 세일앤리스백 거래를 이용하는 회사의 목적이다.

하지만 아래의 '주석11. 우발채무와 약정사항'을 보면 이 세일앤리스백 거래의 다른 측면을 볼 수 있다.

주석 11. 우발채무와 약정사항

2014년 2월 현재 회사는 이지스KORIF 사모부동산투자신탁13호 등과 영등포점 등 428개 영업점, 본사 및 물류창고에 대해 리스 계약을 체결해 사용하고 있으며, 운용리스로 회계 처리하고 있습니다. 이와 관련해 회사가 연도별로 인식할 미래 최소 리스료는 다음과 같습니다.

기간	금액(단위 : 천 원)
1년 이내	212,855,290
1년 초과 5년 이내	801,404,437
5년 초과	1,913,295,833
합계	2,927,555,560

위의 내용으로 보건대, 홈플러스는 약 13년 동안 거의 3조 원에 육박하는 수준의 리스료를 부담한다. 리스 기간 종료 후 홈플러스는 부동산 원상복구비 부담도 져야 하는데, 약 200억 원 정도로 추정된다. 2014년도 홈플러스의 영업이익이 약 1900억 원 정도인데 연평균 2200억 원의 임차료는 부담스러운 금액임에 틀림없다.

결론적으로 홈플러스에 유입된 1조 원 넘는 금액으로 매년 2200억 원 이상의 현금 흐름을 창출한다면 성공적인 의사 결정으로 판단할 수 있을 것이다. 그러나 부동산 가치 상승에 따른 기회비용까지 고려한다면, 임차료로 지출하는 금액 이상의 현금 흐름을 창출하지 못했을 때는 다소 아쉬운 의사결정이 될 수도 있다.

부동산 세일앤리스백 거래에서 리스 제공자가 얻는 것들

리스 제공자 입장에서는 부동산 매입과 동시에 임차인이 확정되는 것이므로 안정적인 임대수익을 기대할 수 있다. 펀드를 만들어 부동산을 매입하기 때문에 펀드참여자들이 투자금을 나누어 부담한다는 장점도 있다. 또한 부동산 가치 상승에 따른 시세 차익을 기대할 수 있다.

시세 차익을 얻은 예로는 부동산리츠펀드 코크랩3호를 들 수 있다. 2003년 부동산리츠펀드 코크랩3호는 한화증권 여의도 사옥을 1383억 원에 매입한 후, 2008년 3201억 원에 재판매해 1818억 원의 차익을 얻었다. 또한 코크랩1호는 한화그룹의 장교동 사옥(현암빌딩)을 1860억 원에 매입한 후, 2007년 2월에 3500억 원에 매각해 1640억 원의 차익을 거두었다. 임대료 수익을 제외하고서도 5년 동안 100%가 넘는 시세 차익을 올린 사례이다.

세일앤리스백은 리스 제공자 입장에서 안정적이고 충분한 임대료 수익과 시세 차익을 기대할 수 있고, 리스 이용자는 일시에 거액의 자금을 조달함으로써 재무구조 개선이나 신규 투자에 사용할 수 있다. 이렇게 서로의 이해관계가 잘 맞기 때문에, 세일앤리스백은 최근 인기 있는 거래 형태가 되었다.

그러나 리스 제공자가 기대하는 시세 차익은 불확실한 부분이다. 부동산 가격이 하락할 경우 투자 리스크가 될 수도 있다.

기업에 세일앤리스백은 청신호일까 적신호일까?

최근 세일앤리스백 방식으로 자금을 확보한 기업의 사례를 보면 크게 두 가지로 분류된다. 대우조선해양, 두산건설, 삼성엔지니어링 같은 수주산업과 동국제강 같은 원자재 산업, 홈플러스, 롯데쇼핑, AK프라자 등 유통산업으로 구분해 볼 수 있다.

아래는 2015년에 언론에 보도된 내용 중 일부다.

> **동국제강, 페럼타워 삼성생명에 매각**
>
> 비상경영체제에 들어간 동국제강은 회사의 상징이자 본사 사옥인 페럼타워를 삼성생명에 매각했다. 공시된 페럼타워의 매각금액은 4200억 원. 페럼타워는 동국제강이 34년간 본사로 사용한 서울 수하동 사옥을 지난

2007년부터 재건축해 2010년 완공한 건물이다. 공사비만 1400억 원이 투입됐다. 동국제강은 글로벌 경기 악재와 값싼 중국산 철강이 대거 유입되면서 그동안 경영난에 시달려왔다.

두산건설 · 오리콤 등 분당으로 사옥 이전

두산건실과 오리콤 등 두산그룹 계열사 5개 본사도 성남으로 이전을 꾀하고 있다. 강남 논현동 사옥을 하나자산운용에 1440억 원에 매각한 뒤 최장 15년간 임차하는 '세일앤리스백' 조건으로 셋방살이에 들어설 준비를 하고 있다. 두산의 주력 계열사인 두산건설은 부동산 경기 침체로 수익성이 크게 악화된 상태다.

애경, AK플라자 분당점 건물 4200억 원에 매각

애경그룹은 경기 남부권 핵심점포인 AK플라자 분당점의 매각을 추진하고 있다. 현재 검토 중인 방식은 AK플라자 분당점을 매각한 후 재임차(세일앤리스백)하는 형태로 전해졌다. 애경그룹은 앞서 AK플라자 구로점을 같은 방식으로 유동화했다. 보유 중인 부동산을 매각한 뒤 장기임대로 다시 사용하는 '세일앤리스백' 방식은 장기 내수침체를 겪고 있는 유통업계에서도 유동성 위기를 돌파하거나 선제적 대응 차원의 자구책으로 종종 활용되고 있다.

롯데그룹 백화점 · 마트 등 5개 캡스톤에 5000억 원대 매각

롯데그룹도 백화점 2곳(일산·상인)과 마트 5곳(부평·당진·평택·고양·구미)을 6017억 원에, 12월에는 백화점 2곳(포항·동래)과 마트 3곳(동래·천안·군산)을 5000억 원대에 매각한 뒤 20년간 장기 임차했다.

요즘 업황이 어려운 수주산업 및 철강 등 원자재 산업에 속하는 기업은 부족한 운영 자금을 충당할 목적으로 세일앤리스백 거래를 이용한 것 같다. 반면 유통업은 재무 건선성 강화(차입금 상환) 또는 신규 투자용 현금 확보 목적으로 세일앤리스백을 이용하고 있는 것으로 생각된다.

전자는 현재의 어려움을 돌파하기 위한 수단이라면, 후자는 미래에 다가올 위험에 대비하고 있는 측면이라고 이해할 수 있다. 유통업은 점포로 사용하고 있는 입지 좋은 부동산이 많이 있어서 세일앤리스백 거래가 쉬운 점도 있다.

위 업체들의 공통점은 회사에 자금이 부족하다는 것이다. 그렇다고 해서 세일앤리스백 거래를 꼭 부정적인 시그널로 받아들일 필요는 없다. 회사의 재무 리스크에 선제적으로 대응하고 있는 측면으로 볼 수도 있다. 또한 향후 부동산 가격이 정체될 것으로 예상하고, 부동산을 매각한 자금으로 보다 수익률이 높은 곳에 투자할 수 있다면 세일앤리스백 거래는 탁월한 의사 결정이 될 수도 있다.

세일앤리스백 거래 시 재무제표 분석

금융리스냐 운용리스냐에 따라 달라지는 세일앤리스백 회계 처리

세일앤리스백을 이용한 회사의 재무제표를 분석하는 방법은 무엇이 있을까? 세일앤리스백은 리스 제공자와 리스 이용자의 사적 계약이므로 거래 구조는 만들기에 따라 복잡할 수도 단순할 수도 있다. 거래가 복잡해지는 주요 원인은 리스 제공자(부동산 매입자)가 자금이 부족하기 때문이다. 투자에 참여할 사람이나 기관을 모집해야 하고, 이들의 수익률을 보장하기 위해 복잡한 구조로 설계되기도 한다. 그러나 리스 이용자 입장에서는 그리 복잡할 이유가 없다. 비싼 값에 팔고 싼값에 임대하면 된다.

일반적으로 세일앤리스백은 리스료와 자산 매각가격을 일괄 협상하기 때문에 리스료와 자산 매각가격이 서로 관련이 있다. 기업이 높은 가격으로 매각하면 임대료가 비싸지고, 매각 가격이 낮으면 임대료를 싸게 계약하게 된다.

세일앤리스백 거래를 분석하기 위해서는 먼저 금융리스인지 운용리스인지 구분하는 것이 중요하다. 백화점이 부동산투자회사에 건물을 매각한 뒤 이 건물을 다시 리스해 사용하는 경우를 생각해보자.

금융리스로 분류한다면 백화점 재무제표에 금융리스 자산, 금융리스

부채라는 계정 과목이 새로 생긴다. 이 거래는 실질적으로 부동산투자회사(리스 제공자)가 백화점(리스 이용자)에게 건물과 토지를 담보로 금융을 제공하는 거래와 성격이 동일하기 때문이다.

따라서 건물 매각가액이 장부상 금액을 초과하는 부분도 백화점은 즉시 이익으로 인식하지 못한다. 일반적인 매각거래라면 백화점 장부상 100억 원인 건물을 120억 원에 외부매각했을 때 '유형자산 처분이익'으로 20억 원을 인식해야 한다. 그러나 위와 같은 금융리스 거래에서는 초과금액(20억 원)은 리스 기간 동안 나누어서 이익으로 인식한다.

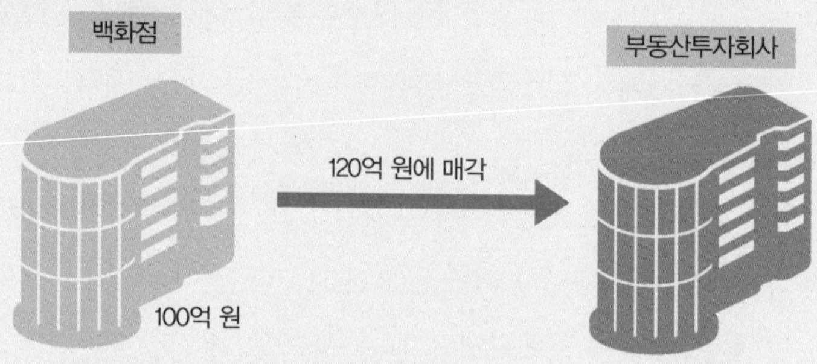

금융리스 거래 : 초과금 20억 원을 리스 기간 동안 나누어 이익으로 인식

백화점이 토지나 건물을 팔면 백화점 재무제표에서 이 부동산 자산은 없어져야 한다. 하지만 매입자가 부동산투자회사이고 백화점이 금융리스 방식의 세일앤리스백을 한다면 이 부동산들은 백화점 재무제표에서 금융리스 자산으로 대체되어 계속 살아있게 된다.

감가상각도 백화점이 계속해야 한다. 매각으로 현금이 유입되고 미래 리스료로 분할 상환해야 할 부분은 빚으로 간주해 금융리스 부채로 계상한다.

정리하면 백화점은 매각대금 유입으로 현금이 증가하고, 금융리스 부채 발생으로 부채가 증가한다. 자산과 부채가 같은 금액만큼 증가하므로 결국 부채비율이 증가하게 된다.

예를 들어 자기자본이 50이고 부채가 50이어서 부채비율이 100%였는데, 자산과 부채가 동시에 50씩 증가하면 자기자본은 50으로 동일하고 부채는 100이 되므로 부채비율은 200%가 된다. 결국 금융리스로 분류되면 유동성은 확보되지만, 재무비율이 악화되므로 이론적으로는 주가에 좋지 않은 영향을 미치게 된다.

한편, 운용리스로 구분될 경우에는 회계 처리 방법에 몇 개의 케이스가 있다. 일반적인 경우라면 백화점이 부동산을 처분하여 발생하는 손익(유형자산 처분손익)은 바로 손익계산서에 인식된다. 따라서 운용리스로 처리한다면 유동성이 확보되고 재무비율도 개선될 것이므로 이론적으로는 주가에 좋은 영향을 미칠 수 있을 것이다. 그러나 장기적으로 부담해야 할 리스료는 부담으로 작용할 것이다.

세일앤리스백 거래에 유리한 회계 처리는?

세일앤리스백 거래에서 발생한 리스 방식이 운용리스와 금융리스 중 어느 것인지를 구분하는 가장 쉬운 기준은 무엇일까?

리스 이용자(백화점)가 우선매수권을 가지는지 여부이다. 부동산투자회사도 나중에 투자금을 회수하려면 백화점으로부터 사들인 건물을 팔아야 할 것이다. 우선매수권은 '다른 사람에게 얘기할 필요 없이 나(백화점)에게 먼저 살 수 있는 권리를 보장해 줘!' 정도의 옵션이라고 보면 된다. 특히 백화점에 염가(시가보다 낮은 가격)에 우선매수할 수 있는 권리가 보장되어 있다면, 백화점은 결국 리스한 자산(건물)을 다시 사들일 것이다.

그러므로 애초에 백화점이 부동산투자회사에 건물을 매각한 거래를 회계에서는 유형자산 매각 거래로 보지 않는다. '팔기는 했는데 팔기 전과 똑같이 쓰고, 일정 기간 후에 매우 싼 가격에 다시 산다?' 이러한 거래는 진성 매각 거래로 보지 않고 금융 거래로 보는 것이다.

그러나 우선매수권을 가지지 않는다면 토지와 건물의 임대는 일반적으로는 운용리스로 처리한다. 그럼 세일앤리스백 거래를 한 회사는 어떤 방법으로 회계 처리하는 것이 유리할까? 운용리스로 처리하는 것이 유리할 것이다. 가능하다면 처음부터 운용리스로 분류되도록 거래 구조를 설계하는 것도 좋다.

'섹시한(?)' 재무제표와의 밀당에서 이기려면

회사 외부의 재무제표 이용자가 공시된 회사 재무제표를 보고 운용리스 또는 금융리스로 처리한 근거를 알 수 있을까? 아마도 어려울 것이다. 기업이 재무제표 주석에서 세부적인 계약 조건까지 공개하지 않기 때문이다. 회사에서 리스 거래를 계정 과목 그대로 금융리스 자산, 금융리스 부채 등으로 처리하고 계약 내용을 자세하게 주석에 공시한다면, 투자자 등 외부인은 고맙겠지만 회사는 불필요하게 많은 정보를 공시한 것이 된다. 회사는 회계기준에 맞추되 보여줄 듯 말 듯 '섹시한' 재무제표를 만들고 싶을 것이다.

재무제표 이용자 입장에서 현실적 어려움이 있더라도 재무제표의 주석을 꼼꼼히 읽어봐야 한다. 비록 제한된 정보지만 주석 안에 흩어져 있는 정보를 잘 조합해서 해석하는 능력이 재무제표를 읽는데 꼭 필요한 기술이기 때문이다.

CHAPTER 11

다양한 수익과 비용들

- 고객 포인트, 스톡옵션, 환율변동손익

PART 039

잠시 미뤄둔 매출, 고객 포인트

신용카드를 쓰면 사용액의 일정 비율만큼 포인트(마일리지)가 쌓인다. 포인트는 카드사들과 제휴한 쇼핑몰이나 가맹점 등에서 현금처럼 사용할 수 있다. 항공사, 이동통신사, 쇼핑몰, 대형서점 등도 구매액에 비례해 포인트를 부여한다. 그런데 꽤 많은 사람들이 포인트를 이런저런 이유로 사용하지 않는다. 포인트는 유효기간이 지나면 소멸한다. 소멸한 만큼 카드사나 기업에는 이익이다.

소비자단체의 통계에 따르면 이동통신 3사(SK텔레콤, KT, LG유플러스)의 5년간(2011~2015년) 포인트 소멸액은 무려 2680억 원에 이른다. 신용카드 포인트 소멸액도 해마다 1000억 원이 넘는다. 5년간 6400억 원에 달하는 카드 포인트가 사라졌다. 카드사들의 누적 포인트는 2016년 8월 현재 2조 원이 넘는 것으로 알려졌다.

항공사 포인트 마일리지는 2018년부터 소멸이 시작된다. 항공사들이 2008년 마일리지 유효기간을 도입하면서 10년의 유예기간을 거쳐 아시아나항공은 2018년 11월부터, 대한항공은 2019년 1월부터 순차적으로 소멸된다. 2015년말 기준 대한항공의 마일리지는 1조 7000억 원, 아시아나항공은 4900억 원에 이른다.

소비자 입장에서는 사용하면 이익인 포인트, 기업들은 이를 회계장부에 어떻게 기록할까?

1만 원짜리 책에 100원을 적립해주면 매출은 얼마일까?

항공사나 이동통신사, 프랜차이즈 제과점, 레스토랑, 대형서점 등에서는 구매금액에 대해 마일리지나 포인트를 부여한다. 그리고 추후 마일리지나 포인트를 이용해 상품이나 서비스를 무상 또는 할인된 가격으로 이용할 수 있도록 하는 경우가 많다.

예를 들어 대형서점에서 구매금액 100원 당 1포인트를 부여하는데, 1포인트 가치를 1원으로 환산해 준다고 해보자. 이 서점이 한 손님에게 1만 원짜리 책을 팔았다. 그러면 이 서점이 기록해야 하는 매출은 얼마일까? 분명히 손님에게 1만 원에 책을 팔았으므로 매출은 1만 원일까?

K-IFRS 회계기준에 따르면 서점이 인식해야 하는 매출은 9900원이다. 이 손님에게는 100포인트(1만 원/100원)가 부여되었고, 포인트의 가치는 100원이다. 손님이 미래에 포인트를 사용할 때 서점은 포인트 가치에 해당하는 상품이나 서비스를 제공해야 할 의무를 지게 되었다. 따라서 1만 원 중 9900원만 매출로 인식하고 나머지 100원은 부채로 인식한다.

이런 부채에 사용되는 계정이 '이연수익(이연매출)'이다. 매출을 뒤로 미루어 두었다가 손님이 포인트를 사용할 때 매출로 인식한다는 말이다. 우리는 앞서 '수익의 이연'과 '비용의 이연'에 대해 공부했다(63쪽 참조).

변덕스러운 고객 맘을 붙들기 위한 고객충성제도

교육업체인 (주)메가스터디교육이 운영하는 수학학원에서 2월 1일에 3개월짜리 수강권을 30만 원에 팔았다고 하자. 3월 31일 메가스터디교육이 1분기 결산 때 손익계산서에서 인식하는 매출(수익)은 20만 원이고, 나머지 10만 원은 '선수수익'이라는 부채 계정이 되어 재무상태표의 부채 항목으로 가야 한다. 선수수익이라는 계정 명칭 때문에 마치 수익의 일종처럼 생각하면 안 된다. 선수수익은 부채다.

고객에게 구매 실적에 따라 포인트 등을 부여하고 누적 포인트를 상품이나 서비스 구매에 사용하도록 하는 것을 '고객충성제도'라고 한다.

1분기 결산 시점(3월 말)에서 보면, 수학강의가 진행된 것은 2개월 치(2월분과 3월분)뿐이므로 앞으로 제공해야 할 1개월 치(4월분)는 부채로 인식해 놓는 것이다. 시간이 지남에 따라 나머지 강의가 진행되면 선수수익(부채) 10만 원은 없어지고 매출 10만 원으로 전환된다. 선수수익 역시 수익을 이연(뒤로 미루어 놓은)한 형태 중 하나다.

서점의 경우 책을 판매하면 판매대금 1만 원의 현금 유입(자산 증가)을 기록하고, 동시에 매출 9900원(수익 발생), 이연수익 100원(부채 증가)을 기록하는 회계 처리를 해야 한다. 나중에 손님이 100포인트(100원)를 사용하면 그때 이연수익을 제거(부채 감소)하고, 매출 100원을 기록(수익 발생)하면 된다.

이처럼 고객에게 구매 실적에 따라 포인트 등을 부여하고 누적 포인트를 상품이나 서비스 구매에 사용하도록 하는 것을 '고객충성제도(Customer Loyalty Program)'라고 한다. 고객이 자사 상품이나 용역서비스를 지속적으로 구매하게 하려고 제공하는 인센티브 프로그램을 말한다, 'Loyalty'라는 단어가 '충성'으로 직역되다 보니 다소 어색한 표현이 되었다.

사용 전에는 부채, 사용 시점에 매출이 되는 포인트 – 현대카드, 교보문고

고객이 재화나 용역을 구매하면, 기업은 고객보상점수(흔히 '포인트'라 칭함)를 부여한다. 고객은 이 보상점수를 사용해 재화나 용역을 무상 또는 할인 구매하는 방법으로 혜택을 받는다.

(주)A피자는 구매금액 100원당 1포인트를 부여하기로 했고, 누적 포인트를 이용해 피자를 무료구매할 수 있다고 하자(포인트 사용 유효기간은 없다고 가정한다). 2015년 중 A피자는 고객들에게 1000만 원어치의 피자를 팔았다. 피자 판매와 관련해 어떤 회계 처리를 해야 할까?

A피자가 고객들에게 부여한 포인트는 10만 포인트(1000만 원/100원)이며 금액으로는 10만 원이 된다. A피자에 유입된 피자 판매대금은 1000만 원이다(자산 증가). 매출은 990만 원(수익 발생), 이연수익으로 10만 원(부채 증가)을 장부에 기록해야 한다(이연수익이라는 계정명 대신 선수수익이라는 계정명을 사용해도 된다).

2015년 말 결산 시점을 기준으로 2만 포인트가 사용되었다고 하자. A피자는 고객에게 부여된 10만 포인트 중 8만 포인트만 최종 회수될 것으로 추정하고 있다(대개 고객에게 부여한 포인트가 모두 회수되는 경우는 극히 드물 것이므로, 과거 경험치 등에 근거해 부여한 포인트 중 80%가 사용될 것으로 가정했다). 2015년 말에 회계 처리는 어떻게 해야 할까?

2015년 중 피자 판매 시 인식한 이연수익이 10만 원이다. 언제가 됐건 최종회수될 것으로 예상하는 물량은 8만 포인트다. 8만 포인트가 다 회수되면 이연해 놓은 10만 원이 전액 매출로 전환된다고 보면 된다. 2015년 말 현재 2만 포인트가 사용되었으므로, 결산 시 '2만 포인트/8만 포인트 = 25%'만큼의 매출을 인식하면 된다. 즉, 10만 원 × 25% = 2만 5000원을 2015년 말 포인트 사용에 따른 매출로 인식하고, 이 금액만큼을 이연수익에서 차감하면 된다.

2015년 말 재무상태표에 남아있는 이연수익부채 잔액은 7만 5000원(10만 원 − 2만 5000원)이다. 2015년 매출수익은 990만 원 + 2만 5000원(포인트 사용분) = 992만 5000원이다.

현대카드의 2015년 재무제표 주석을 한번 보자. 고객충성제도에 대해 다음과 같이 서술했다. 그리고 카드 사용 고객에게서 발생한 수수료수익 중 포인트 부여에 따라 발생한 선수수익과 그 내용에 대해서도 밝히고 있다.

| 표 1. 현대카드 2015년 재무제표 주석 |

• 포인트 이연수익(고객충성제도)

수수료수익의 일부로 포인트를 부여하고, 고객은 부여받은 포인트를 사용해 재화나 용역을 무상 또는 할인 구매할 수 있는 제도를 운용하고 있습니다.

• 선수수익

당기 말 및 전기 말 현재 선수수익 구성 내역은 다음과 같습니다.

(단위 : 백만 원)

구분	당기 말(2015년 말)	전기 말(2014년 말)
고객충성제도	261,829	289,124
연회비	78,423	75,657
기타	51	73
합계	340,303	364,854

교보문고 역시 마찬가지다. 교보문고는 "고객의 구매금액 중 일부를 포인트로 적립해 주고 있으며, 부여된 포인트는 향후 포인트 사용 시점에 매출로 인식하기 위해 이연수익(선수수익)으로 계상하고 매출에서 차감하고 있습니다"라고 밝혔다. 다음은 교보문고의 2015년 재무제표 주석 중 '기타부채' 내역 일부를 발췌한 것이다.

| 표 2. 교보문고 2015년 재무제표 주석 중 '기타부채' 내역 |

• 기타부채

당기 말과 전기 말 현재 기타부채의 내역은 다음과 같습니다.

(단위 : 백만 원)

구분	당기 말(2015년 말)	전기 말(2014년 말)
선수금	7,959	8,154
반품충당부채	147	106
선수수익	10,000	10,137
손실부담충당부채	100	1,430

이벤트 당첨 고객에게 주는 포인트는 충당부채 – GS홈쇼핑

한편, 우리가 고객에게 부여하는 포인트나 마일리지, 또는 적립금 등의 회계 처리와 관련해 한 가지 주의할 것이 있다. 소비자가 구매한 금액에 대해 그때마다 정해진 비율의 포인트를 부여하거나 적립금을 쌓아주는 경우와는 달리, 특정한 이벤트 행사 등을 하면서 포인트를 부여하는 경우가 있다.

예를 들어 회원 대상 추첨 이벤트에서 당첨된 회원들에게 1만 포인트를 부여한다든지, 최근 3개월간 정해진 금액 이상을 사용한 고객들에게만 적립금을 부여하는 것 등이다.

이런 행사는 고객의 충성을 유도하는 판매촉진제도이기는 하지만, 여기에서 부여하는 포인트나 적립금은 회사가 '별도의 비용'을 들여 진행하는 행사에서 발생한 것이다. 그러므로 우리가 앞에서 배운 '충당부채' 회계 처리(272쪽)를 해야 한다.

예를 들어 A홈쇼핑에서 2015년 초에 회원 대상 사은 이벤트를 실시했다고 하자. 당첨회원 10명에게 각각 10만 포인트씩, 총 100만 포인트(100만 원 가치)를 부여했다(포인트 사용 유효기간은 없음). 당첨자는 이 포인트를 사용해 A홈쇼핑이 보유한 프라이팬세트(원가 10만 원)를 받을 수 있다. 당첨고객들이 2015년 중 60만 포인트를 사용했다면, 회계 처리는 어떻게 해야 할까?

당첨고객들이 포인트를 사용할 때마다 자산(프라이팬세트) 감소와 경품비용 발생을 기록했을 것이므로, 2015년 중 자산 감소 60만 원(재무상태표), 판매촉진비(또는 경품비라고 해도 됨) 발생 60만 원(손익계산서)이 계상된다.

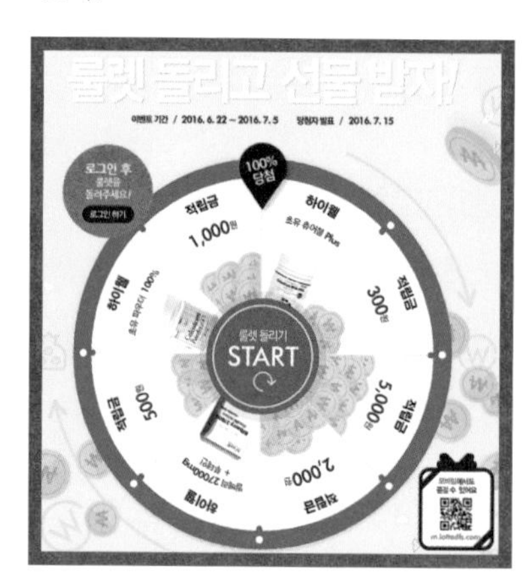

특정한 이벤트 행사 등을 하면서 부여하는 포인트나 적립금은 회사가 '별도의 비용'을 들여 진행하는 행사에서 발생한 것으로, 충당부채 회계 처리를 해야 한다.

2015년 말 결산을 해야 하는데, 이때 포인트충당부채를 설정한다. 100만 포인트 중 이미 60만 포인트가 사용됐으므로, 당첨고객에 대한 부채 잔액은 40만 포인트다. 따라서 연말재무제표에 포인트충당부채로 40만 원, 그리고 이에 대응해 판매촉진비로 40만 원을 미리 계상하면 된다. 2016년이 되어 당첨고객들이 나머지 40만 포인트를 사용해 프라이팬으로 교환했다면 포인트충당부채 잔액 40만 원을 제거하면 된다. 판매촉진비는 2015년 말 결산에서 미리 손익계산서에 비용으로 반영했으므로 2016년에 비용 처리할 것은 없다. 프라이팬 자산 감소 40만 원만 기록하면 된다.

이번에는 포인트 사용 유효기간이 2016년 말까지로 정해져 있다고 하자. 그리고 2015년에 사용하지 않은 40만 포인트 중 2016년 말까지 30만 포인트만 사용되었다고 하자.

30만 포인트가 사용되면서 포인트충당부채 잔액 40만 원 중 30만 원이 제거되고 10만 원이 남게 된다. 이 잔액 10만 원이 환입처리되면서 포인트충당부채는 소멸한다. 그리고 포인트충당부채 환입으로 수익이 10만 원만큼 늘어나는 효과가 발생한다.

결국 2015년 초에 100만 포인트를 부여함으로써 2015년 손익에서 100만 원이 판매촉진비로 비용 처리(2015년 중 60만 원 + 2015년 말 40만 원 계상)되었다. 하지만 2016년 손익에 10만 원이 환입되면서 최종 판매촉진비는 90만 원이 되었다.

다음은 GS홈쇼핑의 2015년 재무제표 주석 중 '비금융부채' 내역의 일부를 발췌한 것이다.

| 표 3. GS홈쇼핑 2015년 재무제표 주석 중 '비금융부채' 내역 |

당기 말과 전기 말 현재 유동비금융부채 내역은 다음과 같습니다.

(단위 : 백만 원)

구분	당기 말(2015년 말)	전기 말(2014년 말)
선수금	38,509	46,174
선수수익	829	911

* 구매액의 일정액 또는 일정 비율을 상품 구매고객에게 부여하는 고객적립금제도를 운영하고 있으며, 동 적립금 부여에 따라 예상되는 보상적립금의 공정가치를 선수수익으로 계상하고 있습니다.

GS홈쇼핑이 고객에게 적립해 준 금액은 '선수수익'으로만 계상되는 게 아니다. 다음 내용은 GS홈쇼핑이 적립금을 이연수익(선수수익)이 아닌 충당부채(회원적립충당부채)로 인식한 경우다. 재무제표 주석의 충당부채 내역 중 일부를 발췌했다.

| 표 4. GS홈쇼핑 재무제표 주석 중 충당부채 내역 |

• 충당부채

이벤트성으로 불특정 고객에게 적립금을 부여하고 있으며, 동 적립금의 향후 지출 예상액을 회원적립충당부채로 계상하고 있습니다. 당기 말과 전기 말 현재 충당부채의 내역은 다음과 같습니다.

(단위 : 백만 원)

구분	당기 말(2015년 말)	전기 말(2014년 말)
회원적립충당부채	5,460	3,922
반품충당부채	3,075	2,575
판매보증충당부채	1,705	1,635

대한항공과 아시아나항공 마일리지는 재무제표 어디로 갈까?

항공사 마일리지는 대표적인 고객충성 프로그램으로, 그 규모가 매우 크다. 아시아나항공은 탑승고객이나 제휴카드 사용고객에게 마일리지를 부여하고, 마일리지 가치를 이연수익으로 인식해 놓았다가 마일리지가 사용될 때 수익으로 인식한다. 아시아나항공은 이연수익을 선수금 계정에 포함시킨다(표 5). 대한항공의 경우 마일리지 이연수익을 대부분 이연수익 계정으로 따로 인식하지만, 일부 금액은 선수금 계정으로 분류한다(표 6).

| 표 5. 아시아나항공 2015 연결재무제표 주석 중 이연수익 |

당기(2015년)와 전기(2014년) 중 장기선수금에 포함된 이연수익의 변동 내역은 다음과 같습니다.

(단위 : 백만 원)

구분	2015년	2014년
기초금액	457,093	421,133
수익이연	156,144	196,576
수익인식	(121,212)	(160,617)
기말금액	492,025	457,093

| 표 6. 대한항공 2015년 연결재무제표 주석 중 부채 |

• 이연수익(고객충성제도)

당기 말(2015년 말) 현재 연결재무상태표에 인식한 이연수익은 선수금 443억 400만 원 및 이연수익 1조 7017억 8100만 원 등 총 1조 7460억 8500만 원입니다.

구분	금액
부채총계	21,681,315
유동부채	8,450,381
비유동부채	13,230,934
장기매입채무및기타	41,103
장기차입금	1,095,489
사채	693,001
충당부채	171,186
이연수익	1,701,780

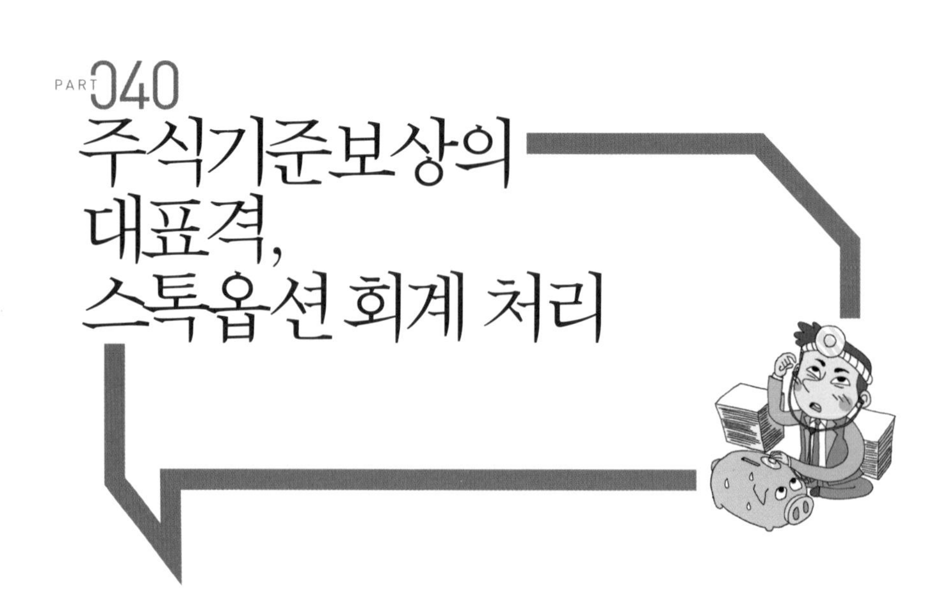

PART 040

주식기준보상의 대표격, 스톡옵션 회계 처리

스톡옵션을 부여하면 재무제표에 무슨 일이 생길까?

2016년 7월에 보도된 네이버 관련 기사 중 일부다.

> 네이버 자회사 '라인'의 미국과 일본 상장으로 가장 대박을 터뜨린 사람은 신중호 라인 글로벌사업총괄(CGO)이다. 신중호 CGO의 라인 지분이 이해진 네이버 이사회 의장보다 많은 이유는 라인 성공에 대한 보상으로 스톡옵션(주식매수선택권)을 줬기 때문이다. 무려 1026만 주의 스톡옵션을 줬다. 이를 모두 처분할 경우 차익이 2500억 원 이상인 것으로 알려졌다.

네이버의 모바일 메신저 라인이 미·일 증시에 동시 상장하면서 신중호 라인 CGO는 2500억 원대 스톡옵션 대박을 터뜨리게 됐다.

라인 초기부터 고군분투해 온 신중호 CGO는 라인이 일본과 인도네시아, 태국, 대만 등에서 경쟁력을 확보하는 데 막대한 공을 세웠다. 이해진 의장이 보유하고 있는 스톡옵션은 557만 주로 신중호 CGO의 절반 수준이다.

라인은 지금까지 총 2556만 주의 스톡옵션을 발행했다. 이 가운데 신 CGO와 이 의장 보유 물량을 제외한 973만 주는 다른 임직원들에게 배정됐다. 이 의장은 "초기의 리스크를 짊어지고 모든 걸 바쳐 일한 사람들에게 제대로 보상하는 것이 굉장히 중요하다"고 말했다.

A사 주가가 현재 2만 원이라고 하자. A사가 소수의 임직원들을 대상으로 '3년 근무' 조건을 내걸고, 3년 근무가 충족되는 시점에 자사 주식 10만 주를 주당 2만 5000원에 나눠주기로 약정했다. 3년 뒤 회사 주가는 3만 5000원이 되었고, 대상 임직원들은 회사에 주식매입권리를 행사했다. 주식을 받은 임직원들이 이를 시장에 내다 판다면 주당 1만 원씩, 총 10억 원의 차익을 얻을 수 있다.

기업이 임직원들에게서 용역을 받는 대가 즉 임직원들이 일정 기간 근무하는 조건으로 주식 또는 주식매입선택권(둘을 통틀어 지분상품이라고 한다)을 부여하는 것을 '주식기준보상거래'라고 한다. 주식을 주지 않고 행사 시점의 차액 1만 원(시세 3만 5000원 - 행사가격 2만 5000원)을 지급할 수도 있다. 또는 임직원들에게 주식 매입 또는 차액 지급 중 한 가지를 선택하게 할 수도 있다.

종업원에게 주식을 배정하면 '주식결제형', 차액을 지급하면 '현금결제형', 둘 중 하나를 선택할 수 있으면 '선택형'이라고 부른다. 주식결제형의 경우 신주를 발행하거나 회사가 보유하고 있는 자기주식을 줄 수도 있다.

회계기준에서 말하는 주식기준보상거래의 범위나 거래 당사자에 대한 정의는 이보다는 폭넓다. 하지만 실제 대부분의 주식기준보상거래는 회사와 종업원 간에 발생한다고 보면 된다.

주식기준보상거래의 대표적인 예가 바로 네이버 관련 기사에서 살펴본 주식매입선택권, 이른바 스톡옵션(stock option)이다. 스톡옵션은 일정한 조건(정해진 근무 기간 등)을 충족할 경우 회사가 사전에 결정한 행사가격으로 종업원이 회사 주식을 매입할 수 있는 권리를 말한다.

스톡옵션을 부여하면 회사는 어떻게 회계 처리를 할까? B사는 2015년 1월 1일 임직원 열 명에게 스톡옵션으로 총 300주를 부여했다. 조건은 3년 근무(용역 제공)이며, 스톡옵션 행사기간은 2018년 1월 1일~2019년 12월 31일까지 2년간이다. 즉 2017년 말까지 3년을 근무하면 2018년 초부터 스톡옵션을 행사할 수 있는데, 행사유효기간이 2019년 말까지 2년 동안이라는 것이다.

행사가격은 2만 원이라고 하자. 행사가격은 스톡옵션 부여를 결정한 이사회 결의일 전의 2~3개월간 B사 주가 흐름을 기준으로 정하는 경우가 대부분이다. 그럼 B사 스톡옵션 자체의 값어치(공정가치)는 얼마일까? 이것은 별도의 가치평가법(예를 들어 옵션가격결정모형 등)을 이용해 구한다. 여기서는 이 같은 가치평가법에 대한 설명은 생략하고, 공정가치를 3000원으로 가정한다(스톡옵션의 공정가치를 구하는 것이지, A사 주식의 공정가치를 구하는 것이 아니다).

스톡옵션 자체의 공정가치가 산출되면, B사가 이 스톡옵션을 부여함으로써 앞으로 비용으로 반영해야 할 금액이 나온다. 스톡옵션 행사가능일까지 3년 동안(2015~2017년) 회사가 손익계산서에 반영해야 할 총주식보상비용은 '스톡옵션 주식 수×공정가치'다. 즉 300주 × 3000원 = 90만

| 그림 1. 주식기준보상(스톡옵션) |

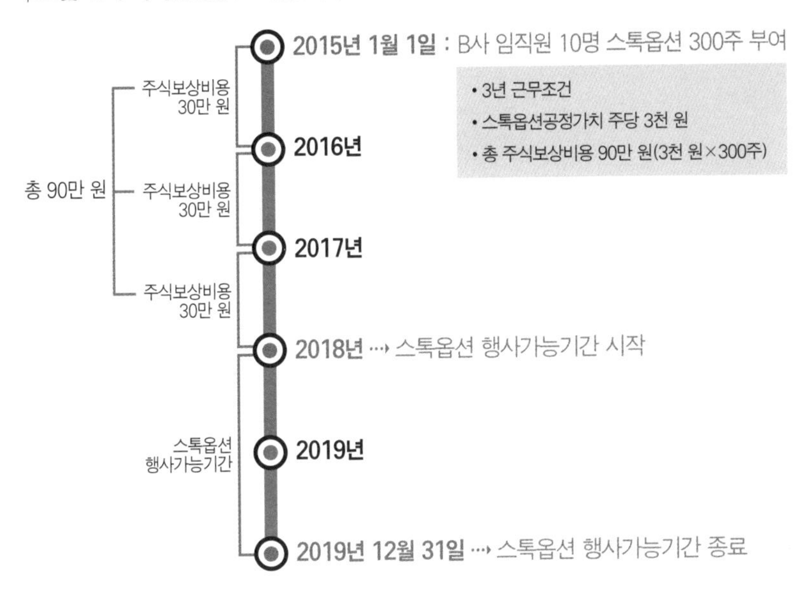

원이다.

A사는 매년 30만 원씩을 주식보상비용으로 손익계산서에서 인식해야 한다. 재무상태표에도 반영할 것이 있다. '주식선택권'이라는 계정 이름으로 매년 30만 원씩을 자본에 가산해 주는 것이다. 나중에 실제 스톡옵션 행사로 주식이 발행되면 자본 항목에 들어있는 주식선택권을 지우고, 대신 자본금과 주식발행초과금으로 대체해주면 된다.

따라서 스톡옵션이 부여되면, 회사에는 주식보상비용이 발생하고 자본 증가가 일어난다. 주식보상비용은 대개 '판매비 및 관리비'로 처리된다. 스톡옵션 부여 대상과 성격에 따라 매출원가와 판관비로 나뉘어 처리되는 경우도 있다.

참고로, 임직원들이 주식을 받을 자격을 얻기 위해 충족해야 하는 조건을 '가득조건'이라 하고, 가득조건이 충족되어야 하는 기간을 '가득기간'이라고 한다. B사의 경우 가득조건은 '3년 근무(용역제공)', 가득기간은

3년인 셈이다. 한편, 가득조건으로는 대부분 용역 제공 기간을 제시한다. 회사의 이익 목표나 주가상승 목표 등을 제시할 수도 있으나, 그 사례가 드물다.

차액결제형 스톡옵션의 경우는 회사가 앞으로 조건 충족에 따라 현금을 지급해야 하므로, 주식보상비용을 부채(장기미지급비용)로 인식한다. 즉 손익계산서에는 주식보상비용으로 반영하고, 재무상태표에는 장기미지급비용(부채)으로 인식하는 것이다.

YG플러스의 스톡옵션 가치는 얼마일까?

실제 사례를 한번 보자. YG플러스는 YG엔터테인먼트의 자회사로, 광고대행업과 캐릭터상품 제조·유통을 하는 회사다. 이 회사는 2015년 10월 1일 장재영 시너지 사업본부장에게 47만 3934주의 스톡옵션을 부여하기로 이사회에서 결의했다. 아래는 공시 내용이다.

| 표 7. YG플러스 주식매수선택권 부여 |

부여주식(주)		보통주식	473,934
행사조건	행사기간	시작일	2018년 10월 01일
		종료일	2021년 10월 01일
	행사가격(원)	보통주식	4,510
부여일자			2015년 10월 1일

〈투자 판단에 참고할 사항〉

- 행사가격 : 이사회결의일 전일까지 세 가지 가격의 산술평균가격(과거 2개월간 거래량 가중산술평균가격, 과거 1개월간 거래량 가중산술평균가격, 과거 1주일간 거래량 가중산술평균가격)으로 산정함.

부여대상자명	관계	부여주식(주)		공정가치
		보통주식	기타주식	
장재영	시너지사업본부장	473,934	-	2,461

YG플러스의 장재영 본부장은 스톡옵션 부여일로부터 3년(2015년 10월 1일~2018년 9월 30일) 동안 회사에 재직(용역제공)하면 2018년 10월 1일~2021년 10월 1일의 기간 중 본인이 원하는 시점에 이 회사 주식을 주당 4510원에 매입할 수 있는 권리를 갖게 된다. 표에서 보면 이러한 조건이 붙은 스톡옵션의 공정가치는 2461원으로 평가되었다.

YG플러스는 광고대행업과 캐릭터상품을 제조 · 유통하는 회사로 YG엔터테인먼트 소속 연예인의 이름을 내걸고 코스메틱 브랜드를 출시하기도 했다.

YG플러스는 2015년 말 재무제표에 이 스톡옵션과 관련한 회계처리를 반영했다. 2015년 사업보고서 연결재무제표 주석을 한번 보자.

| 표 8. YG플러스 2015년 연결재무제표 주석 |

• 주식기준보상

회사는 임직원에게 주식결제형 주식선택권을 부여했으며 당기 말 현재 주식기준보상 약정 내용은 다음과 같습니다.

부여일	부여수량	가득조건	행사가능기간
2015년 10월 1일	473,934주	3년간 재직 요건	2018년 10월 1일 ~2021년 10월 1일까지

당기 중 보상원가의 내용은 다음과 같습니다.

(단위 : 원)

구분	당기
총보상원가	1,166,214,714
당기에 인식된 판매비와 관리비	97,184,559
과거 인식된 보상원가	-
소계	97,184,559
잔여보상원가(미인식한 주식선택권)	1,069,030,155

총보상원가란 스톡옵션 부여시점(2015년 10월 1일)부터 행사가능시점(2018년 10월 1일)까지 3년 동안 회사가 손익계산서에 '주식보상비용'으로 반영해야 할 총금액이라고 생각하면 된다. '스톡옵션 주식 수(47만 3934주) × 공정가치(2461원)'로 계산되었다.

표 8에서 스톡옵션 행사가능일까지 3년 동안의 총보상원가가 11억 6620여만 원인데, 이를 주식보상비용으로 반영해야 한다. 3년이면 12개 분기이므로 매분기마다 9718여만 원을 비용 처리하는 셈이다.

이 스톡옵션은 2015년 10월 1일 부여되었다. 따라서 2015년 말 재무제표에는 2015년 10월 1일부터~12월 31일까지 즉 3개월 치의 주식보상비용이 반영되면 된다. 표를 보면 당기(2015년)에 인식된 '판매비와 관리비'가 9718여만 원으로 기재되어 있다. 판관비 중 주식보상비용으로 인식된 금액이 9718여만 원이라는 것이다. 앞으로 2016년 말의 재무제표에는 1년 치에 해당하는 3억 8800여만의 주식보상비용이 판관비 안에 포함되어 영업이익 산출에 영향을 줄 것이다.

표 9는 YG플러스의 2015년말 연결재무제표 주석 중 주식보상비용 부분을 발췌한 것이다. 매출원가로 반영된 금액은 없고, 전액 판관비에 포함되었다.

| 표 9. YG플러스 2015년 연결재무제표 주석 중 주식보상비용 |

(단위 : 원)

구분	당기(2015년)			전기(2014년)		
	매출원가	판관비	합계	매출원가	판관비	합계
주식보상비용	-	97,184,559	97,184,559	-	-	-

한편, YG플러스는 그로부터 10개월 뒤인 2016년 7월 29일에 다시 〈주식매수선택권 부여〉 공시를 내고, 직원 33명에 대해 총 64만 8785주의 스톡옵션을 부여했다고 밝혔다. 다음은 관련 공시 내용이다.

| 표 10. YG플러스 2016년 7월 29일 〈주식매수선택권 부여〉 공시 |

• 주식매수선택권 부여

부여주식(주)		보통주식	648,785
행사조건	행사기간	시작일	2019년 7월 29일
		종료일	2022년 7월 28일
	행사가격(원)	보통주식	3,280
	부여일자		2016년 7월 29일

• 대상자별 부여 내역

부여 대상자	관계	부여주식(수)		공정가치
		보통주식	기타주식	
OOO	직원	40,000	-	1,457
OOO	직원	40,000	-	1,457
OOO	직원	40,000	-	1,457

* 이하의 부여 대상자와 부여주식 등은 편집상 생략했습니다(스톡옵션 총 부여 대상자 33명).

스톡옵션 행사는 '3년(2016년 7월 29일~2019년 7월 28일) 근무'를 조건으로 했다. 스톡옵션 행사가 가능한 2019년 7월 29일부터 3년 내 원하는 시점에 행사가격(주식매입가격) 3280원으로 스톡옵션 행사가 가능한 구조다.

이 같은 조건의 스톡옵션 공정가치는 1457원으로 평가되었다. 따라서 스톡옵션 부여일로부터 행사가능일까지 3년의 의무근무 기간 동안 YG플러스가 손익계산서에 비용으로 반영해야 하는 총주식보상비용은 스톡옵션 주식 수(64만 8785주) × 1457원 = 9억 4500여만 원이다.

7월 29일 이사회에서 부여했으므로 2016년 3분기 보고서(1~9월)에 관련 내용이 기재되었다. 3분기 결산에 반영되는 주식보상비용은 약 두 달치 정도다(7월 29일~9월 30일). 그리고 앞으로 결산 때마다 그 결산 기간에 해당하는 주식보상비용이 손익에 반영될 것이다.

네이버, 라인 스톡옵션만 아니었어도 영업이익률이 더 높았을 텐데…….

네이버의 실적 발표를 보면 눈에 띄는 점이 한 가지 있다. 2015년부터 분기 또는 반기 실적 IR(투자자 설명회) 때마다 주식보상비용 규모를 소상하게 밝힌다는 점이다. 이유는 주식보상비용 규모가 커 이익에 미치는 영향이 적지 않기 때문이다.

네이버가 연결재무제표에 반영하는 주식보상비용은 모바일 메신저사업을 주력으로 하는 일본 자회사 '라인'에서 발생한 것이다. 지금까지 여섯 차례에 걸쳐 라인이 자사 임직원들에게 부여한 스톡옵션은 2500만 주가 넘는다. 이해진 네이버 의장과 신중호 라인 CGO가 받은 스톡옵션 규모도 상당하다. 네이버는 라인의 대주주로, 지분이 87%에 달한다. 때문에 네이버는 종속회사 라인을 합산해 연결재무제표를 작성해야 한다. 따라서 라인의 주식보상비용은 네이버 연결당기순이익에 포함된다(연결재무제표에 대해서는 14장에서 자세히 다룬다).

네이버는 스톡옵션으로 인한 주식보상비용으로 영업이익률이 3%포인트 가량 낮아졌다.

표 11은 2016년 4월, 네이버가 1분기 실적 발표에서 공개한 IR 자료의 일부를 발췌 편집한 것이다. 표에서 네이버는 라인의 주식보상비용을 고려하지 않았을 경우 네이버 연결기준 영업이익과 영업이익률을 제시하고 있다. 네이버 측은 주식보상비용을 감안하지 않는다면 이 정도의 실적을 낸 것에 해당한다는 것을 강조하기 위해 참고용으로 제시한 것으로 보인다(네이버는 7월에 2/4분기 실적 발표 때도 마찬가지로 라인 주식보상비용을 제외한 수치를 따로 제시했다).

| 표 11. 네이버 2016년 1분기 실적 IR 자료 중 |

(단위 : 억 원)

구분	금액
영업수익	9,373
광고	6,727
콘텐츠	2,374
기타	271
영업비용	6,805
영업이익	2,568
영업이익률	27.40%
법인세차감 전 이익	2,562
당기순이익	1,650

* 2016년 1분기 LINE(라인) 주식보상비용은 257억 원으로, 이를 제외한 영업이익은 2826억 원, 영업이익률은 30.1% 수준.

네이버는 1분기 IR 자료(표 12)에서 분기별 주식보상비용의 규모와 이를 제외했을 경우 영업이익률까지 상세하게 제시하고 있다. 주식보상비용은 네이버의 연결 영업이익률에 3%포인트 정도의 영향을 미치는 요소임을 알 수 있다.

| 표 12. 네이버 분기별 주식보상비용 |

(단위 : 억 원)

	2015년 1분기	2분기	3분기	4분기	2016년 1분기
영업이익	1,944	1,894	2,213	2,252	2,568
주식보상비용	211	277	287	305	257
영업이익률	26.20%	24.20%	26.30%	25.30%	27.40%
주식보상비용 제외 시 영업이익률	29.10%	27.80%	29.70%	28.30%	30.10%

네이버의 주식보상비용에 대해 좀 더 자세히 알아보려면 재무제표 주석을 찾아보면 된다. 네이버의 2015년 연결재무제표 주석에 보면 아래와 같은 내용들이 기재되어있다.

| 표 13. 네이버 2015년 연결재무제표 주석 |

• 주식기준보상

당기(2015년) 중 주식선택권 수량의 변동은 다음과 같습니다.

(단위 : 주)

구분	부여일	기초 미행사수량	당기 부여수량	당기 소멸수량	기말 미행사수량	부여법인
1차	2012. 12	14,000,000	-	-	14,000,000	LINE
2차	2013. 12	3,377,000	-	(44,500)	3,332,500	LINE
3차	2014. 2	1,752,500	-	(85,500)	1,667,000	LINE
4차	2014. 8	739,500	-	(42,500)	697,000	LINE
5차	2014. 10	352,500	-	(29,500)	323,000	LINE

구분	부여일	기초 미행사수량	당기 부여수량	당기 소멸수량	기말 미행사수량	부여법인
6차	2015. 2		5,786,000	(121,000)	5,665,000	LINE
합계		20,221,500	5,786,000	(323,000)	25,684,500	

표 13의 내용으로 보면, 라인은 지금까지 여섯 차례에 걸쳐 임직원들에게 스톡옵션을 부여했다. 2015년에도 578만 6000주를 부여했는데, 2015년 말 현재 누적된 미행사 스톡옵션 물량은 2568만 4500주다.

구분	1차	2차	3차	4차	5차	6차
부여일공정가액	JPY 107	JPY 793	JPY 575	JPY 2310	JPY 2312	JPY 3219
행사가격	JPY 344	JPY 344	JPY 1320	JPY 1320	JPY 1320	JPY 1320

라인 스톡옵션의 공정가치가 제4차분(2014년 8월 부여)부터 2300엔대로 크게 상승했다가 제6차분(2015년 2월 부여)에는 3200엔대로 더 올라갔다. 스톡옵션 행사가격보다 스톡옵션 자체의 공정가치가 월등하게 높다. 네이버가 연결손익계산서에서 인식하는 주식보상비용이 2015년 들어 많이 증가한 것은 이 때문이다.

네이버가 재무제표 주석에서 밝힌 영업비용 내역(표 14) 중 주식보상비용을 보자. 2014년까지만 해도 연 294억 원 수준에 불과했지만 2015년에는 1050억 원으로 껑충 뛰었다.

| 표 14. 네이버 재무제표 주석 |

당기 및 전기의 영업비용 내역은 다음과 같습니다.

(단위 : 천 원)

구분	당기(2015년)	전기(2014년)
주식보상비용	105,016,671	29,486,713

대주주가 직원에게 주식을 줘도 회사에는 비용

: 코스닥기업 티에스이의 특수한 주식 보상 사례 :

만약 셀트리온의 대주주 서정진 회장이 종업원들에게 자신이 보유한 셀트리온 주식 일부를 무상으로 증여한다면, 셀트리온이 해야 할 회계 처리는 없을까? 회계 공부를 좀 했다고 하는 분 중에도 아마 "개인이 자기 주식을 직원에게 줬는데, 회사가 회계 처리할 것이 뭐가 있겠는가?"라고 반문하는 경우가 있을 것이다.

셀트리온의 가상 사례에 대한 답을 코스닥기업 티에스이를 통해 한번 찾아보자. 2016년 1월 언론에 반도체 및 디스플레이 검사장비 제조업체인 티에스이와 관련해 다음과 같은 기사가 실렸다.

> 티에스이, 임직원에게 '통 큰' 무상증여
>
> 티에스이의 창업주이자 최대주주인 권상준 대표와 김철호 사장이 자신들이 보유한 50억 원대의 회사 지분을 무상으로 임직원들에게 증여키로 했다. 권 대표가 21만 1679주, 김 사장이 17만 8895주 등 자신들의 보유 주식 중 각각 5%에 달하는 주식을 내놓았다.
>
> 무상증여를 받는 임직원은 3년 이상 근속한 임직원 약 260명이다. 이들

이 받을 금액은 종가 1만 2800원을 기준으로 할 경우 1인당 평균 1900만 원이 넘을 것으로 예상된다.
그동안 티에스이는 실적 목표 달성 시 전 직원 해외여행과 같은 성과급을 부여한 적이 있지만, 대주주 경영진이 보유 주식을 무상증여하는 것은 이번이 처음이다.

티에스이의 2016년 1분기 연결재무제표 주석에서 '주식기준보상' 항목을 보면 다음과 같은 문장이 나온다.

| 표 15. 티에스이 2016년 1분기 연결재무제표 주석 중 주식기준보상 |

2016년 1월 7일 당사의 대주주(권상준, 김철호)가 티에스이 임직원 중 일부에게 개인이 소유하고 있는 주식 39만 574주(시가 43억 9396만 원, 1월 7일 종가 1만 1250원 기준)를 무상증여했으며, 이와 관련해 당기 중 주식보상비용 및 기타자본잉여금으로 각각 43억 9396만 원을 인식했습니다(주식보상비용은 판관비 12억 3496만 원, 제조경비 31억 5900만 원으로 처리).

어떠한가? 대주주가 자신이 보유한 주식을 임직원들에게 무상증여했는데도 회사가 손익계산서에서 비용 처리하면서 재무상태표에서 자본 증가(기타자본잉여금)로 처리했다. 티에스이는 명백하게 이 거래에 대해 주식기준보상거래라는 회계기준을 적용한다고 밝히고 있다.

주주가 임직원에게 주식을 무상으로 이전하면, 이 임직원에게서 용역을 받는 기업이 주식기준보상거래에 따라 회계 처리를 해야 한다. 주식기준보상에서는 기업이 주주로부터 주식을 증여받고, 이 주식으로 임직원이 제공하는 용역에 대한 대가를 지급하는 거래로 간주하기 때문이다.

그러면 비용을 얼마나 처리하면 될까? 앞서 살펴본 주식기준보상의 가장 일반적 형태인 스톡옵션(주식선택권) 거래의 경우 스톡옵션 자체의 공정가치를 구하고, 부여된 주식 수와 공정가치를 곱했다. 스톡옵션 공정가치를 구할 때는 스톡옵션을 행사할 수 있는 시점까지 남은 기간, 스톡옵션 주식의 주가 흐름과 변동성, 무위험 이자율, 할인율 등 여러 가지 요소를 고려해 산출해냈다.

그러나 티에스이의 경우는 주식선택권 또는 주식매입선택권으로 불리는 스톡옵션을 부여한 것이 아니다. 따라서 미래의 가득조건이나 가득기간 등이 따로 있는 것도 아니다. 대주주가 성과급 주듯이 즉시 시가 1만 1250원 짜리 주식을 공짜로 임직원에게 준 경우다. 따라서 무상증여한 주식의 공정가치(1월 7일 증권시장에서 거래된 종가)와 주식 수를 곱한 금액인 43억여 원만큼이 주식보상비용이 된다. 이 금액이 당기비용으로 반영됐지만 동시에 기타자본잉여금 계정으로 자본에 가산되었기 때문에 기업가치(자본)에 미치는 영향은 사실상 없다고 할 수 있겠다.

다시 맨 앞으로 돌아가서 만약 서정진 회장이 셀트리온 주식을 임직원들에게 무상증여했다면 어떻게 회계 처리해야 할까? 셀트리온은 주식 공정가치(주가)와 증여주식 수를 곱한 금액을 주식기준보상에 따라 회계 처리해야 할 것이다.

PART 041

때론 호환 마마보다 더 무서운 환율변동손익

"시중 돈, 달러 예금으로 몰려… 올 53억 달러 증가"

"달러 사자"… 자산가도, 개인도 환(換)테크 열풍

"환율 연중 최저, 불붙은 달러 투자붐"

"달러화 예금 두달 만에 27% 폭증"

2016년 8~9월 사이 신문 증권면이나 금융면에 보도된 기사들이다. 이 시기 달러/원 환율의 흐름은 원화 강세, 달러 약세였다. 그런데 왜 사람들은 약세인 달러를 보유하기 위해 안간힘들을 쓴 것일까? 통화가 약세라는 것은 그만큼 값이 싸다는 말과 같다. 달러/원 환율이 1대 1000원이라는 건 그냥 달러값이 1000원이라는 말이다(1달러 가치가 1000원). 마찬가지로 환율이 1200원이 됐다면 달러 값어치가 1200원이 됐다는 말이다. 달걀 한 판 값이 1200원일 때보다 1000원일 때 싼 것과 마찬가지로, 달러값도 1200원보다는 1000원이 싼 것이다. 만약 지금의 달러값이 거의 바닥 수준이라고 판단한다면, 앞으로 달러값은 비싸질 일만 남았다. 당연히 달러에 투자할 것이다. 2016년 8~9월의 상황이 이와 비슷했다.

수출로 달러를 많이 벌어들이는 기업이라면 달러값이 비싸지는(환율 상승) 게 좋을 것이다. 그래야 더 많은 원화로 바꿀 수 있으니까. 달러자산(달러매출채권 등)이 많은 기업도 마찬가지다. 반면 달러로 결제할 일이 많은 수입업체나 달러부채(달러차입금 등)가 많은 기업은 달러가 싸지는(환율 하락) 게 좋을 것이다.

기업들은 환율 변동에 대응하기 위한 여러 가지 안전장치(파생상품 헤지 등)를 해 놓기도 하지만, 기본적으로는 환율 변화 때문에 손익에 상당한 영향을 받는다.

기아차와 CJ제일제당이 IR 자료에 환율을 표시하는 이유

표 16은 기아자동차 1분기 IR 자료 일부다. 이 자료에서 기아자동차는 매출과 이익 수치를 제시하면서, 그 아래에 별도로 환율의 변화를 기재해놓았다. 전년 동기(2015년 1분기) 달러/원 환율은 1110원이었지만, 2016년

| 표 16. 기아자동차 2016년 1분기 연결손익계산서 – IR 자료 |

(단위 : 십억 원)

	2016년 1분기	전년 동기 대비 증감
매출	12,649	13.20%
매출원가	10,076	12.00%
매출총이익	2,573	18.10%
판매관리비	1,940	16.40%
영업이익	634	23.80%
당기순이익	945	4.60%

* 평균실적환율(USD/KRW) : 2015년 1분기 1110원 → 2016년 1분기 1201원(101원↑)

1분기에는 101원이 오른 1201원이라고 밝혔다. 그러면서 이 환율에 대해 '평균실적환율'이라는 표현을 사용했다.

표 17~18은 CJ제일제당 2016년 1분기 IR 자료 중 일부다. 표 17은 영업외수지 증감 내역이고, 표 18은 영업외수지에 대한 회사의 자체 분석이다. CJ제일제당 역시 영업외손익 내용을 밝히면서 환율을 제시하고 있다. 아울러 원재료 매입이나 수출, 차입금 평가 등에서 외환 관련 손실이 났음을 밝히고 있다. 다만 그 손실이 2015년 1분기에 비해 2016년 1분기에는 30억 원 정도 줄었다고 설명했다.

| 표 17. CJ제일제당 2016년 1분기 IR 자료 중 영업외수지 증감 내역 |

(단위 : 억 원)

구분	2015년1분기	2016년 1분기	증감
외환 관련 손익	-161	-131	30
지분법평가손익	-15	19	34
곡물파생상품손익	-116	158	274
순이자비용	-281	-278	3

* 2015년 1분기 평균환율 1105원, 2016년 1분기 평균환율 1201.4원

| 표 18. CJ제일제당 2016년 1분기 IR 자료 중 영업외수지 분석 |

- 외환 관련 손실은 131억 원으로, 전년 대비 30억 원 개선
- 원재료 매입 및 수출 등 경상거래 관련 -42억 원, 차입금 평가 등 비경상요인 -93억 원
- 곡물파생 관련 손익은 158억 원으로 전년 대비 274억 원 개선
- 순이자비용은 278억 원으로 전년 대비 3억 원 감소

환율이 외화자산과 부채에 미치는 영향

환율이 수출이나 원재료 매입, 차입금 평가 등에 어떤 영향을 미치길래 이들 회사들은 IR 자료에 환율을 항상 기재하고 있을까?

아주 간단한 가상의 사례를 한번 보자.

LG화학이 2015년 11월 10일 배터리 한 개를 1달러에 외상수출했다(환율 1달러 = 1000원). 결제일은 한 달 뒤인 12월 10일이다. 11월 10일 장부에는 매출 1000원(수익)과 매출채권 1000원(자산 증가)이 기록된다. 12월 10일 예정대로 1달러가 결제되었다. 이날 환율은 1달러 = 1100원이다.

돈이 들어왔으므로 장부에서 매출채권을 지우고(자산 감소) 대신 현금유입(자산 증가)을 기록해야 한다. 원화 금액으로 기록해야 하므로 이날 환율을 적용하면 현금 1100원이 유입됐다. 장부에 기록돼 있던 1000원짜리 매출채권은 제거된다.

그리고 차액 100원은 외환차익으로 기록된다. 거래일과 결제일의 환율 변동에 따라 회사가 얻은 이 외환차익은 수익 계정에 해당된다. 표현은 '환율변동이익', '외환차익', '외환관련이익' 등 어느 것으로 해도 상관없다.

만약 결제일인 12월 10일 환율이 1달러 = 1100원이 아니라 950원으로 변했다고 하자. LG화학은 현금 950원 유입(자산 증가), 매출채권 1000원 제거(자산 감소), 외환차손 50원(비용 발생)을 장부에 기록해야 할 것이다.

그렇다면 결제일이 2016년 1월 10일이라면 어떻게 될까?

LG화학은 2015년 말 결산 재무제표 작성 시점에 결제되지 않은 외화매출채권(자산) 1달러를 보유하고 있는 셈이다. 결산 재무제표에 매출채권의 달러금액을 기재할 수는 없다. 결산일 현재 환율(마감환율)을 적용한 원화 환산 금액을 기록해야 한다.

2015년 말 마감환율이 950원이라고 하자. 그럼 1달러 짜리 외화매출채권이 950원이 되므로, 매출채권 장부가격은 1000원에서 50원 하락한 950원으로 조정되고, 50원은 외화환산손실로 비용 처리된다.

그리고 2016년 1월 10일 드디어 1달러가 결제되었다. 이때 환율은 1100원으로 올랐다. 장부가격 950원으로 적혀있던 매출채권이 1월 10일 장부에서 제거되고, 현금 1100원 증가가 기록되면서 150원의 외환차익이라는 수익이 기록된다.

| 그림 2. LG화학 배터리 환율변동손익 |

- 2015년 11월 10일 배터리 한 개 외상 수출
- 2016년 1월 10일 결제 가정

2015년 11월 10일 배터리 한 개 1달러 외상 수출	**환율 1달러 = 1000원** 매출채권 장부가격 1000원
2015년 12월 31일 연간 결산 재무제표 작성	**연말 환율 1달러 = 950원** 매출채권 장부가격 950원으로 조정 외환환산손실 50원 → 당기손익 반영
2016년 1월 10일 배터리 대금 1달러 결제	**1월 10일 환율 1달러 = 1100원** 매출채권 950원 제거 현금 유입 1100원 외환차익 150원 → 당기손익 반영
손익반영 비교	**2015년 외화환산손실 -50원** **2016년 외환차익 +150원** **외환차익 100원** → 1000원에 수출해 1100원에 결제받은 셈이므로, 2015~2016년 외환손익을 따져보면 최종 100원 외환차익이 됨.

2015년 결산손익계산서(회계보고기간 1월 1일~12월 31일)에는 배터리 한 개 수출에 따른 외환손익으로 50원의 외화환산손실이 반영되었다. 그러나 2016년 손익계산서에는 150원의 외환차익이 반영된다.

참고로, 기존의 한국회계기준(일반기업회계기준, K-GAAP)에서는 외화매출채권 결제 시 발생하는 환율변동손익은 '실현된' 손익이라는 의미에서 '외환차익'(영업외수익), '외환차손'(영업외비용)이라는 이름의 계정을 사용하도록 했다.

결제되지 않은 상태 즉 외화매출채권 상태에서 환율 변동에 따라 원화환산금액에 차이가 발생해 인식해야 하는 환율변동손익에 대해서는 '미실현' 손익이라는 의미에서 '외화환산이익'(영업외수익), '외화환산손실'(영업외비용)이라는 계정을 사용해 구별했다.

그러나 K-IFRS에서는 구체적인 계정 이름을 제시하지 않는다. 그래서 앞서 언급한 대로 '외환차익' '환율변동차익(손익)' 등의 여러 가지 표현을 해도 무방하다.

기계설비를 도입했을 뿐인데, 부채와 손익이 수시로 변하는 이유

매출채권 같은 외화자산 뿐 아니라 외화부채의 경우도 마찬가지다.

LG화학이 2015년 12월 10일 해외에서 200달러짜리 기계설비를 외상구매했고, 한 달 뒤인 2016년 1월 10일 결제하기로 했다고 하자. 구매일 환율은 1달러 = 1200원이다.

12월 10일 장부에는 기계설비 24만 원(자산 증가)과 설비대금채무 24만 원(부채 증가)을 기록하면 된다. 그런데 결제일이 되기 전에 연말 결산일이 끼어있다. 12월 31일 2015년 말 결산을 해야 하는데 이날 마감환율이 1300원이라고 하자.

외화부채 상태로 존재하는 설비대금채무의 원화환산금액은 이제 26만 원이다.

설비대금채무 장부금액이 26만 원으로 조정되면서 2만 원의 외화환산손실을 기록한다(비용 발생). LG화학의 기계설비에 대한 2015년 회계 기간의 손익결산은 2만 원 외화환산손실로 마무리됐다.

2016년으로 넘어가서 1월 10일 결제 시 환율은 1200원이 됐다. 이날 장부에서 설비대금채무 26만 원을 제거하고(부채 감소), 현금 24만 원 유출(자산 감소)을 기록한다. 2만 원은 환율 하락으로 발생한 외환차익이다(수익 발생). 2016년 1분기 말 결산을 할 때는 외환차익 2만 원이 분기손익에 반영될 것이다.

외국에서 들여온 이 설비는 2015년 회계연도 결산에서는 2만 원 비용으로 마감했지만, 2016년 회계연도 결산에서는 2만 원 수익(1분기 실적에 반영)으로 기여하게 됐다.

왜 마감환율이 아니라 평균환율을 적용할까?

환율 변동에 따른 외환 관련 손익은 앞에서 말한 대로 영업외손익 항목으로 반영한다. 외화자산이나 외화부채를 원화로 환산할 때는 보통 결산기말 환율(마감 환율)을 적용한다(실무에서는 서울외국환중개(주)의 일자별 환율을 이용한다).

예를 들어 1분기 결산을 한다면 3월 31일, 반기 결산을 한다면 6월 30일의 환율을 적용하면 된다. 결제일에는 당일의 환율을 적용하면 된다. 달러 거래가 많거나 외화부채 또는 외화자산 보유 규모가 큰 기업의 경우는 환율 변동이 당기손익에 미치는 영향이 적지 않다.

한편, 마감 환율이 아니라 분기 단위 평균환율을 사용하는 경우도 있다. 제품, 상품, 원자재 등의 달러 거래 수출입이 빈번하게 상당히 큰 규모로 발생하는 기업의 경우 매번 거래일의 환율을 적용해 환산하는 것이 번

거로울 수 있다. 이런 경우에는 해당 기간(예를 들어 분기 단위)의 평균환율을 사용할 수 있도록 허용하고 있다.

우리가 앞에서 본 기아자동차와 CJ제일제당이 IR 자료에서 분기 평균환율을 제시한 경우가 여기에 해당한다. 다만, 환율이 두드러지게 급변하는 시기에는 평균환율 적용이 손익을 왜곡할 수 있으므로 허용되지 않는다.

어떤 기업이 외화자산과 외화부채를 모두 보유하고 있는 경우 달러/원 환율이 오른다면 외화자산에서는 환율변동이익이, 외화부채에서는 환율변동손실이 발생할 것이다.

자산 규모가 크다면 환율 상승기의 외환손익은 플러스가 되어 영업외이익에 반영될 것이고, 부채 규모가 크다면 외환손익은 마이너스가 되어 영업외손실에 반영될 것이다.

외환손익은 두 갈래로 반영, 금융손익과 기타손익

기아자동차의 2016년 1분기 연결손익계산서의 기본 구조는 표 19와 같다.

일반적으로 기업들은 영업이익 아랫단에서 크게 세 개의 항목을 반영해 세전이익(법인세 비용 차감전 이익)을 구한다. 세 개의 항목은 관계회사투자손익(지분법손익 : 지분법이익 - 지분법손실), 금융손익(금융수익 - 금융비용), 기타손익(기타수익 - 기타비용)이다.

지분법에 대해서는 7장에서 자세하게 설명했고, 14장에서 연결 회계를 다루면서 보충 설명이 있을 것이다.

표 20은 기아자동차의 2016년 1분기 연결재무제표 주석 중 금융손익과 기타손익 부분이다.

| 표 19. 기아자동차 2016년 1분기 연결손익계산서 |

(단위 : 백만 원)

구분	금액
매출액	12,649,367
매출원가	10,076,226
매출총이익	2,573,141
판매비와 관리비	1,939,519
영업이익	633,622
관계회사투자손익	348,911
금융손익	26,377
금융수익	96,884
금융비용	70,507
기타손익	37,794
기타수익	333,687
기타비용	295,893
법인세 비용 차감 전 순이익	1,046,704
법인세비용	102,120
연결분기순이익	944,584

| 표 20. 기아자동차 2016년 1분기 연결재무제표 주석 |

• 금융손익

당 분기 및 전 분기의 금융수익 내역은 다음과 같습니다.

(단위 : 백만 원)

구분	2016년 1/4분기	2015년 1/4분기
이자수익	36,482	50,176
외환차익	21,601	14,879
외화환산이익	31,042	1,154
파생상품평가이익	2,162	3,990
합계	96,884	79,332

당 분기 및 전 분기의 금융비용의 내역은 다음과 같습니다.

(단위 : 백만 원)

구분	2016년 1/4분기	2015년 1/4분기
이자비용	42,499	28,615
외환차손	16,213	23,782
외화환산손실	11,111	9,451
파생상품평가손실	684	565

• 기타손익

당 분기 및 전 분기의 기타수익 내역은 다음과 같습니다.

(단위 : 백만 원)

구분	2016년 1/4분기	2015년 1/4분기
외환차익	166,694	134,559
외화환산이익	136,094	80,424
유형자산 처분이익	1,632	5,082

당 분기 및 전 분기의 기타비용의 내역은 다음과 같습니다.

(단위 : 백만 원)

구분	2016년 1/4분기	2015년 1/4분기
외환차손	135,088	110,832
외화환산손실	139,345	49,391
유형자산 처분손실	3,437	6,844

위의 표들에서 알 수 있는 것은 금융손익과 기타손익 모두에 외환 관련 계정이 있다는 것이다. 예를 들어 외환차익이라도 어떤 경우는 금융수익으로 분류가 되고, 어떤 경우는 기타수익으로 분류된다. 일반적으로 기업들은 차입금, 사채, 현금성 자산 등 투자활동이나 재무활동과 관련된 외화자산 및 외화부채에서 발생하는 외환차익은 금융수익(또는 비용)으

로 인식한다. 이 외의 경우(주로 영업활동)는 기타수익(또는 기타비용)으로 인식한다.

외화매출채권에서 발생한 외환손익이라면 기타손익에 포함된다. 설탕 제품을 만들기 위해 원료(원당)를 수입하면서 발생한 외화매입채무 역시 기타손익에 포함될 것이다. 그러나 외화대출금이나 외화사채라면 금융손익에 포함될 것이다.

표 20에서 알 수 있는 것은, 기아자동차의 경우 금융손익보다 기타손익에 반영되는 외환 관련 수익과 비용의 규모가 훨씬 크다는 것이다. 그리고 2016년 1분기에는 2015년 1분기 대비 외환 관련 손익이 영업외수익에 기여하는 규모가 좀 더 컸다는 것이다. 수출기업이다보니 달러/원 환율 상승효과를 본 것으로 추정된다.

환율 상승에 기아차와 현대모비스는 방긋, 대한항공은 울상

현대모비스 역시 2016년 1분기 IR 자료의 '주요 수익 · 비용 분석'에서 기타손익과 금융손익이 많이 증가했다고 밝혔다. 그 이유로 환율 상승을 꼽고 있다. 표 21은 관련 내용이다.

| 표 21. 현대모비스 2016년 1분기 주요 수익 · 비용 분석 |

(단위 : 억 원)

구분	2015년 1분기	2016년 1분기	증감
판관비	5,097	5,796	13.70%
기타/금융손익	56	498	789.30%
지분법손익	3,911	3,325	-15%

- 판관비 증가 이유 : 핵심부품 개발 역량 강화를 위한 R&D 투자로 경상개발비(13.1%) 증가 등
- 기타/금융손익 증가 이유 : USD, EUR 및 이종통화 강세로 외환이익 증가
- 지분법 손익 : 관계회사 지분법 이익 감소

현대모비스는 미국 달러와 유로화 및 기타 거래 국가 통화 강세로 외환이익이 증가했다고 밝혔다. 예를 들어 미국 달러화가 강세가 된다는 것은 1달러 = 1000원에서 1100원으로 가는 것이기 때문에(원화는 약세), 현대모비스 같은 수출기업들의 실적에는 도움이 된다.

외화부채가 많은 기업은 환율이 오르면 속칭 '쥐약'이다. 대표적인 업종이 항공기 도입 관련 외화차입금이나 외화금융리스가 많은 항공사들이다. 아래는 대한항공의 2015년 연결재무제표 중 손익계산서다.

| 표 22. 대한항공 2015년 연결재무제표 중 손익계산서 |

(단위 : 백만 원)

구분	금액
영업이익(손실)	883,088
금융수익	56,270
금융비용	515,966
지분법이익(손실)	17,485
기타영업외수익	385,914
기타영업외비용	1,313,154
법인세비용 차감 전 순이익(손실)	(486,363)
당기순이익(손실)	(562,967)

위의 표를 보면 눈에 띄는 것이 몇 가지 있다. 8830억 원의 영업이익을 냈음에도 불구하고 세전이익은 4863억 원 손실, 당기순이익도 5629억 원 손실이라는 점이다. 영업이익 아랫단에서 대규모 비용이 발생했다는 뜻이다. 영업이익 아랫단을 보면 기타영업외비용이 두드러진다. 기타영업외수익이 3859억 원인데 비해 기타영업외비용은 무려 1조 3131억 원이다.

기타영업외수익 대비 기타영업외비용이 압도적으로 많은 이유는 뭘까? 표 23은 대한항공의 2015년 연결재무제표 주석 중 '기타수익 및 기타비용' 항목을 발췌 편집한 것이다(참고로, 대한항공은 외환관련손익을 금융수익/비용 항목에는 반영하지 않고 기타수익/비용 항목으로 분류한다).

| 표 23. 대한항공 2015년 연결재무제표 주석 중 '기타수익 및 기타비용' |

• 기타영업외수익 및 기타영업외비용

당기와 전기 중 기타영업외수익의 내역은 다음과 같습니다.

(단위 : 백만 원)

구분	2015년	2014년
외환차익	247,384	217,420
외화환산이익	112,940	168,772
매도가능 금융자산 처분이익	1,704	263
유형자산 처분이익	5,070	3,570

당기와 전기 중 기타영업외비용의 내역은 다음과 같습니다.

(단위 : 백만 원)

구분	2015년	2014년
외환차손	365,642	249,853
외화환산손실	607,520	402,323
유형자산 처분손실	173,008	112,840
유형자산 손상차손	72,363	-

2014, 2015년에 외환차익과 외화환산이익 규모는 별 차이가 없는 데 비해, 외환차손이나 외화환산손실은 2014년 대비 2015년에 눈에 띄게 증가했다. 2015년 외환관련손익을 계산해보자.

외환수익(외환차익 + 외화환산이익) - 외환비용(외환차손 + 외화환산손실) = (-)6129억 원이다. 영업이익 아랫단에서 외환관련손익에서만 6129억 원의 손실을 낸 데다 금융손익에서 4597억 원의 손실(금융수익 562억 원 -

금융비용 5159억 원)이 가세하는 바람에 세전이익과 당기순이익이 막대한 손실을 기록한 것이다. 대한항공이 환율 상승기에 영업외수지에서 대규모 손실을 낼 수밖에 없는 것은 앞에서 말한 대로 외화부채 때문이다. 대한항공의 2015년도 IR 자료에 차입금 현황이 잘 나타나 있다.

| 표 24. 대한항공 2015년 IR 자료 중 차입금 현황(대한항공 별도기준) |

통화별	2015년 말	
	잔액	비중
미국 달러	89억 달러	68.20%
기타(엔화 등)	13억 달러	9.90%
* 참고(원화)	3조 3600억 원	21.90%
합계(원화환산)	15조 3900억 원	100%

* 환율 상승효과로 전년 대비 차입금 총액(원화환산) 증가
  - 2014년 12월 말 환율 : 1달러 = 1099.2원
  - 2015년 12월 말 환율 : 1달러 = 1172.0원

위 자료에서 보듯, 통화별 대한항공 차입금은 달러가 가장 많다. 전체 차입금(원화 포함) 중 무려 68.2% 수준이다. 엔화 등 기타 통화도 9.90%다. 외화차입금이 합계 102억 달러로 78.1%에 이른다. 환율 변동에 따라 외화차입금에서 발생하는 손익이 영업외손익에 막대한 영향을 미칠 수밖에 없는 구조다.

우리는 앞에서 현대자동차가 판매한 자동차에 대해 일정 기간 무상수리보증을 하면서 판매보증충당부채를 설정한다는 것을 배웠다(274쪽). 해외에서 판매한 차량에 대해서도 이 같은 판매보증충당부채가 달러를 기준으로 설정될 것이다. 그런데 달러/원 환율이 오르면 어떻게 되겠는가? 당연히 원화로 기재한 부채 규모가 늘어날 것이다. 그만큼 비용 인식분이 증가한다는 말이다. 현대차의 손익에 악영향을 미친다.

CHAPTER 12

수주산업의 진행기준 회계 해부

PART 042

건설·조선업 회계의 핵심

건설업과 조선업은 대표적인 수주산업이다. 건설사와 조선소의 이익은 '도급금액 – 공사원가'로 결정되기 때문에 도급금액과 공사원가가 회사에서 관리해야 할 가장 중요한 두 가지 축이 된다.

예를 들어, (주)설현은 서울 을지로에 신규 사옥을 건립하기 위해 (주)수지건설과 5000억 원에 계약을 체결했다. (주)수지건설은 자재비, 인건비 등을 고려해 원가로 4000억 원이 소요될 것으로 예상했다. (주)수지건설 입장에서 공사계약액 5000억 원은 '도급금액*'이 되고, 추정원가 4000억 원은 '총공사예정원가*'가 된다.

도급금액 : 도급이란 한쪽이 계약된 일을 완성하고, 상대방은 그 일의 결과에 대해 보수를 지급할 것을 약정하는 계약이다. 이때 지급하기로 약정한 보수가 도급금액이다.

공사원가 : 공사와 관련해 직접 또는 간접으로 발생한 비용을 말한다.

실제로 도급금액은 회사에서 마음대로 정할 수 없는 부분이다. 외부요인에 더 가까울 수 있다. 넉넉한 마진을 붙여서 입찰에 성공했다면 여유가 있겠지만, 넉넉한 마진을 붙여서는 입찰에서 실패할 가능성이 크다.

결국, 수주산업에서 가장 중요

한 핵심 역량은 공사원가를 추정하는 능력이다. 공사원가 추정이 중요한 이유는 입찰을 위한 견적을 내는데 기초가 되기 때문이다. 추정공사원가에 일정률의 이익을 가산해 입찰 시 제시할 도급금액을 결정하기 때문에 공사 수주를 위해서나 회사의 이익을 관리하기 위해서 예상공사원가를 산출하는 것은 매우 중요하다.

공사진행률에 따라 수익과 비용을 배분하는 진행기준

회계기준에서는 수주산업의 경우 '진행기준'에 따라 수익을 인식하라고 한다. 진행기준이라는 것이 도대체 무엇일까? 가상의 사례를 통해 진행기준을 이해해보자.

| 사례 |

1. 성동구청은 마장동 주민센터 신규 건축을 위해 도급금액 10억 원에 서울건설과 계약했다.
2. 공사기간은 2016년 1월 1일부터 2017년 12월 31일까지 2년간이다.
3. 서울건설은 총공사예정원가가 5억 원이 투입될 것으로 예상했다.
4. 실제 2016년도에 공사비가 3억 원 투입되었으며, 2017년도에 2억 원을 투입해 공사를 완료했다.

공사 첫해인 2016년에 진행기준 회계 처리를 위해서는 먼저 '공사진행률'을 산정해야 한다. 공사진행률은 회계 기간 중 실제로 투입한 원가금액을 총공사예정원가로 나누면 구할 수 있다. 따라서 2016년도의 공사진행률은 '3억 원(발생원가)/ 5억 원(총공사예정원가) = 60%'이다.

공사수익은 도급금액에 공사진행률을 곱해 산정하면 된다. 그러므로 2016년의 공사수익은 '10억 원(도급금액) × 60%(공사진행률) = 6억 원'이 된다. 당기공사수익(6억 원)에서 당기발생원가(3억 원)를 빼면 당기공사이익 3억 원이 나온다.

이제 2017년의 공사이익을 구해보자. 계획대로 공사가 진행됐다면 2017년의 누적공사진행률은 '실제발생원가 5억 원(2016년 3억 원+ 2017년 2억 원)/ 총공사예정원가 5억 원 = 100%'가 된다. 따라서 '도급금액(10억 원) × 누적진행률(100%)'을 계산하면 누적공사수익은 10억 원이 된다. 2017년의 당기공사수익은 누적공사수익(10억 원)에서 2016년도에 이미 인식한 공사수익(6억 원)을 빼주면 4억 원이 된다. 그러므로 2017년의 당기공사이익은 '당기공사수익(4억 원) - 당기발생원가(2억 원) = 2억 원'으로 계산된다.

이 내용을 표로 정리하면 다음과 같다.

| 표 1. 서울건설의 2년간 공사수익, 공사원가, 공사이익 - 진행기준 |

구분	2016년	2017년	합계
공사수익	10억 원 × 60% = 6억 원	(10억 원 × 100%) - 6억 원(전년도까지 공사수익인식분) = 4억 원	10억 원
공사원가	3억 원	2억 원	5억 원
공사이익	3억 원	2억 원	5억 원

표에서 알 수 있듯이 공사에서 발생하는 수익과 비용을 공사진행률에 따라 공사기간 동안 배분하는 것이 수주산업 회계 처리의 큰 틀이다. 또한 공사가 끝나면 도급금액과 예정원가가 실제 발생한 금액으로 확정되므로 예상이익은 실제 발생한 이익으로 조정된다. 이처럼 공사가 완료되

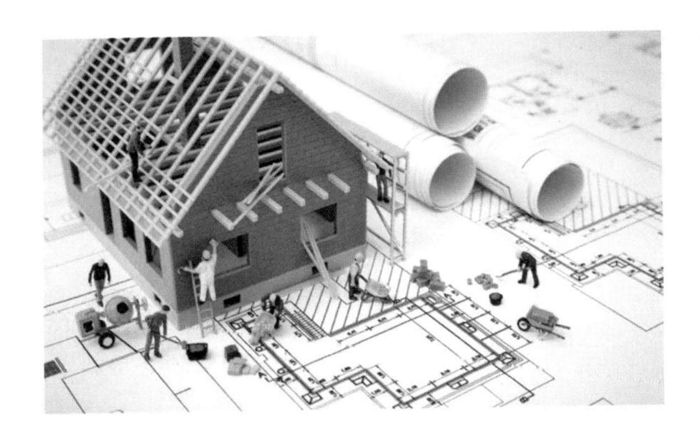

공사가 완료되기 전에 연도별로 공사진행률에 따라 수익과 비용을 배분하는 방식을 '진행기준'이라고 부른다.

기 전에 연도별로 공사진행률에 따라 수익과 비용을 배분하는 방식을 '진행기준'이라고 부른다. K-IFRS와 일반기업회계기준에서 수주산업에 대해 정하고 있는 회계 처리 방식이다.

공사가 끝나면 도급액을 한꺼번에 공사수익으로 인식하는 완성기준

진행기준과 반대되는 회계 처리 방식으로는 '완성기준' 회계 처리가 있다. 완성기준 회계 처리 방식은 공사가 진행될 때에는 수익을 인식하지 않다가 공사가 완료된 회계연도에 도급금액 전체를 공사수익으로 인식하는 회계 처리 방식이다. 일반기업회계기준에서 중소기업에 대한 특례로 중소기업에서만 적용할 수 있다. 앞서 살펴본 서울건설 사례를 완성기준으로 회계 처리하게 되면 연도별로 인식할 공사수익과 공사원가는 다음과 같다.

| 표 2. 서울건설의 2년간 공사수익, 공사원가, 공사이익 – 완성기준 |

구분	2016년	2017년	합계
공사수익	0	10억 원	10억 원
공사원가	3억 원	2억 원	5억 원
공사이익	(-)3억 원	8억 원	5억 원

표 1과 표 2를 비교해보면 진행기준을 적용한 것과 완성기준을 적용한 것의 총공사이익은 5억 원으로 동일하다.

완성기준은 공사가 끝난 후 도급금액과 공사원가가 확정된 상태에서 회계 처리할 수 있어서 진행기준과 비교하면 분식 가능성이 매우 작다. 하지만 재무제표의 회계 기간별 비교 가능성을 극도로 해치기 때문에, 이론적으로 열등한 방법으로 간주된다. 공사 진행 중에는 적자가 발생해 회사에 무슨 악재가 있는가 싶다가도 공사가 끝난 후엔 어닝서프라이즈*를 기록하게 되는 악순환이 계속된다. 반면에 진행기준은 공사진행률에 따라 수익과 비용을 인식하게 되므로, '수익·비용 대응의 원칙*'에도 부합하고 재무제표의 기간별 비교 가능성을 증대시킬 수 있다.

어닝서프라이즈(earnings surprise) : 기업의 실적이 시장이 예상했던 것을 훌쩍 뛰어넘어 주가가 큰 폭으로 상승하는 현상이다. 어닝서프라이즈에 반대되는 개념이 어닝쇼크(earnings shock)다.

수익·비용 대응의 원칙 : 수익과 비용을 명확하게 구분하고, 수익을 창출하는데 소요된 비용을 적합하게 대응해 손익계산을 하는 것이다.

진행기준은 왜 분식이 쉬운가?

진행기준 회계에서는 공사진행률 추정에 대한 신뢰가 중요하다. 왜냐하면 공사진행률 추정을 조작하면 당기손익을 얼마든지 왜곡할 수 있기 때문이다. 공사진행률에 따라 손익이 어떻게 바뀌는지 아래의 사례들을 통해 살펴보자.

(주)수지건설이 (주)설현과 100억 원에 빌딩을 건설하는 계약을 체결했다고 하자. 예상공사기간은 2015년 초~2016년 말까지 2년, 총공사원가는 80억 원으로 예상되었다. 그렇다면 (주)수지건설이 이 계약에서 인식할 총공사이익 금액은 얼마일까? (주)수지건설이 2년에 걸쳐 이익으로 인식할 수 있는 금액은 '100억 원(도급금액) - 80억 원(실행예산) = 20억 원'이 된다.

연도별 회계 처리를 살펴보자. 2015년에 50억 원이 실제 공사비로 투입되었다. 공사진행률을 계산해보면 62.5%(50억 원/80억 원)가 된다. 따라서 2015년의 공사수익은 62.5억 원(100억 원 × 62.5%)이 된다. 2015년도에 투입된 공사원가는 50억 원이었으니, 당기 공사이익은 12.5억 원(62.5억 원 - 50억 원)이 된다. 그럼 예정대로 공사가 진행된다면 2016년의 공사이익(표 3 참조)은 7.5억 원(공사수익 37.5억 원 - 공사원가 30억 원)이 될 것이다.

| 표 3. (주)수지건설의 연도별 회계 처리 |

구분	2015년	2016년
도급금액	100억 원	100억 원
총예정원가	80억 원	80억 원
실제 당기공사원가	50억 원	30억 원(누적 80억 원)
누적진행률	50억 원/80억 원 = 62.5%	(50억 원 + 30억 원)/ 80억 원 = 100%
당기공사수익	100억 원 × 62.5%= 62.5억 원	(100억 원 × 100%) - 62.5억 원 = 37.5억 원
당기공사이익	62.5억 원 - 50억 원 = 12.5억 원	37.5억 원 - 30억 원 = 7.5억 원

그런데 2015년 결산 시점에 갑자기 (주)수지건설의 사장 P가 2015년 공사이익을 15억 원으로 만들라는 지시를 했다고 가정해 보자. 실제 투입원가는 세금계산서 등이 발행되어 이미 금액이 확정되었으므로 조작하기 어렵다. 회계 감사에서도 검증하자면 시간이 좀 걸리겠지만, 검증할 수 있다. 따라서 이보다는 훨씬 조작이 쉬운 총공사예정원가를 이용한다. 당기의 공사 매출액에서 실제투입원가 50억 원을 뺀 금액이 15억 원이 되어야 하므로, 공사수익금은 65억 원이 되어야 한다. 그렇다면 도급금액이 100억 원이니 공사진행률이 65%가 되어야 한다.

2015년 실제 투입원가는 50억 원으로 고정되어 있으므로 '65% = 50억 원/예정원가x'의 방정식이 나오게 된다. 이 방정식에서 x를 풀면 76.9, 즉 공사 예정원가가 76.9억 원이 되면 15억 원의 이익을 만들 수 있다. 사장의 지시를 이행하고자 최초의 총공사예정원가(실행예산)를 80억 원에서 76.9억 원으로 조정하는 것이다.

공사진행률을 조작하는 방법이야 여러 가지가 있겠지만, 이론적으로 가장 쉬운 방법을 하나 소개한 것이다. 결론적으로 총공사예정원가를 80억 원에서 76.9억 원으로 변경하니 2015년의 공사이익이 12.5억 원에서 15억 원으로 늘어나게 된다.

| 표 4. (주)수지건설의 분식회계 1 |

총공사예정원가를 의도적으로 76.9억 원으로 변경 실제 총공사원가는 83억 원 발생		
구분	2015년	2016년
도급금액	100억 원	100억 원
총공사예정원가	80억 원 → 76.9억 원	80억 원 → 76.9억 원
실제 당기공사원가	50억 원	33억 원(누적 83억 원)
누적진행률	50억 원/76.9억 원 = 65%	(50억 원 + 33억 원)/83억 원 = 100%
당기공사수익	100억 원 × 65% = 65억 원	(100억 원 × 100%) - 65억 원 = 35억 원
당기공사이익	65억 원 - 50억 원 = 15억 원	35억 원 - 33억 원 = 2억 원

그런데 이 경우 만약 2016년도에 실제 발생한 공사원가가 33억 원이었다고 가정해보자. 그렇다면 총공사원가는 83억 원(2015년 50억 원 + 2016년 33억 원)이 된다. 2015년도에 예상한 총공사원가 76.9억 원보다 6.1억 원 증가했다. 2016년도의 공사이익은 당기공사수익 35억 원에서 실제발생원가 33억 원을 뺀 2억 원이 된다.

극단적으로 실제 발생원가가 86억 원이 된다고 해 보자(표 5). 이 공사에서 얻게 되는 2년간의 총이익이 14억 원(도급금액 100억 원 - 실제 투입원가 86억 원)인데, 이미 2015년에 15억 원을 이익으로 인식했으니 2016년에는 적자 1억 원이 발생하게 된다.

이론적으로는 아주 간단하지만, 실무에서는 공사진행률을 파악하기

| 표 5. (주)수지건설의 분식회계 2 |

총공사예정원가를 의도적으로 76.9억 원으로 변경 실제 총공사원가는 86억 원 발생		
구분	2015년	2016년
도급금액	100억 원	100억 원
총공사예정원가	80억 원 → 76.9억 원	80억 원 → 76.9억 원
실제 당기공사원가	50억 원	36억 원(누적 86억 원)
누적진행률	50억 원/ 76.9억 원 = 65%	(50억 원 + 36억 원) / 86억 원 = 100%
당기공사수익	100억 원 × 65% = 65억 원	(100억 원 × 100%) - 65억 원 = 35억 원
당기공사이익	65억 원 - 50억 원 = 15억 원	35억 원 - 36억 원 = (-)1억 원

위해서 공사예정원가(실행예산)를 검증해야 하므로, 좀 복잡한 문제가 된다. 누구도 쉽게 검증할 수 없으므로 실행예산을 회사에서 쉽게 주무를 수 있다. 하지만 공사진행률을 조작하는 것은 '아랫돌 빼서 윗돌 괴기'와 다를 바가 없다. 회사가 도급 공사에서 얻을 총공사이익은 '도급금액 - 총공사원가'로 정해져 있기 때문이다. 총이익이 상수로 정해져 있는데 이것을 한두 해 당겨쓰면 그 다음연도의 이익은 당연히 줄어들 수밖에 없는 구조다. 그래서 한두 번, 한두 건의 공사이익은 당겨쓸 수 있지만, 요즘처럼 해당 업종의 경기가 침체돼 있으면 손실이 논둑 터지듯 한꺼번에 감당하기 어려운 수준으로 밀려온다.

공사진행률을 조작하면 당장은 좋을지 모르지만, 해당 업종이 계속 침체해 있으면 논둑 터지듯 한꺼번에 감당하기 어려운 수준으로 손실이 밀려온다.

PART 043

"엇, 공사원가가 엄청나게 늘어났어요"

: 수주산업 손실인식 방법과 돌려막기

2016년 7월말 검찰이 대우조선해양 고재호 전 사장을 구속기소했다. 5조 원대 회계사기(분식회계)를 벌이고 이를 바탕으로 약 21조 원의 사기 대출을 받은 것이 주요 혐의다. 검찰에 따르면 고 전 사장은 2012~2014년 회계연도의 조선플랜트 사업 등에서 예정원가를 임의로 줄여 매출액을 부풀리고 자회사 손실을 반영하지 않는 등의 수법으로, 5조 7000억 원(자기자본 기준)의 회계사기를 저질렀다. 고 전 사장은 또 이처럼 부풀려진 경영 실적을 토대로 사기 대출을 받고 임직원에게 거액의 성과급을 나눠줬다.

감사원도 검찰수사에 앞서 대우조선해양의 대주주인 산업은행에 대한 감사를 통해 대우조선해양이 1조 5000억 원 분식회계를 한 정황을 포착했다고 밝혔다. 해양플랜트 사업의 공사진행률을 일부러 높게 산정하는 방식으로 2013년 영업이익 4407억 원, 당기순이익 3341억 원을 과다계상했고, 2014년에는 영업이익이 1조 935억 원, 당기순이익은 8289억 원을 부풀렸다는 것이다.

감사원과 검찰의 분식회계 추정금액에 큰 차이가 나는 것은, 검찰의 경우 누적기준(한번 분식한 금액이 수정되지 않고 몇 년 동안 유지됐을 경우 누적계산)을 적용했기 때문으로 알려졌다. 대우조선해양은 처음에는 2015년 영업손실이 5조 5000억 원이라고 발표했다. 그러나 이 가운데 1조 8000억 원을 2013년과 2014년 재무제표에서 손실반영하는 식으로 수정공시를 했다. 이 때문에 2013년과 2014년 이익은 모두 대규모 손실로 전환됐다.

손실처리 미룬 대우조선, 수조 원 분식 혐의

최근 몇 년 새 건설업체나 조선업체 등 진행기준 회계 처리를 하는 수주산업 기업들이 어닝쇼크(예상치 못한 실적 급락)를 내, 말 그대로 사람들을 깜짝 놀라게 하는 경우들이 많이 발생했다. 이들 업체들은 대부분 해외건설 플랜트사업에서 막대한 손실을 기록했는데, 특히 조선업체들의 경우 해양플랜트에서 수 조원의 손실을 내기도 했다.

대우조선해양의 경우 회사의 손실과 부실을 그동안 덮어놓고 있다가 새 경영진이 들어선 뒤에야 고해성사하는 바람에 분식회계 혐의로 검찰 조사를 받았다. 정부와 채권단으로부터 수조 원의 자금지원을 받지 않고는 버틸 수 없는 회사로 전락했다.

건설업체나 조선업체들이 해외사업에서 대규모 손실을 낸 주요 원인은 공사진행 중 예상과 달리 추정공사원가가 증가한 데 있다. 물론 애초부터 수주를 위해 추정공사원가를 빡빡하게 산정했을 수도 있다. 도급액 100억 원짜리 공사를 따냈고, 추정총공사원가를 90억 원으로 산정해 10억 원의 이익을 낼 것으로 기대했는데, 공기 지연이나 원자재 가격 상승 등 예상치 못한 이유로 공사에 120억 원의 원가가 투입됐다면 20억 원의 손실을 보는 식이다. 공사진행 중 총공사원가가 상승하고 이 때문에 공사손실이 예상되면, 예상손실을 즉시 당기에 반영해야 한다. 대우조선해양 같은 경우는 이를 덮어놓고 있었다는 혐의를 받고 있다.

GS건설도 제때 손실처리하지 않고 뒤늦게 손실을 반영한 재무제표를 공시함으로써 투자자들에게 막대한 손실을 입혔다는 이유로 일부 주주로부터 소송을 당한 상태다.

우리는 앞에서 수주산업 회계 처리의 기본원리와 진행률 조작을 통한 이익 조정 사례 등에 대해 배웠다. 여기서는 공사계약 기간 중 추정공사원가가 상승해 이 공사에서 손실이 예상될 경우 회사의 회계 처리에 대해 알아보자.

공사 도중 손실이 예상될 때의 회계 처리

(주)탄탄조선은 2013년 초에 해양플랜트 1기를 도급금액(계약수익) 1억 원에 수주했다. 탄탄조선이 예상하는 추정공사원가는 8000만 원으로, 2000만 원의 이익을 예상하고 있다. 공사기간은 3년이다.

⊙ 2013년 초 공사 시작, 2013년 말 손익결산

표 6을 참조하자. 탄탄조선이 2013년에 투입한 공사원가는 3000만 원이다. 추정총공사원가가 8000만 원이므로 앞으로 공사완공 때까지 5000만 원의 추가공사원가(추가소요원가) 투입을 예상한다. 이는 처음 공사계약을 할 당시의 추정치와 변함이 없다.

공사진행률은 총예정원가 대비 실제 당기투입원가로 정하므로, '3000만 원/8000만 원 = 37.5%'다. 따라서 탄탄조선이 2013년 결산에서 인식할 공사수익은 '공사도급액 1억 원 × 진행률 37.5% = 3750만 원'이다. 그러므로 2013년 공사손익은 '공사수익 3750만 원 – 공사원가 3000만 원 = 750만 원'이다.

| 표 6. 탄탄조선의 2013년 말 손익결산 |

구분	2013년
발생원가	3000만 원
예상추가소요원가	5000만 원
추정총공사원가	8000만 원(3000만 원 + 5000만 원)
누적진행률	3000만 원/8000만 원 = 37.5%
당기공사수익	3750만 원
당기공사원가	3000만 원
공사손익(조정 前)	흑자 750만 원
최종공사손익	**흑자 750만 원**

⊙ 2014년 손익결산

첫해 공사는 순조롭게 진행됐다. 그러나 둘째 해인 2014년부터는 문제가 생겼다. 2014년 말 결산을 해보니 탄탄조선은 6000만 원의 당기공사원가를 투입했다. 그리고 2015년 말 공사완공 시까지 추가로 투입해야 할 공사원가가 3000만 원으로 추정되었다.

그렇다면 이 플랜트 추정총공사원가는 당초 예상(8000만 원)보다 많이 늘어난다. 2014년 말에 결산 시 산출해 본 새로운 추정총공사원가는 '2013년 3000만 원(실제 투입분) + 2014년 6000만 원(실제 투입분) + 2015년 3000만 원(투입 예상분) = 1억 2000만 원이나 된다.

발주처로부터 받을 돈(도급금액)은 1억 원으로 정해져 있다. 그런데 공사원가가 총 1억 2000만 원이나 들게 생겼으니, 이 공사는 애초 기대(2000만 원 이익)와 달리 2000만 원 적자가 예상된다.

2014년 말 결산 시점까지의 공사누적진행률은 '9000만 원(3000만 원 + 6000만 원)/1억 2000만 원 = 75%'다. 분자에는 2013년과 2014년 발생원가의 합, 분모에는 2014년 말 새로 추정한 총공사원가가 적용된다. 이 누적진행률을 기준으로 해 2014년 당기공사수익과 당기공사손익은 다음과 같이 계산된다.

| 표 7. 탄탄조선의 2014년 당기공사수익 당기공사손익 계산 |

2014년 당기공사수익 : 2014년까지 누적진행률을 적용한 누적수익 (1억 원 × 75%)에서 기존에 인식한 수익 3750만 원 차감
⇨ 7500만 원 – 3750만 원 = 3750만 원

2014년의 당기공사손익 : 당기공사수익 – 당기공사원가
⇨ 3750만 원 - 6000만 원 = – 2250만 원(조정 전)

2014년 말 결산 시 공사손실충당부채 계상
⇨ 2500만 원(2015년 예상공사수익) - 3000만 원(2015년 예상공사원가) = – 500만 원

추정총공사원가는 결산 때마다 바뀌는 것이 일반적이기 때문에 누적진행률을 적용해야 한다. 누적진행률에 따라 누적공사수익을 구한 다음 기존에 인식한 수익을 차감해주는 식으로 계산해야 손익계산에 오류가 없다. 2014년 당기공사손익은 2250만 원 적자다(조정 전).

2014년 결산을 하면서 탄탄조선은 남은 공사기간(미래공사기간 즉 2015년)에 공사손실이 날 것으로 예측했다. 2015년 예상수익은 2500만 원(1억 원 - 7500만 원)인데 비해 투입예상공사원가는 3000만 원이기 때문이다. 회계기준에 따르면 공사손실이 예상되는 경우 미래(2015년) 예상 손실금액을 당기(2014년) 결산에 반영하도록 하고 있다. 따라서 2014년도 결산 시 남은 1년 동안 발생할 공사손실금액을 공사손실충당부채로 계상해야 한다.

2014년 결산 시 계상해야 할 공사손실충당부채는 2015년도 예상공사수익 2500만 원에서 예상공사원가 3000만 원을 차감한 500만 원이다. 예

상손실액 500만 원은 2014년 결산 시 공사원가에 가산하게 된다. 따라서 2014년 손익계산서에 반영될 최종 공사손실금액은 2750만 원이 된다.

| 표 8. 탄탄조선 플랜트공사 손실 |

참고로, 일부 회계전문가들 사이에서는 미래에 공사손실이 예상될 때 미리 공사손실충당부채를 설정(공사원가에 더해줌)하고, 이후 실제 손실이 발생할 경우 공사손실충당부채를 환입(공사원가에서 빼줌)하는 회계 처리 방식에 이견을 제시하기도 한다. 미래에 발생할 것으로 예상되는 손실은 '기업이 현재 부담하는 의무'라는 부채의 정의와 맞지 않는다는 지적이다. 그러나 공사손실충당부채 계정을 활용하면 어쨌든 공사손익이 정확하게 산정되는 것은 확실하기 때문에 일반기업회계기준에서는 공사손실충당부채 계정을 활용하도록 하고 있다.

| 표 9. 탄탄조선의 2014년 말 손익결산 |

구분	2014년
발생원가	6000만 원
예상추가소요원가	3000만 원
추정총공사원가	1억 2000만 원(3000만 원 + 6000만 원 + 3000만 원)
누적진행률	9000만 원 / 1억 2000만 원 = 75%
당기공사수익	7500만 원 - 3750만 원 = 3750만 원
당기공사원가	6000만 원
공사손익(조정 전)	적자 2250만 원(3750만 원 - 6000만 원)
공사손실충당부채 설정	500만 원(공사원가에 500만 원 더해줌)
최종공사손익	**적자 2750만 원**

만약 2014년 말 결산을 하면서 2015년 추가소요원가를 3000만 원이 아니라 의도적으로 축소해 1000만 원으로 산정한다고 해보자. 그럼 추정총공사원가는 1억 원(3000만 원 + 6000만 원 + 1000만 원)이 되고, 2014년의 공사누적진행률은 90%[(3000만 원 + 6000만 원)/1억 원]가 된다. 누적진행률에 따른 누적수익이 9000만 원이므로 2014년 당기공사수익은 5250만 원(9000만 원 - 3750만 원)이 된다. 따라서 2014년 공사손익은 '5250만 원 - 6000만 원 = 750만 원 손실'이 된다. 추가소요원가를 과소 계상해 추정총공사원가를 줄이고 공사진행률을 높임으로써 당기의 손실을 줄이는(또는 이익을 늘리는) 것이 가능하다.

⊙ 2015년 결산

2015년 말 결산은 공사완료 시점이다. 앞서 2014년 결산할 때 2015년에는 3000만 원의 추가공사원가가 투입될 것으로 예상했다. 그러나 실제로는 이보다 더 많은 4000만 원이 투입되었다고 하자. 따라서 최종적으로 이 플랜트는 1억 3000만 원(3000만 원 + 6000만 원 + 4000만 원)의 총공사원가를 투입해 마무리한 셈이 됐다.

2015년에 인식해야 할 공사수익은 2500만 원이다. 도급금액이 1억 원이므로 기존에 인식한 7500만 원(2013년과 2014년분)의 수익을 빼면 2500만 원이 된다. 투입공사원가는 4000만 원이다. 그러므로 공사손익은 1500만 원(2500만 원 - 4000만 원) 손실이다.

그런데 이 플랜트는 최종적으로 도급금액 1억 원에 3년간 총공사원가가 1억 3000만 원이 투입되었으므로, 3000만 원의 손실이 난 공사다. 2014년 말까지 공사누적손익은 2000만 원 손실이다. 따라서 2015년 마지막 해 결산에서는 1000만 원만 손실로 인식하면 된다. 2014년 말에 2015년의 공사손실을 예상해 미리 공사손실충당부채 500만 원을 설정하는 식으로 손실을 반영했기 때문에, 실제 손실이 발생한 2015년 결산에서는 500만 원만큼의 충당부채를 환입(공사원가에서 차감) 한다. 따라서 2015년의 공사손실은 조정 전 1500만 원에서 500만 원이 줄어들므로 2015년 당기최종손실은 1000만 원이 된다.

| 표 10. 탄탄조선의 2015년 말 손익계산 |

구분	2015년
발생원가	4000만 원
추가소요원가	-
추정총공사원가	1억 3000만 원(3000만 원 + 6000만 원 + 4000만 원
누적진행률	1억 3000만 원 / 1억 3000만 원 = 100%
당기공사수익	1억 원 - (3750만 원 +3750만 원) = 2500만 원
당기공사원가	4000만 원
공사손익(조정 전)	적자 1500만 원
공사손실충당부채 환입	500만 원(공사원가에 500만 원 차감)
최종공사손익	**적자 1000만 원**

2014년 결산을 하면서 미래에 상당한 손실이 예상됨에도 총예정공사원가 조정에 따른 인위적 진행률 조작 등의 방법으로 즉시 그 손실을 제대로 반영하지 않으면 당연히 분식회계가 된다. 이런 경우 결국은 그 이후 연도의 결산에서 막대한 손실로 이어진다.

그런데 손실을 계속 과소 계상하려면, 한 프로젝트에서 발생한 비용을 다른 프로젝트에서 발생한 것으로 조작하는 식으로 계속 돌려막기를 해나가야 한다. 회사가 수주를 계속한다면 복잡하더라도 돌려막기를 하면 되겠지만, 이 또한 한계가 있을 것이다.

공사해도 대금청구를 못 한다고?

: 미청구공사와 초과청구공사 :

건설사와 발주처가 인식하는 공사진행률이 다를 때의 회계 처리

건설공사는 다년간에 걸쳐 진행되는 것이 보통이므로 중간중간에 건설업체는 발주업체에 공사를 진행한 만큼 공사대금을 청구한다. 예를 들어 2015년 결산 시 회사가 6000만 원을 당기공사수익으로 인식했다면, 6000만 원을 공사대금으로 청구하는 것이 일반적일 것이다. 대금이 실제로 결제되는 것은 그다음 해 초가 될 것이므로 연말 재무상태표에는 공사미수금(공사매출채권)으로 6000만 원이 잡히고, 다음 해 초 대금이 들어오면 미수금을 지우고 현금 유입으로 기록하면 될 것이다.

그런데 실무에서는 회사에서 공사수익으로 인식한 6000만 원을 다 청구할 수 없는 경우가 있다.

예를 들어 (주)충남건설은 (주)공주와 사옥을 건설하는 계약(도급금액 1억 원, 공사기간 2년)을 맺고 1년 차 공사를 마쳤을 때, 공사진행률을 60%로 회계 처리했다. 그런데 발주처인 공주에서 인정하는 공사진행률 즉, 기성고*는 40%라고 하자.

기성고 : 공사가 진행되는 정도를 화폐 가치로 산정한 것을 말한다.

충남건설과 공주에서 생각하는 공사진행률에 20%의 차이가 발생한다. 차이가 나는 20%는 발주업체인 공주 입장에서는 공사가 진행된 것으로 인정하지 않는다는 것이므로, 건설업체인 충남건설이 공사대금으로 청구할 수 없다.

충남건설은 4000만 원의 공사대금만 청구하게 된다. 이미 공사를 진행했음에도 발주처에 대금을 청구하지 못한 2000만 원은 '미청구공사'라는 자산 계정으로 처리한다.

미청구공사는 주로 발주처가 건설업체의 공정률이나 사업비용을 인정하지 않을 때 발생하는 것인데, 건설이나 조선에서는 미청구공사가 필연적으로 발생하기 마련이다.

미청구공사금액은 일종의 미수금이라고 할 수 있다. 따라서 건설회사 입장에서는 미수금이 '청구액'과 '미청구액' 두 가지로 발생한다고 볼 수 있다. K-IFRS는 미청구액은 별도로 자산 계정에 '미청구공사'로 표시하도록 규정하고 있다.

다음 해 공사가 완료되면, 충남건설은 도급액 1억 원 가운데 1차 연도 회수분 4000만 원을 제외한 나머지 6000만 원을 청구한다. 따라서 미청구금액은 자동회수되는 것이 일반적이다.

미청구공사와 초과청구공사

(주)탄탄조선이 2015년 초~2018년 말까지 4년에 걸쳐 대형 컨테이너선박 한 척을 건조하기로 했다고 하자. 도급금액은 1억 원이며, 선주 측에서는 대금을 다음같이 네 차례로 나눠 지급하기로 했다.

| 표 11. 선주 측의 대금 지급 계획 |

(단위 : 만 원)

구분	2015년	2016년	2017년	2018년
대금청구	1000	3000	3000	3000

2015년 탄탄조선이 인식한 당기공사수익은 1500만 원이라고 하자. 그런데 선주 측에서 지급하기로 한 대금은 1000만 원이다. 2015년 결산 손익계산서에는 1500만 원의 공사수익(매출)이 계상되겠지만, 재무상태표의 자산 계정에는 공사미수금(매출채권)으로 1000만 원과 미청구공사로 500만 원이 잡힐 것이다(앞에서 설명했듯, 선주 측이 실제 1000만 원을 결제하는 시점을 다음 해인 2016년 초로 본다면 2015년 결산에서는 미수금 상태로 잡힌다).

다음 해인 2016년 말 탄탄조선이 인식한 당기공사수익은 2000만 원이라고 하자. 그런데 선주 측에서 지급하기로 한 대금은 3000만 원이다. 이때 차액 1000만 원은 이번에는 '초과청구공사'라는 부채 계정이 된다.

여기서 한 가지 유의할 점은, 1000만 원을 모두 초과청구공사로 인식하지 않는 경우도 있다는 점이다. 이 사례에서는 전년에 인식했던 미청구공사 500만 원(2015년 당기공사수익 1500만 원 - 공사미수금 1000만 원)을 상계하고 나머지 500만 원만 초과청구공사로 2016년 재무상태표 부채 계정에 계상한다.

K-IFRS는 건설계약에서 '청구'를 하나의 회계적 사건으로 본다. 따라서 미청구공사 총액과 초과청구공사 총액을 재무상태표에 표시할 것을 요구하고 있다.

일반기업회계기준서(K-GAAP)는 이와는 다르다. 일반기업회계기준서에 따르면 미청구공사나 초과청구공사는 주석에 기재하게 되어 있다. 탄탄조선이 2015년 말 공사수익으로 인식한 1500만 원이 모두 재무상태표에 공사매출채권(공사미수금)으로 계상된다.

미청구공사와 초과청구공사 계산하기

다음의 사례를 통해 미청구공사와 초과청구공사의 계산, 그리고 K-IFRS와 일반기업회계기준(K-GAAP)에서의 회계 인식에 대해 알아보자. 실무에서는 세금계산서 발행 여부에 따라 청구액과 미청구액을 구분하는 것이 일반적이다.

사례1 | 서울건설은 진행기준으로 수익을 인식하며 당기에 공사수익으로 200억 원, 공사원가로 160억 원을 인식했다. 보고 기간 말 서울건설의 청구잔액은 150억 원이다.

사례2 | 마장건설은 진행기준으로 수익을 인식하며 당기에 공사수익 150억 원, 공사원가 110억 원을 인식했다. 보고 기간 말 마장건설의 청구잔액은 200억 원이다.

[사례1]의 경우 공사진행률에 따른 공사수익이 200억 원이고 청구잔액이 150억 원이므로 미청구공사금액은 50억 원이 된다. [사례2]의 경우 공사진행률에 따른 공사수익이 150억 원이고 청구금액이 200억 원이므로, 초과청구공사는 50억 원이 된다.

사례별로 일반기업회계기준과 K-IFRS를 적용했을 경우 재무제표에 표시되는 차이를 표로 정리하면 다음과 같다.

| 표 12. 일반기업회계기준과 K-IFRS 적용했을 때 미청구공사금액 차이 |

구 분	[사례1]		[사례2]	
	진행청구액 (150억 원) < 진행률에 따른 계약수익 (200억 원)		진행청구액 (200억 원) > 진행률에 따른 계약수익 (150억 원)	
	K-IFRS	K-GAAP	K-IFRS	K-GAAP
진행청구액 (공사미수금)	150억 원	200억 원	200억 원	150억 원
미청구공사	50억 원	-	-	-
초과청구공사	-	-	50억 원	-
계약수익 (회계상 수익)	200억 원	200억 원	150억 원	150억 원

앞에서 언급했듯 통상의 미청구공사는 수주업의 특성상 어쩔 수 없이 발생하는 경우가 많다. 하지만 공사가 완전히 마무리되면 건설업체나 발주업체 모두 기성고를 100%로 인정하므로, 미청구공사는 자연스럽게 해소된다.

하지만 발주업체와 협의되지 않은 비용의 증가로 인해 미청구공사가 발생한 경우, 발주업체에서 해당 공사비용을 지급하지 않으려고 할 수 있다. 또한 발주업체가 부도난 경우 미청구공사의 대손 위험이 아주 크다.

그래서 한국회계기준원은 2016년 1월 27일 '수주산업 회계 투명성 제고방안'의 후속조치로 회계 추정 및 잠재 리스크 관련 정보 제공을 확대하기로 했다. 따라서 K-IFRS 및 일반기업회계기준의 건설계약과 관련해 미청구공사금액(손상차손누계액 차감 전)과 손상차손누계액을 공시하도록 강제했다.

미청구공사가 무조건 건설업체의 리스크가 되는 것은 아니다. 하지만 공정률이 95% 이상 진행되었는데도 계약금액 대비 높은 미청구공사는 부실 발생의 위험이 큰 것으로 분석할 수 있다. 결국 미청구공사는 건설사의 채권이기 때문에 받을 수 있는지 없는지 면밀하게 파악하는 것이 중요하다. 회사는 받을 수 있는 금액은 자산으로, 받을 수 없는 금액은 자산에서 제거해 재무제표 이용자에게 투명한 정보를 제공할 수 있도록 노력해야 할 것이다.

아래는 미청구공사와 초과청구공사 내역을 표기한 현대건설의 재무제표 주석이다.

| 표 13. K-IFRS를 적용한 2015년 말 현대건설 재무제표 주석 |

당기 말 진행 중이거나 완료된 건설계약 관련 누적발생원가 및 누적손익 등의 내역은 다음과 같습니다.

(단위 : 억 원)

구분	누적 발생 원가	누적 공사 이익	누적 공사 수익합계	진행 청구액	선수금	미청구 공사	초과 청구 공사	회수 보류액
[도급공사]								
(1) 인프라/환경	117,228	12,462	129,690	121,095	2,574	8,903	807	2,414
(2) 건축/주택	84,955	7,598	92,553	93661	84,8	5,375	6.591	1,364
(3) 플랜트/전력	246,395	9,306	255,701	248,404	9,354	11,533	4639	3,881
도급공사 소계	448,578	29,366	477,94	463,159	12,776	25,811	12,037	7,659

CHAPTER 13

현금흐름표가 알려주는 것들

PART 044

한방에 배우는 현금흐름

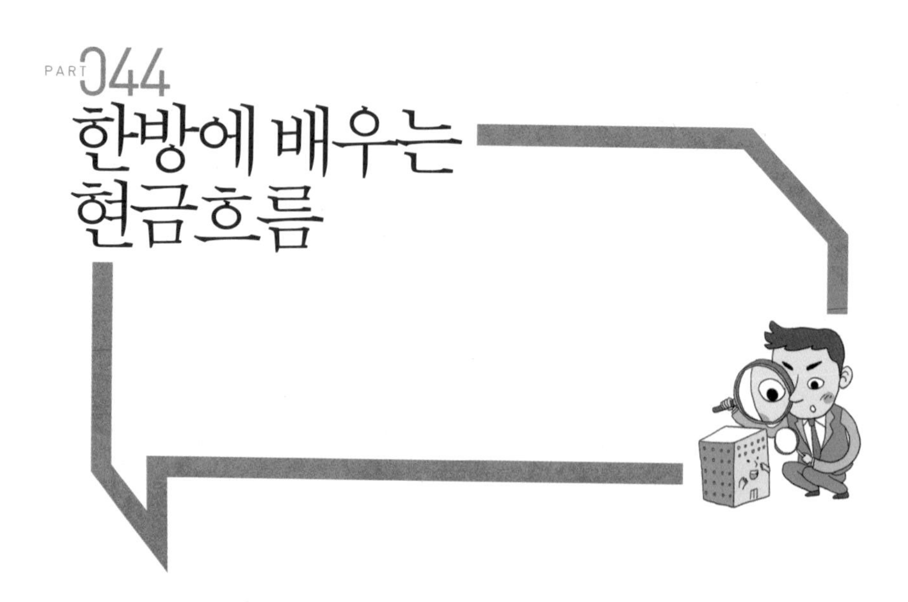

이익을 냈는데 손에 쥔 현금은 '0', 당기순이익과 당기에 창출한 실제 현금이 일치하지 않는 이유

박 씨는 2016년 6월 1일 뽀로로 인형 열 개를 서울 동대문 봉제공장에서 매입해 수요자에게 판매했다. 매입가격은 개당 1000원이고, 전액 외상으로 샀다. 판매가격은 개당 1500원이고, 박 씨는 전량 외상으로 팔았다.

박 씨의 이날 손익계산은 어떻게 될까? '매출 1만 5000원 - 매출원가 1만 원 = 5000원 이익'이다. 분명히 5000원의 이익이 났는데, 박 씨 손에는 현금이 한 푼도 없다. 매출채권 1만 5000원과 매입채무 1만 원만 있을 뿐이다. 손익계산서의 이익은 현금과 일치하지 않는다. 우리가 앞에서 배운 것처럼 회계는 현금 유입과는 상관없이 거래가 발생한 시점에 수익을 인식하는 '발생주의' 기준으로 처리하기 때문이다.

손익계산을 하면서 우리가 수익으로 인식한 것 중에는 실제 돈이 들어온 것도 있지만, 돈이 들어오지 않았는데도 수익으로 처리한 것들도 있다. 비용도 마찬가지다. 실제 돈이 유출된 것을 비용으로 처리한 것이 있겠지만, 돈이 나가지 않았음에도 비용 처리한 것들도 꽤 있을 것이다. 그

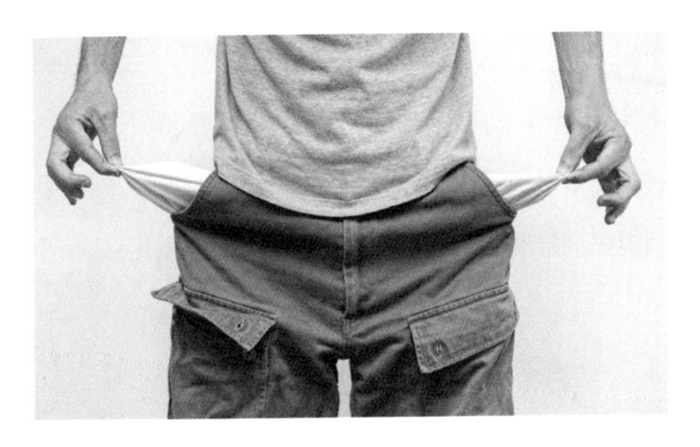

회계는 현금 유입과는 상관없이 거래가 발생한 시점에 수익을 인식하는 '발생주의' 기준으로 처리하기 때문에, 당기순이익을 냈는데도 실제로 수중에는 현금이 한 푼도 없는 상황이 발생할 수도 있다.

래서 회사의 당기순이익은 곧 회사가 당기에 창출한 실제 현금과 일치할 수 없다.

예를 들어 감가상각비를 보자. 감가상각비는 분명히 당기순이익을 계산하는 과정에서 비용 즉, 마이너스로 작용한다. 그런데 감가상각비로 실제 현금이 유출되는 것은 아니다. 단기매매 증권 평가이익은 당기순이익 계산 과정에서는 수익 즉 플러스로 작용한다. 그런데 단기매매 증권 평가이익이 발생했다고 해서 실제 회사에 현금이 유입되는 것은 아니다.

그럼 실제 현금 흐름을 구하려면 손익계산서의 당기순이익 수치에서 감가상각비는 더해주고, 단기매매 증권 평가이익은 빼주면 된다. 다시 말해 현금이 유출되지 않았는데도 비용으로 계상됐던 것은 더해주고, 현금이 유입되지 않았는데도 수익으로 계상됐던 것은 빼주면 되는 것이다.

또 이런 경우를 한번 생각해보자. 만약 매출채권이 증가했다면 어떻게 계산해야 할까? 매출채권의 증가는 매출이 발생했음에도 현금이 유입되지 않았다는 것이므로, 현금 흐름 계산에서는 매출채권 증가액만큼을 마이너스로 계산하면 된다.

반대로 매입채무가 증가했다면 어떻게 계산할까? 매입을 하고도 현금이 유출되지 않았다는 것이므로, 현금 흐름 계산에서는 매입채무 증가액만큼 플러스로 계산하면 된다.

기계설비 같은 유형자산을 처분했다면 현금이 들어온 것으로, 유형자산을 취득했다면 현금이 나간 것으로 계산한다. 주식을 발행했다는 것은 주식대금이 유입됐다는 것이므로 현금 흐름 계산에서는 플러스다. 채무가 감소했다면, 감소액만큼 현금으로 채무를 갚았다는 것이 되므로 현금 흐름 계산에서는 마이너스다.

이처럼 수익과 비용의 발생, 자산과 부채의 증감 등을 실제 현금 유출입을 기준으로 작성(현금주의)해 '영업활동 현금흐름', '투자활동 현금흐름', '재무활동 현금흐름'의 세 가지로 나누어 정리하고 회사의 최종 현금 증감을 기록한 것이 바로 '현금흐름표'다. 다음은 현금흐름표의 기본 틀이다.

| 표 1. 현금흐름표 예시 |

(단위 : 백만 원)

과목	제19(당)기
I. 영업활동 현금흐름	35,708
II. 투자활동 현금흐름	(7,351)
III. 재무활동 현금흐름	(11,603)
V. 현금 및 현금성 자산의 증가	16,905
VI. 기초 현금 및 현금성 자산	70,316
VII. 기말 현금 및 현금성 자산	87,221

넥센타이어 현금흐름표, 1분 만에 꿰뚫기

간단하게 축약 편집한 (주)넥센타이어의 2015년 연결재무제표 현금흐름표로 현금흐름표 작성 원리에 대해 한번 알아보자. 먼저 영업활동 현금흐름 부분이다. 영업활동에서 발생한 현금흐름 부문은 표 2와 같이 제시되어 있다.

| 표 2. 넥센타이어 연결현금흐름표 중 '영업활동 현금흐름' |

(단위 : 백만 원)

과목	금액
영업활동 현금흐름	**320,820**
영업에서 창출된 현금흐름	383,120
이자수취	6,530
이자지급	(39,371)
배당금수취	-
법인세납부(환급)	(29,458)

총영업활동 현금흐름이 3208억 원이다. 이 가운데 '영업에서 창출된 현금흐름' 3831억 원에 관한 상세 내역은 아래 표 3 연결재무제표 주석에서 확인할 수 있다.

| 표 3. 넥센타이어 연결재무제표 주석 중 '영업에서 창출된 현금흐름' |

영업에서 창출된 현금흐름의 내역은 다음과 같습니다.

(단위 : 천 원)

과목	금액
당기순이익	**127,120,026**
조정 :	**291,336,786**
이자수익	(6,455,680)
이자비용	33,361,704
감가상각비	139,612,360
외화환산손실	38,835,466
외화환산이익	(8,856,176)
순운전자본의 변동 :	**(35,336,612)**
매출채권의 감소(증가)	(28,940,276)
재고자산의 감소(증가)	(6,589,807)
매입채무의 증가(감소)	(11,983,664)
퇴직금의 지급	(9,171,447)
영업에서 창출된 현금흐름	**383,120,200**

먼저 발생주의 회계상 당기순이익(1271억 원)에서 출발한다. 조정 항목에서 현금이 유입되지 않은 수익은 (-)로, 현금이 유출되지 않은 비용은 (+)로 처리한다. 이자수익 64억 원이 (-)로 되어있는 것은 회계상 인식한 이자수익이지 실제 현금이 들어온 것은 아니기 때문이다. 마찬가지로 이자비용 333억 원이 (+)로 되어있는 것은 실제 현금이 나간 것이 아니라 회계상 인식한 이자비용이기 때문이다. 실제 현금이 들어온 것은 '이자수취'로, 실제 현금이 나간 것은 '이자지급'으로 표현한다.

현금흐름표에서는 이자수익, 이자비용, 이자지급, 이자수취, 배당금수취 등을 보통 영업활동 현금흐름 항목으로 다룬다. 단, 배당금지급은 재무활동 현금흐름 항목에 포함된다. 또 이자지급이나 이자수취를 투자활동 현금흐름이나 재무활동 현금흐름에 포함시키는 기업도 있으니 주의해서 봐야 한다.

다음으로 매출채권, 재고자산, 매입채무의 증감을 '순운전자본의 변동'(또는 '영업활동으로 인한 자산 부채의 변동 내역'이라고 표현하기도 함)이라고 하는 항목에서 다룬다.

예를 들어 표 3에서 재고자산이 65억 원 증가함으로써 현금흐름에서 재고자산은 (-)로 잡혀있다. 재고자산 취득에 그만큼 돈을 지출했다고 생각하면 된다. 매입채무는 119억 감소했으니, 매입채무를 갚은 것이 되어 현금흐름에서는 (-)로 계산됐다.

이렇게 해서 영업에서 창출된 현금흐름이 3831억 원이다. 표 2를 보면 '영업에서 창출된 현금흐름' 아래에 이자 수취와 지급, 배당금수취, 법인세납부가 반영되어 최종 영업활동 현금흐름은 3208억 원이 됐다. 현금흐름표에는 영업활동 현금흐름에 이어서 투자활동과 재무활동 현금흐름이 제시된다. 표 4에서 투자활동 현금흐름을 보면 금융자산이나 유형자산의 취득은 당연히 현금흐름에서는 (-)이고 처분은 (+)다. 재무활동 현금흐름에서 차입금 발생은 현금이 들어온 것이므로 (+), 차입금 상환은 (-), 배당금지급은 (-)다(앞에서 배당금수취는 영업활동 현금흐름 항목이었다).

| 표 4. 넥센타이어 연결현금흐름표 중 투자활동 현금흐름과 재무활동 현금흐름 |

(단위 : 백만 원)

과목	금액
투자활동 현금흐름	**(142,070)**
단기금융상품의 처분	14,885
당기손익인식금융자산의 취득	(12,000)
매도가능금융자산의 처분	9,096
유형자산의 처분	3,617
유형자산의 취득	(161,565)
투자부동산의 처분	7,198
재무활동 현금흐름	**(115,641)**
차입금	715,300
차입금의 상환	(823,419)
배당금지급	(7,638)

이렇게 해 최종적으로 다음(표 5)과 같은 내용이 제시된다. 넥센타이어의 기초(2015년 초) 현금 및 현금성 자산은 530억 원이다. 순증한 현금자산은 약 519억 원이다. 그래서 기말에는 1049억 원이 되었다.

| 표 5. 넥센타이어 연결현금흐름표 중 |

(단위 : 백만 원)

과목	금액
현금 및 현금성 자산의 순증가(감소)	51,873
기초 현금 및 현금성 자산	53,056
기말 현금 및 현금성 자산	104,930

PART 045

현금흐름표가 보내는 신호들

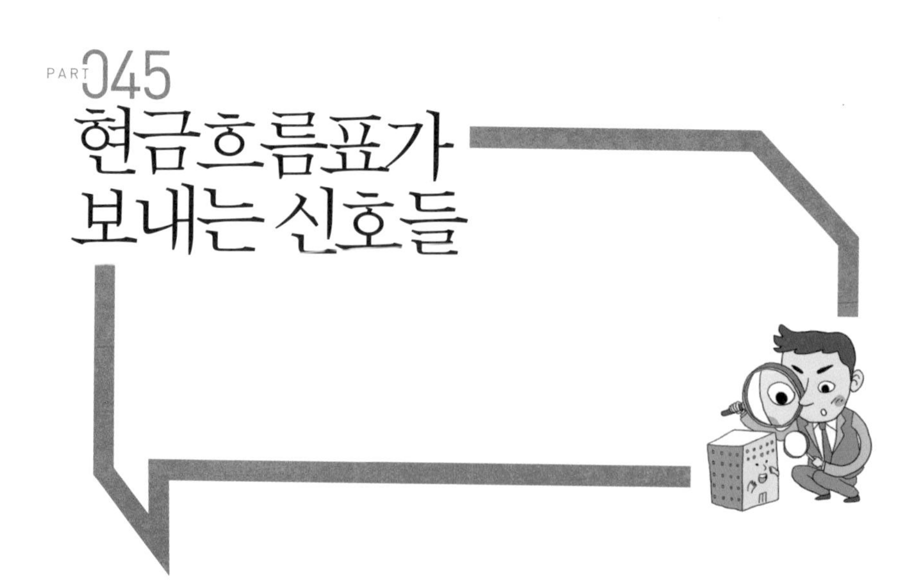

서울 마장동에 사는 이 씨는 얼마 전 아파트 주인과 통화한 후 잠을 못 이루고 있다. 집주인이 전세금을 1억 원이나 올리겠다는 통보를 해왔기 때문이다. 새로 이사를 하자니 아이들 유치원과 어린이집을 찾아봐야 해서 이사 가기도 부담스럽다. 어쩔 수 없이 이 씨는 파더캐피탈을 이용해 대출을 받기로 했다. 그리고 5%의 이자율로 이자를 지급하기로 약정했다. 매년 개인 재무제표를 작성하고 있는 이 씨는 12월 31일이 되자 올해 10월에 파더캐피탈로부터 차입한 1억에 대한 3개월 치 이자의 비용 계상 여부를 고민하고 있다. 이때 회계 처리 방식에는 두 가지가 있다. 발생주의와 현금주의이다. 발생주의 회계 처리를 적용하면 3개월 치 이자비용 125만 원에 대해 재무상태표에는 미지급비용으로, 손익계산서에는 이자비용의 항목으로 표시한다.

반면 현금주의로 회계 처리하게 되면 아무런 회계 처리를 하지 않아도 된다. 돈이 나가지 않았기 때문이다. 현금이 지급되는 내년 10월에 이자비용 500만 원을 한꺼번에 회계 처리하면 되기 때문이다. 현행 재무회계에서는 발생주의가 원칙이다. 이는 재무상태표, 손익계산서, 자본변동표를 작성하는데 적용된다. 하지만 예외적인 사항이 있는데 현금흐름표를 작성하는데 있어서는 현금주의를 기본원칙으로 하는 것이다. 현금흐름표는 회사의 영업활동에 관한 정보, 투자활동 및 재무활동에 관한 정보를 구분해 제공한다. 다른 재무제표와 다른 점이다. 또한 회사의 현금 지급 능력, 이익의 질 등을 파악하는데 중요한 정보를 제공해 투자자나 채권자, 경영자의 의사 결정에 도움을 준다.

손익계산서가 보여주지 못한 영업 성적이 현금흐름표에!

앞서 현금흐름표에 대한 기본원리를 익혔으니 현금흐름표에 담긴 정보의 의미를 중심으로 공부해보자.

손익계산서에 보고된 영업이익과 당기순이익은 기업의 경영 성과를 측정하는 데 있어 가장 중요한 정보를 제공한다. 하지만 손익계산서의 영업이익이나 당기순이익에 포함된 수익이나 비용에는 앞서 이야기했듯, 실제 현금 흐름에는 영향을 미치지 않는 가정이나 추정이 포함되어 있다.

예를 들어 매출채권에 대한 대손상각비는 손익계산서에 비용으로 보고되기는 하지만 실제 현금이 지출된 비용은 아니다. 매출채권의 대손상각비는 못 받을 채권금액을 평가한 것으로 실제 외부로 현금을 지급하는 것은 아니기 때문이다. 따라서 영업활동 현금흐름은 손익계산서에서는 보여주지 못하는 기업의 영업활동에서 창출한 현금흐름을 보여준다는 측면에서 의미를 가진다.

영업활동 현금흐름은 직접법과 간접법의 두 가지 방법으로 작성할 수 있다. 간접법으로 작성한다면 발생주의에 따라 회계 처리한 당기순이익에서 여러 가지 조정을 거치고, 재무상태표상의 자산과 부채의 증감액을 이용해 현금 흐름을 산출한다. 따라서 간접법으로 작성한 현금흐름표는 재무상태표, 손익계산서와의 연관성을 잘 보여준다는 장점이 있다. 우리가 앞서 살펴본 (주)넥센타이어의 영업활동 현금흐름은 간접법으로 작성한 것이다. 대부분의 기업이 영업활동 현금흐름을 간접법을 사용해 작성·공시한다. 직접법으로 현금흐름표를 작성한다면, 주석에 간접법으로 작성한 현금흐름표를 추가로 공시해야 하기 때문이다.

K-IFRS는 이자수취, 이자지급, 배당금 수취 및 지급에 따른 현금 흐름의 경우 회사의 선택에 따라 매 기간 일관성 있게만 작성한다면 영업활동, 투자활동, 재무활동 중 어느 곳으로든 분류할 수 있게 하고 있다. 반면 일반기업회계기준에서는 배당금지급은 재무활동으로, 나머지는 영업활동으로 분류한다. 따라서 K-IFRS로 작성된 현금흐름표를 분석할 경우 같은 업종이라도 회사별로 세부 항목의 구분이 다를 수 있으므로 주의할 필요가 있다.

기업은 주된 영업활동에 필요한 제품을 제조하거나 판매하기 위해 투자가 필요하다. 또한 잉여 현금을 효율적으로 운용하기 위해 주식이나 부동산을 취득하기도 한다. 즉 생산에 필요한 기계장치의 구입, 창고 건물의 매입, 다른 회사의 주식 취득, 영업활동에 필요한 것 이외의 부동산 매입 등이 투자활동의 예이다. 투자활동 현금흐름을 보면 투자활동을 위해 얼마의 현금이 유출되었는지, 사용했던 자산의 처분을 통해 얼마의 현금이 유입되었는지를 알 수 있다.

재무활동이란 현금의 차입 및 상환, 신주 발행이나 배당금지급 등과 같이 부채 및 자본 계정에 영향을 미치는 거래를 말한다. 재무활동 현금흐름은 투자나 영업에 필요한 현금이 얼마만큼의 차입 또는 증자에 의해 조달되었고, 차입금의 상환에 얼마만큼의 현금을 사용했는가에 관한 중요한 정보를 제공한다.

| 표 6. 실제 현금흐름표의 예 |

과목	제25기 반기	제24기 반기
영업활동 현금흐름	**10,795,471,999**	**17,288,910,745**
영업에서 창출된 현금흐름	16,082,640,076	19,991,825,273
이자수취	178,717,459	245,278,692
이자지급	(1,586,773,511)	(1,217,015,945)
법인세 지급액	(3,879,112,025)	(1,731,177,275)
투자활동 현금흐름	**(100,328,043,611)**	**(15,190,612,750)**
투자활동으로 인한 현금유입액	1,429,927,181	4,479,964,096
매도가능 금융자산의 처분	-	-
장기금융상품의 감소	-	3,396,635,346
유형자산의 처분	20,461,903	106,909,351
투자활동으로 인한 현금유출액	(101,757,970,792)	(19,670,576,846)
매도가능 금융자산의 증가	-	-
단기금융상품의 증가	(86,000,000,000)	(15,000,000)
유형자산의 취득	(6,750,279,199)	(11,644,799,223)
무형자산의 취득	(8,171,585,666)	(6,128,956,590)
재무활동 현금흐름	**87,268,736,855**	**1,924,229,675**
재무활동으로 인한 현금유입액	120,811,012,780	208,567,087,560
차입금의 차입	24,131,814,780	208,567,087,560
재무활동으로 인한 현금유출액	(33,542,275,925)	(206,642,857,885)
차입금의 상환	(32,056,850,325)	(200,197,432,285)
배당금의 지급	(1,485,425,600)	(1,485,425,600)
현금 및 현금성 자산의 증가(감소)	(2,263,834,757)	4,022,527,670
현금 및 현금성 자산의 환율 변동 효과	(25,982,568)	82,256,372
기초 현금 및 현금성 자산	33,308,367,343	25,835,993,297
기말 현금 및 현금성 자산	31,018,550,018	29,940,777,339

현금흐름표로 알 수 있는 것들 [1] – 이익의 질

기업이 창출하는 '이익의 질(earning's quality)'을 평가하는 것은 미래의 이익을 예측하고 기업가치를 평가하는 데 중요한 의미를 가진다. 이익의 질이 높을수록 경영 성과의 지속성과 예측 가능성이 높아지기 때문이다.

이익의 질은 이익의 지속 가능성, 이익의 신뢰성, 이익의 성장 가능성 등 세 가지 속성을 기준으로 측정할 수 있다. 이익의 지속성은 최근 발생한 이익이 미래에도 유사한 크기로 발생할 가능성이 얼마나 큰가에 관련한 속성을 의미한다. 이익의 신뢰성은 보고된 이익이 얼마만큼 정확한지를 의미한다. 만약 분식회계를 통해 이익이 조작되었다면 신뢰성이 낮게 평가되어 이익의 질이 낮다고 할 수 있다. 이익의 질이 높아질수록 회계 부정의 가능성이 작아지고 회계 정보의 투명성은 높아진다.

그렇다면 이익의 질을 측정하는 방법은 무엇이 있을까? 현금흐름표를 이용해 기업의 당기순이익(영업이익)과 영업 현금흐름과의 상관관계를 측정해 보는 방법이 있다. 당기순이익(영업이익)과 영업 현금흐름의 상관관계가 높을수록 이익의 질은 높다고 볼 수 있다. 즉, 손익계산서상의 당

현금흐름표를 이용해서 기업의 당기순이익과 영업 현금흐름과의 상관관계를 측정해보면 이익의 지속 가능성, 이익의 신뢰성, 이익의 성장 가능성 등 이익의 질을 평가할 수 있다.

기순이익과 현금흐름표의 영업활동 현금흐름의 금액의 차이가 작을수록 이익의 질이 우수한 것으로 판단할 수 있다.

일례로 허위 매출채권을 이용해 3조 원대 대출 사기 행각을 벌였던 모뉴엘도 사전에 이익의 질을 측정했더라면, 기업가치를 제대로 평가할 수 있었을 것이다. 모뉴엘은 2012년도와 2013년도의 당기순이익이 358억 원과 600억 원이었다. 하지만 2012년도와 2013년도의 영업 현금흐름은 143억 원과 15억 원이었다. 2012년도에는 당기순이익(영업이익)과 영업 현금흐름의 차이가 215억 원, 2016년도에는 무려 585억 원의 차이가 발생했다.

즉 모뉴엘은 이익의 질이 매우 낮다는 것을 알 수 있었다. 다시 말해 이익의 지속 가능성과 이익의 신뢰성이 낮다는 것을, 당기순이익과 영업 현금흐름을 비교해 간접적으로 확인할 수 있었다. 따라서 이런 사전 경보 기능을 이용했다면 금융기관의 손실을 줄일 수 있었을 것이다.

발생주의에 따라 당기순이익을 계산할 때 가정과 추정 및 평가를 수반하기 때문에 실제로 기업에 돈이 얼마나 들어오고 나갔는지를 계산하기가 쉽지 않을 수 있다. 그러나 현금흐름표에서는 이러한 문제가 어느 정도 제거된다. 따라서 당기순이익(영업이익)과 현금흐름표에 의한 현금 흐름을 비교해 봄으로써 이익의 질을 보다 명확하게 평가할 수 있다.

현금흐름표로 알 수 있는 것들 2 – 채무상환능력과 미래현금흐름

채무상환능력이란 부채(장기 및 단기)의 만기일이 도래했을 때, 부채를 상환할 수 있는 기업의 재무적 능력을 의미한다. 유동성(liquidity)이란 자산을 현금으로 전환할 수 있는 능력을 말한다. 재무적 신축성(financial flexibility)이란 기업이 예측하지 못한 경제적 난국을 극복할 수 있는 능력 즉, 필요한 자금을 짧은 시간 내에 조달할 수 있는 능력과 비유동자산을 현금화할 수 있는 능력 등을 말한다.

재무상태표에서 전기 대비 매출채권이나 재고자산 금액이 증가하면 유동비율이 높아지므로 유동성이 양호해진 것으로 평가할 수 있다. 하지만 매출채권 중 대손금액(회수할 수 없는 금액)이 크거나 진부화된 재고자산이 많이 포함되어 있다면 문제가 생긴다. 이 경우 유동자산 증가가 오히려 자금 압박의 원인이 될 수 있기 때문이다. 반면 현금흐름표는 영업활동에서 조달된 현금을 포함한 기업의 현금 흐름 정보를 통해 기업의 지급능력, 유동성 및 재무적 신축성을 평가할 수 있고, 재무상태표 보다 채무상환능력에 대해 유용한 정보를 제공할 수 있다.

간접법으로 작성된 현금흐름표는 손익계산서에서 출발하므로 손익계산서의 당기순이익과 영업 현금흐름에서 차이가 발생하는 원인을 명확하게 파악할 수 있다. 따라서 그 차이가 해소될 수 있는지, 언제쯤 해소되는지 등을 파악해 미래현금창출능력 등을 예측하는 데 도움을 준다.

현금흐름표와 손익계산서가 완전히 다른 것이라는 오해에 관하여

현금흐름표는 현금주의, 재무상태표와 손익계산서는 발생주의라는 서로 다른 기준을 적용해 작성하고 있어서, 종종 이 둘이 완전히 다르다고 오해하는 경우가 있다.

회사는 기본적으로 발생주의 회계 처리를 한다. 현금흐름표 작성을 위해 따로 현금주의 회계 처리를 하지 않는다는 이야기이다. 두 개의 시스템으로 회계 처리하는 것이 번거롭기 때문일 수도 있고, 꼭 현금주의 회계 처리를 하지 않아도 현금흐름표를 작성할 수 있기 때문이다.

재무상태표와 손익계산서만 있으면 언제든지 어림잡아 70% 정도 정확한 현금흐름표를 그려낼 수 있다. 회계에서 중요하게 생각하는 재무상태표, 손익계산서, 자본변동표, 현금흐름표는 모두 하나의 고리로 연결되어 있기 때문이다.

손익계산서의 당기순이익은 재무상태표의 이익잉여금과 연계되어 있고, 자본변동표의 자본변동액은 재무상태표의 자본과 연결되어 있다. 현금흐름표의 기초 현금과 기말 현금은 재무상태표의 현금 및 현금성 자산과 연계되어 있다. 따라서 분식회계나 엉뚱한 추정으로 더러워진 재무상태표와 손익계산서를 가진 회사가 현금흐름표만 독야청청 깨끗할 수 없다. 현금흐름표 작성을 위한 출발점이 발생주의로 작성된 재무제표이기 때문이다.

현금흐름표는 기초 현금 잔액에서 출발해 영업활동 현금흐름, 투자활동 현금흐름, 재무활동 현금흐름을 합해서 기말 현금 잔액을 구하게 된다. 이 기초와 기말 잔액은 재무상태표와 일치해야 하므로 쉽게 검증된다.

영업활동 현금흐름도 기본적으로 손익계산서에 있는 숫자와 재무상태표상의 자산이나 부채 계정의 증감을 통해 계산하기 때문에 오류가 있다면 쉽게 검증할 수 있다. 즉 현금흐름표 내의 숫자를 조정한다면 무엇이 잘못되어 있는지 쉽게 걸러낼 수 있다.

재무제표의 모든 숫자는 재무제표 안에서 서로 연계되어 있다. 따라서 재무상태표나 손익계산서는 믿을 수 없고, 믿을 것은 오로지 현금흐름표뿐이라고 생각하는 것은 큰 오해다.

CHAPTER 14

고급회계로 도약, 연결재무제표

PART 046

재무상태표 연결해보기

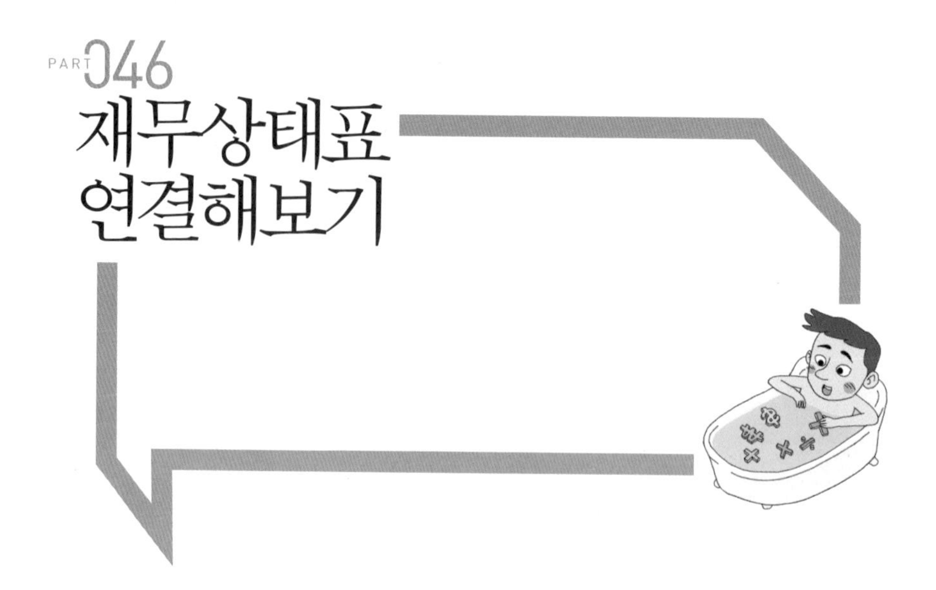

포스코가 무역·건설, 현대차가 금융 사업도 했나?

포스코의 2015년 사업보고서에서 '사업부문별 요약 재무현황'을 찾아보면 표 1과 같은 내용이 나온다. 우리는 포스코를 철강회사로 알고 있다. 그런데 무역부문은 무엇이고 건설부문은 무엇일까? 포스코가 무역이나 건설 사업도 하고 있다는 말일까?

그런데 이들 사업에서 발생하는 매출이나 영업이익 등의 수치가 작지가 않다. 무역 매출은 18조 원이 넘고, 건설 매출도 9조 원이 넘는다. 기타 사업으로는 또 무엇을 하고 있길래 매출이 3조 원을 훌쩍 넘는단 말인가?

이번에는 현대자동차의 2015년 사업보고서에 나타난 '사업부문별 주요 재무정보표'를 한번 보자(표 2). 현대차는 오로지 승용차와 상용차를 제조 · 판매하는 줄로만 알았는데, 금융사업에서도 12조 원 넘는 매출이 발생했고 영업이익은 9000억 원을 웃돈다! 분명 의아해하는 사람들이 있을 것이다. 이제 그 궁금증을 한번 풀어보자.

| 표 1. 포스코 사업부문별 요약 재무현황 |

(단위 : 백만 원)

사업부문	2015년					
	자산		매출		영업이익	
철강부문	52,237,902	65%	28,292,824	49%	1,875,891	78%
무역부문	10,235,589	13%	18,315,487	31%	191,800	8%
건설부문	9,014,063	11%	8,515,780	15%	265,891	11%
기타부문	8,921,205	11%	3,068,254	5%	76,461	3%

| 표 2. 현대차 사업부문별 주요 재무정보 |

(단위 : 백만 원, %)

구분		2015년	
		금액	비중
차량부문	매출액	107,818,185	84.0
	영업이익	5,142,317	83.3
금융부문	매출액	12,685,655	9.9
	영업이익	914,982	14.8
기타부문	매출액	7,914,529	6.1
	영업이익	117,730	1.9

두 회사를 연결했을 때 벌어지는 일들

"두 회사를 '연결'한다"는 말을 많이 들어보았을 것이다. '연결한다'는 말은 회계에서 (주)A와 (주)B, 두 회사를 한 회사인 것처럼 생각하고 '재무제표를 작성한다'는 말과 같다. 서로 다른 별개의 두 회사 A와 B를 한 회사로 간주하면 어떤 일이 벌어질까?

A가 B에게 돈을 빌려줬다고 하자. 개별재무제표상으로 A는 빌려준 돈

즉 대여금 자산을 기록하고, B는 빌린 돈 즉 차입금 부채를 기록해야 한다. 그런데 A와 B를 한 회사로 간주하면 이야기가 달라진다. 돈이 한 회사 내부에서 옮겨진 것에 불과하다. 다시 말해 A금고에 있던 돈을 B금고로 단순히 이동한 셈이 된다. 그러므로 A와 B를 연결한 재무상태표를 만들 때는 A 재무상태표의 대여금과 B 재무상태표의 차입금을 서로 삭제해야 한다.

A가 B에게 상품을 외상으로 팔았고 B가 그 상품을 재고 상태로 가지고 있다면 어떻게 될까? 개별재무제표상으로 A는 매출채권(자산)을, B는 매입채무(부채)를 기록해야 한다. 두 회사를 연결해 한 회사로 간주하면, A 창고에 있던 상품을 B 창고로 옮긴 것에 불과하다. 상품은 외부로 판매되지 않은 채 여전히 한 회사 내에 존재하고 있다. 그러므로 연결재무제표를 만들 때는 A의 매출채권과 B의 매입채무를 상계해 제거해야 한다.

A가 B에게 토지를 매각했다고 하자. 장부가격 100만 원인 땅을 150만 원에 팔았다. 개별재무제표에서 A는 유형자산 처분이익 50만 원을 수익 계정에 기록할 것이다. 두 회사를 연결하면 어떻게 될까?

토지는 외부로 매각된 것이 아니다. 토지의 소유권은 여전히 연결회사 내에 존재한다. 따라서 A의 재무제표에 잡혀있는 50만 원의 수익(처분이익)은 실현되지 않은 것이므로 삭제되어야 한다.

두 회사 간 연결재무제표를 만들려면 각각의 회사가 작성한 개별재무제표(재무상태표, 손익계산서, 자본변동표, 현금흐름표 등)를 합산하면 된다. 이 과정에서 내부거래와 미실현손익을 제거하는 작업을 거쳐야 하는데, 이 과정이 실무적으로는 상당히 복잡하다.

지배력, 지배기업, 종속기업, 연결 실체란?

가상의 기업 (주)북촌치킨과 (주)예예치킨을 연결해 재무제표를 작성해

보자. 두 회사 간에는 지분관계(지배-종속관계)가 없어 연결할 필요가 없다. 하지만 일단 연결의 의미를 단계적으로 학습하기 위해 두 회사의 개별재무상태표(자산, 부채, 자본)를 연결해 '연결재무상태표'를 만들어보자.

그림 1에서 알 수 있듯 두 회사의 자산, 부채, 자본 항목을 모두 단순합산해 연결재무상태표를 만들었다. 연결손익계산서도 마찬가지다. 그런데 사실은 아무런 '관계'가 없는 두 회사를 '연결'하지는 않는다. 두 회사를 연결해 재무제표를 만들어야 하는 경우는 두 회사 간에 지배-종속관계가 성립될 때다.

예를 들어 북촌치킨이 예예치킨 지분을 100% 취득했다고 하자. 북촌

| 그림 1. (주)북촌치킨과 (주)예예치킨 연결재무상태표 만들기 |

(주)북촌치킨 개별재무상태표

자산	100	부채 30
매출채권	20	
기계설비	40	
현금	40	자본 70

(주)예예치킨 개별재무상태표

자산	80	부채 40
매출채권	30	
기계설비	20	
현금	30	자본 40

(주)북촌치킨과
(주)예예치킨 재무상태표 연결

(주)북촌치킨 연결재무상태표

자산	180(100+80)	부채 70 (30+40)
매출채권	50	
기계설비	60	
현금	70	자본 110 (70+40)

치킨은 예예치킨의 영업 및 재무 활동, 경영진 구성 등과 관련한 경영상 주요 의사 결정을 좌지우지할 수 있는 능력을 갖추게 되었다. 이때 북촌치킨은 지배기업, 예예치킨은 종속기업이 된다(회계기준서에서 제시하는 지배력의 개념은 전문용어가 너무 많기 때문에 생략한다).

북촌치킨이 예예치킨에 대한 지배력을 얻기 위해서 지분을 100% 취득할 필요는 없다. 일반적으로 지분 50%를 초과해 보유하면 지배 - 종속관계가 성립하는 것으로 본다. 지분율이 50% 이하라도 지배력 획득으로 보는 경우들이 꽤 있다. 지분율이 50%를 초과하지 않더라도 다른 회사를 지배하고 있는 경우는 다음과 같다.

표 3. 보유 지분율이 50% 이하라도 지배 - 종속관계가 성립하는 경우

- 다른 투자자와의 약정으로 과반수의 의결권을 행사할 수 있는 능력이 있는 경우
- 법규나 약정에 따라 기업의 재무정책과 영업정책을 결정할 수 있는 능력이 있는 경우
- 이사회나 이에 준하는 의사결정기구 구성원의 과반수를 임명하거나 해임할 수 있는 능력이 있는 경우
- 이사회나 이에 준하는 의사결정기구의 의사 결정에서 과반수의 의결권을 행사할 수 있는 능력이 있는 경우(이 경우 의결권 수에 상관없이 지배하고 있는 상황으로 봄)

결국 지분율이 50%를 초과하지 않았지만, 기업의 실질적인 의사결정기구를 조종할 수 있다면 그 기업을 지배하고 있는 것으로 간주하는 것이다. 반대로 지분율이 50%를 초과했어도 지배력 획득으로 보지 않는 경우도 드물지만 있다.

북촌치킨이 예예치킨 지분 100%를 취득하면 명백하게 북촌치킨은 지배기업, 예예치킨은 종속기업이 된다. 그리고 북촌치킨은 연결재무제표를 작성·공시할 의무가 생긴다. 연결재무제표 작성 주체는 지배기업인 북촌치킨이 된다.

법률적으로는 북촌치킨과 예예치킨이 별개의 실체(법인)로 존재하지만, 회계기준에 따른 지배 - 종속관계가 성립하기 때문에 두 기업을 하나의 기업(경제적 실체)으로 간주하고 재무보고서를 작성하는 것이다. 이때 북촌치킨과 예예치킨을 통틀어 '연결 실체'라고 표현한다. 즉 연결 실체는 지배기업과 모든 종속기업을 말한다.

만약 북촌치킨이 예예치킨 지분을 100%, 도레노피자 지분을 60% 보유하고 있다면, 지배기업 북촌치킨은 두 개의 종속회사를 보유하고 있으며, 이 3개사를 통틀어 연결 실체라고 부른다.

지분 100%를 취득해 연결하기

이제 다시 북촌치킨과 예예치킨을 연결한 재무상태표를 만들어보자.

먼저, 북촌치킨이 예예치킨 지분 100%를 40만 원에 취득한다고 하자. 예예치킨의 순자산(자산 - 부채) 즉, 자본은 40만 원이다. 그러므로 지분 100%를 40만 원에 취득한다는 것은 딱 예예치킨의 순자산액만큼만 지급해서 지분을 모두 획득한다는 말이다. 지분 취득 직후 북촌치킨의 개별재무상태표는 그림 2처럼 될 것이다. 예예치킨의 개별재무상태표는 지분 취득 직후 아무런 변화가 없다. 예예치킨의 주주들이 지분을 모두 북촌치킨에 매각한 것이기 때문에 예예치킨이라는 기업 입장에서 보면 지분 소유주가 북촌치킨으로 바뀐 것일 뿐이다.

그림에서 보듯 북촌치킨은 예예치킨 지분을 취득하느라 현금 40만 원을 사용했다. 북촌치킨의 개별재무상태표 자산 항목에서 현금 40만 원이

| 그림 2. 북촌치킨이 예예치킨 지분 100%를 취득한 뒤 북촌치킨의 개별재무상태표 |

자산	100	
매출채권	20	부채 30
기계설비	40	
종속기업 투자주식 (예예치킨 투자주식)	40	자본 70

없어지고, 대신 예예치킨 주식(종속기업 투자주식) 40만 원이 생겼다.

이제 두 회사의 연결재무상태표를 만들어보자. 두 회사의 자산, 부채, 자본을 합쳐주면 된다. 그런데 여기서 가장 중요한 핵심이 있다. 바로 북촌의 자산 중 '예예치킨 투자주식 40만 원'과 예예치킨의 '순자산(자본) 40만 원'을 같이 제거(상계)하는 것이다. 이를 '투자자본상계'라고 한다. 지배기업의 '투자 계정'과 종속기업의 '자본 계정'을 서로 상계한다는 말이다. 이 과정을 보여주는 것이 그림 3이다. 이 과정을 거쳐 최종완성되는 연결재무상태표는 그림 4처럼 된다.

지분 60% 취득해 연결하기

위의 경우처럼 지분 100%를 취득해 지배 - 종속관계가 성립되는 경우는 많지 않다. 100% 미만의 지분 거래가 대부분이다. 만약 북촌치킨이 예예치킨 지분을 60% 취득해 지배력을 얻었다고 해보자.

이 경우 종속기업이 된 예예치킨의 나머지 40% 지분을 보유한 주주들이 존재하게 된다. 종속기업 예예치킨의 순자산(자본)이 40만 원이라면, 이 가운데 60%인 24만 원만 지배기업 북촌치킨의 몫이고 나머지 16만 원은 예예치킨의 여타 40% 주주 몫인 셈이다. 이 40%의 주주들을 '비지배 주주'라고 하고, 이들의 지분을 '비지배 지분'이라고 한다. 종속기업의 지분을 100% 미만으로 취득해 지배 - 종속관계가 형성되면, 이렇게 '비

| 그림 3. 투자자본상계 |

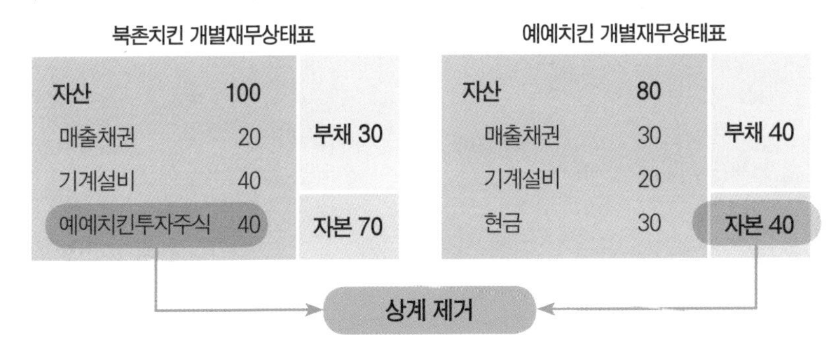

| 그림 4. 북촌치킨의 연결재무상태표 |

자산	140(60+80)	부채 70(30+40)
매출채권	50(20+30)	
기계설비	60(40+20)	
현금	30(0+30)	자본 70(70+0)

| 그림 5. 북촌치킨이 예예치킨 지분 60%를 취득한 뒤 개별재무상태표 |

북촌치킨 개별재무상태표

자산	100	부채 30
매출채권	20	
기계설비	40	
현금	16	
예예치킨 투자주식	24	자본 70

예예치킨 개별재무상태표

자산	80	부채 40
매출채권	30	
기계설비	20	
현금	30	자본 40

지배'라는 개념이 생긴다.

앞의 북촌치킨 사례를 그대로 활용해 설명한다. 북촌치킨의 취득 지분은 60%로 가정한다. 그림 5는 북촌치킨이 예예치킨 지분 60%를 취득한 직후 북촌치킨과 예예치킨의 개별재무상태표다.

북촌치킨의 자산 항목에는 예예치킨 투자주식 24만 원이 기록되어

| 그림 6. 투자자본상계 |

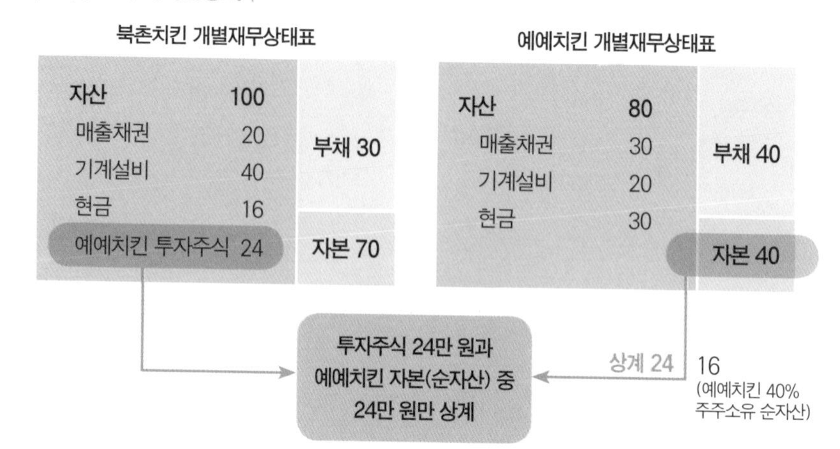

있다(예예치킨 순자산 40만 원 × 60%). 최초 북촌치킨의 현금은 40만 원이 있었는데 예예치킨 주식 매입에 24만 원을 사용했으므로, 16만 원의 잔액이 있다.

반면 예예치킨의 개별재무상태표에는 아무런 변화가 없다. 기존 주주들이 보유한 60%의 지분 소유주만 북촌치킨으로 바뀐 것일 뿐 예예치킨의 자산, 부채, 자본에 변화가 있는 것은 아니기 때문이다.

그림 6은 북촌치킨이 연결재무상태표를 작성하기 위해 투자자본상계를 하는 단계다. 지분 60% 취득으로 지배력을 획득한 시점에 북촌치킨은 종속기업의 자산, 부채, 자본을 연결해 재무상태표를 만들어야 한다. 그림에서 나타나듯, 투자주식 24만 원과 상계제거되는 순자산(자본)은 40만 원 중 24만 원이다. 나머지 16만 원은 예예치킨의 40% 주주 몫이다.

지배기업 소유주와 종속기업 비지배 지분 몫을 나누어 표시하는 이유

그림 7은 북촌치킨이 작성한 연결재무상태표다. 앞서 그림 4와 어떻게 다른가? 자본이 86만 원으로 기재되어 있다. 그럼 이 86만 원이 모두 지배

| 그림 7. 북촌치킨의 연결재무상태표 |

자산	156(76+80)	부채	70(30+40)
매출채권	50(20+30)		
기계설비	60(40+20)	자본	86(70+16)
현금	46(16+30)	• 지배기업 소유주 귀속 자본	70
		• 비지배 지분	16

기업인 북촌치킨 주주들이 가지는 몫일까? 물론 아니다. 북촌치킨이 작성한 연결재무상태표에 기재되어 있는 자본 86만 원 중 북촌치킨 주주들의 몫은 70만 원이다. 나머지 16만 원은 종속기업의 40% 주주들(비지배 지분)의 몫에 해당한다.

회계기준에서는 이렇게 연결재무상태표상 자본의 총계를 기재하되, 이것을 다시 '지배기업 소유주에게 귀속되는 자본(북촌치킨 주주들의 몫)'과 '종속기업의 나머지 주주들의 몫(비지배 지분)'으로 나누어 기재하도록 하고 있다. 실제로 연결재무제표를 작성하는 기업들의 연결재무상태표를 확인해보자. 모두 이렇게 구별해 기재해 놓았을 것이다. 뒤에서 설명하겠지만 연결손익계산서도 마찬가지다. 당기순이익을 '지배주주 소유주에게 귀속되는 순이익'과 '비지배 지분 순이익'으로 따로 구별해 표시한다.

우리가 여기서 한 가지 알 수 있는 것은, 종속기업의 지분 40%를 가진 주주들도 연결 실체(북촌치킨과 예예치킨을 합친 경제적 실체)의 주주 대우를 받는다는 것이다. '비지배주주(비지배 지분)'라는 이름으로 말이다.

간단하게 예를 들어보자. 북촌치킨 주주는 갑, 을, 병 세 명이다. 예예치킨 주주는 A(지분율 60%), B(30%), C(10%) 세 명이다. A는 60%의 지분을 북촌치킨에 매각했다. 이때 지배기업이 된 북촌치킨이 작성해야하는 재무제표는 북촌치킨과 종속기업 예예치킨을 합쳐놓은 연결재무제표다. 이 연결 실체의 주주는 누구인가? 갑, 을, 병 세 사람은 지배기업 북촌치킨의

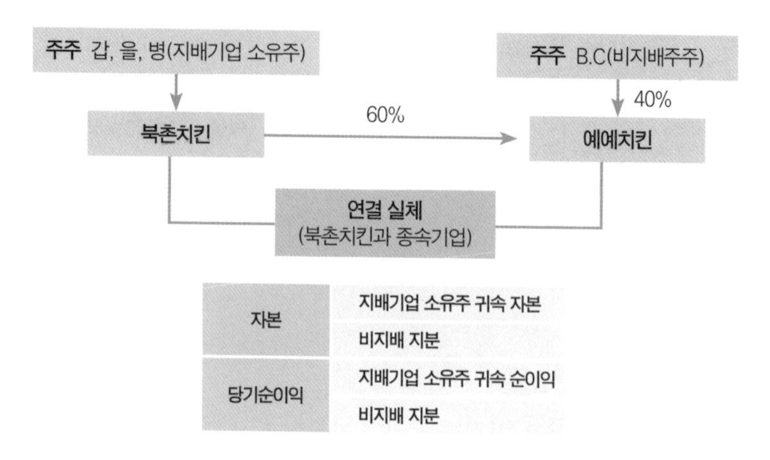

주주(소유주)로서 당연히 연결 실체의 주주가 된다. 마찬가지로 종속기업의 40% 주주인 B와 C도 연결 실체의 주주로 인정받는다는 것이다. 그래서 연결자본 86만 원 중 70만 원은 북촌치킨 소유주(갑, 을, 병)에게 귀속되는 자본이 되고, 16만 원(예예치킨 자본 40만 원 × 40%)은 비지배 지분(B, C)에 속하는 자본이 되는 것이다. 이 내용을 나타내는 것이 그림 7이다.

실제 기업의 연결재무상태표 중 자본 항목만 발췌해 보면 다음과 같다.

| 표 4. 서울반도체 연결재무상태표 중 자본 항목 |

(단위 : 백만 원)

자본	2015년	2014년
지배회사의 소유주 지분	574,401	558,015
자본금	29,152	29,152
연결 기타 불입자본	346,375	388,681
기타 자본 구성 요소	(32,005)	(73,736)
이익잉여금(결손금)	230,879	213,918
비지배 지분	50,598	51,683
자본총계	625,000	609,699

뒤에서 따로 설명하겠지만, 실제 기업의 연결손익계산서 역시 지배기

업 소유주 귀속 순이익과 비지배 지분이 따로 표기된다. 아래 표는 서울반도체 연결포괄손익계산서의 당기순이익 이하 부분만 발췌한 것이다.

| 표 5. 서울반도체 연결포괄손익계산서 중 당기순이익 이하 |

제29기 2015년 1월 1일~12월 31일까지
제28기 2014년 1월 1일~12월 31일까지
(단위 : 백만 원)

• 서울반도체와 그 종속기업

과목	2015년	2014년
Ⅷ. 당기순이익	26,771	677
Ⅸ. 기타포괄손익	848	638
Ⅹ. 총포괄손익	27,620	1,315
Ⅺ. 당기순이익의 귀속	26,771	677
지배기업의 소유주 지분	16,948	(6,870)
비지배 지분	9,823	7,547
Ⅻ. 총포괄손익의 귀속	27,620	1,315
지배기업의 소유주 지분	18,180	(6,091)
비지배 지분	9,439	7,407

연결 시 영업권은 어떤 경우에 계상될까?

연결재무상태표를 작성할 때 '영업권'을 계상해야 하는 경우가 생긴다. 앞서 말한 대로 종속기업의 지분을 100% 취득했을 때보다는 100% 미만을 취득해 지배력을 획득하는 경우가 훨씬 많다. 또한, 딱 지분율에 해당하는 순자산 금액만큼을 주고 지분을 취득하는 경우는 드물다. 지배력을 획득할 수 있는 정도의 지분을 인수한다면 순자산 금액보다는 더 지불하는 경우가 대부분이다. 이때 이른바 영업권(자산)이 발생한다. 앞서 지분법 회계 부분에서도 영업권(지분법 회계에서는 이를 투자차액이라고 표현하기도 함)을 공부했다. 지분법에서는 순자산 금액보다 지급금액이 더 많아도 영업권을 따로 인식하지 않는다고 했다. 그러나 지배력을 획득해 종속기업을 연결할 때는 영업권이 발생하면 이를 계상해야 한다.

이번에는 북촌치킨이 예예치킨의 지분 60%를 취득하되, 30만 원을 지급하는 경우를 가정해보자. 예예치킨의 '순자산 40만 원 × 지분 60%'면 24만 원인데, 지분 60%에 대한 대가로 30만 원을 지급했다. 지분 취득 이후 북촌치킨의 개별재무상태표에서는 영업권이 계상되지 않는다. '예예치킨 투자주식(종속기업주식) 30만 원'이라고 장부에 기재하면 끝이다. 마치 지분법 회계에서 순자산 100만 원인 회사 지분 30%를 50만 원에 취득해도 20만 원을 영업권으로 따로 계상할 필요 없이 '관계기업 투자주식(지분법 적용 주식) 50만 원'이라고 장부에 기재하는 것과 같다.

그런데 북촌치킨이 지배력을 획득한 뒤 연결할 때 연결재무상태표에는 6만 원(30만 원 - 24만 원)의 영업권을 따로 기재해야 한다. 그 과정을 살펴보자.

지배력 획득과 투자자본상계를 진행하는 과정이 그림 8이다.

예예치킨 투자주식 30만 원과 예예치킨 자본(순자산) 24만 원이 상계되면서 그 차액 6만 원은 연결재무상태표의 영업권으로 계상된다. 예예치킨 순자산 40만 원 중 상계된 24만 원을 제외한 16만 원이 비지배 지분이 되는 것은 앞의 경우와 마찬가지다.

그리고 그림 9처럼 북촌치킨이 작성한 최종 연결재무상태표에서는 자산 항목에서 영업권이 인식되어 있으며, 자본 항목에 지배기업 소유주 귀속 자본과 비지배 지분 몫이 표시되어 있다.

다시 포스코 연결재무제표 요약재무정보로 돌아가 보자. 포스코가 철강부문 외에 건설부문, 무역부문, 기타부문 등의 자산 매출 이익을 제시한 것은 포스코가 이 같은 사업을 해서가 아니라 연결 대상인 종속회사들이 하는 사업이기 때문이라는 것을 알 수 있다. 건설부문은 포스코건설,

| 그림 8. 북촌치킨이 예예치킨 지분 60%를 30만 원에 매입한 뒤 투자자본상계 |

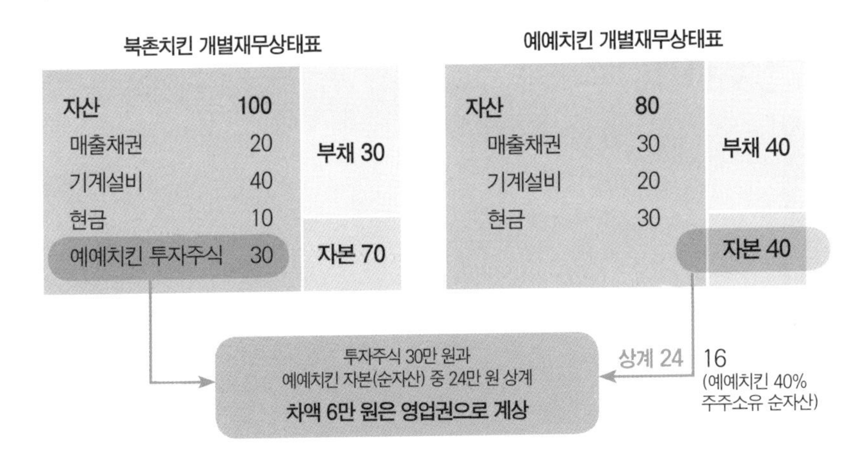

| 그림 9.북촌치킨의 연결재무상태표 |

자산	156(76+80)	부채	70(30+40)
매출채권	50(20+30)	자본	86(70+16)
기계설비	60(40+20)	• 지배기업 소유주 귀속 자본	70
현금	40(10+30)	• 비지배 지분	16
영업권	6		

무역부문은 포스코대우(옛 대우인터내셔널), 기타부문에서는 포스코에너지 등의 기업들이 있다. 2016년 8월 16일 반기 보고서 기준 포스코의 연결 대상 회사는 총 206개다. 포스코는 이들 회사의 개별재무상태표와 개별손익계산서 등을 다 묶어서 연결재무제표를 만든다.

현대차의 경우 차량부문 외에 금융부문의 수치가 두드러지는 것은 현대카드와 현대캐피탈 등을 종속회사로 두고 있기 때문이다.

PART 047
손익계산서 연결해보기

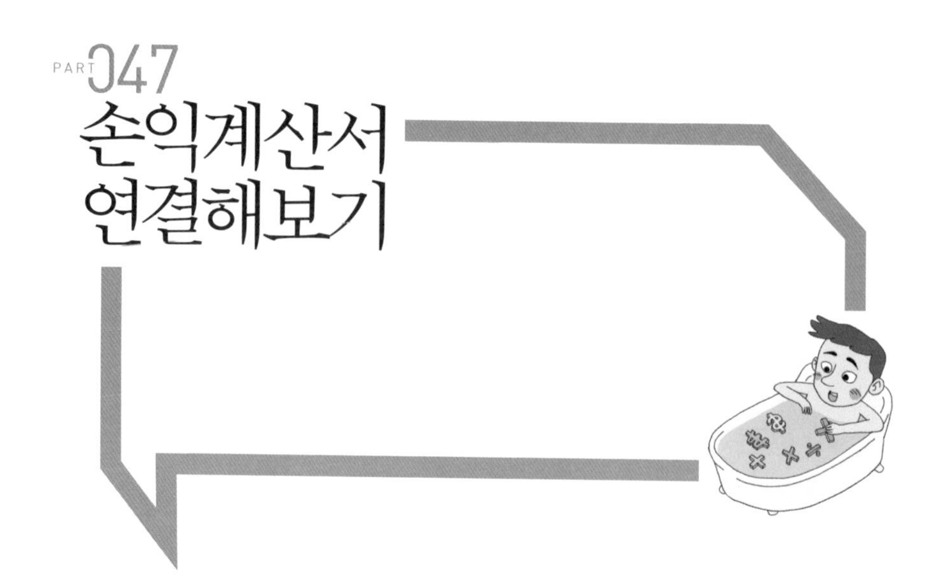

"SPC그룹은 창사 70주년을 맞은 2015년 매출 5조 원을 돌파했고, 해외 매장 200호점을 여는 등 의미 있는 성과를 거뒀으며……."

(주)파리크라상(파리바게뜨 등 운영)과 (주)비알코리아(배스킨라빈스 등 운영), (주)삼립식품 등의 계열사를 보유하고 있는 SPC그룹이 2016년 초 이런 내용이 담긴 보도자료를 냈다. 그러자 언론에서 문제 제기를 했다. 회사 연결재무제표를 바탕으로 한 SPC그룹 매출은 3조 5000억 원 수준이라는 지적이었다.

SPC는 크게 파리크라상과 비알코리아로 구성돼 있으므로 두 회사 매출을 합치면 그룹 전체 매출을 구할 수 있다. 파리크라상은 연결대상 종속회사로 삼립식품, 샤니, 에스피엘 등 18개 회사를 거느리고 있다. 파리크라상과 비알코리아는 연결 대상이 아니다. 그러므로 두 회사의 실적 합산이 사실상 그룹 전체 매출과 거의 비슷하다.

파리크라상의 2015년 연결기준 매출은 3조 411억 원, 비알코리아 매출은 5202억 원이다. 따라서 SPC그룹 총 매출은 3조 5613억 원이 된다. 그런데 SPC는 보도자료에서 매출 5조 원을 넘었다고 밝혔다. SPC가 보도자료에서 밝힌 5조 원 매출 속에는 계열사 간의 내부거래가 대거 포함돼 있다. SPC는 계열사들이 서로 비슷한 사업을 하고 있어 내부거래가 꽤 많다. SPC 계열사들이 연결재무제표를 주(主) 재무제표로 하는 K-IFRS를 적용하고 있다면, 대외 제공되는 보도자료 역시 내부거래를 제거한 수치를 담아야 맞는 것 아니겠냐고 언론은 지적했다.

내부거래 시 제품을 재고자산으로 보유한 상태에서 손익 계산

다른 회사 지분을 50% 초과(반드시 50%를 초과하지 않아도 됨) 취득해 지배력을 획득하면 경영 실적을 조작할 수 있다. 두 회사 간에 매출·매입 거래를 지속해 매출액을 크게 늘릴 수도 있고, 지배기업이 자사 제품이나 상품을 종속기업에 비싸게 팔아 이익을 증가시킬 수도 있다.

그러나 개별재무제표상에 나타난 이러한 매출 이익 증가는 결국 종속기업의 실적 악화를 기반으로 만들어진 것일 뿐이다. 지배-종속관계에 있는 기업의 주 재무제표를 연결재무제표로 하는 이유 중 하나는 이러한 실적 왜곡 현상을 막기 위한 것이다. 연결손익계산서에서는 내부거래에 따른 수익이나 비용을 상계함으로써 매출 부풀리기를 통한 미실현 손익의 당기 실적 반영을 차단한다.

연결손익계산서는 어떻게 만들까? 지배-종속관계에 있는 두 기업의 개별손익계산서를 합치면 된다. 수익은 수익끼리, 비용은 비용끼리 합해 연결 실체의 당기순이익을 구하면 된다. 그런데 실제로는 연결 실체 기업들끼리는 내부거래가 많다. 따라서 단순 합산을 하면 손익이 왜곡된다.

각종 밥솥 제조를 주력으로 하는 (주)코코전자라는 회사가 있다고 하자. 코코전자는 압력밥솥 판매전문점인 (주)코코유통 지분을 60% 보유하고 있다. 코코전자가 제조 원가 1만 원짜리 밥솥 한 개를 만들어 코코유통에 1만 5000원에 팔았다. 그리고 코코유통은 이 밥솥을 회사 내에 재고자산으로 보유하고 있다고 하자.

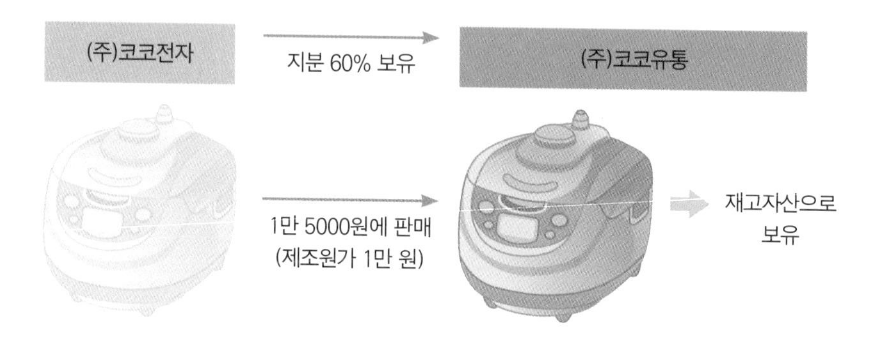

개별재무제표상 손익 계산을 하면 다음 표와 같이 될 것이다.

| 표 6. (주)코코전자와 (주)코코유통의 손익 계산 |

구분	코코전자	코코유통
매출	1만 5000원	-
매출원가	1만 원	-
매출이익	5000원	-

코코전자는 1만 원에 밥솥을 만들어서 1만 5000원에 팔았으니 5000원의 매출이익을 기록한다. 코코유통은 1만 5000원에 매입한 밥솥을 판매하지 못하고 그대로 재고자산으로 안고 있기 때문에, 손익계산서에 기록

할 것은 없다. 두 회사 연결손익을 '단순 합산'하면 표 7처럼 된다.

| 표 7. (주)코코전자와 (주)코코유통 연결손익계산서(단순 합산) |

구분	연결 실체(코코전자+코코유통)
매출	1만 5000원
매출원가	1만 원
매출이익	5000원

옳은 연결손익계산서일까? 당연히 아니다.

두 회사를 한 회사로 간주하는 연결을 하면, 1만 원에 만든 밥솥은 연결 실체 내에 그대로 존재하고 있다. 즉 연결 실체 기업 간의 내부거래에서 발생한 매출 1만 5000원과 매출원가 1만 원은 제거되어야 한다. 이 과정에서 내부거래에 따른 미실현이익 5000원은 자연스럽게 제거된다. 아울러 코코유통이 보유하게 된 재고자산(밥솥) 금액도 5000원을 줄여 최초가격인 1만 원으로 조정된다. 결국 지배기업 코코전자가 연결손익계산서를 만든다면 판매된 밥솥이 없으므로 매출, 매출원가, 매출이익이 모두 '0'이다.

| 표 8. (주)코코전자와 (주)코코유통 연결손익계산서 |

구분	연결 실체(코코전자+코코유통)
매출	-
매출원가	-
매출이익	-

내부거래 시 제품을 외부에 판매한 상태에서 손익 계산

이번에는 앞의 사례와는 달리 코코유통이 밥솥을 소비자에게 판매한 경우를 상정해 보자. 코코전자가 제조 원가 1만 원짜리 밥솥 한 개를 만들어 코코유통에 1만 5000원에 팔았고 곧바로 코코유통이 이 밥솥을 2만 3000원에 소비자에게 판매했다.

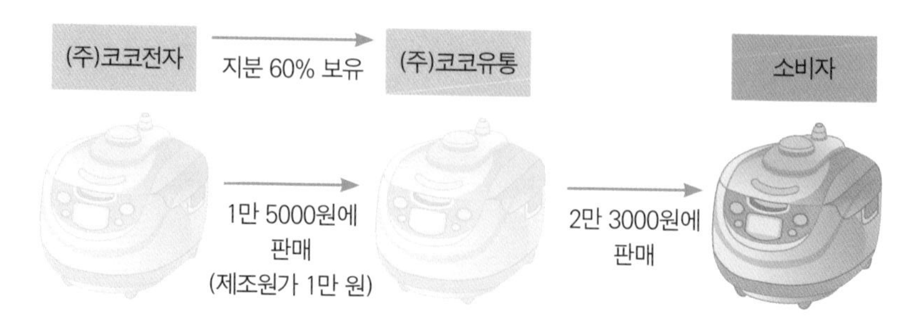

코코전자와 코코유통의 개별재무제표상 손익 계산은 다음처럼 될 것이다.

| 표 9. (주)코코전자와 (주)코코유통 손익 계산 |

구분	코코전자	코코유통
매출	1만 5000원	2만 3000원
매출원가	1만 원	1만 5000원
매출이익	5000원	8000원

지배기업 코코전자와 종속기업 코코유통의 손익을 단순 합산하면 다음과 같다.

| 표 10. (주)코코전자와 (주)코코유통 연결손익계산서(단순 합산) |

구분	연결 실체(코코전자+코코유통)
매출	3만 8000원
매출원가	2만 5000원
매출이익	1만 3000원

물론 이것 또한 올바른 연결손익계산서는 아니다. 코코전자와 코코유통을 한 회사처럼 간주한다면, 연결 실체는 원가 1만 원짜리 밥솥 한 개를 만들어 2만 3000원에 소비자에게 판매한 것이 된다. 따라서 지배기업 코코전자가 작성하는 연결재무제표상 손익은 다음과 같이 된다.

| 표 11. (주)코코전자 연결재무제표상 손익 |

구분	연결 실체(코코전자+코코유통)
매출	2만 3000원
매출원가	1만 원
매출이익	1만 3000원

매출이익은 개별재무제표상 두 회사의 매출이익을 단순 합산한 수치나 연결재무제표상 매출이익 수치나 모두 1만 3000원으로 같다. 그 이유는 밥솥이 소비자에게 판매되었기 때문이다.

매출과 매출원가는 단순 합산했을 때보다 연결 수치가 작다. 연결손익으로 따지면 이 밥솥은 연결 실체가 만들어서(원가 1만 원) 연결 실체가 외부에 판매(2만 3000원)한 것이다. 따라서 개별손익계산서에서 인식한 코코전자의 매출 1만 5000원과 코코유통의 매출원가 1만 5000원은 제거되어야 한다. 내부거래에서 발생한 것이기 때문이다.

연결 실체에 속한 기업끼리 제품 또는 상품을 사고파는 내부거래를 해도 이 제품이나 상품이 외부에 판매된 상태이냐, 재고자산으로 보유 중인 상태이냐에 따라 연결손익계산서에 차이가 발생한다.

연결손익계산서에서도 전체 당기순이익 규모를 기재하면서, 이를 다시 지배주주 귀속 순이익분과 비지배주주 귀속 순이익분(주로 비지배 지분이라고 표기)을 그 밑에 따로 표시한다.

예를 들어 A사가 B사 지분 60%를 보유해 지배-종속관계가 성립한다고 하자. 이때 A사의 개별재무제표상 당기순이익은 50억 원, B사의 개별재무제표상 당기순이익은 10억 원이다. 연결손익계산서를 만들면(내부거래는 없는 것으로 가정함) 다음과 같다.

| 표 12. A사와 B사 개별재무제표와 A사의 연결손익계산서 |

구분	A사 개별재무제표	B사 개별재무제표
매출	500억 원	200억 원
영업이익	60억 원	15억 원
당기순이익	50억 원	10억 원

A사 연결손익계산서	
매출	700억 원
영업이익	75억 원
당기순이익	60억 원
	지배주주 귀속 56억 원
	비지배 지분 4억 원

종속기업이 두 곳 있는 메디톡스, 왜 연결손익계산서에 비지배주주 귀속분이 '0'일까?

표 13은 바이오의약품 전문기업 메디톡스의 연결손익계산서다. 약간 특이한 점을 발견할 수 있을 것이다. 당기순이익과 총포괄이익의 비지배주주 귀속분(비지배 지분)이 '0'으로 기재되어 있다는 점이다. 왜 그럴까? 메디톡스의 연결 대상인 종속기업은 두 곳이

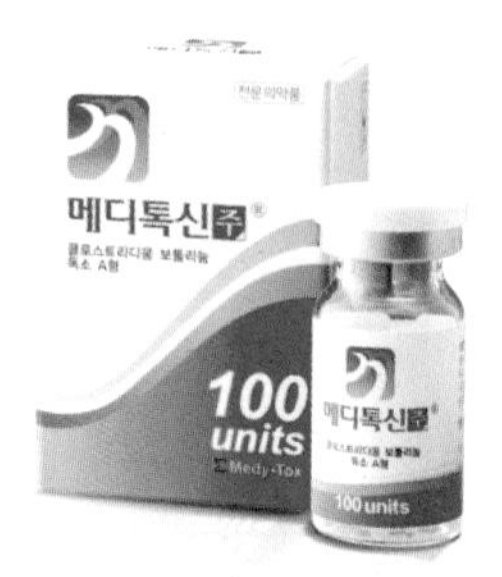

다. 그런데 두 곳 모두 메디톡스가 지분 100%를 보유하고 있다. 메디톡스 외에 비지배주주가 없는 것이다. 따라서 메디톡스가 작성한 연결손익계산서상 당기순이익은 모두 메디톡스 주주들의 몫이다.

| 표 13. 메디톡스 연결포괄손익계산서 |

제16기 2015년 1월 1일~12월 31일까지
제15기 2014년 1월 1일~12월 31일까지

• **주식회사 메디톡스와 그 종속기업**

(단위 : 백만 원)

과목	제16기	제15기
매출액	88,505	75,892
영업이익	51,662	49,957
당기순이익	42,292	43,627
총포괄이익	42,186	43,419
당기순이익의 귀속		
지배기업의 소유주 지분	42,292	43,627
비지배 지분	0	0
포괄이익의 귀속		
지배기업의 소유주 지분	42,186	43,419
비지배 지분	0	0

영업권은 왜 생길까?

: 고려아연과 코리아니켈 :

가끔 별도재무제표에는 없었던 항목인데 연결재무제표에 영업권이 새로 생겼다며 그 이유를 묻는 분들이 있다. 고려아연이 이런 사례에 해당할 것이다.

고려아연의 2015년도 말 기준 별도재무제표의 무형자산은 회원권과 기타무형자산만으로 구성되어 있다(표 14). 그런데 연결재무제표의 주석을 살펴보면 무형자산 항목에 영업권이 추가된 것을 발견할 수 있다(표 15). 그렇다면 별도재무제표에 없었던 영업권이 연결재무제표에서는 왜 생길까?

(주)고려아연이 2015년 1월 1일에 (주)코리아니켈 주식 90%를 100만 원에 취득했다고 하자. 코리아니켈의 순자산 공정가치는 100만 원이었다. 연결재무제표에서 영업권이 발생하는 이유는 주식의 취득가액과 관계되어 있다. 이 사례에서 고려아연은 코리아니켈의 주식 90%를 100만 원에 취득했는데, 코리아니켈의 순자산에 대한 고려아연의 지분가치는 100만 원 × 90% = 90만 원이다. 즉 고려아연은 코리아니켈 주식을 10만 원을 더 비싸게 주고 취득한 것이 된다. 코리아니켈의 생산 노하우 등 무형자산에 대한 대가를 지급한 것이다.

| 표 14. 고려아연 2015년 별도재무제표 주석 중 무형자산 |

당기 중 무형자산의 변동 내역은 다음과 같습니다.

(단위 : 천 원)

구분	기타무형자산	회원권	합계
취득원가 :			
기초금액	8,344,984	12,223,290	20,568,274
기말금액	8,344,984	12,223,290	20,568,274
상각누계액 및 손상차손누계액 :			
기초금액	(229,809)	(425,564)	(655,373)
무형자산 손상차손	-	(914,250)	(914,250)
기말금액	(229,809)	(1,339,814)	(1,569,623)
장부금액 :			
기초금액	8,115,175	11,797,726	19,912,901
기말금액	8,115,175	10,883,476	18,998,651

| 표 15. 고려아연 2015년 연결재무제표 주석 중 무형자산 |

당기 중 무형자산의 변동 내역은 다음과 같습니다.

(단위 : 천 원)

구분	회원권	영업권	기타무형자산	합계
취득원가 :				
기초금액	13,124,819	12,712,285	53,538,868	79,375,972
취득금액	-	-	301,122	301,122
처분금액	-	-	(2,528,903)	(2,528,903)
기말금액	13,124,819	14,420,938	57,441,167	84,986,924
상각누계액 및 손상차손누계액 :				
기초금액	(1,126,593)	-	(13,289,423)	(14,416,016)
무형자산상각비	-	-	(12,434)	(12,434)
무형자산손상차손	(914,250)	-	-	(914,250)
처분금액	-	-	2,528,903	2,528,903
기말금액	(2,040,843)	-	(12,145,806)	(14,186,649)
장부금액 :				
기초금액	11,998,226	12,712,285	40,249,445	64,959,956
기말금액	11,083,976	14,420,938	45,295,361	70,800,275

고려아연은 재무제표에 종속기업 투자주식 금액으로 100만 원을 계상한다. 두 회사의 주식 취득 당시 별도재무상태표를 그림으로 살펴보면 다음과 같다.

| 그림 10. 고려아연과 코리아니켈 별도재무상태표 |

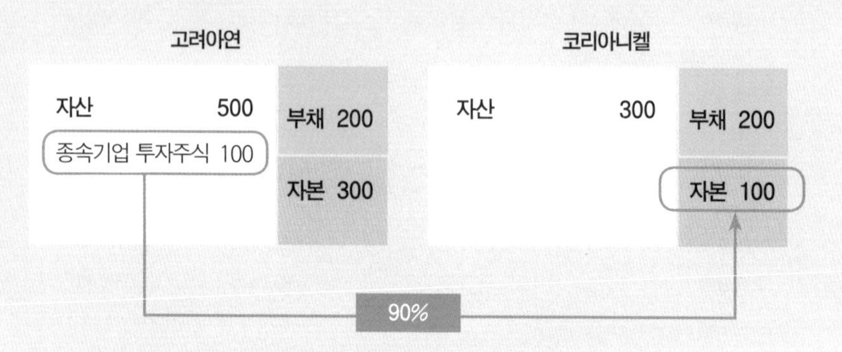

연결재무제표를 작성하기 위해서는 두 재무제표를 단순 합산한 후 고려아연 재무제표에 표시된 종속기업 투자주식과 코리아니켈의 자본(순자산)을 서로 지워줘야 한다.

그런데 코리아니켈 자본(순자산)에 대한 고려아연 몫이 90만 원이므로 종속기업 투자주식 100만 원과 상계하면 종속기업 투자주식 10만 원이 남게 된다. 이 부분은 종속기업 투자주식으로 남겨 놓지 않고 '영업권 10만 원'으로 해 연결재무제표에 표시한다.

즉 고려아연이 코리아니켈의 지분을 인수할 때 재무제표에 계상되어 있지 않았던 코리아니켈의 무형자산(기술력, 생산노하우, 영업네트워크 등)을 10만 원에 인수했다는 의미가 된다. 이 과정을 거친 후 연결재무제표를 표시하면 그림 11과 같다.

| 그림 11. 고려아연 연결재무상태표 |

고려아연과 그 종속회사

자산	710	부채	400
영업권	10		
		자본	310
		지배주주 지분	300
		비지배 지분	10

결국 연결재무제표에서 영업권이 생기는 이유는 지분 취득가액이 종속회사의 순자산가치(자본)보다 크기 때문이다. 반대로 순자산가치보다 주식을 싸게 취득한다면 염가매수차익(부의 영업권, 마이너스 영업권)이 발생한다.

예를 들어 A사가 B사 지분 60%를 50만 원에 취득했는데 B사의 순자산 공정가치는 100만 원이라고 하자. 지분 60%에 해당하는 순자산액은 60만 원인데 50만 원을 지불했으므로 10만 원의 염가매수차익이 발생한 것이고, 이 금액을 당기순이익에 반영한다. '부의 영업권'은 연결재무제표 작성 시 일시에 당기순이익으로 인식한다. 따라서 연결재무제표에 부의 영업권이라는 계정으로 나타나지는 않는다.

PART 048

지분법이익 처리와 지배·비지배 지분 파악하기

서울 마장동에 사는 맞벌이부부 남편 이 씨와 부인 권 씨는 월급을 별도로 관리하고 있다. 각자의 수입과 지출에는 관여하지 않기로 약속했지만, 주택 구입과 같이 큰 투자가 필요할 경우에는 상황이 달라진다. 가계 전체적인 수입과 지출을 확인해야 할 필요가 있기 때문이다. 이때는 어쩔 수 없이 두 사람의 수입과 지출을 합산해야 한다. 가정이라는 한 개의 실체 안에서 수입과 지출을 관리하는 것이 주택담보대출 상환과 관련해 더욱 효과적인 정보를 제공할 수 있기 때문이다. 이러한 상황을 기업으로 확장해 본다면 한 개의 실체 안에 포함되는 기업이라면 각자의 재무제표를 합산한 연결재무제표가 재무제표 이용자에게 보다 목적에 부합하는 양질의 정보를 제공할 수 있을 것이다.

STEP 1. 지배기업과 종속기업 재무제표 합산하기

앞서 재무상태표를 중심으로 연결의 기본 원리를 공부했다. 이번 파트에서는 개별재무제표에 지분법이익 계정이 있으면, 연결재무제표에서는 어떻게 처리되는지 등을 포함해 연결 회계의 원리와 그 의미, 지배주주와 비지배주주 구분 등에 대해 좀 더 정확한 이해를 해 보도록 하자.

(주)한국텔레콤이 (주)충남텔레콤의 의결권 있는 주식 90%를 보유하고 있는 것으로 가정해보자. (주)한국텔레콤의 재무제표에 나와 있는 종속기업 투자주식은 (주)충남텔레콤 주식이다. 2015년도 말 결산이 종료된 개별재무상태표는 다음과 같다.

| 그림 12. 2015년 말 (주)한국텔레콤과 (주)충남텔레콤 개별재무상태표 |

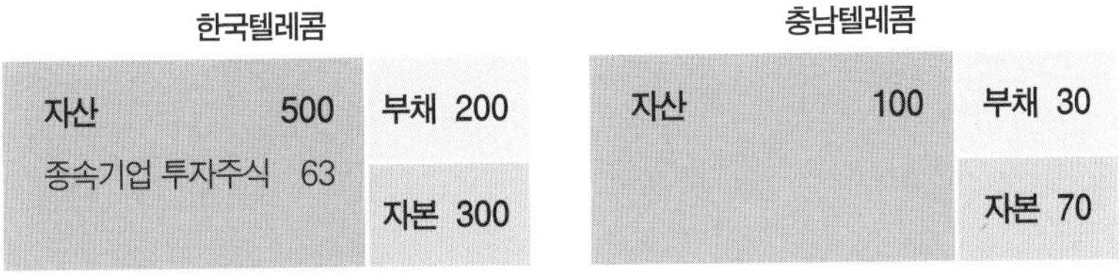

한국텔레콤

자산 500 종속기업 투자주식 63	부채 200
	자본 300

충남텔레콤

자산 100	부채 30
	자본 70

연결재무제표를 작성하는 방법은 양사의 재무제표를 단순 합산하는 것부터 시작한다. 두 회사의 재무제표를 단순 합산하면 다음과 같다.

| 그림 13. (주)한국텔레콤과 (주)충남텔레콤 연결하기 |

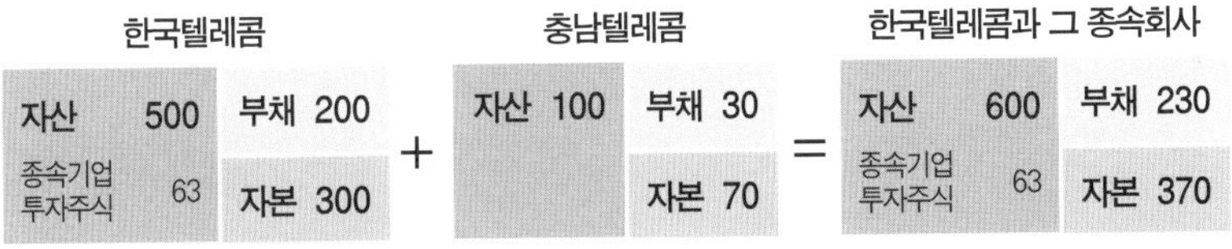

한국텔레콤			충남텔레콤			한국텔레콤과 그 종속회사	
자산 500 종속기업 투자주식 63	부채 200 자본 300	+	자산 100	부채 30 자본 70	=	자산 600 종속기업 투자주식 63	부채 230 자본 370

STEP 2. 지배기업 투자주식과 종속기업 자본 계정 상계 제거

다음으로 우리가 앞에서 배웠듯 종속기업 투자주식과 충남텔레콤 자본 계정의 '상계 제거' 과정을 거쳐야 한다. 실무 용어라서 어려울 수 있는데, 쉽게 설명하자면 한국텔레콤이 보유하고 있는 종속기업 투자주식 63만 원과 충남텔레콤의 자본 계정 70만 원 중 한국텔레콤의 몫인 63만 원(70만 원 × 90%)을 서로 상계해 제거한다는 말이다.

이렇게 제거해야 하는 이유는 재무제표를 합하는 순간 한국텔레콤과 충남텔레콤은 한몸이 되었기 때문이다. 마장동에 사는 이 씨가 부인 권 씨에게 63만 원을 빌렸다면, 권 씨의 재무상태표에는 자산으로 대여금 63만 원, 이 씨의 재무상태표에는 차입금 63만 원이 기록되어 있을 것이다. 그런데 권 씨 가족의 이름으로 두 재무제표를 합해 연결재무상태표를 작성한다면, 대여금 63만 원과 차입금 63만 원을 기록해 놓은들 줄 사람도 받을 사람도 없게 된다. 따라서 대여금과 차입금은 연결재무상태표에서 같이 제거해 주어야 한다.

종속기업 투자주식과 자본도 마찬가지다. 따라서 충남텔레콤에 대한 종속기업 투자주식과 충남텔레콤의 자본 63만 원을 서로 지워서 없애준다. 지운 후의 재무상태표는 다음과 같다.

| 그림 14. (주)한국텔레콤과 (주)충남텔레콤 자본 계정 상계 제거 후 재무상태표 |

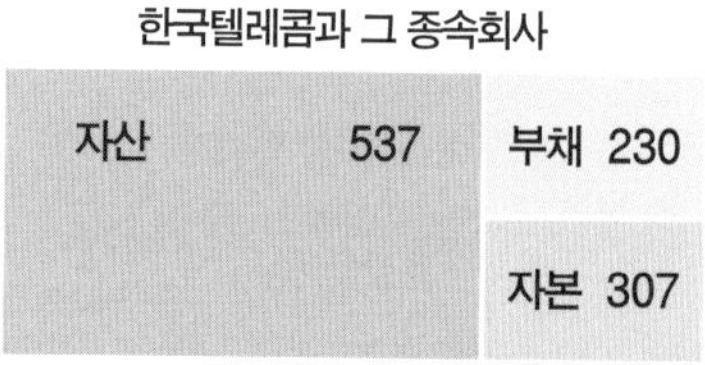

한국텔레콤과 그 종속회사

자산 537	부채 230
	자본 307

STEP 3. 연결재무상태표에서 지배주주와 비지배주주 몫 구분하기

한국텔레콤이 보유하고 있는 종속기업 투자주식과 충남텔레콤 자본 계정의 상계 제거 과정을 거치면 연결재무상태표 작성은 일단락된다. 마지막으로 한 단계가 더 남았다. 지금 상태로는 한국텔레콤의 연결재무제표에 포함된 자산과 부채 중 얼마가 정확히 한국텔레콤의 몫인지 알 수 없다. 충남텔레콤의 자본에서 한국텔레콤(지배주주)과 기타주주지분(비지배주주)을 구분해 주는 과정을 거쳐야 한다.

단순 합산한 연결재무제표에서 기타주주(비지배주주)의 지분 10%를 별도로 표시해 준다. 충남텔레콤의 순자산(자산 100만 원 − 부채 30만 원 = 70만 원) 중 기타주주 지분율이 10%이므로 7만 원이 된다. 이때 한국텔레콤의 몫을 지배주주 지분이라고 부르고, 기타주주의 몫을 비지배 지분이라고 부른다. 비지배 지분은 말 그대로 지배하지 않는 지분이라고 생각하면 된다. 자본을 지배주주 지분과 비지배 지분으로 나눈 단계까지 마친 연결재무상태표는 다음과 같다.

| 그림 15. 한국텔레콤과 그 종속회사 연결재무상태표 |

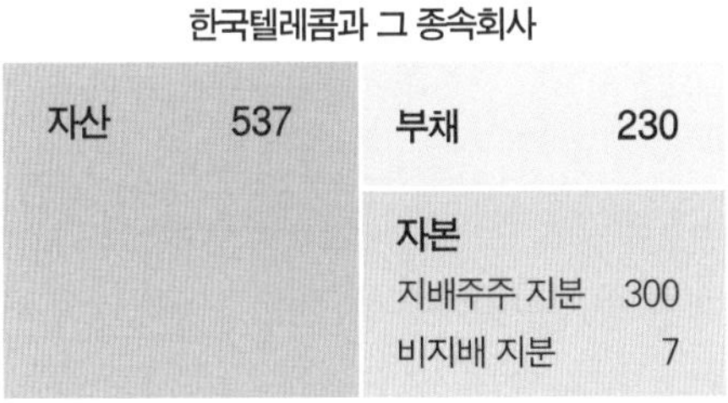

한국텔레콤과 그 종속회사

자산 537	부채 230
	자본 지배주주 지분 300 비지배 지분 7

이렇게 되면 연결재무상태표 작성은 완성되었다. 공시된 연결재무제표의 형태이다. 눈썰미가 좋은 사람은 이 재무제표를 보고 연결재무제표의 특징을 파악해 낼 수 있을 것이다.

그림 15 연결재무상태표의 지배주주 지분 금액과 그림 12 한국텔레콤 개별재무상태표의 자본 금액이 같다는 점이다. 왜냐하면 한국텔레콤이 지분법 평가를 통해 충남텔레콤에 대한 지분 몫만큼을 이미 자본에 반영하고 있기 때문이다. 따라서 한국텔레콤이 개별재무제표에 지분법을 적용해 평가했다면 특이한 상황이 있는 경우를 제외하고는 개별재무제표상 자본 금액과 연결재무제표상의 지배주주 지분이 일치하게 된다.

STEP 4. 지배기업의 연결손익계산서에서 지분법이익 없애기

이번에는 연결손익계산서 작성에 대해 간략하게 살펴보자. 결산을 마친 두 회사의 포괄손익계산서를 표시하면 다음과 같다.

| 그림 16. (주)한국텔레콤과 (주)충남텔레콤 포괄손익계산서 |

한국텔레콤	
매출액	100
매출원가	50
매출총이익	50
지분법이익	27
당기순이익	77

충남텔레콤	
매출액	50
매출원가	20
당기순이익	30

연결포괄손익계산서도 연결재무상태표 작성과 동일하게 처음에는 단순하게 두 회사의 손익계산서를 합산하는 것부터 시작한다. 단순 합산한 연결포괄손익계산서는 다음과 같다.

| 그림 17. (주)한국텔레콤 연결포괄손익계산서(단순 합산) |

한국텔레콤	
매출액	150
매출원가	70
매출총이익	80
지분법이익	27
당기순이익	107

다음 단계로 지분법이익을 없애주는 과정을 거친다. 한국텔레콤의 개별손익계산서 당기순이익 77억 원에는 충남텔레콤의 개별손익계산서 당기순이익 30억 원 중 지분율(90%)만큼 끌어온 지분법이익(27억 원)이 포함되어있다. 따라서 두 회사 개별손익계산서를 단순 합산하면 지분법이익이 중복으로 합산되는 결과가 되므로 지분법이익을 제거해준다.

지분법이익은 이미 충남텔레콤의 당기순이익 중 한국텔레콤이 지분율만큼 계산해 가져온 것이기 때문이다. 지분법이익을 없앤 후 연결포괄손익계산서는 다음과 같다.

| 그림 18. (주)한국텔레콤 연결포괄손익계산서(지분법이익 제거) |

한국텔레콤	
매출액	150
매출원가	70
매출총이익	80
지분법이익	0
당기순이익	80

이 상태가 한국텔레콤의 연결포괄손익계산서가 완성된 모습이다. 그런데 충남텔레콤의 이익 중 10%는 기타주주(비지배주주)의 몫이 된다. 회계기준에서는 연결당기순이익도 지배주주의 몫과 기타주주의 몫을 구분해 표시하도록 하고 있다. 따라서 충남텔레콤의 당기순이익 30만 원을 지배주주와 기타주주의 몫으로 구분해 보면 지배주주의 몫은 27만 원이 되고 기타주주지분의 몫은 3만 원이 된다. 연결포괄손익계산서에서 지배주주의 몫은 '지배주주 순이익', 기타주주의 몫은 '비지배 지분 순이익'이라고 부른다.

그림 18의 한국텔레콤 연결당기순이익 80만 원을 지배주주 순이익과 비지배 지분 순이익을 나누어 보면 지배주주 순이익은 50만 원(지분법 이익을 제외한 한국텔레콤 이익) + 27만 원(충남텔레콤이익 중 한국텔레콤의 몫) = 77만 원이 되고, 비지배 지분 순이익은 3만 원이 된다. 이 단계까지 마무리한 연결포괄손익계산서는 다음과 같다.

| 그림 19. (주)한국텔레콤 연결포괄손익계산서
(지배주주 순이익과 비지배 지분 순이익으로 구분) |

한국텔레콤	
매출액	150
매출원가	70
지배주주 순이익	77
비지배 지분 순이익	3

그림 19 손익계산서가 공시된 연결손익계산서의 모습이다. 그림 16의 한국텔레콤 개별손익계산서와 비교해 보면 지배주주 순이익과 한국텔레콤의 개별당기순이익은 77만 원으로 일치하는 모습을 보인다. 이유는 지분법으로 이미 충남텔레콤의 이익 중 한국텔레콤 몫을 반영했기 때문이다.

결론적으로 연결 회계와 지분법 회계는 매우 긴밀한 관계가 있다. 개별재무제표에서 지분법을 올바르게 반영했다면 특수한 경우를 제외하고 지배회사의 개별재무제표상 자본과 연결재무상태표상의 지배주주 지분가액은 일치한다. 또한 지배회사의 개별당기순이익과 연결포괄손익계산서의 지배주주 순이익이 일치하게 된다. 지분법을 '한 줄의 연결'이라고 부르는 이유다.

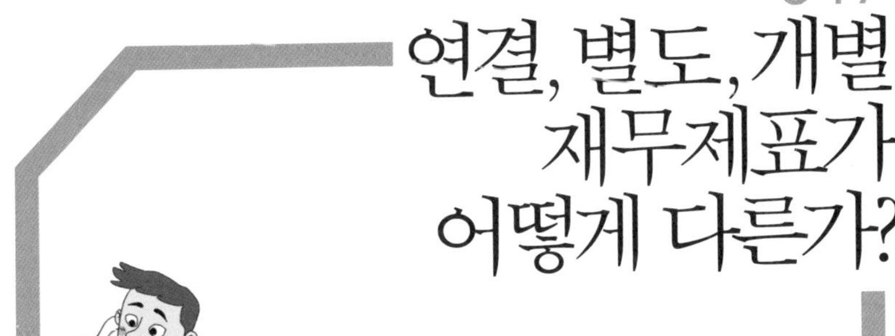

PART 049

연결, 별도, 개별 재무제표가 어떻게 다른가?

K-IFRS의 재무제표는 크게 연결재무제표, 별도재무제표, 개별재무제표 세 종류다.

삼성전자는 K-IFRS에 따라 두 가지의 재무제표를 작성·공시한다. 하나는 연결재무제표다. K-IFRS의 주 재무제표는 연결재무제표다. 삼성전자가 작성하는 다른 재무제표는 별도재무제표다.

연결재무제표를 작성한다는 것은 종속기업이 있다는 말이다. 종속기업이 없는데 일부러 연결재무제표를 만드는 수고를 할 필요는 없다. '별도'라는 것은 연결하지 않은 재무제표라는 느낌이 든다. 종속기업이 있는 지배기업 즉 의무적으로 연결재무제표를 작성해야 하는 기업이 만드는 자기의 개별재무제표를 특별히 별도재무제표라고 부른다.

그렇다면, 개별재무제표라는 것은 무엇일까? 이것은 연결 의무가 없는 기업 즉 종속기업이 없는 기업이 만드는 자기의 재무제표를 말한다.

삼성전자가 보유한 투자주식들은 연결재무제표에서 어떻게 반영될까?

삼성전자는 보유하고 있는 다른 기업 지분을 크게 세 가지로 구분한다.

첫째, 지분 50%를 초과해 보유한 경우는 종속기업으로 분류한다. 대표적인 종속기업이 삼성디스플레이, 세메스, 삼성메디슨 등이다.

다음은 삼성전자 2015년 연결재무제표 주석의 종속기업 표 중 일부다.

| 표 16. 삼성전자 2015년 연결재무제표 주석 중 종속기업 |

기업명	업종	지분율(%)
삼성디스플레이	디스플레이 제조 및 판매	84.8
세메스	반도체/FPD제조장비	91.5
삼성메디슨	의료기기	68.5

삼성전자의 해외 생산법인 또는 판매법인들은 모두 종속기업이라고 봐도 된다. 해외법인들에 대한 삼성전자의 지분율은 100% 또는 거의 100%에 육박하는 수준이다. 다음은 삼성전자 해외법인 표의 일부다.

| 표 17. 삼성전자 2015년 연결재무제표 주석 중 해외법인 |

기업명	업종	지분율(%)
Samsung Electronics America(SEA)	전자제품 판매	100
Samsung Semiconductor(SSI)	반도체/디스플레이 판매	100
Samsung International(SII)	TV/모니터 생산	100
Samsung Austin Semiconductor(SAS)	반도체 생산	100
Samsung Electronics Venezuela(SEVEN)	마케팅 및 서비스	100
NeuroLogica	의료기기	100
Quietside	에어컨공조 판매	100

둘째는, 보유한 지분이 20~50%인 기업들이다. 삼성전자는 이들을 '관계기업'으로 분류한다. 대표적인 관계기업은 삼성카드, 삼성전기, 삼성 SDS 등이다. 다음은 관계기업 표 중 일부다.

| 표 18. 삼성전자 2015년 연결재무제표 주석 중 관계법인 |

기업명	관계의 성격	지분율(%)
삼성카드	업무 제휴	37.5
삼성전기	전자부품의 생산 및 공급	23.7
삼성에스디에스	시스템통합 등 IT서비스 제공	22

셋째는, 보유한 지분이 20% 미만인 기업들이다. 이들 지분은 '매도가능 금융자산'으로 분류한다. 대표적인 기업이 삼성SDI, 삼성중공업, 호텔신라 등이다. 다음 표는 매도가능 금융자산으로 분류된 기업의 지분율 표 중 일부다.

| 표 19. 삼성전자 2015년 연결재무제표 주석 중 매도가능 금융자산 |

기업명	지분율(%)
삼성SDI	19.6
삼성중공업	17.6
호텔신라	5.1
제일기획	12.6

삼성전자의 사례를 가지고 '연결'과 '별도'를 구별하고 어떻게 회계 처리되는지 알아보자.

삼성전자는 종속기업을 한 개 이상 보유하고 있으므로, 당연히 연결재무제표를 작성해야 한다. 종속기업과의 내부거래와 관련한 자산, 부채, 수익, 비용을 제거해야 한다.

삼성전자는 연결재무제표를 만들 때 관계기업 투자주식에 대해서는 앞서 공부한 대로 지분법 회계 처리를 하면 된다. 간단하게 복습해 보자.

삼성전자가 삼성SDS 지분을 22% 보유하고 있으므로 삼성SDS 순자산의 22%만큼은 삼성전자의 몫이라 할 수 있다. 따라서 삼성SDS 순자산액에 변동이 생기면 '변동액 × 지분율'만큼을 삼성전자가 인식하면 된다.

만약 삼성SDS가 10억 원의 당기순이익을 냈다면(배당은 없다고 가정), 10억 원만큼 삼성SDS의 순자산이 증가할 것이다. 그럼 삼성전자는 삼성SDS 지분에 대한 장부가격(관계기업 투자주식 장부가격)을 2억 2000만 원(10억 원 × 22%)만큼 증가시킨다(재무상태표에서의 변화). 그리고 이 금액만큼을 '지분법이익'(영업외수익)으로 인식한다(손익계산서에서의 변화).

당기순손실이 나면 '손실금액 × 지분율'만큼 관계기업 투자주식 장부가액 하락 조정 및 지분법손실(영업외비용)을 반영하면 된다.

만약 삼성SDS가 주주들에게 1억 원의 현금배당을 하면 어떻게 될까? 배당금액만큼 삼성SDS의 순자산이 줄어들게 된다. 배당은 이익잉여금으로 처리한다. 이익잉여금은 자본 항목이므로 배당금만큼 자본이 줄어든다. 따라서 삼성전자는 재무상태표에서 관계기업 투자주식(자산)의 장부금액을 '배당금 1억 원 × 지분율 22% = 2200만 원'만큼 하향 조정해주면 된다. 대신 2200만 원만큼의 현금(배당)이 들어온다.

다음으로, 매도가능 금융자산(매도가능증권)에 대해서도 앞서 배운 대로 회계 처리하면 된다(169쪽 참조). 예를 들어 매도가능증권으로 분류한 삼성중공업의 공정가치(삼성중공업은 증권시장 상장주식이므로 결산기 말 주가가 공정가치가 됨) 변화만큼을 매도가능증권평가이익(또는 평가손실)으로 반영해주면 된다.

삼성중공업 주식 10주(주당 1만 원)의 장부가로 10만 원을 기록해 놓았는데, 결산 시 주가가 8000원으로 떨어졌다면 삼성전자는 재무상태표에서 매도가능증권(자산) 장부가를 8만 원으로 조정하고, 2만 원만큼을 포괄손익계산서에서 '기타포괄손실'로 기록한다.

기타포괄손실 2만 원은 포괄손익계산서의 당기순이익에는 반영되지 않지만, 당기순이익 아랫단에서 '총포괄이익' 산출에 영향을 미친다. 동시에 기타포괄손실 2만 원은 재무상태표의 자본 항목 내 '기타포괄손익누계액'이라는 계정에도 반영되어 2만 원의 자본 감소로 작용한다.

지금까지 삼성전자가 보유한 투자주식들이 연결재무제표에서 어떻게 처리되는지를 설명했다.

연결 시 종속기업과 관계기업 지분가치 변화는 반영 안 해

연결재무제표를 만들 때 삼성전자의 종속기업 투자주식은 어떻게 될까? 연결 회계에서 공부했듯이 연결재무제표 작성 단계에서 종속기업 투자주식과 종속기업의 자본은 서로 상계 제거된다. 즉 삼성전자의 연결재무상태표에는 종속기업인 삼성디스플레이, 세메스, 메디슨 등의 주식 지분은 자산 항목에 나타나지 않는다.

종속기업의 재무상태와 손익계산, 자본 변동, 현금 흐름 등이 삼성전자 연결재무제표에 반영될 뿐 종속기업 주식의 공정가치가 어떻게 변하든 그것은 삼성전자가 작성하는 연결재무제표에 영향을 주지는 않는다.

관계기업 역시 지분법 회계 처리를 하므로 관계기업의 당기순이익(또는 당기순손실)을 지분율만큼 끌어와서 삼성전자 손익계산서에 지분법 이익(또는 지분법 손실)으로 반영할 뿐, 관계기업 주식의 공정가치 변화와는 상관이 없다. 다만 관계기업 투자주식에서 가치 손상이 발생하면 측정된 손상차손은 당기비용으로 반영해야 한다(210쪽 대한항공의 한진해운 지분 손상차손 참조).

삼성전자의 종속기업 및 관계기업 투자주식은 별도재무제표에 어떻게 반영될까?

그럼 별도재무제표란 무엇이며, 삼성전자가 작성하는 별도재무제표에서 투자주식들은 어떻게 반영될까?

별도재무제표란 삼성전자가 종속회사를 연결하지 않고 작성하는 자기의 개별재무제표라고 했다. 그럼 종속기업 주식들은 그냥 내버려둘까? 물론 그건 아니다.

별도재무제표를 만들 때 삼성전자는 종속기업 및 관계기업 투자주식에 대해 '원가법'이나 '지분법' 중 하나를 선택해 적용할 수 있다. 삼성전자는 보유 지분율이 50%를 초과한 기업은 종속기업, 20~50%인 기업은 관계기업으로 분류했다. 즉 종속기업이건, 관계기업이건 기본적으로는 지분율이 모두 20% 이상이기 때문에 이들 기업에 대해서는 지분율만큼 영향을 미치는 셈이다. 따라서 지분법 회계 처리를 적용할 수 있다. 아니면, 애초에 지분을 취득할 때 장부에 기록한 취득원가를 해마다 그대로 기록해도 된다.

A사가 B사 지분 30%를 1억 원에 최초취득했다면 해마다 장부가격을 1억 원으로 고정해 놓은 것이 원가법이라고 할 수 있다. 다만 그 뒤 A사가 B사 지분 10%를 추가매입하면서 5000만 원을 지불했다면 장부가격을 1억 5000만 원으로 계속 기록될 것이다. 별도재무제표에서 매도가능증권은 연결재무제표 때와 마찬가지로 처리하면 된다.

그렇다면 삼성전자는 별도재무제표를 만들 때 종속기업 및 관계기업 주식을 원가법으로 처리할까, 아니면 지분법으로 처리할까? 삼성전자의 2015년 별도재무제표 주석을 보면 다음과 같이 밝히고 있다.

| 표 20. 삼성전자 2015년 별도재무제표 주석 |

> 기업회계기준서 제1110호 연결재무제표에 의한 지배기업인 회사(삼성전자)는 삼성디스플레이 및 Samsung Electronics America 등 159개의 종속기업과 삼성전기 등 32개의 관계기업 및 공동기업에 투자하고 있습니다. 회사는 별도재무제표에서 종속기업, 관계기업 및 공동기업에 대한 투자를 기업회계기준서 제1027호 별도재무제표에 따라 원가법으로 처리하고 있습니다.

따라서 삼성전자의 별도손익계산서에는 지분법이익(또는 손실) 계정이 없다고 보면 된다. K-IFRS를 적용해 별도재무제표를 작성해야 하는 많은 기업이 관계기업 및 종속기업 주식에 대해서는 원가법을 적용하고 있다.

포스코, '연결'보다 '별도'부터 보자

연결재무제표를 만드는 것은 한 기업(지배기업)이 다른 기업(종속기업)을 지배할 경우 이를 묶은 연결 실체의 재무제표를 작성함으로써 재무 상태, 경영 성과를 포괄적으로 보여주자는 데 주요 목적이 있다. 내부거래를 상계하고 미실현 손익을 제거함으로써 지배-종속관계에 있는 기업 사이에 발생할 수 있는 회계 조작을 차단하는 효과도 있다.

그러나 한편으로는 지배기업이 자신의 사업 성격과 전혀 다른 사업을 하는 기업들을 종속기업으로 대거 보유하고 있을 경우 연결을 하게 되면, 지배기업 자신만의 재무 상태나 경영 성과가 가려지는 단점도 발생한다. 이런 기업의 경우에는 별도재무제표가 지배기업 자체에 대한 더욱 정확하고 유용한 정보를 보여주는 재무제표가 될 수 있다.

예를 들어 A전자가 지배기업, B증권과 C건설이 종속기업이라고 해보

자. 전자제조업체인 A는 증권회사 B와 건설회사 C의 개별재무제표를 끌어와 연결재무제표를 작성해야 한다.

이 경우 전자제조업체로서 A의 본질을 제대로 보여주지 못할 수 있다. 특히 B증권이나 C건설이 규모가 큰 회사라면 더더욱 그렇다. 포스코 같은 기업이 비슷한 사례에 해당한다.

| 표 21. 포스코의 주요 종속기업 |

종속기업	업종
포스코건설	종합건설
포스코ICT	정보통신서비스
포스코대우	무역 및 자원개발
포스코에너지	발전, 연료전지 제조
포스코엔지니어링	건축 토목
포스코강판	철강 제조 판매

포스코는 철강기업이다. 그러나 포스코의 종속기업으로는 포스코대우(옛 대우인터내셔널), 포스코엔지니어링, 포스코건설, 포스코에너지 등 철강사업과는 동떨어지는 사업을 하는 기업들이 많다. 그리고 이 기업들의 규모 또한 작지 않다.

따라서 철강업체로서 포스코 자신의 경영 성과가 좋아도, 종속기업들의 아파트 및 플랜트 건설 사업이나 무역 및 자원개발 사업 등이 부진할 경우 연결실적은 나쁘게 나타날 수 있다. 그 반대의 현상도 나타날 수 있다.

또 포스코와 종속기업들의 재무 상태가 합산된 연결재무제표로는 포스코만의 재무 건전성이나 지급 능력, 신용도 등에 대한 정확한 판단이 어려울 수도 있다. 따라서 포스코의 경우에는 별도재무제표 또한 잘 살펴

볼 필요가 있다.

특히 포스코는 종속기업에 대해 지분법이 아닌 원가법을 적용하기 때문에, 별도재무제표가 포스코만의 재무 상태, 영업 성과를 보여주는 데 있어 그 중요성이 다른 기업보다 더 높다고도 할 수 있다.

| 표 22. 포스코 2015년 연결 및 별도 손익계산서 |

구분	연결손익계산서	별도손익계산서
매출	58조 1923억	25 조6072억
영업이익	2조 4100억	2조 2382억
당기순이익(손실)	(961억)	1조 3182억

철강업체를 분석하는 증권가 애널리스트들이 포스코 실적 분석 리포트를 낼 때, 별도재무제표 상의 실적부터 먼저 언급하는 경우가 많은 것도 이 때문이다. 포스코 역시 실적 발표 IR 자료를 만들 때 별도재무제표부터 먼저 제시하고, 연결재무제표는 뒤로 돌리기도 한다. 표 23은 2016년 1분기와 2분기 포스코 실적에 대한 증권사들의 분석 리포트 중 일부를 발췌한 내용이다.

| 2016년 1분기와 2분기 포스코 실적 분석 리포트 |

HMC투자증권(포스코 2016년 2분기 실적 분석 리포트 중)

- 2016년 2분기 별도 매출액 6조 96억 원, 영업이익 7127억 원으로 영업이익은 전년 동기 대비 17%, 전 분기 대비 22% 증가함. 영업이익이 개선된 배경은 상반기 중국 철강가격 상승의 영향임. 판매가격이 인상되어 제품-원료 스프레드가 확대됨.

- 2분기 연결 영업이익 6785억 원을 기록함. 영업이익이 부진한 이유는 포스코건설의 브라질 CSP 프로젝트 공기가 지연되면서 추가 원가 발생으로 2073억 원의 손실이 발생하기 때문임.

하나금융투자(포스코 2016년 2분기 실적 분석 리포트 중)

- 2Q 16 연결실적은 부진했지만 양호한 별도 영업실적 기록함.
- 2Q 16 POSCO의 별도기준 영업이익은 시장컨센서스인 6746억 원을 상회하는 양호한 실적을 기록함. 다만 연결기준 영업이익은 시장컨센서스 7288억 원을 크게 하회하는 6785억 원을 기록하는 데 그침. (포스코)해외 철강법인들의 흑자 전환에도 불구, (포스코건설)브라질 CSP고로 준공 지연에 따른 대규모 적자(-1802억 원)의 영향임.

신한금융투자(포스코 2016년 1분기 실적 평가 리포트 중)

- 1분기 별도 기준 영업이익 5820억 원 기록, 기대치 소폭상회. 별도 매출액은 5.78조 원으로 시장 기대치와 유사. 연결기준 영업이익은 6600억 원으로 기대치를 9.8% 상회. 해외 철강법인들의 적자가 축소되며 철강 부문의 높은 영업이익률 달성에 기여.

딸린 종속기업이 없는 기업의 재무제표, 개별재무제표 – 광림, 쌍방울

이제 마지막으로 '개별재무제표'라는 것이다. 개별재무제표란 한마디로 연결할 대상(종속기업)이 없는 회사가 작성하는 재무제표다. 종속기업이 없으니 연결재무제표를 작성할 필요가 없다.

동일철강(주)는 종속기업이 없다. 따라서 개별재무제표만 작성하면 된다. 개별재무제표에서는 관계기업에 대해서는 지분법 회계 처리를 한다.

코스닥기업 가운데 크레인, 소방차, 청소차, 전기작업차 등 특수차량을 제작·판매하는 (주)광림이라는 회사가 있다. 광림은 2013년까지 개별재무제표만 작성·공시했다. 종속기업이 없었기 때문이다.

이 회사는 2014년 중에 코스닥기업인 내의업체 쌍방울(주) 지분 23.5%를 취득했고, 쌍방울을 종속기업으로 분류했다. 광림은 "쌍방울에 대한 소유지분율이 과반수 미만이나, 기업의 재무정책과 영업정책을 결정할 수 있는 능력이 있으므로 지배력이 있는 것으로 판단했다"고 밝혔다. 따라서 2014년 결산 시 광림은 연결재무제표를 작성했다.

| 표 24. 2014년 광림(주) 연결재무제표 주석 중 |

• 종속기업 현황

보고 기간 종료일 현재 회사의 연결 대상 종속기업의 현황은 다음과 같습니다.

종속기업	소유 지분(%)	소재지
주식회사 쌍방울	23.50	한 국
길림트라이방직유한공사	100.00	중국
훈춘트라이침직유한공사	100.00	중국

중국해외현지법인은 종속기업인 쌍방울의 종속기업이며 지분율 또한 쌍방울이 보유하고 있는 지분율입니다.

• 관계기업투자

관계기업에 대한 투자 내역은 다음과 같습니다.

(단위 : 백만 원)

회사명	지분율(%)	취득원가	순자산가액	장부가액
(주)원라이트전자	23.00	2,300	1,363	1,363
광림(금주)유한공사	49.08	1,495	2,246	2,246

그러나 광림은 2015년 결산부터는 다시 개별재무제표만 작성하게 됐다. 2015년 중에 광림이 (주)쌍방울 지분 일부를 매각했기 때문이다. 쌍방울이 유상증자를 할 때 광림도 일부 참여했지만 다른 투자자들 때문에 쌍방울에 대한 광림 지분율이 18%까지 떨어졌다. 광림은 이제 쌍방울에 대한 지배력을 상실했다고 판단했다. 그리고 쌍방울을 '종속기업'에서 '관계기업'으로 재분류했다. 쌍방울이 광림의 연결 대상 종속기업에서 지분법 적용 기업으로 변한 것이다.

쌍방울의 신분이 종속기업에서 해제되면서 쌍방울이 100% 지배하는 중국법인들도 함께 종속기업에서 해제됐다. 따라서 2015년 결산을 하면서 광림은 연결재무제표를 작성하지 않고 개별재무제표를 작성했다. 지금까지 살펴본 내용을 간략하게 정리하면 다음과 같다.

| 표 25. 종속회사 보유 여부에 따른 재무제표 형태 |

구분	한국채택국제회계기준	일반기업회계기준
종속회사가 있는 경우	• 연결재무제표 작성 • 별도재무제표 작성(종속기업 및 관계기업에 대해 원가법 또는 지분법 등 회계 처리 선택 가능)	• 연결재무제표 작성 • 개별재무제표 작성(종속기업 및 관계기업에 대해 지분법 회계 처리)
종속회사가 없는 경우	• 개별재무제표 작성(관계기업이 있을 경우 지분법 회계 처리)	• 개별재무제표 작성(관계기업이 있을 경우 지분법 회계 처리)

보유 지분 50% 이하 종속기업들이 지분법 주식이 된다면?

: LG전자, LG이노텍, SK, 현대로템 :

기업마다 다른 종속기업, 관계기업 구분

삼성전자는 투자기업의 종류를 지분율에 따라 칼같이 구분했다. 지분율 50% 초과는 종속기업, 20~50%는 관계기업(지분법 적용 투자주식), 20% 미만은 매도가능 금융자산(매도가능증권)으로 나눴다.

그러나 많은 기업은 지분율 보다는 실질적인 영향력의 정도에 따라 투자기업들을 분류한다. LG전자의 경우를 보자.

이 회사는 LG이노텍 지분 40.8%, LG디스플레이 지분 37.9%를 보유하고 있다. 둘 다 지분율이 50% 미만이지만 LG이노텍은 종속기업으로, LG디스플레이는 관계기업으로 분류하고 있다.

LG전자는 그 이유에 대해 "LG이노텍에 대한 LG전자의 유효지분율이 과반수 미만이나, 나머지 주주들의 지분율이 매우 낮고 넓게 분산되어 있으며, 과거 주주총회에서의 의결 양상 등을 고려해 엘지이노텍에 대한 사실상 지배력이 있는 것으로 판단했다"고 밝히고 있다.

쉽게 말하자면, LG이노텍은 LG전자 외의 주주들이 모래알처럼 분산되어 있어 주주총회에서 경영진 구성 등 중요한 의사 결정을 할 때 LG전자 뜻대로 좌지우지할 수 있다는 것이다.

다음 표는 SK그룹의 지주회사인 SK(주)가 지분을 보유하고 있는 주요 계열사들이다.

| 표 26. SK(주)가 지분을 보유하고 있는 주요 계열사 |

기업명	지분율(%)
SK이노베이션	33.4
SK네트웍스	39.14
SK텔레콤	25.22
SKC	41.74
SK건설	44.48
SK머티리얼즈	49.10
SK솔믹스	42.67
SK바이오랜드	27.94

SK(주)는 연결재무제표를 작성할 때 이 계열사들을 모두 종속기업으로 분류하고 있다. 지분율 25.22%인 SK텔레콤도 종속기업이다. SK(주)는 이에 대해 아래와 같이 설명한다.

"SK이노베이션(주) 외 아홉 개 기업에 대해 실질지배력을 보유하고 있다. 이 기업들에 대한 의결권은 과반수 미만이나, 다른 의결권 보유자나 의결권 보유자의 조직화된 집단보다 유의적으로 많은 의결권을 보유하고 있으며 다른 주주들이 널리 분산되었기 때문에 실질적 지배력이 있는 것으로 판단했다."

지분 투자기업을 종속기업 또는 관계기업으로 분류할 때의 손익계산서

한편, 연결재무제표를 작성할 때 지분 투자기업을 종속기업으로 분류할 경우와 관계기업으로 분류하는 경우 손익계산서에 어떤 차이가 발생할 수 있는지를 한번 보자.

현대자동차는 현대로템 지분 43%를 보유하고 있는데, 종속기업으로 분류하고 있다. 만약 지분법 주식으로 분류한다면 어떻게 될까? 다음의 표에서처럼 두 회사 실적 수치를 임의로 가정해 보자.(현대자동차와 현대로템 간에는 매출매입 거래 규모가 매우 미약하다. 따라서 두 회사 간 내부거래는 없는 것으로 가정한다.)

| 표 27. 현대자동차와 현대로템의 실적 |

구분	현대자동차	현대로템
매출	100만 원	30만 원
영업이익	10만 원	2만 원
당기순이익	8만 원	1만 원

| 표 28. 현대자동차 연결실적 |

현대차 연결재무제표	현대로템이 종속기업일 경우	현대로템이 관계기업일 경우
매출	130만 원(100만 원 + 30만 원)	100만 원
영업이익	12만 원(10만 원 + 2만 원)	10만 원
당기순이익	9만 원(8만 원 + 1만 원)	8만 4300원(8만 원 + 지분법이익) = 8만 원 + 1만 원 ×43%
지배주주 귀속 순이익	8만 4300원 (8만 원 + 1만 원 × 43%)	8만 4300원(8만 원 + 1만 원 × 43%)

내부거래가 없는 두 회사의 연결실적은 매출, 영업이익, 당기순이익을 합산하면 된다. 그런데 당기순이익 중 지배주주 귀속 순이익은 지분율을 고려해 계산된다. 현대로템의 당기순이익 1만 원 중 현대차 주주들에게 해당하는 몫은 지분율 43%에 해당하는 4300원이다. 따라서 현대차 연결 손익계산서의 지배주주 귀속 순이익은 '현대차 순이익 8만 원 + 현대로템 순이익 4300원 = 8만 4300원'이다. 즉 현대차 순이익에다 현대로템에 대한 지분법이익을 더한 것과 같다.

현대로템이 관계기업이라면 어떻게 되는가? 지분법을 적용하면 현대로템의 순이익 중 지분율에 해당하는 금액만큼을 지분법이익(영업외수익)으로 끌어오면 된다. 현대차의 연결 당기순이익은 지분법이익 4300만 원을 반영해 8만 4300원이 된다. 결과적으로 지배주주 귀속 순이익을 구하는 것과 같다.

현대자동차의 연결 매출, 연결 영업이익, 연결 당기순이익은 현대로템이 관계기업일 때보다 종속기업일 때의 수치가 더 크다. 그러나 현대로템을 어떻게 분류하건 현대차가 보유한 현대로템 지분율 43%는 변함이 없으므로, 연결손익계산서에 나타나는 '지배주주 귀속 순이익'은 둘 다 8만 4300원(8만 원 + 1만 원 × 43%)으로 같다.

이해의 편의를 위해 연결 실체 기업 간에 내부거래가 없는 경우를 가정했으나, 실제로는 내부거래가 있는 경우가 많기 때문에 연결재무제표 작성 작업은 꽤 복잡한 편이다.

회계사 생활을 한 지 만 10년이 되었다. 실무를 통해 배우고 느낀 바를 더욱 많은 사람과 나누고 싶었다. 『이것이 실전회계다』를 집필하면서 어느 정도 개인적인 바람을 해결할 수 있었다.

책을 집필하며 가장 중점을 둔 부분은 회계를 모르는 분들이 흥미를 잃지 않고 읽어나갈 수 있도록 쉽게 풀어내는 것이었다. 이런 부분에서 부족한 점이 많았지만, 공동 저자이신 김수헌 대표께 많은 도움을 받았다. 이제는 너무 익숙해서 큰 의미를 부여하지 않던 '매출', '수익', '원가'와 같은 기본 개념부터 하나하나 되짚어보며, 회계에 대해 다시 생각하고 정리하는 계기가 되었다.

지금까지 살아오면서 많은 분의 도움을 받았다. 특히 항상 바른 마음을 가지고 베푸는 삶을 살 수 있도록 키워주신 부모님께 큰 감사를 드린다. 형이 방황할 때 부모님께 큰 힘이 되어준 동생에게도 고맙다는 말을 전하고 싶다. 따뜻한 가정을 위해 늘 애쓰는 아내에게도 감사한다. 아빠에게 항상 큰 기쁨을 주는 아들 동건이와 딸 혜원이, 건강하게 잘 자라 주어서 고맙고 사랑한다.

마지막으로 다소 쉽지 않은 내용이었지만 끝까지 완독해 주신 이 책의 독자분들께 큰 감사를 드린다. 곁에 두고 틈틈이 읽어본다면 상당한 수준의 회계 내공을 쌓을 수 있으리라 확신한다.

이재홍

Intermediate

Advanced

김수헌·이재홍 지음 | 287쪽 | 16,800원

회계가
현장에서 어떻게
적용되는지
궁금합니다.

김수헌·이재홍 지음 | 475쪽 | 20,000원

Intermediate

Advanced

김수헌 지음 | 462쪽 | 20,000원

투자승률을
높이는 비결은
오직 철저한
기업 분석뿐!

김수헌 지음 | 494쪽 | 20,000원